단어와 어휘부

저자 소개

허철구   창원대학교
김명광   대구대학교
조지연   서강대학교
한명주   서강대학교
정한데로 서강대학교

단어와 어휘부

초판 인쇄 2014년 5월 20일
초판 발행 2014년 5월 30일

저   자 허철구 김명광 조지연 한명주 정한데로
펴낸이 이대현
편   집 이소희

펴낸곳 도서출판 역락
주   소 서울 서초구 동광로 46길 6-6 문창빌딩 2층
전   화 02-3409-2058, 2060
팩   스 02-3409-2059
등   록 1999년 4월 19일 제303-2002-000014호
이메일 youkrack@hanmail.net

값 31,000원
ISBN 979-11-5686-003-7 93710

단어와 어휘부

허철구 · 김명광 · 조지연 · 한명주 · 정한데로

역락

머리말

단어는 그 오랜 역사에 비견될 만큼 언어학에서 수많은 견해와 논쟁이 있어 왔다. 오늘날 국어학에서도 그에 대한 논의는 가히 백가쟁명의 상황이라고 할 만하다. 단어와 관련된 주요 개념들, 단어의 분류 체계, 그 형성 원리 등은 아직도 더 깊은 탐구의 대상으로 남아 있다. 단어를 만들고 기억하는 기제로서 어휘부 역시 비교적 근래부터 국어학계의 집중적인 조명을 받아 왔으나, 이 역시 그 모형과 기능, 그리고 등재의 기준과 단위에 대한 구체적인 견해들이 제기되면서 치열한 논쟁의 양상을 보이고 있다.

이러한 상황에서 저자들은 단어의 문법을 정리해 보고, 스스로의 생각을 가다듬어 볼 필요성을 느끼게 되었다. 이에는 개인적인 학문 성취의 목적뿐만 아니라, 국어학에 뜻을 두고 있는 학부 또는 대학원의 후학들에게 도움이 되리라는 기대도 함께 있었다. 그러나 막상 집필 단계에서 저자들은 단어의 문제를 어떻게 풀어갈까 고심하지 않을 수 없었다. 무엇보다도 국어학계의 연구 성과에서 진일보하여 의미 있는 내용을 전개하는 것은 두렵고도 쉽지 않은 문제였다. 고심 끝에 각 주제별로 그동안 국어학계의 연구 내용을 정리, 소개하는 데 일차적인 목표를 두되, 이에 대한 저자 나름의 문법관을 피력하는 방향으로 내용을 구성하였다. 그 결과 이 책은, 보기에 따라서 개인적 논의를 전개한 느낌도 있겠지만, 오히려 그 과정에서 국어학계의 다양한 견해를 소개함으로써 독자에게 학습과 연구 동기를 제공하는 데 본질적인 목표를 두고 있다.

이 책은 크게 단어와 어휘부의 두 주제로 나뉜다. 전반부인 제1장에서 제3장은 단어와 관련된 논의로서, 제1장은 기본 개념들, 제2장은 파생어, 제3장은 합성어에 관한 쟁점 사항들을 포괄적으로 다루고 있다. 후반부인 제4장에서 제6장은 어휘부와 관련된 것으로서, 제4장은 어휘부의 모형과 기능, 등재 단위에 관하여 탐구하고, 그리고 제5장과 제6장은 어휘부의 등재 단위로서 '구성'을 제시하고 그 가능성을 검토하였다.

비록 여러 저자가 참여하였지만, 단일한 주제에 대한 단행본인 이상 용어의 통일, 논리적 일관성을 갖추도록 배려하였고, 내용면에서도 어느 정도의 일관된 흐름을 유지하도록 노력하였다. 저자의 문법관에 따라 세부적인 내용에서 다소의 차이가 나타나는 경우는 불가피하기도 하였다.

단어와 관련된 문법을 포괄적으로 다루고자 한 목표와 달리, 이 책은 전통적인 핵심 주제인 '품사'에 관하여는 거의 다루지 못하는 등 여러 면에서 빈칸도 지니고 있다. 책의 원고를 놓고 보니 여러 모로 부족한 점만 눈에 띈다. 학계의 질정을 겸허히 받아들이겠다는 마음을 앞세울 뿐이다.

이 책은 심원재(心遠齋) 서정목 선생님의 정년을 기리는 뜻을 아울러 담고 있다. 오랜 기간 국어학 연구와 교육에 헌신하신 선생님의 정년을 맞아 제자들이 아쉬움과 보은의 마음으로 『단어와 어휘부』, 『한국어 어미의 문법』 두 권의 책을 꾸몄다. 두 책은 합본하여 『서정목 선생 정년 기념 논총』으로도 출간되었음도 이 자리에서 밝힌다.

크고 작은 어려움 속에서도 이 책이 나오기까지 여러 동문들의 관심과 격려에 힘입은 바 크다. 이 자리를 빌려 감사드린다. 그리고 이 책의 출판을 흔쾌히 허락해 주신 역락 출판사의 이대현 사장님께도 진심으로 감사드린다.

저자 일동

차 례

제1장 | 기본 개념
김명광

1. 서론

형태론 분야는 단어의 구조와 그 양상을 밝히는 학문으로 이에는 크게 두 가지 관점이 있다. 그 하나는 개별 단어가 어떤 구조로 이루어져 있는지를 밝히는 분석론적 분야이고 다른 하나는 단어가 어떻게 형성되는지를 밝히는 생성론적 분야이다. 분석을 중시하는 관점은 주로 구조주의 문법 시기에 이루어진 것으로 이미 존재하는 단어를 분석하여 그 결과에 따라 단어를 단일어와 복합어로 나누고, 복합어를 다시 합성어와 파생어로 나누어 그 체계를 살펴보는 것이 주된 논의이다. 생성을 중시하는 관점은 생성주의 또는 인지주의 문법 시기에 이루어진 것으로 단어를 어떻게 만드는가 하는 화자의 조어 능력을 밝히는 것이 주된 논의이다. 곧 화자가 어떤 단위를 가지고 단어를 만드는가 하는 조어 단위에 대한 논의, 해당 단어를 어떠한 절차로 만드는가 하는 단어형성 과정에 대한 논의, 해당 조어 방법이 생산성이 있는지 아니면 그렇지 않은지에 대한 논의, 그리고 생성된 단어가 화자의 심리 속에 어떻게 등재되는지 하는 저장에

대한 논의 등, 생성을 중시하는 관점은 다분히 예측적인 측면을 밝히는
데 주안점을 둔다.

이 글은 이러한 두 가지 관점 중 생성적 관점을 바탕으로 논의를 진행
하고자 한다. 그러기 위해서는 단어를 둘러싼 몇 가지 기본 개념들에 대
하여 먼저 살펴볼 필요가 있다. 이는 학자마다 가지고 있는 학문적 배경
과 견해에 따라 그 개념들이 다양하게 쓰이고 있기 때문이다.

2. 단어의 정의

단어라는 용어에 대하여 우리는 매우 일반적으로 사용하고 있지만, 정
작 단어가 무엇인가에 대한 정의를 규정하라고 할 때 망설여진다. 단어를
보통 의미적으로 해석하면 "단일한 의미를 가지는 음결합체"라고 거칠게
정의할 수 있다. 그러나 단일한 의미가 무엇이냐 하는 말은 정의를 내리
지 않은 것과 마찬가지로 모호한 개념이다. '저자'를 '글을 쓴 사람'처럼
환언하여 말할 수 있는데, 그렇다면 '저자'가 단일한 의미이듯이 '글을
쓴 사람'도 하나의 단어로 볼 수 있느냐하는 문제가 발생한다. 또한 동사
의 경우 단일한 의미가 아니라 여러 가지 의미로 분화되는 것들이 있는
데 이들 각각을 한 단어로 처리해야 하는 문제도 발생할 수 있는 것이다.
예컨대 '먹-'의 사전적 의미를 살펴보면, [음식 따위를 입을 통하여 배
속에 들여보내다](밥을 먹다), [담배나 아편 따위를 피우다](담배를 먹다),
[연기나 가스 따위를 들이마시다](탄내를 먹다), [어떤 마음이나 감정을 품
다](마음을 먹다), [일정한 나이에 이르거나 나이를 더하다](나이를 먹다),
[겁, 충격 따위를 느끼게 되다](겁을 먹다), [욕, 핀잔 따위를 듣거나 당하
다](욕을 먹다), [뇌물을 받아 가지다](뇌물을 먹다), [수익이나 이문을 차지

하여 가지다](이익을 먹다) 등 최소 15가지 이상의 매우 다양한 의미를 가
지고 있다.[1] 따라서 단일한 의미라는 개념에 의거하면 이들 각각이 의미
가 다르기 때문에 모두 하나의 단어로 처리할 수밖에 없다. 이렇게 단어
를 의미적으로 분류할 경우 그 경계가 모호하기 때문에 많은 학자들이
좀 더 객관적인 방법으로 단어를 판별하는 시도를 하였다. 대표적인 학자
에 Bloomfield(1933)이 있다. Bloomfield(1933 : 178)에서는 단어를 스스로
자립할 수 있는 형식 중 최소의 단위(minimum free form)라고 정의하였다.
이러한 정의는 예컨대 '책'은 스스로 독립하여 쓰일 수 있어서 단어이지
만, '먹-'은 '-는다'와 같은 어미와 반드시 결합하여야 하는 의존성을 갖
기 때문에 단어가 아니라고 판별해 줄 수 있다는 점에서, 의미적 정의보
다는 상당히 진일보한 정의이자 객관적 검증 방법으로 보인다. 이에 따라
Bloomfield(1933)의 이러한 정의는 적어도 분석론의 입장에 있는 많은 학
자들에게 받아들여졌으며, 국어에서 단어를 정의하는 데 매우 유용하게
사용되었다. 그런데 Bloomfield의 입장을 국어에 그대로 받아들이기에는
몇 가지 해결되지 않은 사항들이 있다. 예를 들어 설명해 보자.

(1) 딸과 집사람은 늘 고무신을 신고 다닌다.

위 '딸, 늘'은 더 이상 분석되지 않으며 자립성을 가지므로 Bloomfield
의 견해에 따르면 단어에 해당한다. '신고'나 '다닌다'의 경우 '신+고'와
'다니+ㄴ+다'와 같이 분석은 가능하나, 분석되어 나오는 형식들이 모두
비자립적이어서 각각의 구성 요소들은 단어가 아니다. 즉 각각의 구성 요
소들이 결합된 형식 '신고', '다닌다'가 자립 형식이므로 이 형식들이 단
어인 것이다. 그러나 '집사람', '고무신' 등의 단어는 다시 최소의 자립

---

1) <표준국어대사전> 참조

형식인 '집'과 '사람', 그리고 '고무'와 '신'으로 분석이 되므로 분석된 형식 각각을 단어라고 보아야 한다는 문제가 제기된다. 반면에 위 문장에서 '과, 은, 을' 등과 같은 조사는 의존성을 갖기 때문에, 다른 조건이 부가되지 않는 한 단어로 처리하기가 어렵다. 이러한 문제는 의존성을 가진 불완전 명사 '것, 줄, 수, 바, 데, 리'에도 그대로 적용되는바, Bloomfield의 견해에 따르면 이들 모두 한 단어로 처리할 수가 없다. 더 나아가 불완전 명사가 최소의 자립성을 가지려면 '한 것, 한 줄, 한 수, 한 바, 한 데, 한 리'에서 보듯이 적어도 '한'과 같은 관형형 형식이 부가되어야 하는데, 이는 통사적인 형식도 단어로 포함될 수밖에 없다는 모순을 겪게 된다. 곧 이 형식들을 하나의 단어로 처리한다면 내부에 형태 변화 겪게 되는('한, 할, 하는' 등), 다른 말로 말하면 활용되는 굴절 접사가 삽입되기 때문에 이른바 '어휘 고도 제약'에 어긋나게 된다. 따라서 "최소의 자립 형식"이라는 개념을 좀 더 명확히 하기 위해 단어에 대한 정의에 "휴지" 와 "비분리성"과 같은 단어 판별 기준을 더하게 된다. 곧 "단어 내부에 휴지를 둘 수 없고 그 앞이나 뒤에만 잠재적 휴지를 둘 수 있다(Hockett 1958 : 166-168)"라는 판별법과 "다른 단어를 개입시켜 한 단어 내부를 분리할 수 없다"(Robins 1964 : 195)는 판별법을 더 추가할 수밖에 없다는 것이다. 이 기준은 예를 들어 [아버지의 결혼한 남동생을 이르는 말]로서의 '작은아버지'의 경우 하나의 쉼으로 발음되기 때문에 한 단어로 볼 수 있는 근거를 제공한다. 만약 '작은'과 '아버지'에 휴지를 두게 될 경우 [아버지가 키가 작음]의 의미를 갖게 되어, 더 이상 [아버지의 결혼한 남동생]의 의미를 갖지 못한다. 또한 다음에서 보듯이,

(2) 가. 저분이 너의 <u>작은아버지</u>이시니?
　　나. *저분이 작은 너의 아버지이시니?

　　다. 키가 큰 <u>작은아버지</u>
　　라. <u>굳은살</u>, <u>올해</u>

[아버지의 남동생]의 의미를 갖는 '작은아버지'는 (2가)와 같이 수식어 '너의'가 이 형식의 외부에서 꾸며줄 수 있을 뿐 (2나)와 같이 수식어 '너의'가 '작은'과 '아버지' 내부에서 나타난 후 그 구성 요소 중 하나(아버지)를 꾸며줄 수는 없다. 또한 '분리 불가능'하다고 함은 구성 요소 중 일부가 단어 밖의 다른 요소에 관여할 수 없음을 의미한다. 따라서 (2다)와 같이 '키가 크다'와 '키가 작다'와 같이 의미적 충돌을 일으키는 것들이 "<u>키가 큰 작은아버지</u>"과 같이 연쇄되어 나타날 수 있는 현상을 이해할 수 있게 된다. 이를 달리 말하면 '작은아버지'의 '작은'은 구성 요소 내부의 의미에만 관여할 뿐 외부에는 관여하지 않기 때문이라고 설명할 수 있다는 것이다. (2라)도 역시 마찬가지이다. [손이나 발바닥에 생긴 굳어진 살]이나 [금년]을 뜻하는 '굳은살, 올해'는 내부에 휴지가 없고 다른 요소를 삽입할 수 없다. 따라서 '휴지'와 '분리성'을 기준으로 볼 때 이 형식들은 단어로 파악된다. 한편 '비분리성'이라는 기준은 국어에서 의존성을 가지고 있는 '조사'를 단어로 처리하는 근거로도 작동한다. 비록 조사를 단어로 취급하지 않는 종합적 단어관의 입장에서는 굴절 어미와 같은 지위를 갖는다고 보지만, '비분리성'이라는 기준에 의거 하나의 단어로 볼 수 있다는 것도 그만큼 타당한 근거를 확보하게 된다. 즉 "철수에게와, 철수에게는, 철수만을"에서 보듯이 '철수'와 '와, 는, 을' 사이에 '에게, 만' 등과 같은 다른 요소가 개입될 수 있기 때문에 조사를 하나의 단어로 처리할 수 있다. 하지만 이러한 기준도 다음과 같은 예에 적용이 가능한가 하는 문제가 발생한다.

(3) 가. 그 일을 <u>할 수밖에</u> 없었다.
　　　아침부터 <u>먹을 것만</u> 찾는다.
　　　그 사람이 <u>그럴 리가</u> 없다.
　나. 그 사람 <u>어딨지</u>?
　　　자, <u>여깄다</u>.
　다. <u>범</u>민족적, <u>범</u>국민적 궐기대회
　　　<u>초</u>호화판, <u>반</u>민주주의, <u>맹</u>활약상
　　　<u>고</u>농축액, <u>탈</u>민주주의, <u>역</u>차별주의[2]

　위 (3가)의 밑줄 친 부분은 형태적으로는 분리되어 있지만, 음성적으로는 휴지가 없이 발음되는 것이 보통이다. 따라서 '휴지'라는 기준으로 보면 '할 수밖에, 먹을 것, 그럴 리'는 하나의 단어가 되어야 된다. (3나)의 경우도 마찬가지이다. '어디 있지, 여기 있다'의 준말인 '어딨지, 여깄다'는 형태적으로는 분리되어 있지만 음성적으로는 휴지가 없이 발음되기 때문이다. 반면에 (3다)의 경우 접두사 '범, 초, 반, 맹, 고, 탈, 역'의 경우 장음으로 발음되게 되어 후행하는 어기와 음성적으로 휴지가 있는 듯이 보인다. 따라서 '범, 초, 반, 맹, 고, 탈, 역'을 접사가 아닌 하나의 단어로 처리해야 되고, 후행하는 '민족적, 국민적, 호화판, 민주주의, 활약상, 농축액, 차별주의'도 역시 어기가 아닌 단어로 처리할 수밖에 없다. 더욱이 위에서 살펴본 의존 명사의 경우 '휴지'에 대한 기준 뿐만 아니라, '비분리성'의 기준이 적용되기 어려워서, 의존명사들이 단어인가는 여전히 의문으로 남는다.

(4) [?]할 '그/많은' 것이 있다, [*]할 '그/많은' 줄 안다, [*]할 '그/많은' 수 있다,
　　[*]있는 '그/많은' 바, [*]갈 '그/많은' 데가 없다, [*]할 '그/많은' 리가 없다

---

2) 한정한(2009 : 761-788) 자료 참조.

곧 '것, 줄, 수, 바, 데, 리' 중 '것'을 제외하고는 다른 요소('그/많은'과 같은 관형형 요소)가 개입될 수 없다는 것이다. 아울러 조사의 경우 '비분리성'의 입장에서 보면 하나의 단어로 처리할 수 있지만, '휴지'의 입장에서는 선행 명사와 조사가 하나의 덩어리로 발음되기 때문에 이 역시 하나의 단어로 처리하기는 무리가 있다. 한편 이러한 방법에서 벗어나 통사론적 환경에서 나타나는 쓰임새를 보고 단어인지 아닌지를 판별하는 기준도 있을 수 있다(김명광 2004).3)

(5) 가. 관형어 피수식 환경에서 발현된다.
　　예 향후 정국 주도권을 둘러싼 <u>힘겨루기</u>
　나. 후행 단어와의 수의적 결합 환경에서 발현된다.
　　예 두더지잡기 <u>놀이</u>, 여름나기 <u>풍속도</u>, 눈치보기 <u>양상</u>, 허리돌리기
　　　<u>동작</u>, …
　다. 단어 범주를 가진 상위어와 연결에서 발현된다.
　　예 두더지잡기, 인형뽑기와 같은 <u>오락</u>
　라. '-이다' 결합의 환경에서 발현된다.
　　예 이 놀이의 종류는 <u>연날리기이다</u>.
　마. 다른 단어와 직접 대응되는 환경에서 발현된다.
　　예 쿠페(어깨 찍기)
　바. 내포적 의미만을 갖는 다른 단어들과 대등적으로 연결된다.
　　예 <u>학연, 지연, 줄서기</u> 등으로 공직 선거에 부정적인 영향을 끼칠
　　　수 있다.
　사. 심리 동사 이외의 다른 일반 동사와의 결합 환경에서 발현된다.
　　예 코스닥 지수는 8일 만에 하락세로 돌아서며 <u>숨고르기</u>에 들어
　　　갔다.
　아. 자신의 의미가 제3의 의미로 바뀌는 환경에서 발현된다.

---

3) 김명광(2004)에서보면 위 (5)와 같은 기준은 단어를 판별하기 위한 검증법이 아니라, 접사 '-기, -음'과 결합한 형식들의 문법적 지위를 판별하기 위한 검증 방법이다. 곧 해당 형식이 총칭적 객관화 형식인지 그렇지 않은지를 알아보기 위해 사용한 방법이다. 하지만 전통적인 의미의 단어를 판별하는 기준으로서의 역할도 할 수 있지 않을까 하여 여기에 제시한다.

    예 보은에서 이미 <u>표밭갈기</u>에 들어갔다. ('표밭갈기'가 '선거유세'
      의 의미로 바뀜)
  자. '를 하다'와 결합하는 환경에서 발현된다.
    예 나는 <u>색종이접기</u>를 하다 말고 아빠를 바라보았다.
      (→ 나는 *색종이를 접기를 하다 말고 아빠를 바라보았다.)

하지만 위와 같은 기준을 바탕으로 하여 단어를 판별하는 것도 문제가
있다. 곧 위와 같은 기준은 통사부에서 X^0의 단위로 역할을 하는 달리
말하면 '총칭적 객관화'가 된 형식을 파악하기 위한 기준으로 활용되었
기 때문에 X^0의 단위가 모두 단어이냐 하는 또 다른 문제를 제기하기 때
문이다.

  (6) 가. 정국을 둘러싼 <u>대치 국면</u>
    나. 이 놀이는 <u>잘하는 사람들을 위한 것</u>이다.

즉 위 (6)의 '대치 국면', '잘하는 사람들을 위한 것'이라는 것은 전통
적인 의미의 단어가 아니라 구의 형식이기 때문이다. 한편 이러한 검증
방법을 탈피하여 언어 부문의 다양한 층위에서 활용되는 측면을 고려하
여 단어를 정의하고자 하는 시도들도 있다. 예컨대, 배주채 역(2008)에서
다음과 같이 단어 유형을 분류한 방법이 그 일례일 것이다.

  (7) 가. 음성학적 단어
    나. 음운론적 단어
    다. 문법적 단어
    라. 의미적 단어
    마. 정서법적인 단어

이 견해는 기존의 기준으로 설명할 수 없는 단위를 단어로 정의하기

보다는, 각 층위에서 기본 단위로 작동하는 형식들을 각각의 해당 층위의
단어로 보자는 입장이다. 즉 음성 층위의 기본 단위를 음성적 단어로 정
의하며, 문법 층위에서의 기본 단위를 문법적 단어로 정의하는 식의 개념
이 이 입장이다. 이를 좀 더 구체적으로 살펴보기 위하여 위 (3)에서 제
시한 예를 다시 가져온다.

> (8) 가. 그 일을 할 <u>수밖에</u> 없었다.
>   아침부터 <u>먹을 것만</u> 찾는다.
>   그 사람이 <u>그럴 리가</u> 없다.
> 나. 그 사람 <u>어딨지</u>?
>   자, <u>여깄다</u>.
> 다. <u>범민족적</u>, <u>범국민적</u> 궐기대회
>   <u>초호화판</u>, <u>반민주의</u>, <u>맹활약상</u>
>   <u>고농축액</u>, <u>탈민주주의</u>, <u>역차별주의</u>

층위별 기본 단위를 각 층위의 단어로 정의하는 입장에서는 예컨대 위
(8가, 나)의 예들은 음성적 층위에서 하나의 단어로 처리하고, (8다)는 음
성적 층위에서는 구로 보아야 한다는 입장이다. 곧 (8가, 나)는 형태적으
로는 분리되어 있지만, 음성적으로는 휴지가 없이 발음되므로 음성학적
으로 하나의 단어로 본다는 것이다. 또한 (8다)는 접두사와 어기 간에 음
성적인 휴지가 들어가는 것이 자연스러우므로 음성론적 차원에서는 두
단어로 분리해서 보아야 한다는 것이다. 그런데 원래의 음운론적 단어에
대한 정의는 영어의 강세 구조의 특성을 반영한 것이기 때문에 국어에
그대로 적용되기 어렵다. 곧 영어에서 보면 한 단어는 하나의 강세를 받
기 때문에, <u>re</u>new, <u>re</u>newable, <u>re</u>newablility와 같이 밑줄 친 부분만이 강
세를 받으므로, 이 결합 형식이 영어의 음운론적 단어가 된다는 것이다.
하지만 국어에서는 강세가 없기 때문에 이와 같은 음운론적 단어 견해가

국어에서 그대로 적용되기 어렵기 때문에 '휴지'와 '비휴지'라는 음성적 경계 구분에서만 음성적 단어를 정의할 수밖에 없는 것이다.

한편 문법적 층위에서 기본 단위의 역할을 하는 경우 이 단위를 문법적 단어로 정의할 수 있다. 그리고 그 문법적 단어에 대한 판별 기준으로 문장 안에서의 '내적 안정성'과 '이동성'을 든다. 만약 한 형식이 특정한 문장 위치에서 순서를 바꾸지 못한다면(내적 안정성) 그 단위를 하나의 통사적 단어로 인정하자는 것이다. 또한 복합적인 형식이 한 덩어리가 되어 이동을 한다면(이동성) 그 복합적인 형식을 통사적 단어로 보자는 것이다. 전자는 예를 들어 '날 선 비판'에서 보듯이 모든 단어가 제 자리를 떠날 수 없기 때문에(*선 날 비판, *비판 날 선), '내적 안정성'의 기준을 적용하면 하나의 통사적 단어가 된다. 아울러 '나는 이 사람을 좋아 한다.'의 '이 사람을'은 '<u>이 사람을</u> 나는 좋아한다', '좋아한다. 나는 <u>이 사람을</u>', '좋아한다 <u>이 사람을</u> 나는'과 같이 하나의 덩어리를 이루어 문장 안에서 다른 자리로 이동하기 때문에 복합 형식 '이 사람을'을 통사적 층위에서 하나의 단어로 처리하자는 것이다. 물론 '나는', '좋아한다'도 '이동성'을 기준으로 볼 때 하나의 덩어리로 쓰이기 때문에 역시 통사적 단어로 볼 수 있다.

정서적 단어란 형식과 형식 사이에 띄어 지는 경계를 기준으로 삼아 각각 하나의 단어로 보는 견해이다. 하지만 한글 맞춤법이 특정 단어의 경우 띄어쓰기를 원칙으로 하되 붙여 쓰기를 허용하므로, 동일한 의미를 가지는 양쪽을 상이한 단어로 처리해야 하는 문제가 발생한다. 예컨대 띄어쓰기가 되어 있지 않은 '삼성물산'은 정서적 단어이지만 만약 이 형식이 '삼성 물산'과 같이 띄어져 나타난다면 '삼성'과 '물산' 각각이 정서적 단어가 되기 때문이다.

단어를 각 층위별로 해체한 견해와 유사한 견해에 최형용(2012)이 있다.

(9) 가. 음운론적 단어는 기식군(breath group)을 중심으로 단어를 정의하
　　　는 것으로 한국어에서는 대체로 어절이 그 단위가 될 수 있다(철
　　　수가, 밥을 빨리, 먹었다).
　　나. 어휘적 단어는 특히 단어형성의 결과물들에 한하여 단어의 자격
　　　을 제한하는 것이다. 따라서 조사와 어미 등은 배제된다(철수, 밥,
　　　빨리, 먹-).
　　다. 문법적 단어는 통사론적으로 구 이상과 결합하는 것들에 단어 자
　　　격을 부여하는 것으로 조사와 어미 등도 모두 단어의 대접을 받는
　　　다(철수, -가, 밥, -을, 빨리, 먹-, -었-, -다).

　여기서 주목할 점은 어휘적 단어를 단어형성의 결과물에 해당하는 것
이라고 정의하였다는 점이다. 따라서 다음과 같은 결합체들이 내부 구조
에 비록 통사적 어미를 포함하였다고 할지라도, 이 형식들이 어휘적인 단
어형성 과정을 경험한 것이므로, 각각의 결합체들이 단어로 정의된다.

(10) 가. 공짜로, 꿈에도, 너희들, 동시에, 때로는, 멋대로, 이로부터, 혹시나
　　나. 갈수록, 곱게곱게, 벼락치듯, 아무러면, 어찌하여, 오래도록

　아울러 최형용(2003 : 34)에서는 단어가 각 부분에서의 쓰임새를 고려하
여 다음과 같이 단어를 분류하였다.

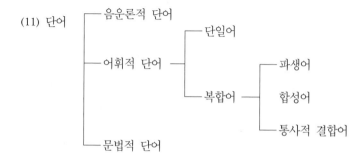

여기에 더 나아가 사전에 저장된 등재소 단위를 단어로 보는 견해나
특정 통사 환경에서 실시간으로 사용 가능할 경우 이 형식들을 단어로
보는 견해(한정한 2009) 등도 있어 단어에 대한 매우 다양한 시각이 존재
한다.

이러한 다양한 시각은 반대로 보면 단어에 대한 명확한 판별 기준이
아직까지 마련되지 않았기 때문에 나타난 현상들로 볼 수 있다. 하지만
명확한 판별 기준이 존재하지 않는다고 하여 단어라는 개념 자체를 포기
할 수는 없다. 그것은 단어라는 개념이 언중들에게는 분명 의미 있는 단
위이며 심리적으로도 실재성이 있는 것으로 생각되고, 언어 습득 과정을
한 단어 시기, 두 단어 시기, 세 단어 시기와 같이 구별하는 데에서 알
수 있듯이 그 개념이 보편적인 실체를 갖고 있기 때문이다.

3. 어근, 어간 그리고 어기

어근·어간·어기에 대한 개념에 대한 구별이 국내에서 시도된 것은
이익섭(1975)에서이다. 이익섭(1975)에서는 이 개념들을 다음과 같이 기술
하고 있다.

> (12) 이익섭(1975)
>   가. 어근(root) : 굴절접사와 직접 결합될 수 없으며 동시에 자립형식
>   도 아닌 단어의 중심부
>   예 깨끗-, 소근-, 眼, 鏡, 草, 木 / 나직-, 거무스름-, 분명-, 총명-
>   나. 어간(stem) : 굴절접사(어미)와 직접 결합될 수 있거나 아니면 그
>   단독으로 단어가 될 수 있는 단어의 중심 부분
>   예 웃-(웃는다, 웃긴다, 웃음, 우습다), 어깨(어깨동무)

다. 어기(base) : 접사의 對가 되는 단어의 중심부. 어근과 어간을 묶
　　는 이름

　이익섭(1975)의 어근 개념은 크게 세 가지 측면으로 바라볼 수 있다.
즉 '①[-굴절접사 결합], ②[-비자립형식], ③[단어의 중심부]'가 그것이
다. '깨끗-'과 '소근-'은 굴절 접사가 아닌 파생 접사가 결합하기 때문에
('깨끗-'은 파생 접사 '하-'나 '-이', '소근-'은 파생 접사 '-대-'나 '-거리-'가 결합
함) ①의 조건을 충족시킨다. 역시 단독으로 쓰일 수 없기 때문에 ②의
조건을 만족시킨다. 또한 의미적으로 볼 때도 '깨끗하다, 소근대다'에서
중심적인 역할을 하기 때문에 ③의 조건도 만족시킨다. 따라서 이 세 가
지 조건으로 보았을 때 '깨끗-'과 '소근-'은 '어근'에 해당한다.
　'眼, 鏡, 草, 木'은 한자어이다. 이 형식은 국어에서 복합 한자어의 구
성 요소로만 쓰일 뿐 굴절 접사와 결합할 수 없으므로 ①의 조건을 만족
시키며, 단독으로 쓰이지 않기 때문에 역시 ②의 조건을 만족시킨다. 아
울러 단어(복합 한자어)의미에서 어휘적 역할을 하므로(③) 어근에 해당한
다. 다만 이 형식들이 단어의 일부이기는 하지만 단어 내부에서 중심부에
해당하느냐는 의문이다. 예컨대 '안경'과 '초목'에서 '안, 초'가 중심적인
의미인지 '경, 목'이 중심적인 의미인지 하는 점은 더 논의해 볼 필요가
있다.
　'나직-, 거무스름-, 분명-, 총명-'도 ①[-굴절접사 결합], ②[-비자립
형식], ③[단어의 중심부]을 만족시킨다. 혹시 복합 한자어인 '분명', '총
명'이 자립적으로 쓰일 수 있느냐라는 의문이 들지만 아래를 보면,

　(13) *분명을, *분명이다, *총명을, *총명이다

비자립적으로 쓰임을 알 수 있다. 따라서 이익섭(1975)의 기준으로 볼 때

이 형식들도 어근에 해당한다. 여기서 두 가지 주목할 점이 있는데, '나
직-, 거무스름-, 분명-, 총명-'이 하나의 형태소로 구성되지 않았다는
것과, '한자어' 어근을 배제하지 않았다는 것이다. 우선 이것이 하나의
형태소가 아니라는 점은 '낮+익-, 검+으스름-, 분+명, 총+명'과 같이
분석되기 때문이다. 곧 이익섭(1975)에서는 '형태소'가 아닌 복합 형식도
이 개념에 의하면 '어근'에 포함될 수 있는 것이다. 또한 '분명'과 '총명'
은 '分明, 聰明'과 같이 한자어 계열이며 앞에서 들었던 '眼, 鏡, 草, 木'
도 한자어이기 때문이다. 송정근(2009)에서는 이러한 점을 고려해 다음과
같은 예들도 어근의 범주에 속한다고 하였다.

(14) 가. 새김(질), 생김(새) ; 걸림(돌), 갈림(길), 먹음(직하다), 듬(직하다)
　　　나. 거무스름(하다), 둥굿(하다), 길쭉(하다), 달콤(하다)
　　　다. 촛(불), 치맛(바람), 사흗(날), 이튿(날), 샛(별)
　　　라. 비가올 듯/법/만(하다)
　　　마. 猶突, 簡便, 可能, 未知, 專門, 共通

위 예는 (14가)의 '새김, 생김, 걸림' 등은 송철의(1992), 김창섭(1996)에
서 임시어 또는 잠재적 파생 명사로 분류된 것이며, (14나)의 '거무스름,
둥굿, 길쭉' 등은 형용사 어간에 접사가 결합된 예이다. (14가, 나)의 내
부에 각각 '-ㅁ', '-스름-, -굿-, -쭉-, -콤-'과 같이 파생 접사가 결합
되어 있다. 아울러 이들은 단독으로 쓰이지 못하고 '-질, -새, -돌, -길,
-직하다'(14가), '하다'에 의존하여 단어를 이루어 단어 내부에서 중심
의미를 차지하고 있기 때문에 위 ①, ②, ③에 비추어보면 어근에 해당한
다. (14다)는 이재인(2001)에서 합성어로 제시된 예인데, 사이시옷과 결합
된 선행 형식(촛, 치맛, 샛)과 '사흗(사흘), 이튿(이틀)'은 의존 형식에 해당한
다. 아울러 비록 후행 형식 '불, 바람, 날, 별'이 파생 접사가 아닌 실질

형식(여기서는 명사)이 결합되었으나, 이익섭(1975)에서는 굴절접사가 결합되지 않는 형식이라고 정의하였을 뿐, 뒤 형식이 굴절접사 이외의 다른 형식을 규정하지 않았기 때문에 어근인 것이다. (14라)는 김창섭(1996)에서 명사구에 해당되는 예이지만 뒤에 굴절형이 결합되지 않기 때문에 어근이 된다. (14마)는 두 개의 형태소가 결합된 2음절 한자어이지만 '-적'(저돌), '-하다'(간편), '-성'(가능) 등과 같은 요소에 의존하며, 이 의존하는 형식이 파생명사가 아니고 단어에서 중심부를 이루기 때문에 이 역시 세 가지 조건을 충족시키므로 어근에 해당한다.[4]

다음에 이익섭(1975)에서 '어간'을 [+굴절접사(어미) 결합] 또는 [단독형 단어]로 보고 있다. 이 정의에 의하면 '웃-'은 '웃는다, 웃긴다, 웃음, 우습다'의 어디에서 건 어간이 된다. 곧 후행하는 형식을 기준으로 어간을 정의한 것이 아니라 '굴절접사가 결합되는 형식'이라고 하여 선행 형식의 결합 자질 측면을 말하였다. 따라서 '웃-' 자체로만 바라볼 때 굴절접사가 결합할 수 있으므로 후행 형식이 파생 접사이든 그렇지 않든 상관없이 일관적으로 어간으로 볼 수 있다. 이는 이익섭(1975 : 5)에서 말한 바와 같이 '한 형태소가 동시에 어근도 되고 어간도 되는 불명료성을 피할 수 있다'라는 장점을 유지시키기 위함이다. 한편 '어기'는 '접사의 對가 되는 단어의 중심부, 어근과 어간을 묶는 이름'에서 보듯이, '접사'의 짝이라고 하였을 뿐 그것이 굴절 접사인지 파생 접사인지를 말하지 않았기 때문에, 어근과 어간을 모두 포함할 수 있다. 다만 이 이외의 상세한 '어기'에 대한 설명이 나와 있지 않기 때문에 이익섭·채완(1999 : 60-63)에서 기술한 어기 개념을 부연한다.

---

4) 이러한 어근 개념은 Hockett(1958)에 근거한 것이다. Hockett(1958 : 240-242)은 합성 어간을 자립 형식이 포함 되어 있는 2차 복합 어간과 자립 형식이 포함 되어 있지 않은 1차 복합 어간으로 나누고, 1차 복합어간에 'tele-graph, tele-phone'과 같은 어근 합성어(Root compound)가 속하는 것으로 보았다.

(15) 가. ···생략··· 형태소가 단어를 형성할 때 어떠한 역할을 하느냐에 따라 語基(base)와 接辭(affix)로 나누기도 한다. 語基는 단어의 중심부를 담당하는 데 반해, 接辭는 그 주변부를 형성하는 형태소라는 점에서 구분된다.

나. 자립이냐 의존이냐의 기준으로 보면 접사는 늘 어기와 결합하여야만 쓰일 수 있으므로 의존형태소이지만, 어기는 '울-보, 먹-보'에서처럼 의존형태소일 수도 있으나 '잠-보, 꾀-보'에서처럼 자립형태소일 수도 있다.

다. 여기에서 중요한 것은 자립성이 있느냐 없느냐가 아니고 한 단어의 형성에 있어 그 근간, 그 중심 바탕의 지위를 가지느냐 아니면 곁가지의 구실밖에 못하느냐이다.

라. ···생략··· '웃는다, 웃어라'의 '웃-'은 '-는다, -어라'와 같은 어미가 바로 연결되므로 어간이며, '깨끗하다, 갑갑하다, 덜커덩거리다'의 '깨끗-, 갑갑-, 덜커덩-'은 단어의 중심부이므로 접사일 수는 없어 어기이긴 한데 '*깨끗고, *깨끗으니'에서 보듯 어미가 직접 연결될 수 없으므로 어근이다.

마. 자립형태소인 어기는 '집', '얼굴' 등의 명사나 '새', '어느', '잘', '벌써' 등의 관형사나 부사 따위로서 접사류와 결합할 때에는 역시 단어의 중심부를 이루지만 그 단독으로도 단어가 되는 것들이다.

바. 체계

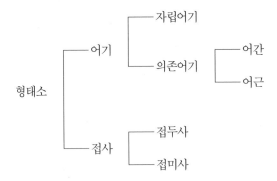

사. ···생략··· 생성형태론에서는 어떤 단어형성 규칙이 적용되는 대상이 되는 형태를 그 규칙의 어기라 한다.

앞에 미루어 이익섭(1975)에서 말한 '어기'의 개념은 우선 (15가, 다)에서 보듯이 단어의 중심부를 뜻하며, (15나)에서 보듯이 '의존형태소('울-보, 먹-보'의 '울-, 먹-')와 자립형태소('잠-보, 꾀-보'의 '잠, 꾀')'를 둘 다 포함할 수 있다. '접사가 아닌 부분('깨끗-, 갑갑-, 덜커덩-')'인 의존적인 어근도 포함된다. 이는 (15바)의 체계를 보면 좀 더 분명한데, 의존 형식인 '어간'과 '어근'이 의존 어기의 하위 부분에 속하고, 그 의존 어기는 자립 어기와 짝을 이룬다. 여기에 더 나아가 (15마)에서 보면 단어도 어기일 수 있다('집', '얼굴' 등과 같은 명사나 '새', '어느', '잘', '벌써' 등과 같은 관형사나 부사). 이는 (15사)에서 생성형태론에서 단어형성규칙이 적용되는 대상이 되는 형태를 그 규칙의 '어기'라고 하였기 때문이다.5)

한편 어근과 어간에 대한 개념은 남기심·고영근(1985)에서도 기술 되었는데, 이익섭(1975)의 개념과 차이가 있다.

(16) 남기심·고영근(1985)

　가. 어근(root) : 복합어(파생어와 합성어 포함)의 형성에 나타나는 실질 형태소
　　-규칙적 어근 : 품사가 분명하고 다른 말과 자유롭게 통합됨.
　　예 신(덧신, 짚신), 높-(드높다)
　　-불규칙적 어근 : 품사가 명백하지 않음.
　　예 아름-(아름답다), 따뜻-(따뜻하다)
　나. 어간(stem) : 활용어의 중심이 되는 줄기 부분.
　　예 높-(높다)

이익섭(1975)에서는 어근이 [-굴절접사 결합], [-비자립형식], [단어의 중심부]이고, [복합 형식]과 [한자어]를 배제하지 않는 반면에, 남기심·

---

5) 노명희(2009)에서도 어기를 어간과 어근을 아우르는 개념으로 사용하되 '파생과 복합과 같은 형태론적 조작 morphological operation이 적용 되는 대상'으로 정의하였는데 근본적으로 이익섭·채완(1999)와 같은 개념이다.

고영근(1985)에서는 어근이 자립 형식과 비자립형식(의존형식)을 모두 포함하기 때문에 자립성 여부에 따른 조건이 없으며, 실질 형태소라고 하여 형태소의 자격을 갖는 것만 '어근'이라고 보고 있기 때문이다. 따라서 이익섭(1975)에서 바라보는 어근은 남기심·고영근(1985)에서는 불규칙적인 어근에 해당한다.[6] 또한 이익섭(1975)에서 정의된 어간의 개념([+굴절접사(어미) 결합] 또는 [단독형 단어])을 여기에 적용하면 규칙적 어근과 어간을 포괄하는 개념이 된다. 이 두 견해의 차이에 대하여 노명희(2009 : 62)에서는 다음과 같이 부연 설명하고 있다.

> (17) 가. 이 두 견해의 또 다른 차이점은 이익섭(1975)는 결합된 결과에 따라 어근, 어간을 구분한 것이 아니라 '고정된 이름'을 부여한 것임에 비해 남기심·고영근(1985)는 '결합된 결과'에 따라 어근, 어간을 구분한 점이다.
> 나. 전자는 '깨끗-, 草, 木'과 같은 단일 형태소 뿐만 아니라 '나직-, 거므스름-, 聰明-'과 같은 複合 形式도 어근에 포함시키고 있다. 즉 어근의 기능을 가지면서 단일 형태소가 아닌 것이 있으므로 어근의 정의를 "어떠 어떠한 형태소"가 아니라 "어떠 어떠한 단

---

6) 국내에서는 이 의미로 대개 '어원적 어근'이라는 개념으로 사용하였다. 이희승 외(1995)의 '한글맞춤법통일안'에서 이와 관련된 내용을 살펴보면 다음과 같다. 예를 들어 보면 다음과 같다.

제21항 '하다'가 붙어서 되는 용언의 어원적 어근에 '히'나 '이'가 붙어서 부사나 명사가 될 적에는 그 어원을 밝히어 적는다. (갑을 취하고 을을 버린다.)
  [예] 답답히-답다피, 답답이-답다비, 곰곰이-곰고미, 반듯이-반드시, 반듯반듯이-반듯반드시
  [부기] '하다'가 붙지 아니하는 어원적 어근에 '히'나 '이'나 또는 다른 소리가 붙어서 부사나 명사로 될 적에는 그 어근의 원형을 밝히어 적지 아니한다. [예] 군더더기 오라기
제22항 어원적 어근에 '하다'가 붙어서 용언이 된 말은 그 어근의 원형을 바꾸지 아니한다.
  [예] 착하다 딱하다 급하다 속하다
제26항 용언의 어간에 다른 소리가 붙어서 된 것이라도 그 뜻이 아주 딴 말로 변한 것은 그 어간의 원형을 밝히어 적지 아니한다.
  [예] 바치다(納) 드리다(獻) 부치다(寄) 이루다(成)

어의 중심부"라고 하였다. 이에 비해 후자는 어근을 "어떠 어떠
한 실질 형태소"로 정의하고 있어 복합 형식을 배제하는 듯이
보인다.

다. 그러나 이러한 규정은 고유어에만 해당되는 것 같다. 명시적으로
언급된 바는 없지만 고영근(1989 : 539-541)에서 불규칙적 어근
으로 든 예 가운데 '分明하다, 繁盛하다'와 같은 한자어어근을 포
함하고 있어 한자어의 경우는 복합 요소도 어근에 포함시키고
있는 것으로 해석된다.

즉 (17가)의 의미는 이익섭(1975)에서는 어근과 어간을 후행하는 통합
자질에 따라 정의한 것이 아니라 마치 품사를 고정 시키듯이 자체적으로
정의(고정된 이름)를 하였다는 것이며, 남기심·고영근(1985)에서는 후행하
는 형식의 자질에 따라 상대적으로 규정된 것이라는 의미이다. 따라서 이
익섭(1975)에 따르면 '웃-'은 굴절 접사가 붙기 때문에, 그것이 나타나는
형식이 어떠하든 ('웃는다'와 같이 굴절 접사가 결합하든 '웃긴다, 웃음,
우습다'와 같이 파생 접사가 결합하든) 어간이 된다. 이는 앞서 말한 바
와 같이 한 '형태소'가 동시에 '어근'도 되고 '어간'도 되는 불명료성을
피할 수 있는 장점이 있다(이익섭 1975 : 5). 그러나 후자의 견해에 따르면
통합되는 자질의 성격에 따라 어간과 어근이 결정되기 때문에 '웃는다'
의 '웃-'은 후행 형식이 굴절 접사이어서 어간이 되지만, '웃긴다, 웃음,
우습다'의 '웃-'은 후행하는 형식이 파생 접사이어서 어근이 된다. 즉 활
용어의 중심이 되는 '웃-는다'의 '웃-'은 어간이 되고, 파생의 중심이 되
는 '웃음'의 '웃-'은 규칙적 어근이 되는 것이다. 그렇다면 '드높다'의
'높-'은 어떠한가? '높-'이 접두사 '드-'와 결합하는 통합 측면을 고려하
면 '어근'이 될 것이요, 활용 어미 '-다'와 결합하는 측면을 고려하면 '어
간'이 된다. 즉 '높-'은 한 형식에서 '어근'과 '어간'이 된다. 다음에 (17
다)는 남기심·고영근(1985)에서는 형태소만 어근으로 한정함을 의미한다

고 하였다. 하지만 어근을 형태소만 한정한 것이 아니라는 내용이 (17다)에 나타난다. 곧 (17다)에서는 고영근(1989)에서 보듯이 복합 한자어도 어근이 될 수 있다는 점을 들어 국어에서는 이 두 견해에서 보듯이 형태소뿐만 아니라 복합 형식도 모두 어근으로 처리한다고 보고 있다.

이에 반해 국외의 경우 Bauer(1983)에서 보듯이 어근의 개념을 형태소에 한정하여 보고 있는 견해도 있다.

> (18) Bauer(1983)[7)]
> 　가. 어근(root) : 파생 형태론에 의해서나 굴절 형태론에 의해서나 더
> 　　　이상 분석되지 않는 형식으로서 어형(word-form)에서 모든 굴절
> 　　　접사와 파생 접사가 제거된 부분.
> 　　예 untouchables, wheelchair에서 touch, wheel, chair
> 　나. 어간(stem) : 어형(word-form)에서 모든 굴절접사가 제거된 부분.
> 　　예 untouchable
> 　다. 어기(base) : 접사가(어떤 종류의 접사든지) 부착될 수 있는 형식.
> 　　예 touchable

이상 '어근, 어간, 어기'의 개념에 대하여 여러 학자들의 견해를 살펴보았다. '어근'과 '어간'의 경우는 '접사의 성격, 자립성 여부, 그리고 중심부의 범위' 등에 따라 그 개념이 조금씩 차이가 있음을 알 수 있다. 다만 '어기'의 경우는 단어형성의 중심이 되는 단위라는 점에서는 Bauer(1983)의 견해를 제외하고는 국내의 견해들은 대체로 일치한다고 여겨진다.

---

7) 한편 Kroeger(2005)에서는 어기(base)란 용어 대신에 단어를 어근과 접사로 나눈다. 즉 어근을 관련 되는 여러 단어들에 일정한 기본 의미를 제공하는 단어의 핵심으로, 접사를 이러한 어근에 부가되어 그 의미를 변경하는 요소로 보며, 어기란 개념을 따로 설정하지 않는다.

4. 생산성

조어론에서 생산성이란 일반적으로 단어를 생성하는 능력에 대한 정도성을 말하는 것이다. 일반적으로 생산성이 높은 접사는 어기와 분리되어 인식될 가능성이 더 많음에 따라 어기의 범주, 의미 그리고 제약이 투명하게 예측됨으로써, 접사를 중심으로 공시적인 단어형성규칙이 구현될 가능성이 높다. 이에 반하여 생산성이 낮은 접사는 결합하는 어기에 더 형태 의존적으로 되어, 그 관계를 투명하게 예측할 수 없음으로 인해 하나의 단어처럼 여겨지게 되어 이른바 어휘화된 단어가 될 가능성이 높아진다. 생산성은 의미상의 투명성과 비례하는데, 그 이유는 화자들이 '어떤 단어가 무엇을 의미하게 될 것인가에 대해 확신이 생기면 생길수록 그 단어는 더욱 더 자주 사용하게 되기' 때문이다.[8] Aronoff(1976)에서 설명한 이와 같은 개념은 의미의 '명료성'과 '생산성'과는 비례 관계를 가진다는 것을 말하려는 것으로 추측된다. 의미가 명료하다는 말은 거칠게 말하면 파생어의 내부 구조 즉 '파생 접사와 어기'의 결합 강도가 느슨함을 의미하며, 반대로 의미가 명료하지 않다는 말은 이들 간의 결합 강도가 강함을 의미한다.

> (19) 가. 무덤, 주검, 지붕, 마중, 바가지, 지팡이, 자주, 귀머거리, 터럭, 끄트머리, 이파리, 무르팍, 혹부리, 철딱서니, 지푸라기, 울타리, 끄트러기, 오이지, …
> 나. 구경꾼, 놀이꾼, 낚시꾼, 사냥꾼, 덮개, 쓰개, 지우개, 끌이개, 걸음, 도움, 모임, 꿈, 죽음, 고자질, 경쟁질, 망치질, 손뜨개질, 어른스럽다, 바보스럽다, 고집스럽다, …
> 다. 방송국께, 무릎께, 허리께, 언덕께, 보름께, 열흘께, 11월 23일께,

---

8) Aronoff는 형태소를 파생어 어기로 설정하지 않았으므로 여기서 말하는 어기란 단어형성규칙(Word Formation Rule)의 적용을 받지 않는 단어를 뜻한다(Aronoff 1976 : 39).

1930년께, …

라. 둘씩, 세씩, 네씩, …

마. 나를, 그를, 철회를, 돌이를, 영회를(을/를), 내가, 그가, 철수가,
　　돌희가, 영희가(이/가), …

　(19가)의 예들은 '막+암, 묻+엄, 죽+엄, 집+웅, 맞+웅, 박+아지, 집
+앙이, 잦+우, 털+억, 끝+으머리, 혹+부리, 철+딱서니, 짚+우라기,
울+타리, 끄트러기, 오이+지'와 같이 분석될 수 있는데, 이 파생접미사
들의 의미들은 전적으로 어기에 달려 있다. 즉, 파생접미사 'X'가 대단히
제한된 형태소('딱서니'와 같은 구성 요소는 '철'과만 결합을 하므로, 유일 형태소
로 볼 수 있다)로 앞선 어기가 없으면, 그 존재가 성립하지 않는다. 만약 어
기도 그 생산성이 떨어지게 된다면 상호간의 의존성으로 인하여, 완전히
공시적으로 하나의 형태소로 굳어질 가능성이 많다. 예컨대 '엉터리'의
'엉'은 '엉구다, 엉그름, 엉글거리다, 엉금, 엉기다' 등과 비교하여 분석이
가능할 듯하지만, '엉'이 더 이상 공시적으로 생산적이지 않고 '-터리'도
'귀밑터리', '울타리'들과 같은 몇몇 예밖에 보이지 않음으로 해서(생산성
이 상실됨에 따라), 서로 간에 긴밀한 의존성을 띠게 된다. 그 의미까지도
[대강의 윤곽]에서 [터무니없는 말이나 행동, 또는 그런 말이나 행동을
하는 사람]의 의미로 바뀌게 되어, 하나의 형태소로 완전히 굳어지게 된
것이다. 이는 앞선 어기나 파생접미사 모두가 생산성을 잃어버려, 양쪽
측면에서 단순 형태소를 만드는 조건이 된 것이다. 반면에 (19나)의 예들
은 파생 접사와 어기가 결합하는 것이 매우 자유로워서, 위의 예 이외에
도 '살림꾼', '씨름꾼', '심부름꾼', '노름꾼', '정탐꾼', '염탐꾼', '막일꾼',
'마을꾼', '줄꾼', '익살꾼', '장난꾼', '징역꾼', '천석꾼', '만석꾼', '호색
꾼', '날치꾼' 등 많은 단어가 사전에 등재되어 있다. 이는 파생 접사의
의미 [어떤 일을 습관적으로 하거나 직업 삼아 하는 사람]가 비교적 투명

하여, 이 접사를 이용하여 다른 단어를 생성하기가 비교적 쉽기 때문이
다. 의미가 투명할 경우 더 나아가 접사가 독립적인 단어로의 기능을 갖
게 되는 경우가 있다는 점은 매우 주목할 만하다.

> (20) 꾼이 모이다./꾼이 다됐군.

즉 위의 예는 언어화자가 'X+꾼'에서 '꾼'의 의미와 기능이 뚜렷하여
'X'와 '꾼'이 결합한 결합임을 뚜렷하게 인식하여, 마침내 '꾼'이 독립적
으로 어휘적 의미를 갖게 된 것이라 볼 수 있다. (19다, 라)의 파생접미사
'-께'나 '-씩'은 단어 내부 결합의 생산성이 (19마)의 조사와 매우 유사
한 정도의 분포를 가지고 있다.[9) 접미사 '-께'는 위의 예처럼, 시간상,
공간상 어떠한 범위를 나타내는 명사라는 조건이 주어진다면, 어떤 어기

---

9) 이 '-께'는 그 어기의 범위가 매우 넓기 때문에 파생 접사로 처리하기 어렵지만 조사로
보기에도 무리가 있다. 그것은 다른 조사 곧 주격조사, 목적격조사가 덧붙을 수 있고 심지
어는 처소격조사까지 붙을 수 있어서 여느 조사와는 다른 특징을 가지고 있다. 그렇다고 하
나의 단어로 처리하기도 곤란한데 그것은 스스로 독립적으로 쓰이지 않기 때문이다. 이러한
특성 때문에 허웅(1995 : 441)에서는 파생 접사로 처리하고 있다. 허웅(1995)에서의 논지를
살펴보면 아래와 같다.

'께'는 그 밑말의 범위가 꽤 넓기 때문에 뒷가지로 보기가 좀 주저스러운 데가 있다. 파생가
지는 그 밑말이 국한되는 것이 원칙이기 때문이다. 이것이 뒷가지가 될 수 없으면 토씨가
될 가능성이 가장 높은데 토씨가 될 수도 없다. 토씨로 본다면 위치자리토가 될 수밖에 없
는데 '께'에는 임자자리토나 부림자리토가 붙을 수 있고 또 위치자리토도 붙을 수 있기 때
문이다.
 • '께가' : 어깨와 엉덩이께가 모두 헤어진 누더기를 몸에 걸친 장정이 나타났다.
 • '께를' : 나는 팔을 뻗어 그의 가슴께를 냅다 질러 박았다.
 • '께에' : 방송국께에 이르러 나는 걸음을 되돌렸다.
 • 께에서 : 그의 다리는 무릎께에서 잘려 있었다.

그렇다고 이것을 매인 이름씨로 보기가 어렵다. 그렇게 되면 독립된 단어의 자격을 주어야
하는데 그것도 어색할 것 같다. 그러므로 여기에서는 역시 파생접미사로 처리해 두기로 하
는데 …중략…"

참고로 '-께'는 <표준국어대사전>에 접사로 등재되어 있다.

가 오더라도 결합이 매우 자유롭다. 곧 이들의 분포가 상당히 넓기 때문에, 어기와 '-께'가 결합된 형태가 대부분 사전에 등재되지 않는데, 이는 생산성이 매우 높아서 단어형성에 활발하게 참여하는 점을 고려된 것으로 추측된다. 이른바 유동 형태의 하나인 '-씩'도 마찬가지이다. 이들은 명사와 '-씩' 사이에 다른 요소를 늘릴 수 없다는 점에서 명사와 구조적 밀착성을 가진다. 또 그것은 수사에만 결합되어, 대치가 제한적이기 때문에 파생접미사의 특성을 보이고 있지만, 거의 모든 수사에 직접 결합할 수 있다는 점에서, 생산성이 (19가, 나)와 비교하여 매우 높다.[10]

위에서 볼 때 생산성이 파생어를 만들어 내는 능력과 매우 밀접한 관련이 있지만 생산성의 개념에 대한 정의 그리고 이를 객관적으로 검증하기란 여간 어려운 것이 아니다. 이에 여기에서는 생산성에 대한 개념에 대한 여러 견해에 대하여 간략하게 살펴보면서, 각 개념들의 장단점에 대하여 기술하고자 한다.

첫째, 전통적인 개념에서의 생산성은 어떤 파생 접사에 의해 형성된 파생어의 수가 많을 때 그 파생어 형성은 생산적이며, 그 파생어의 수가 적을 때 비생산적이라고 본다.[11]

그러나 결합의 수로 생산성을 정의하는 것은 그 경계가 매우 모호해진다. 가령, 파생 접사 '-개'의 경우 '덮개, 쓰개, 가리개, 얼개, 지우개, 깔개, 집게, 지게, 덮개, 끌개, 날개, 조리개, 베개, 싸개, 씌우개, 찌개, 꽂

---

10) 한편 파생 접미사 '-씩'은 그 분포가 넓다는 점에서 조사처럼 볼 수도 있겠지만 앞 어기에 대한 제약이 있다는 점에서 조사보다는 생산적이지 못하여 파생 접미사로 처리하는 것이 타당하다. 또 아래와 같이 '-씩'은 뜻의 확산성이 나타나지 않는다는 점에서 굴곡 접사의 분포와 다르다.
• 두사람씩 모여 앉았다. → 모여 앉음이 [[각각] 두 사람]이다.
   *두 사람이 각각 모여 앉았다.

김석득(1992 : 343) 참조.

참고로 '-씩'은 <표준국어대사전>에서도 접사로 분류되어 있다.
11) 송철의(2002 : 14-17).

개'와 같이 12개 항목이 쓰이고, 파생접미사 '-악서니'와 같은 경우 '꼴악서니', '철딱서니''와 같이 2개의 항목에만 쓰인다고 하여, '-악서니'를 비생산적이라고 본다면, 다음과 같은 문제를 내포한다. 첫째 '악서니'가 결합하는 요소가 과연 이 두 항목밖에 없는가? 없다면 그것을 어떻게 알 수 있는가? 둘째 그렇다면 생산적이지 못하다고 여겨지는 '-엄'과 같은 경우 '주검', '무덤', '마감'과 같이 세 가지가 있으므로 '-악서니'보다 많다고 보아 생산적인 접사로 처리할 것인가?

둘째, 생산성을 '제약'의 기준으로 보는 것이다. 즉 어떤 어기에 대한 제약이 적을수록 생산적이고, 제약이 많을수록 비생산적이라고 보는 것이다. 그러나 이것은 어기의 제약과 생산성이 상호 관련이 없는 경우에는 사용될 수 없다. 예컨대, 국어의 접미사 '-쇠'는 아래에서 보듯이 '어근', '명사', '동사' 범주에 걸쳐 나타나는 까닭에 어기의 통사적 범주 제약이 비교적 자유롭지만(굴렁쇠, 덜렁쇠, 탱쇠(어근+쇠), 마당쇠, 돌쇠(명사+쇠), 모르쇠, 구두쇠(동사+쇠)), 전체 도출어의 개체 수는 극히 한정적이다.

(21) 굴렁쇠, 덜렁쇠, 탱쇠(어근+쇠)
     마당쇠, 돌쇠(명사+쇠)
     모르쇠, 구두쇠[12](동사+쇠)

이에 반하여 '-새'와 같은 경우는 비록 그 어기의 통사 범주가 명사뿐이라고 하더라도, '머리새, 모양새, 본새, 구멍새, 문새, 잎새, 층새, 꺾임새, 꾸밈새, 생김새, 쓰임새, 짜임새, 모양새, 구멍새, 엿새' 등과 같이 매우 다양한 어휘 항목이 나타난다. 오히려 생산적이지 않은 것이 제약을 예측할 수 없을 정도로 다양하다. 따라서 어기에 대한 제약과 생산성과는

---

12) '구두쇠'는 이와 유사한 의미를 가진 '굳짜', '구두'와 비교하여 '굳+우+쇠'로 분석할 수 있다.

비례 관계가 반드시 성립하지는 않는다.

셋째, 입력 어기의 총 개체 수 대 파생되어 나오는 개체수의 비율을 따진 후 생산성을 검증하는 방법이다.

$$(22)\ 생산성\ =\ \frac{도출어의\ 개체수}{입력\ 어기의\ 개체수}$$

이 방법을 따르면, 생산성이 높을 경우 그 값은 '1'보다 커질 수 있으며, 그렇지 않을 경우 '0'에 근접한다. 그러나 '단어'의 범주에 따라 입력 어기의 개체수가 달라질 수 있어서, 실제 언어 현상에 반하는 결과가 나올 우려가 있다. 즉 어기가 개방 부류인 동사이나 명사일 경우 분모의 값이 상대적으로 커질 수밖에 없는 바, 자연히 지수의 값이 낮아질 수밖에 없는 반면, 폐쇄부류인 관형사나 감탄사의 경우는 분모의 값이 작은 까닭에 도출어의 개수가 하나만 발견되더라도 지수의 값이 상대적으로 높게 되는 결과를 낳게 된다. 곧 관형사나 감탄사의 생산성 지수가 높고, 대어휘 범주에 속하는 다른 문법 범주는 생산성이 낮아진다는 언어 현실과 동떨어진 결과를 낳게 된다.

넷째, 실재하지 않는 잠재어를 대상으로 생산성을 파악해야 한다는 견해이다.[13] 하지만 이 견해는 언어 현실에 존재하지 않는 가상적인 대상을 찾아낸 후 이를 존재하는 대상과 비교하여야 하는 논리적인 모순을 안고 있다. 그렇기 때문에 이 견해의 현실적인 방안은 특정 사전을 대상으로 하여 해당 사전에 등재되어 있는 경우와 그렇지 않은 경우를 찾아 비교하는 것이다. 그런데 사전에는 인위적으로 만들어진 대상을 의도적

---

13) 김정은(1995), 김성규(1987) 등이 이러한 맥락의 견해이다. 이는 Aronoff(1976)의 개념 곧 실재어(actual word)의 수를 가능어(possible word)의 수로 나누어 생산성을 측정한다는 견해를 따른 것이다.

으로 등재한 경우가 있으며, 반대로 명백히 통시적으로 만들어졌을 법한 단어가 사전 편찬자의 실수에 의하여 등재되지 않은 두 경우가 있어서 정확한 생산성을 측정하기 어렵다.

다섯째, 생산성을 등재부에 등재되어 있는 등재어를 통하여 살필 수 있다. 곧 등재부에 등재된 등재소가 많으면 해당 규칙이 생산적이며 그렇지 않으면 비생산적이라고 판단하는 것이다. 이는 등재부에 파생 접사가 결합하는 어휘의 양이 많으면 많을수록 화자가 그 파생 접사에 대한 의미적 인식이 뚜렷하다는 것이 되고, 그것을 빌어 새로운 조어를 만들 가능성이 많다는 심리적 현상에 기반한다.14) 하지만 여전히 등재부가 등재된 형식들의 집합이므로 본질적으로 통시성을 갖게 되는 까닭에 해당 규칙의 생산성이 공시적인 사실이 아니라 과거의 사실로 파악된다는 점은 이 견해의 치명적인 약점이 될 수밖에 없다.

여섯째, 특정 기간을 임의적으로 묶어서 그 기간에 만들어진 개체수를 통해 생산성을 파악하는 방법이 있다. 즉 주어진 기간 T1~T2 사이가 공시적인 시간임을 임의적으로 가정한 후, 이 기간 동안 규칙 A에 의하여 형성된 개체의 수가 규칙 B에 의해 형성된 개체의 수보다 많은 경우, 규칙 A는 규칙 B보다 생산적이라고 판단하는 것이다. 예를 들어 해방 이전

---

14) 이는 남기심(1983 : 193-195)의 다음과 같은 견해와 일맥상통한다.

인간의 기억 능력에는 한계가 있는 반면, 우리의 일상생활에 필요한 어휘는 이러한 한계를 벗어나 있다. 이는 우리의 사회가 고정되어 있는 것이 아니라 끊임없이 변하는 관계로 새로운 생각, 세분화되는 지식, 새로 생겨나는 사물의 양이 많아지기 때문에, 계속해서 새로운 어휘를 필요로 하기 때문이다. 그런데 새로운 사물이나 생각을 표현하기 위하여 일일이 하나의 어휘를 만든다는 것은 실제로 불가능할 뿐더러, 만든다고 하더라도 기억을 다 하지 못한다. 그러므로 대개의 새로운 어휘들은 기존에 있던 어휘들을 이용하거나, 또는 기존에 있던 단어형성의 기본 지식을(다른 말로 말하면 파생어 형성 원리) 이용하여 생성해 낸다. 전혀 새로운 어기나 접사로 단어를 창조하는 것이 없지는 않으나, 이미 있던 접사를 이용하여 파생어를 생성해 내는 것이 그 어휘를 받아들이는 다른 화자에게 더욱더 쉽게 다가갈 수 있기 때문이다. …생략… 국어의 가능 단어(임시어)가 도출될 수 있는 개연성은 규칙적인 접사에 있으며, 불규칙적이고 공시적으로 그 규칙이 사어화가 된 단어는 계획적인 조어에 의하지 않고는 거의 나타나지 않는다.

의 시간을 T1으로 잡고, 해방 이후의 시간에서 지금의 시기를 T2로 잡은 후, T1에서 T2 사이의 시기에 '껌팔이, 구두닦이, 쌕쌕이'와 같이 '-이'를 이용하여 만든 단어들이 존재한다면, 이 시기에 한하여 '-이'는 생산성을 가진 접사라고 판단한다. 반면에 T1이전에 '무덤', '주검', '마감' 따위와 같이 '-암/-엄'을 이용하여 만든 단어가 존재하지만 T1에서 T2에서는 접사 '-암/-엄'을 이용하여 만들어진 단어가 없다면, 이 시기의 '-암/-엄'은 생산성이 낮은 접사라고 판단한다. 그러나 공시적인 시기와 그렇지 않은 시기를 구분할 객관적인 기준이 존재하지 않는다면 이 방법도 생산성을 정밀하게 파악할 수 없다.

일곱째, 광의의 말뭉치를 구축한 후 전체 개체 수(N)와 1회 출현한 어휘들(n1)을 비교하여 유일 출현형(hapax legomena)(데이터베이스에 단 한번만 출현하는 유형)의 비율을 검토하는 것이다.[15)]

$$(23) \ 생산성 = \frac{유일\ 출현형}{개체들의\ 수}$$

위의 결과는 생산적인 접사의 경우에 그 값이 낮아지고 비생산적인 접사는 반대로 높아지게 된다.[16)] 즉 생산적인 접사는 저빈도 출현이며 비생산적인 접사는 고빈도 출현을 갖기 때문이다.[17)] 그러나 이도 역시 개

---

15) Baayen(1989)의 견해이다.

16) 이를 접미사 측면의 생산성을 고려하여 이를 적용하면 다음과 같다. P(생산성) = n1(1회 출현 어휘의 수)/N(접사 형성 파생어 빈도의 총합)

17) 차준경·강범모(1995), 김민국(2009), 차준경(2011) 등에서는 위 생산성의 공식을 약간씩 수정하여 국어 어휘의 생산성을 파악하는 데 활용하였다. 이광호(2007가)에서는 분자에 유일 출현형 대신 신어를 넣고, 분모에는 빈도 50 미만이라는 조건을 적용하여 100을 곱하였다. 이광호(2007나)에서는 분모를 상대 빈도가 1보다 작은 파생어의 총수로 변경하여 '어기와 접사의 결합 과정이 인정되는 파생어의 총수'라고 조건을 정밀화하였다. 김민국(2009)에서는 분자에 n회 출현형의 누적 빈도를 놓고 분모에 유형 빈도를 놓고 유형 빈도 및 토큰 빈도 범위를 고려한 생산성 개념을 도입하였다.

체수가 적더라고 하더라도 유일 출현형(hapax legomenon)이 상대적으로 많다고 할 경우 생산성이 매우 높다고 보아야 하는 문제가 제기된다. 극단적으로 개체들의 수가 2개이며, 유일 출현형이 2라고 하면, 생산성이 1이 되지만, 반대로 개체들의 수가 많고 유일 출현형도 많은 접사들의 경우 생산성이 매우 떨어지는 결과를 도출해 낼 수도 있다. 실제로 김한샘 (2013)에서 Baayen(1989)의 공식을 가지고 국어 접미사들을 측정한 결과, 개체수와 유일 출현형이 적은 접사 '-머리, -보, -둥이, -뱅이'들이 각각 '1.000, 0.429, 0.333, 0.200'으로 높은 생산성을 보이는 반면, 개체수와 유일 출현형들이 모두 높은 '-질, -기, -개, -음'은 각각 '0.110, 0.034, 0.018, 0.017, 0.005'로 생산성이 매우 낮은 것으로 측정되어 화자의 직관과 동떨어지게 되는 결과를 도출하였다.

이상과 같이 많은 학자들이 생산성에 대하여 연구하였지만, 아직까지 화자의 직관을 정확하게 반영할 수 있는 개념과 측정 방법이 정립되지 못하였다. 하지만 개념과 측정 방법이 정립되지 않았다고 하여도 생산성과 관련된 논의 자체들이 무의미하다는 것은 아니다. 그것은 지금 현재도 계속해서 새로운 단어가 만들어지고 있고, 이들이 언중들에게 끊임없이 수용되고 생산되고 있다는 점은 비록 정의나 계량화는 어려울지라도 생산성이라는 개념은 여전히 유효하기 때문이다.

5. 어휘화

단어를 어휘화와 관련시킨 연구는 생성형태론에서 주로 다루어져 왔다. 그 이유는 규칙어와 어휘화의 개념이 동전의 양면이기 때문이다. 달리 말하면 공시적인 단어형성규칙의 도출되는 규칙어의 이면에는, 반대로 공시적으로 멈추어진 통시적인 규칙이 적용되거나 또는 공시적인 규칙의 제약으로 설명할 수 없는 불규칙 단어들이 존재하기 때문이다. 즉 공시적인 규칙으로 설명할 수 없는 형식, 하지만 그 형식들이 단어로 존재하는 경우 생성형태론에서는 이를 '어휘화'라는 명칭을 도입하여 설명한다.

그런데 '어휘화'에 대하여 생성형태론에서 중심적으로 다루어져 왔다고 할지라도, 전통 문법에서 어휘화와 관련된 현상을 간과한 것은 아니다. 전통 문법의 시기에 김희상(1909)은 '무게, 치위, 더위'를 무규칙 형용사라 하여 그 특이성을 지적하였고, 안확(1917)은 '남아지, 열매'에서의 '-아지, -매'를 불규칙한 것이라 함으로써 복합어에 나타나는 어휘화에 대한 인식의 일면을 보여 주었다.[18] 최현배(1985)에서도 어휘화란 명칭을 말하지는 않았으나, '바꾸인 움직씨의 본대 움직씨 되기'라는 이름으로 의미론적인 요인에 의한 어휘화를 설명하고 있다.

(24) 가. 세우다(주장, 고집), 맞후다(注文)
　　　예1 그 사람이 자꾸 세우니까, 어떻게 할 수 없소 그려.
　　　예2 나는 십원 짜리 신 한 켤레 맞후겠다.
　　나. 붙이다(寄, 接)
　　　예1 최 씨가 제 돈 이십만 원을 학교에 붙이다.
　　　예2 저 집에는 놀음군을 붙이다.
　　다. 들이다(納, 入)
　　　예1 볏섬을 광 안에 들인다.
　　　예2 여섯 시부터 구경군을 들인다오.

　　　　　　　　　　　　　　　　　　　　　　　　(최현배 1985 : 435)

위 (24가, 나, 다)의 예들에 대하여 최현배(1985 : 435)에서는 "도로된 본

---

18) 자세한 것은 김철남(1995 : 3) 참조.

대 움직씨는 완전히 본대 움직씨로 된 것을 이름이니, 그 뜻이 거의 전연히 독립적이어서, 그 본대의 움직씨를 예상할 것 없이, 직접적으로 그 뜻을 잡을 수 있는 것이니라"라고 하였다. 곧 그 뜻이 어기와 완전히 달라져 단어형성규칙으로 분석될 수 없음을 설명한 것이다. 형태론적 요인에 의한 어휘화도 '홑진 낱말'이라는 용어를 사용하여 어휘화된 단어에 대한 인식의 일면을 보여 준다.19)

> (25) 그 얽이는 분명히 두 낱말로 되었으나, 그 어우름의 까닭을 설명하기 어려운 겹친 말은 그 통일성이 가장 굳어, 그것이 홑진 낱말로 인정하게 되는 것이 있다. 그 보기 : 겨집, 감발, 신발.

구조주의 형태론에서는 엄격한 분석 위주의 방법론을 적용하여 단어가 연합관계와 통합 관계의 입장에서 만족시키면 모두 분석의 대상이 될 수 있었다. 이러한 관점에 서면 공시적 분석과 어원적 분석의 구별도 모호해진다. 따라서 어휘화된 복합어에 대한 연구는 구조주의 시기에서는 상대적으로 소홀해 질 수밖에 없었다. 하지만 구조주의 시기에서도 허웅(1985)과 이기문(1972)에서 보듯이 파생어와 관련하여 생성주의의 개념과 유사한 견해를 엿볼 수 있다.

> (26) 가. 노래, 노릇, 노리개, 도리깨, 굽도리, 무녀리, 거란지, 고름, 거름, 느림, …
>   나. 쪼개다, 짜개다, 고치다, 무치다, 안치다, …

(26)에 대한 설명을 보면 '밑말과 뜻이 아주 멀어져 서로 인연을 끊고 홑낱말이 된 것'이라 하여 어휘화와 관련된 논의를 하고 있는 것이다. 즉

---

19) 최현배(1985 : 37) 참조.

의미론적인 요인(의미가 투명하지 못하다는 요인)에 의해 그 통합체(어기+접사)들이 어휘화된 것으로 더 이상 분석의 대상이 될 수 없다는 사실을 지적하였다. 더 이상 분석의 대상이 될 수 없다고 한다는 것은 이들을 복합 구조가 아닌 하나의 형태소라고 본다는 것이다. 아울러 허웅(1985)에서 인식한 어휘화의 요인은 의미론적 측면에만 한정되어 있는 듯하다. 가령 (26나)와 같은 '쪼개다', '짜개다'는 본래 명사 어기 '쪽-, 짝-'에 접미사 '-애'가 결합한 것이지만 현대 국어에서는 접사 '-애'를 이용한 파생어 형성 규칙이 존재하지 않는다고 본다면 이들이 형태론적인 요인에 의해 어휘화가 되었다고 말할 수 있는 성질임에도 불구하고, 이에 대한 언급이 없다.

이기문(1972 : 145-146)은 어휘화와 관련하여 단어 속에 남겨진 역사적 흔적을 '화석'이라는 이름으로 설명하였다. 이기문(1972)에서는 중세 국어의 특징적인 형태소와 합성 규칙이 현대 국어에 화석으로 남아 있다고 보고 다음과 같은 예를 들었다.

(27) 가. 수탉, 암탉, 안팎, 니뿔, 조뿔, …
나. 빌먹-, 딜먹-, 것곶-, 들보-, 죽살-, 됴콧-, …
다. 이리, 그리, 뎌리, …
라. 사르잡, 사르자피, …

(27가)는 현대 국어의 '수탉, 암탉, 안팎'과 '입쌀, 좁쌀'에 보이는 'ㅎ'과 'ㅂ'이 화석으로 남아서 전승되었다는 것과 (27나)는 동사 어간과 동사 어근을 통합하여 단어를 만드는 방식이 중세 국어에서는 생산적이었으나 현대 국어에서는 생산성을 잃어 화석화한 것, (27다)는 '이', '그', '뎌'에 연결어미 '-리'가 붙은 것이었으나 현대 국어에서 생산적이지 않아 화석으로 남게 된 것, 그리고 (27라)는 중세 국어에서 이미 비생산적

이었던 '-ᄋ'에 의한 파생어 중 '이르'는 없어지고 '사르'는 '사르잡-', '사르자피-' 속에 화석으로 남게 된 것이라고 하여, 공시적인 규칙으로 설명될 수 없는 (27)의 예들을 화석화의 개념을 사용하여 설명하고 있다. 그런데 여기서 주목해야 되는 점은 이들 예들이 공시적으로 형태소 분석은 될 수 있다는 점을 암시하고 있다는 것이다. 이러한 견해는 허웅(1985)와 다른 견해인 것이다.

본격적으로 복합어에 대한 어휘화가 논의된 것은 생성형태론에서였다. 그러나 초기의 변형 문법에서 형태론은 통사론에 밀려 어휘화에 대한 논의가 없었다. 즉 어휘부가 독립된 부문으로 역할을 하지 못하였다는 것이다. 그것은 어휘 항목(lexical item)을 삽입하는 규칙이 어휘부의 맨 마지막에 적용되는 규칙으로서, 형태부가 통사부의 하위 부분으로 다루어져 왔기 때문이다.[20) 그러나 통사부에 어휘부를 설명하려는 데서 나타나는 여러 문제로 인하여 결국 단어형성에 대한 독자적인 형태론의 필요성이 제기되었다. 단어형성에 대한 부문을 통사부 부문에 종속시키는 견해에 대한 비판을 통하여 이 두 부문의 독립성을 주장한 논문에는 Halle(1973)이 있다. 이 논문은 어휘론의 테두리 안에서 독자적인 형태부를 제안한 것으로 이때부터 본격적으로 어휘화에 대한 논의가 시작되었다고 볼 수 있다. 이후 다양한 학자들에 의하여 단어형성규칙과 어휘화와 관련된 논의를 하였다.

우선 Lyons(1977 : 547)는 '화석화'(fossilization)라는 용어를 사용하여 어휘화의 한 부분을 설명하고 있다. 그는 'Pick-pockct, turn-coat'와 같은 영어의 외심 합성어를 예로 들면서 '단일 어휘소를 구성하여 이루어진 형

---

20) 어휘항목(Lexical item)을 삽입하는 규칙은 범주부의 맨 마지막에 적용되는 규칙이다. 그리하여 범주부는 두 종류의 바꿔 쓰기 규칙(Rewriting rule)을 가지게 되는데 그 하나는 구구조규칙(Phrase struture rule)이고 나머지는 어휘항목을 삽입하는 규칙이다(전상범 역 1987 : 3).

태로부터 도출된 규칙이 현재의 언어 체계 속에서 더 이상 생산적이지 않으면 그 규칙에 의해 형성된 어형들이 화석화되었다'라고 정의하였다. Bauer(1983 : 48)는 Lyons(1977)의 화석화라는 개념이 합성어에 한정되었음을 지적하면서, '어휘화(fossilization)'라는 개념을 도입하였다. 여기에서는 어휘화를 '언어 체계의 변화 때문에, 어떤 어휘소가 만약 생산적인 규칙의 적용을 받아 생성되었다면 불가능했을 어형을 가지게 되는 것'이라고 하여 그 범위를 넓혔다. Di Sciullo & Williams(1987)에서는 등재소(listeme)라는 개념을 통하여 어휘화의 일면을 기술하였다. 여기에서는 등재소를 '화자에 의해 기억되고 저장된 언어적 표현으로서 어휘부에 등재되는 모든 비규칙적인 단위'를 지칭한다. Di Sciullo & Williams(1987)에서는 등재소들의 집합인 '어휘부'에 대하여 '어휘부는 형무소와 같은 것이어서 그곳에서는 무법자만 들어 있으며, 그 안에 들어 있는 것들의 유일한 공통점은 무법자라는 것뿐이다'라고 하여 등재소의 성격을 비유적으로 표현하였다.

국어 문법에서 생성형태론적 관점으로 어휘화를 논의하기 시작한 것은 김성규(1987)로 추측된다. 김성규(1987)에서는 Bauer(1983)의 개념 설정과 유형 분류에 따라 어휘화를 '생산력이 없는 결합 방식을 지닌 단어에 대해 붙여지는 이름'이라고 정의하였으며, 그 종류에 '음운론적 어휘화, 형태론적 어휘화, 의미론적 어휘화 그리고 통사론적 어휘화'가 있다고 하였다.

(28) 가. 감돌, 검붉, 튀밥, 울음, 졸음, 노름, 주름, 꿈, 그림, 길이, 높이, 깊이, 넓이, 들이, 먹히, 알리, 감기, …
　　　나. 즐기다, 즐겁다, 이바지, 호랑이, …
　　　다. 칼잡이, 총잡이, 왼손잡이, 줄넘기, 돋보기, 바치다, 반드시, 날개, 구이, 먹이, 떨이, 볶이, 같이, 굳이, 곧이, 길이, 쉬, 고이, 적이, …

라. 멀리, 두께, 무게, 더위, 추위, …

김성규(1987)에서는 (28가)의 결합 방식이 통어적으로 비생산적이므로 형태론적으로 어휘화한 것이고, (28나)는 어기가 공시적으로 존재하지 않으므로 형태론적으로 어휘화한 것으로, (28다)는 어기나 접사의 의미가 본 의미와 달라져 의미적으로 어휘화한 것이며, (29라)는 공시적인 음운 규칙으로 설명될 수 없으므로 음운론적으로 어휘화된 것이라 하였다. 여기서 문제가 되는 것은 (28가)를 '공시적으로 분석은 가능하지만 결합 방식이 비생산적이기 때문에 어휘화된 단어'라고 하였다는 점이다. 그러나 '울음, 졸음, 꿈, 그림', '들이-, 먹히-, 알리-, 감기-' 등의 접미사 '-으(ㅁ), -이, -히, -리, -기'는 생산성 있는 접사이고, 의미적으로도 규칙적인 예측할 수 있으며, 음운론적으로도 재구조화 되지 않았으므로 이들을 어휘화된 단어라고 보는 데에는 무리가 있다. 이에 대해 김철남(1995 : 7)에서는 다음과 같은 비판을 한다.

> (29) 규칙의 생산성 상실은 해당 규칙의 역사적 추이를 면밀히 검토한 후 현대 국어에서 완전히 생산력을 잃게 된 것만을 제시해야 할 것이요, 단어의 전승 자체를 어휘화라 볼 수 없다. 비록 앞선 시대로부터 전승된 단어라 할지라도 공시적인 언어 체계 안에서 잘 설명될 수 있다면 그것을 어휘화되었다고 할 이유가 없기 때문이다.[21]

(28다)에서도 '칼잡이, 총잡이, 왼손잡이, 줄넘기'와 같은 말들은 어기가 의미 예측이 불가능하다고 하여 어휘화라고 보았는데, 이들은 제3의 의미로 완전히 바뀐 것이 아닌, 접사의 의미와 어기와의 의미의 합으로 설명이 가능하다. 물론 형태소가 결합할 경우 구성 요소의 의미의 합과

---

21) 김철남(1995 : 7) 참조.

결합된 단어의 의미가 반드시 일치하지는 않는다. 그러나 이러한 파생어와 합성어의 결합의 속성에 나타나는 일반적인 사실까지 모두 어휘화되었다고 본다면 국어의 모든 단어 심지어 규칙성이 있는 구 또는 문장까지도 어휘화된 것으로 보아야 할 위험성이 있다. 국어의 단어, 특히 구나 문장의 경우 화맥이나 문맥에 따라 그 의미가 약간씩 달리 사용되기 때문이다. 더욱이 이들은 접미사나 접두사가 생산성이 있고 음운적으로도 변화를 입지 않았으므로 어휘화되지 않았다. 따라서 위의 '총잡이', '왼손잡이', '줄넘기'와 같은 어휘들을 어휘화되었다고 보기는 무리가 있다고 본다.

송철의(1989 : 18-39)에서도 생성형태론적 관점에 입각하여 국어의 파생어 형성을 다룬 연구에서 어휘화를 논했는데, 그 틀은 김성규(1987)와 큰 차이가 없으나 더 정밀화되었다. 송철의(1989)에서는 '어기와 파생어가 각기 다른 통시적인 변화를 겪게 되면 그 파생어는 어기와의 파생 관계가 멀어지게 되어 공시적인 파생어 형성 규칙으로는 생성할 수 없는 상태에 이르게 되는 경우 이것을 어휘화되었다'라고 정의하였다. 역시 '어휘화'의 하위 범주에 '형태론적 어휘화, 음운론적 어휘화, 의미론적 어휘화'를 설정하였다.

> (30) 가. 아프다, 고프다, 추위, 더위
>
> 나. 부끄럽다, 기쁘다, 슬프다, 밉다, 두렵다, 그믐, 시름, 설거지, 이바지, 쉽사리, 어렵사리
>
> 다. 새롭다, 많이
>
> 라. 너비, 갈치, 나들이
>
> 마. 무덤, 주검, 마감, 지붕, 마중, 지팡이, 올가미, 도로 ,너무, 자주, 바로, 귀머거리, 터럭, 끄트머리, 바가지, 이파리, 무르팍
>
> 바. 노름, 키, 고비, 고이, 구비, 어리숙하다

송철의(1989)에서 보면 (30가)는 음운론적으로 어휘화된 예로, (30나)와 (30라)까지는 형태론적 어휘화로, (30바)는 의미론적 어휘화를 예로서 들었다. 그런데 송철의(1989)에서는 제3의 의미로 바뀐 단어들을 어휘화의 범주에 설정하지 않았다. 송철의(1989)에서는 '가위질'을 예를 들어 [삭제]라는 제3의 의미로 바뀐 것은 비유적 의미인데, 만약 비유적 의미까지도 어휘화된 것으로 보면 의미론적 어휘화의 범위가 매우 넓어진다고 하여, 이를 의미론적으로 어휘화된 단어가 아니라고 하였다.[22] 하지만 이는 제3의 의미로 바뀐 예들 모두를 어휘화된 단어가 아니라고 보기는 어렵다.

(31) 가. 손가락질, 삿대질
나. 소매치기

송철의(1989)에서 든 '가위질'의 [삭제], [검열]이라는 어휘적 의미가 얻어진 것은 비교적 최근의 일로서, 사전에는 [가위로 자르거나 오리는 일]만 쓰여져 있을 뿐 [검열]의 의미는 나타나 있지 않다. 그러나 (31가)의 '손가락질'은 [손가락을 가리키는 짓]의 의미뿐만 아니라 비유적 의미[남을 흉보는 짓]가 사전에 실려 있고, '삿대질'도 [삿대를 젓는 행위]와 함께 비유적 의미 [남을 욕하는 행위]가 함께 사전에 실려 있다. 그리고 이제는 어떤 것이 중심 의미인지 모를 정도로 바뀐 것들이다. 더욱이 (31나)의 '소매치기'는 단순히 소매를 친다는 의미가 아니라 '남의 몸에 지닌 금품을 몰래 훔쳐내는 일'로서 비유적 의미로 쓰이고 있지만 사전에는 원의미는 실려 있지 않고 비유적 의미만이 나타나 있다. 더구나 단어형성 규칙의 제약 부분에 '어기와 접사'의 통합과 관련된 제약 부분이 분명히 설정되어 있어서, 단순히 비유적 의미로 쓰였다고 하여 이들 예들을 의미

22) 송철의(1989 : 28-29) 참조.

론적으로 어휘화되지 않은 것으로 처리하는 데는 좀 더 신중한 검토가 필요할 것 같다.

하치근(1992)에서는 어휘화한 단어를 문법에서 어떻게 다루어야 할 것 인가를 논의하였다. 곧 단어의 분석과 결합 과정에서 나타나는 불일치 현 상을 어휘부에 설정된 여과 장치에 의해 설명해야 함을 주장하였다.

(32)	형태소 목록	파생 규칙	여과 장치	어휘소 목록
가.	덮-, -개	<+생산성>	<-어휘화>	덮-, -개
나.	먹-, -이	<+생산성>	<-어휘화> <+사물명>	먹-, -이
다.	놋-, -보	<+생산성>	<+어휘화 : 어기>	놋보, -보
라.	새, -롭-	<+생산성>	<+어휘화 : 어기>	새롭-, -롭-
마.	키	<-생산성>	<+어휘화>	키
바.	묻-, -엄	<-생산성>	<-어휘화>	묻-, -엄
사.	밤, -도와	<-생산성>	<+어휘화 : 접사>	밤도와, 밤

(32)의 내용은 접미사의 생산성 유무를 중심으로 어휘화의 특성을 분 류한 것이다. (32가)의 '덮개'는 생산적인 규칙에 의해 형성된 단어임을 제시한 것이고, (32나)의 '먹이'는 생산적인 규칙에 의해 형성되었으나 단어의 의미에 어떤 차이가 생겼음을 제시한 것이다. 여기에서 <+사물 명>이란 표시가 된 것은 접미사 '-이' 기능을 행위성 명사를 파생시키는 것으로 보았기 때문이다. (32다)에서는 '놋보'를 형성한 규칙이 생산력은 접사나 어기 '놋'이 불투명한 것이어서 어휘화 한 단어로 처리되었다. (32라)는 어기의 기능이 바뀌어 어휘화 한 것으로서 (32다)와 같은 방법 으로 처리된다. 즉 어휘화 한 단어는 하나의 어휘소로 어휘부에 등재된다 는 것이다. 여기에서 사용되는 어휘소는 공시적으로 실재하는 형태소와 어휘화 한 단어를 묶어 가리키는 말이다. (32마)에서 '키'는 규칙을 상정

하기도 어렵고 분석도 어려운 하나의 형태소로 보았다. (32바)는 규칙은 비생산적이나 말할이의 언어 직관에 의해 분석이 가능하다면 어휘화 한 것이 아니라는 것이다. (32사)에서는 접미사로 간주된 '도와'가 유일 형 태소로 여겨져 '밤도와'가 어휘화된 것으로 보았다. 하지만 여과 장치 안 에 [±어휘화]를 부여한다는 것은 매우 모순된 방법이다. 여기서 말하는 '여과 장치'란 Halle(1973)의 Filter를 의미하는데, '여과 장치'란 원래 생 산적인 파생접사의 어기 선택의 경향성 곧 제약 현상을 말하는 것으로 이 부분에 [±어휘화]를 넣는 것이 아니기 때문이다. 한편 김승호(1992)는 국어 어휘화를 형태소 단계에서의 어휘화, 단어 단계에서의 어휘화, 구 단계에서의 어휘화, 마디 단계에서의 어휘화로 나누었다.

> (33) 가. 솜씨, 함께, 노래, 두꺼비, 걸, 무녀리, 거란지, 코끼리, 아프, 고
>   프, 아내, …
>   나. 목숨, 국물, 들것, 쥘손, 죽을병, 개판, 개팔자, 굴뚝, 글발, 검버
>   섯, 꽃봉오리, 두꺼비집, 두꺼비씨름, 며느리발톱, 모래톱, 갈라서
>   다, 감싸다, 깔보다, 꼬리치다, …
>   다. 하늘의 별따기, 제 눈의 안경, 손을 떼다, 서리를 맞다, 부지런한
>   사람, 아닌게 아니라, 아니나 다를까, 세상 없어도, …
>   라. 낯놓고 기억자도 모른다, 가을 식은 밥이 봄 양식이다, …

(33가)는 형태소 단계에서의 어휘화, (33나)는 단어 단계에서의 어휘화, (33다)는 구 단계에서의 어휘화, (33라)는 절 단계에서의 어휘화를 의미 한다. 김승호(1992)에서는 어휘화를 '언어형식(절, 구, 단어, 형태소) 단위'가 내적 자율 규칙의 지배를 벗어나 선조적 배합을 이루면서 단일 어휘소와 같이 기능하게 된 것을 '어휘화' 되었다고 하고, 그 결과를 '어휘화' 된 단어라고 보았다.[23) 그러나 어떤 단어가 공시론적 관점에서 구조상으로 더 이상 분석될 수 없는 경우에는 어휘화된 단어로 본다고 하여, (33나)

에서 (33라)의 전체를 분석이 안 되는 형태소라고 한 것은 좀 더 신중해
야 된다고 본다. 물론 이들이 비유적 의미로 쓰이고 문장이 관형화되었으
나, 이렇게 본다면 문맥에서 하나의 임시적으로 숙어로 쓰인 모든 예들을
형태소로 볼 염려가 있다.

    (34) 가. 날램은 비호요.
         나. 그의 머리는 불덩이이다.[24]

  (34가)와 (34나)의 '비호' 나 '불덩이'는 구조 전체에 힘입어 비유적 의
미로 쓰인 것이다. 하지만 이는 '비호'와 '불덩이' 자체가 의미가 바뀐 것
이지, 전체가 하나의 형태소로 굳어졌다고 볼 수는 없다. 또 (33라)의 예
를 어휘화로 본 근거에 대하여 (35)에서처럼 '삽입'이나 '대치'의 제한성
을 들었다.

    (35) 철수는 호미 놓고 기역자도 모른다.
      → 철수는 낫 놓고 첫 기역자도 모른다.

  (35)의 문장이 [무식하다]라는 의미를 가질 경우 구성 성분의 '대치'와
'수식어 결합하기' 등의 변형에 제약을 받으므로 더 이상 분석이 될 수
없는 단위라 보았다. 그러나 위의 예는 아래와 같이 대치가 가능하다.

    (36) 가. 철수는 낫 놓고도 기역자도 모르네
         나. 철수는 낫 놓고도 <u>정말</u> 기역자도 모르네.

  (36)에서는 '도'와 '정말'과 같은 말이 삽입되어 대치와 수식이 가능함

---

23) 김승호(1992 : 98) 참조.
24) 김석득(1992 : 258-259) 참조

을 보여준다. 따라서 위는 어휘화된 단어라고 할지라도 분석이 가능한 단
위인 것이다. 또 (33나)의 경우 단어 단계의 어휘화에 대하여서도 마찬
가지이다. 곧 (33나)의 예들은 구성요소의 형태를 쉽게 파악할 수 있다는
점에서 구성체 전체를 형태소로 보기에는 무리가 있다. 어떤 구성체가 형
태소가 되었다고 말하는 것은 그 구조 성분과 구성체와의 의미적 연관성
을 파악하지 못하는 경우이어야 하는데 '목숨[생명], 국물[여지]' 등은 공
시적 화자가 '목숨'이 왜 [생명]을 의미하는지, '국물'이 왜 [여지]를 의
미하는지를 구성요소들의 의미의 합으로 쉽게 간파할 수 있기 때문에 하
나의 형태소로 보기는 어렵다. 이러한 문제가 발생한 것은 결합의 관점인
'어휘화'된 단어를 분석의 관점인 '형태소'와 동일하게 보는데서 발생한
것이다.

김철남(1995)에서는 국어에 나타나는 모든 경우의 어휘화를 '화석되기',
녹아붙기', 익어지기'의 셋으로 분류하였다.

(37) 화석되기 : 언어 체계의 변화로 말미암아 공시적인 규칙의 입력부에
　　　　　　　적용될 밑말이나 가지가 존재하지 않는다든지, 밑말의 음
　　　　　　　운 구조나 기능이 바뀌었다든지, 음운의 변동을 예측케
　　　　　　　해줄 변동 규칙에 변화가 생겼다든지, 아니면 단어를 분
　　　　　　　석하여 결합시켜 줄 규칙 자체가 소멸했다든지 하는 경우
　　　가. 설거지, 그믐, 그치다, 거꾸로, 시내, 입술, 꼭두각시, 나타나다,
　　　　　사로잡다, 자빠지다, …
　　　나. 더위, 무게, 주먹, 두렁, 까마귀, 뜨더귀, 바가지, 빨래, 이파리, …
　　　다. 넙치, 너비, 갈치, 지붕, 암탉, 머리카락, 살코기, 안틀다, …
　　　라. 찹쌀, 냅뛰다, 휩쓸다, 휩싸다, 볍씨, 좁쌀, 접때, …
　　　마. 따님, 하느님, 차돌, 차조, 차지다, 가으내, 부나비, …
　　　바. 계집, 신발, 감발, …

(38) 녹아붙기 : 축약형을 원형식과 돌릴 수 없는 경우

가. 하얗다, 가맣다, 파랗다, 발갛다, 노랗다, 동그랗다, …
나. 샌님, 아범, 어멈, 할아범 ,할멈, 한둘, 서넛, …

(39) 익어지기 : 문법적 구조를 지니고 있으나 도출되어 나온 의미가 구성
요소의 의미로써 예측할 수 없는 경우

가. 노름, 노래, 무녀리, 손씻이, 노랭이, 빨갱이, 고치다, 바치다, 안
치다, …
나. 너머, 차마, 더러, 미처, 이따가, 가다가, 아서라, …
다. 개차반, 쥐뿔, 구리귀신, 두꺼비집, 감자 바위, 며느리 밑씻개, 손
타다, 턱없다, 기차다, 가르친사위, …
라. 귀엣말, 눈엣가시, 몸엣것, 남의나이, 꿩의밥, …

김철남(1995 : 15)에서는 Bauer(1983)의 체계를 이용하여, 음운론적 어휘
화, 형태론적 어휘화, 의미론적인 어휘화의 셋으로 구분하는 것은 언어
체계의 변화에만 국한되어 있어, 국어의 어휘화를 다루는 데 적합하지 않
다고 하였다. 그리하여 어휘화된 단어를 '화석되기', '녹아붙기', '익어지
기'라고 세 부류로 설정하였다. 그러나 Bauer의 개념이 왜 국어에 적합하
지 않은지에 대한 근거가 없다. 즉 (37), (38)의 경우는 대부분 형태론적
어휘화로 (39)의 '익어지기'는 의미론적인 어휘화로 각각 가려 넣을 수
있음에도 불구하고, Bauer(1983)의 개념을 없애고 '화석되기, 녹아붙기,
익어지기'라고 하여 나눈 것이다. 더욱이 '녹아붙기'와 '익어지기'는 통시
적인 사실로 '화석되기'의 하위 부류임에도 불구하고, 이들을 같은 차원
으로 분류한 것은 문제가 있지 않나 추측된다.
김광해(1995 : 41-58)에서는 신형 합성어의 형성 과정을 살피면서, 사전
에 등록된 모든 단어를 어휘화로 보았다. 그는 신형 합성어의 형태가 어
휘부(lexicon)에 넘어 들어오는 과정을 파악하면서, 화자가 의도하는 의미
내용이 고착되어 내포(Intension)를 형성하게 되는 경우, 다시 말하면 청자

와 화자 간 기호(sign)에 대한 하나의 의미(meaning)를 약정하고 그것이 지속된 경우를 어휘화된 합성어라 하였다. 그러나 김광해(1995)의 '지속'이라는 개념과 그 지속으로 나타난 것이 '사전에 등록된 어휘들이다'라는 말은 서로 양립할 수 없는 개념이다. 그는 화자의 의도적 의미(intended meaning)를 몰라서 '그것이 무슨 뜻인가?'하고 반문하는 청자에게 'X란 이러이러한 뜻이다'라고 설명해 줄 수 있는 단계가 되고, 그리하여 그것으로 청자와의 사이에 하나의 기호(sign)에 대한 의미(meaning)를 약정할 수 있게 된다면, 합성명사로서의 자격을 획득한다고 하였다. 그러나 청자가 'X란 이러이러한 뜻이다'라고 설명해 줄 수 있는 단계란, 사전에 등록되지 않고서도 임시적으로 얼마든지 화자와 청자의 대화상에서 가능한 것이다. 김광해(1995 : 39-40)에서 예를 든 '이빨내기'라는 예를 보더라도 그렇다.25) 이 의미를 알기 위해서는 대부분의 사람들은 청자가 '그것이 무슨 뜻인가'를 질문해야 될 것이다. 하지만 이를 극중 화자가 풀이한 대로 '부럼을 깨물면서 누구의 이빨이 가장 튼튼한가를 내기한다'라고 한다면 '이빨 내기'란 이 문맥에 참여하는 대화자에게는 서로 의미가 통용이 되고 지속이 되는 것이다. 그러나 이는 사전에 실려 있지 않다. 또 Downing(1977 : 833)이 실험한 '사람문'이라는 단어를 살펴보자. 이것은 문맥이 주어지지 않는다면 도무지 그 의미를 파악하기 어려운 단어이다. 그러나 '새가 들어가는 문'은 '새문', '개가 들어가는 문'은 '개문', '고양이가 들어가는 문'은 '고양이 문'이라는 장면(situation)과 문맥(context)가 주

---

25) 김광해(1995 : 41)에서 '이빨내기'에 대한 의미를 아래와 같이 설명하고 있다.
   '이빨내기'라는 합성 형태는 1982년 2월 9일 MBC-TV의 주간극 <전원 일기> 중에서 채집한 것이라고 하였다. 정월 대보름날 부럼을 깨물면서 그 풍속의 유래를 설명하는 할머니의 대사 속에 등장하였다. 이 말의 정확한 의미는 할머니의 설명이 있기 전에는 파악되기가 어려워서, 예컨대 [이빨로 하는 어떤 내기], [이빨을 걸고 하는 내기] 등으로 해석이 가능하다. 그러나 이 형태에 대해 화자(극중의 할머니)가 제시한 최종적 의미는 [부럼을 깨물면서 누구의 이빨이 가장 튼튼한가를 내기한다]는 것이다.

어진다면 청자는 그 의미를 쉽게 파악할 수 있다. 더욱이 사전에 등록되어 있는 단어에서조차 '지속'이라는 개념은 그리 명확하지 않다. 예컨대 '이불 활개', '하늘마음', '바리무', '땅그네', '땅자리'라는 말은,26) 사전에서 그 확인하기 전까지는 청자들로 하여금 일정한 개념을 가질 수 없게 만들므로, 당황케 하기에 충분한 합성어들이다. 곧 '지속'이라는 개념이, 사전에 있는 어휘조차 명쾌하게 적용되지 않는다는 것이다. 달리 말하면 '지속'의 개념은 '언어화자, 발화 상황, 그리고 보는 각도'에 따라 얼마든지 달라질 수 있는 모호한 것이기 때문이다. 결국 김광해(1995)에서 '지속'이라는 뜻과 그 지속으로 나타난 것이 '사전'에 등록된 어휘들이라는 말은 동일선상에 놓여지지 않는 개념이다. 신형 합성어라는 말의 개념도 좀 더 정밀해질 필요가 있다. 김광해(1995 : 41)는 '형님모자', '동생모자'라는 합성 형태에서, '형님의 모자', '동생의 모자'라는 뜻일 때에는 구로 보고, '크니까 형님모자(형님인 모자)', 작으니까 동생모자(동생인 모자)라는 맥락에서는 '신형 합성어'라고 하는 것도 다분히 문맥과 상황 의존적이다.

이상과 같이 여러 학자들의 어휘화에 대한 정의와 분류를 간략하게 살펴보았다. 이들 학자들 간의 공통점은 어휘화를, 첫째 단어 분석의 관점이 아니라 단어형성의 관점에서 통시적으로 특이한 변화를 겪어 — 그것이 음운론적이든, 형태론적이든, 의미론적이든, 아니면 통사론적이든 — 공시적인 단어형성의 규칙으로 설명하기 어려운 단어를 어휘화되었다고 보는 것이고, 둘째로 이러한 단어들은 어휘화됨으로 말미암아 단어 분석

---

26) 이불 활개 : 이불 속에서 활개를 친다는 뜻으로, 남이 보지 않는 곳에서 호기를 부린다는 말
   하늘마음 : 하늘처럼 맑고 밝고 넓고 고요한 마음, 천심, 불교용어.
   바리무 : 말이나 소에 싣고 팔러 다니는 무.
   땅그네 : 땅에 기둥을 세우고 맨 그네.
   땅자리 : 참외나 호박 같은 것의 거죽이 땅에 닿아 빛이 변한 부분.

과 단어형성 과정의 불일치를 야기한다는 점이다. 그러나 공통점보다는 차이점이 많이 발견된다. 차이점을 정리해보면, 먼저 어휘화의 범위 문제에서 이견이 나타난다. 어휘화를 하나의 형태소로만 한정하는 것에서부터, 단어가 사전에 등록되는 경우와 그리고 관용화된 구의 경우까지 확대하는 견해들이 그것이다. 다음에 어휘화의 분류가 상이하다는 것이다. 예컨대 '형태론적인 어휘화, 의미론적인 어휘화, 음운론적인 어휘화' 등으로 분류하는 것과 그렇지 않고 '화석되기, 익어지기, 녹아붙기' 등 다른 관점으로 분류한다는 것이다.

　한편 '어휘화' 대신에 '문법화'라는 용어도 쓸 수 있다. 하지만 '문법화'란 독립된 하나의 단어가 단어로서의 자격을 잃어버리고 '문법적'인 요소로 되어가는 과정을 뜻한다. 곧 '문법화'란 어휘적 요소가 역사적인 변천을 경험하면서 소위 '접두사', '접미사', '조사'와 같은 '문법적 요소'로 변화하는 것을 뜻한다(고영진 1995 : 1). 즉 과거에 '답다'의 '답'이 실질 동사였던 것이 공시적으로 접미사화 된 것이나, 동사 '지다'가 보조동사가 되고 더 나아가 '접미사'가 되는 현상, 과거의 '삐'(ᄆ+삐)가 '쓰'[사용하다]의 실질 동사에서 연유하였지만 공시적으로 이것이 '시'로 접사화되어서 현대에는 '맵시'를 어기와 접사로 재구조화되는 경우가 이에 해당한다. 반면에 '어휘화'란 어떠한 복합적인 구성(복합어)을 가지는 어휘가, 생산성이 떨어지거나 또는 여러 가지 제약으로 인하여 더 이상 공시적인 단어형성규칙으로 제어하거나 도출할 수 없는 경우에 사용되는 것이다.

　달리 말하면 공시적인 파생어 형성 규칙이라든가 합성어 형성 규칙 등으로 해당 복합어를 설명할 수 없는 경우를 뜻하므로 '문법화'와는 상관은 있으나 전적으로 동일하다고 볼 수 없다. 하나의 단어로서 기능하는 것은 '형식적 요소'뿐만 아니라 '어휘적 요소'도 나타나기 때문이다. 또한 위에서 살펴본 '화석화'의 개념도 '어휘화'의 개념과 다른 의미를 가지고 있다. 곧 '화석화'란 단어의 내부 요소 간 결합의 규칙성을 고려하지 않은 채 단순히 통시적인 사실의 공시적인 전승이라는 측면을 부각한 용어이다. 곧 '화석화'는 공시태 안에서 형태적으로 질서 정연하게 설명할 수 있는 예들을 포함하고 있을 수 있어 어휘화 개념과 차이가 있다. 예컨대 '좁쌀', '맵쌀', '입쌀', '입때' 등등의 'ㅂ첨가'는 역사적으로 뒤 음절의 첫소리가 /ㅆ/이라는 데에서 연유하고 있다. 따라서 이들은 통시적인 사실의 공시적인 흔적이라는 뜻으로 보면 '화석화'의 개념이 맞다. 하지만 공시적으로 '메-', '이-', '저-', '조-', '차-'와 '-쌀', '-때', '-씨'가 결합하는 형태적 조건이 주어지는 한은 이들 사이에서 'ㅂ'이 결합되는 것은 필연적이고 규칙적인 현상이므로(공시적 합성어 형성 규칙에는 위배되지 않으므로) '어휘화'라는 용어를 쓸 수 없게 된다. 또 '화석화'는 통시적인 사실이 공시적인 단어에 흔적으로 남아 있는 형태 분석이 될 수 있는 예들(수탉, 암탉, 안팎, 빌먹-, 딜먹-, 듣보-)을 주로 다루는데, '화석화'란 하나의 형태소라 볼 수 있는 것, 그렇지 않고 분석이 가능한 예들이 함께 있으므로 '화석화'와 '어휘화'는 전적으로 동일한 용어는 아니다.

‖ 참고문헌

고영근(1989), 국어형태론연구, 서울대학교 출판부.

고영진(1995), 국어 풀이씨의 문법화 과정에 관한 연구, 연세 대학교 대학원 박사 학위 논문.

김광해(1982), "복합명사의 신생과 어휘화 과정에 대하여", 국어국문학 88, 5-29.

김광해(1993). 국어 사전에서의 합성어 처리에 관한 연구, 국립국어연구원.

김광해(1995), 어휘 연구의 실제와 응용, 집문당.

김명광(2004), 국어 접사 '-음', '-기'에 의한 단어 형성 연구, 서강대 박사학위논문.

김민국(2009), "통사론적 과정과 형태론적 과정의 생산성", 한국언어문학 70, 103-132.

김민국(2011), "파생접사의 사용 양상과 생산성 : 문어 사용역간의 빈도 비교를 중심으로", 형태론 13-1, 53-84.

김석득(1992), 우리말 형태론, 탑출판사.

김성규(1987), 어휘소 설정과 음운현상, 석사학위논문, 서울대학교.

김성규(1989), "활용에 있어서의 화석형", 주시경학보 3, 159-165.

김승호(1992), "어휘화", 부산한글 11, 97-127.

김정은(1995), "현대 국어의 단어 형성법 연구", 박이정.

김창섭(1996), 국어의 단어형성과 단어구조연구, 태학사.

김철남(1995), "국어 어휘화의 개념과 유형", 부산한글 14, (우전김형주선생회갑기념 논총간행위원회 1996, 323-352, 세종출판사)

김한샘(2013), "교육용 어휘 선정을 위한 접미사의 생산성 연구", 한국어 의미학 40, 521-547.

김흥규・강범모(2000가), 한국어 형태소 및 어휘 사용 빈도의 분석1, 고려대민족문화연구원.

김흥규・강범모(2000나), 한국어 형태소 및 어휘 사용 빈도의 분석2, 고려대민족문화연구원.

김희상(1909), 초등국어어전, (김민수・하동호・고영근 편, 한국역대문법대계 1-16).

남기심(1983), 새말의 생성과 사멸, 일지사.

남기심・고영근(1985), 표준국어문법론, 탑출판사.

노명희(2009), "어근 개념의 재검토", 어문연구 37-1, 59-84.

배주채 역(2008), 언어의 중심 : 어휘, 삼경문화원.

서정목(1998), 문법의 모형과 핵 계층 이론, 태학사.

송정근(2009), "고유어 복합어근 범주 설정에 대하여", 어문연구 37-3, 145-167.

송철의(1989), 국어의 파생어 형성 연구, 박사학위논문, 서울대학교.

송철의(2002), 국어의 파생어 형성 연구, 태학사.

안 확(1917), 조선문법, (김민수·하동호·고영근 편, 한국역대문법대계 1-34).

이광호(2006), "파생접미사의 생산성과 파생어 집합의 빈도 특성", 어문연구 34-3, 219-250.

이광호(2007가), 국어 파생 접사의 생산성에 대한 계량적 연구, 박사학위논문, 서울대학교.

이광호(2007나), "상대 빈도를 이용한 생산성 측정에 대한 연구", 국어학 50, 58-76.

이기문(1972), 국어 음운사 연구, 탑출판사.

이기문 외(1983), 한국 어문의 제문제, 일지사.

이익섭(1975), "국어 조어론의 몇 문제", 동양학(단국대) 5, 155-165.

이익섭·채완(1999), 국어문법론강의, 학연사.

이재인(2001), "국어형태론에서 '어근' 개념", 배달말 28, 93-112.

이희승 외(1995), 고친판 한글 맞춤법 강의, 신구문화사.

전상범 역(1987), 생성 형태론, 한신출판사.

차준경(2011), "형태적 생산성과 저지 현상", 형태론 13-1, 125-145.

차준경·강범모(1995), "파생어의 생산성 측정", 제7회 한글 및 한국어 정보처리 학술대회 자료집.

최현배(1985), 우리말본, 정음출판사.

최형용(2003), 국어 단어의 형태와 통사, 태학사.

최형용(2010), "품사의 경계 : 조사, 어미, 어근, 접사를 중심으로", 한국어학 47, 61-92.

최형용(2012), "유형론적 관점에서 본 한국어의 품사 분류 기준에 대하여", 형태론 14-2, 223-263.

하치근(1992), "파생법에서 어휘화한 단어의 처리 문제", 우리말 연구 2, 33-57.

한정한(2009), "단어를 다시 정의해야 하는 시급한 이유들", 언어 34-3, 761-788.

허웅(1983), 우리말의 오늘 어제, 샘 문화사.

허웅(1989), 16세기 우리 옛말본, 샘 문화사.

허웅(1991), 15-16세기 우리 옛말본의 역사, 탑출판사.

허웅(1995), 20세기 우리말의 형태론, 태학사.

Aronoff, M.(1976), *Word Formation in Generative Grammar*, The MIT press.

Baayen R. H.(1989), *A Corpus-Based Approach to Morphological Productivity*, Statistical Analysis Psycholinguistic Interpretation, Dissertation. Vrije University, Amsterdam.

Baayen R. H.(1993), *On frequency, transparency and productivity*, In Geert Booij and Jaap van Marle (eds.), Yearbook of Morphology 1992, Kluwer Academic, 191-208.

Bauer, L.(1983), *English Word-formation*, Cambridge University Press.

Bloomfield. L.(1933), *Language*, Holt.

Di Sciullo, A.M & E. Williams(1987), *On the Definition of Word*, The MIT Press, 60-65.

Downing, P. (1977), *On the Creation and Use of English Compound Nouns*, Language 53, 810-842.

Halle, M.(1973), Prolegomena to a theory of word-formation, *Linguistic Inquiry* 4, 3-16.

Hockett, C. F.(1958). *A Course in Modern Linguistics*, MacMillan.

Kroeger, P. R.(2005), *Analyzing Grammar : An Introduction*, Cambridge University Press.

Lyons, J.(1977), *Semantics*, Cambridge University Press.

Robins R. H.(1964), *General Linguistics*, An Introductory Survey, Longmans.

Scalise, S.(1984), *Generative Morphology*, Foris Publications.

Singleton, D. M.(2000), *Language and the Lexicon : An introduction*, Arnold.

김 명 광

1. 서론

이 장에서는 파생어의 개념과 유형 체계, 그리고 조어론적 측면에서 바라보는 파생어 형성 과정과 함께, 규칙을 통하여 생성된 단어들이 등재부와 어떠한 역학 관계를 갖는지를 살펴본다.

파생어는 단어를 만들어 내는 하나의 유형이다. 단어는 하나의 형태소로 구성될 수도 있지만 두 개 이상의 형태소를 결합시켜 단어를 만들어 내는 경우도 있다. 전자를 단일어라 하며 후자를 복합어라 한다. 복합어도 만들어 내는 방법에 따라 두 가지로 나뉜다. 곧 어기와 어기를 결합하여 단어를 만들어 내는 방법과 어기와 파생 접사(접두사와 접미사 포함)를 결합 시켜서 단어를 만들어 내는 방법이 그것이다. 어기와 어기를 결합하여 단어를 만들어 낼 때 그 방법을 합성법이라 부르며 그 결과는 합성어라 지칭한다. 어기와 접사를 결합하여 단어를 만들어 낼 때 그 방법은 파생법이라 부르며 그 결과는 파생어라 명명한다.

〈표 1〉 체계 속의 파생어

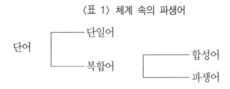

2. 파생어의 개념과 유형

2.1. 파생어 개념

파생어를 형성의 관점으로 볼 수도 있지만, 분석의 관점으로 그 개념을 설명할 수도 있다. 곧 통합된 단어를 분석했을 때 나타나는 직접 구성 요소 중 하나가 파생접사인 경우를 파생어라고 명명할 수 있다. 여기서 직접 구성 요소란 둘 이상의 형태소로 이루어진 구성체를 일차로 나누었을 때 나뉘어 나온 각각의 형식을 말한다. 예를 들어 '다듬이질'은 '다듬+이+질'과 같이 3개의 형태소로 분석이 될 수 있지만 이는 일차적으로 도구를 나타내는 '다듬이'와 행위를 나타내는 '-질'로 나눈 후 다음에 이차로 명사인 '다듬이'를 '다듬+이'로 분석하여 얻어지는 계층적 산물이다. 일차적으로 나누었을 때 나타나는 '다듬이'와 '-질'은 '다듬이질'이라는 통합체의 직접 구성 요소가 된다. 아울러 '다듬이+질' 중 후자의 '질'이 파생 접사의 기능을 가지므로 이 통합체는 파생어로 볼 수 있다. 이와 같이 보통 통합체(단어)가 파생어냐 아니냐는 그 구성 요소 중 하나가 파생 접사로 구성되어 있느냐 그렇지 않느냐에 따라 판별되는 것이므로 파생어 유형과 그렇지 않은 유형 구분은 비교적 쉬워 보인다. 하지만 일차적 분석에 대한 시각이 다를 경우에 그 통합체가 합성어인지 아니면 파생어인지를 판별하기가 어려운 경우가 적지 않다. 예를 들어 '해돋이',

'감기앓이'의 경우, 견해에 따라 '해돋-+이', '감기앓-+-이' 또는 '해+
돋이', '감기+앓이'로 분석될 수 있다. 전자와 같은 태도를 취하면 '해돋
이', '감기앓이'는 파생어이지만 후자와 같은 태도를 취하면 합성어가 된다.

2.2. 파생어 유형

어기와 접사 결합을 통해 나타나는 파생어는 그 접사의 위치와 성격에
따라 몇 가지 유형으로 나뉜다. 가장 일반적인 유형은 접사의 위치가 어
기 앞에 나타나느냐 그렇지 않으면 뒤에 나타나느냐에 따라 형성되는 접
두 파생어와 접미 파생어가 있다. 그런데 접사가 어기와 어기 사이에 나
타나는 이른바 접요사와 어기가 결합된 구성도 있을 수 있다. 그러나 논
란의 여지는 있지만 보통 국어에서는 존재하지 않는다고 보기 때문에 국
어의 접사에 의한 파생에는 접두사에 의한 파생과 접미사에 의한 파생이
라는 두 유형만이 존재한다.[1] 다음에 접사의 성격이 실질적인 접사가 관
여하지 않은(달리 말하면 가시적이지 않은), 영변화 파생(영파생)과 내적 변화
에 의한 파생이 있다. 영변화 파생은 하나의 단어(파생의 입장에서 보면 어
기)가 형태상의 변화 없이 품사를 바꾸는 경우를 말한다('신을 신다'의 '신'

---

1) 국어에서 접요사로 볼 수 있는 예에는 다음과 같은 것들이 있다.

　좁쌀, 찹쌀, 멥쌀, 입때, 접때, 볍씨(ㅂ), 수벌 암탉, 안팎, 안틀다(ㅎ), 달걀(y)

　곧 위의 예에서 보면 어기와 어기 사이에 ㅂ, ㅎ, y이 결합되어 있고 이 결합된 ㅂ, ㅎ, y을
접요사로 볼 수도 있다. 그러나 위의 예들은 음운론적인 특성에 기인한 역사적 정보 지식을
고려할 때, 그리고 접요사라고 하더라도 합성된 두 어기 사이에 끼어 지적 뜻이 감지되어야
하고 그러기 위해서는 그 꼴도 원칙적으로 음절성을 가지고 있어야 한다는 점을 고려할 때
쉽게 접요사로 단정짓기 어렵다(관련 논의는 김석득 1992 : 119-131 참조). 하지만 지적 뜻
은 다분히 주관적인 기준이고, 음절성을 가지고 있어야 되는 것도 절대적 기준이 아니기 때
문에(예컨대 영파생이 이에 해당한다) 국어에서 접사 설정에 대한 좀 더 심도 깊은 논의
가 있어야 할 것이다.

(명사)과 '신-'(동사), '빗으로 빗다'의 '빗'(명사)과 '빗-'(동사)). 내적 변화에 의한 파생은 어간 내부의 모음교체나 자음교체에 의하여 파생이 이루어지는 경우를 말한다(빨갛다 : 뻘겋다(아/어 교체), 발갛다 : 빨갛다(ㅂ/ㅃ 교체)).

〈표 2〉 파생어 유형

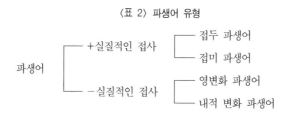

위와 같은 분류 이외에 파생의 유형을 어기의 품사를 전환시키느냐 그렇지 않느냐에 따라서 '통사적 파생'과 '어휘적 파생'으로 분류할 수도 있다. '얼-+-음'→'얼음', '막-+-애'→'마개'는 어기 '얼-, 막-'이 동사에 해당되는데 여기에 '-음, 애'가 결합하여 명사로 품사가 전환된 바, 이를 '통사적 파생'이라 부른다. '어휘적 파생'이란 '새-+하얗다→새하얗다'나, '가위+-질→가위질'처럼 어기가 접사와 결합할 때 의미만이 바뀌며 그 품사를 바꾸지 않는 경우를 뜻한다. 곧 어기 '하얗다', '가위'는 형용사와 명사에 해당하는데 접사 '새, 질'과 결합하여 나온 '새하얗다, 가위질'도 역시 각각 형용사와 명사로서 품사가 바뀌지 않는다는 것이다. 다만 '새하얗다'는 '하얗다'라는 의미를 강조하고, '가위질'은 '가위'를 [도구로 하여 옷감 등을 자르는 행위]라는 의미의 변화를 경험하게 된다.

2.2.1. 접두 파생어

접두사는 일반적으로 어기의 품사를 바꾸지 못하고 어기에 의미만 첨가한다. 생산성도 접미사와 비교했을 때 상대적으로 낮은 양상을 보여준다. 물론 접두사 중에 어기의 품사를 바꾸어 주는 예가 없는 것은 아니다. 아래가 어기의 품사를 바꾸어 주는 예에 해당할 것이다.

(1) 가. 메마르다, 강마르다, 숫되다, 엇되다
    나. 매일, 매달

위 (1가)의 접두사 '메-, 강-'은 동사인 '마르다'를 형용사로 바꾸어 주고 있으며 '숫-', '엇-'은 동사인 '되다'를 형용사로 바꾸어 주고 있다. 또한 한자어 접두사 (1나)의 '매(每)-'는 명사를 부사로 바꾸어 주기도 하지만 품사 변환 접사의 수는 접미사에 비해 매우 제한적이다. 이런 이유로 몇몇 예를 제외하고는 품사는 변환시키지 않고 의미만을 바꾸어주기 때문에 접두사를 어기로 처리하자는 견해도 있다. 또한 현대 국어에서 접두사로 여겨지는 형태소들이 기원적으로 명사나 동사의 어기와 같은 실질 형태소로부터 문법화 과정을 겪어 접두사로 변한 것이 대부분인데, 현대 국어의 공시적인 관점에서 그 형식이 어기였을 때의 특성을 부분적으로 유지하는 경우가 많다. 따라서 어기와 접사의 경계를 구분하는 일이 쉽지 않다.[2] 이와 같은 사정으로 인하여 보통 접두사를 설정하기 위해서는 어느 하나의 기준만으로 그 해결이 어려우며, 가능한 여러 기준을 종합적으로 적용하는 것이 필요하다. 보통 접두사 설정 기준에는 형태, 분포, 기능, 의미의 네 가지 측면이 있다.

(2) 가. 기준1 : 형태 면에서 접두사는 형태 변화가 일어나 특정한 조건의
        어기와 결합하는 의존성을 띤다.
        예 엇- : 엇가다, 엇갈리다, 드- : 드높다, 드세다

---

2) 유창돈(1971 : 362)은 국어에는 원래 접두사란 존재하지 않고 단순히 합성어에서 선행 어기가 어의 약화 내지는 어의 전환으로 접두사적 기능을 하고 있는 것으로 보았다.

　　나. 기준2 : 분포 면에서 접두사는 분포의 제약을 나타낸다.
　　　　예 새 책 : 새 옷, 새 집, 새 가방, 새 책상 ↔ 이듬해 : *이듬시간,
　　　　*이듬집
　　다. 기준3 : 기능면에서 접두사는 비분리성과 수식의 제한을 보인다.
　　　　예 외아들 : 외 작은 아들↔뭇 백성 : 뭇 착한 백성, 막내딸과 아
　　　　들, 옛 집과 대문
　　라. 기준4 : 의미면에서 접두사는 실질 형태소가 의미 변화를 겪어 추
　　　　상화된 단위이다.
　　　　예 돌감, 돌배 ↔ 겉대중, 겉늙다

　　위 기준을 예를 통하여 설명하면 다음과 같다. (2가)의 '엇-'은 명사
'어긋'의 융합형으로 형태 변화를 겪어 의존성을 띤다.3) 또한 '드-'는 명
사 어간 '들(다)'에서 연유하였지만 'ㄹ'이 탈락하는 형태 변화를 겪은 것
이다. 달리 말하면 '엇가다'를 '어긋가다'로, '드높다'를 '들높다'로 환언
할 수 없다. 따라서 기준 1에 의거 이 둘은 접두사로 처리할 수 있다. (2
나)의 '새-'는 특별한 의미적인 제약만 없으면 두루 결합할 수 있다. 반
면에 '이듬-'은 '이듬시간, 이듬집'이 허용되지 않고 그 제약을 찾을 수
없으므로(후행 어기(시간, 집)가 시간과 관련되어 있기 때문에 특별히 결합하지 못할
이유가 없으므로), 분포적인 측면에서 접두사로 볼 수 있다. (2다)의 '외-'
는 '외-'와 어기 '아들' 사이에 다른 말을 삽입할 수 없는 비분리성을 가
진다. 반면에 '뭇'은 '뭇'과 후행 어기 '백성' 사이에 다른 말(착한)을 넣을
수 있어서 분리가 가능하다. 이에 전자는 접두사이지만 후자는 그렇지 않
다. 또한 '막-'은 '딸'만을 수식하지 그 수식의 범위가 '아들'에까지 확대
되지 않는다. 반면에 '옛-'은 그 수식의 범위를 '대문'까지 확대할 수 있
기 때문에 접두사가 아니다. (2라)의 '돌-'은 특정 어기와 결합하여 '품질

---

3) 이지양(1993 : 15)에서 '융합'이란 연결형에서 완전한 단어에 음절 수 줄이기가 일어나 의존
　요소로 재구조화되는 현상이라고 하였다.

이 낮은, 야생의' 의미의 사용되어 명사 '돌'의 의미가 변화하여 추상화
된 경우로 기준4에 의거하여 접두사로 볼 수 있다. 반면에 '겉-'은 '겉으
로 보아 대강, 겉으로 보기에만 그러한'의 의미로 쓰여 명사 '겉-'의 의
미와 차이를 보이지 않는다. 따라서 접두사가 아니다. 한편 접두사가 결
합하는 어기의 품사는 주로 대어휘범주에 해당한다. 여기에는 비교적 생
산성이 있는 것과 그렇지 않은 것으로 나눌 수 있다. 비교적 생산성이 있
는 접두사 중 명사에 붙는 어기에는 다음과 같은 것들이 있다.

(3) 가. 햇- : 해깍두기, 햅쌀<-밥>, 햇감자, 햇것, 햇곡◁햇곡식, 햇고사
　　　리, 햇곡식, 햇과일, 햇나물, 햇나물, 햇누룩, 햇닭, 햇덧, 햇담배,
　　　햇돝, 햅벼, 햇병아리, 햇보리, 햇사과, 햇실과, 햇일, 햇콩, …

　나. 숫- : 수컷, 숫계집애, 숫기<-없다>, 숫구멍, 숫간, 숫눈, 숫눈길,
　　　숫돌, 숫밥, 숫백성, 숫보기, 숫색시, 숫음식, 숫잠, 숫총각, 숫티,
　　　숫사람, 숫색시, 숫처녀, 숫총각, 숫사람, 숫쥐, 숫잔대, 숫염소,
　　　≪숫스럽다≫, ≪숫접다≫, ≪숫지다≫, ≪숫하다≫, ≪숫되다≫,
　　　≪숫두름하다≫, …

　다. 암- : 암거미, 암꽃, 암꿩, 암꽃이삭, 암꿩, 암나무, 암나비, 암나사,
　　　암내, 암놈, 암단추, 암당나귀, 암기와◀암디새, 암막새(내림새를
　　　막새로 일컫는 말), 암말, 암무지개, 사내, 암사돈, 암삼, 암새, 암
　　　수, 암수거리, 암술, 암양, 암염소, 암은행나무, 암줄, 암쥐, 암쪽,
　　　암캉아지, 암캐, 암컷, 암캐, 암고양이, 암콤, 암쾽이, 암구렁이, 암
　　　꿩, 암클, 암키와, 암탉, 암탕나귀, 암토끼, 암톨쩌귀, 암돼지, 암펄,
　　　암펌, 암평, 암평아리, 암포기, 암비둘기, ≪암띠다≫, …

　라. 풋- : 풋가지, 풋감, 풋감자, 풋개구리(청개구리 : 함남), 풋것1◁풋
　　　심(: 경남), 풋거름◁풋걸굼(: 평북), 풋것(학질 : 전라)2◀풋심(: 경
　　　남), 풋고옷(불거웃 : 경남), 풋고추<-간장, -누름적, -간장, -볶
　　　음, 잡채, -장아찌, -조림, -찌개>◁풋고치, (: 경남)◁풋당추(:
　　　평북)◁풋댕가지(: 평북), 풋곡식◁풋곡, 풋과일◁풋과실◀풋실과,
　　　풋굿, 풋기운, 풋김치, 풋꼴, 풋꽃, 풋나무◁풋댕기(: 평북)◁풋댕
　　　이(: 평북), 풋내기◁풋나기◀풋군(풋나기)③, 풋나물, 풋낯◀풋면

목, 풋내, 풋눈, 풋다래, 풋담배<-꾼>◀풋초, 풋대, 풋대님, 풋대추, 풋돈<-냥>, 풋돌(부싯돌 : 경남), 풋둥이, 풋땅개비(메뚜기 : 전남), 풋때죽, 풋마름병, 풋마루, 풋머리, 풋머슴, 풋먹이, 풋바둑, 풋바람, 풋바심<-하다>, 풋밤, 풋밭, 풋배, 풋병아리◁풋뱅아리(:평북)③, 풋벼<-바심, -하다>, 풋보리, 풋사과, 풋사랑, 풋사위, 풋소, 풋손, 풋솜, 풋솜씨, 풋수, 풋수염, 풋윷, 풋이파리, 풋인사, 풋잎사귀◁풋잎사구, 풋자리, 풋잠, 풋장, 풋장기, 풋절이, 풋정, 풋체님, 풋콩, 풋향기, ≪풋구묵다≫, ≪풋풋하다≫, ≪풋되다≫, …4)

이밖에도 '불-(불망나니, 불여우 등), 맏-(맏아들, 맏딸 등), 밭-(밭다리,밭사돈 등), 민-(민갓머리, 민걷이, 민꽃게 등), 군-(군걱정, 군식구 등), 한-(한강, 한잠 등), 참-(참매미, 참먹 등), 날-(날감, 날것 등), 한-(한시름, 한결 등)'과 같은 접두사도 생산적으로 단어를 만들어 낸다. 이에 반해 몇 개의 명사에 제한적으로 덧붙는 접두사에는 아래와 같은 것들이 있다.

---

4) 이 이하에 나오는 파생어의 기호 표시의 의미는 다음과 같다.
  ① 가. X<-Y> : X에 다시 Y를 결합한 단어
     예 풋바심<-하다> → 풋바심하다
    나. X<Y-> : Y를 X에 결합한 단어
     예 망구리<올-> → 올망구리
  ② <<가지X+어기Y>> : 가지 X가 Y와 결합하나 전형적인 X가 요구하는 통사적 자질과 벗어난 단어
    예 <<암띠다>> : '띠다' → VP   [비교] 암+NP
  ③ X◁Y : Y가 X의 음운론적인 이형태
    예 풋내기◁풋나기
  ④ X◀Y : Y가 X의 뜻같은 말(또는 뜻 비슷한 말)
    예 풋내기◀풋군
  ⑤ (X : Y지방) : X라는 의미를 가지고 있는 Y 지역 방언
    예 풋땅개비(메뚜기 : 전남)
  ⑥ X③ : X가 의미론적으로 어휘화된 단어
    예 풋내기③
  ⑦ X [Y] : Y라는 의미를 가지고 있는 X
    예 '덩저리'[뭉쳐서 쌓인 물건의 부피]
  ⑧ (X) Y : X라는 논항을 가지고 있는 Y
    예 (속을) 보이다.

(4) 가. 땅- : 땅고집

나. 열- : 열무

다. 족- : 족집게

라. 앙- : 앙가슴

마. 이듬- : 이듬해, 이듬날, 이듬달

바. 넛- : 넛손자, 넛할머니, 넛할아버지

사. 핫1-(짝이 있는) : 핫어미◁핫어머니, 핫아비, 핫어미

아. 핫2- : 핫두루마기, 핫바지, 핫이불, 핫저고리, 핫옷, 핫저고리, 핫금5)

자. 골- : 골생원, 골선비

차. 옹달- : 옹달샘, 옹달솥, 옹달시루, 옹달우물, 옹동이

다음에 비교적 생산성이 있는 접두사와 동사가 결합한 단어에는 다음과 같은 것들이 있다.

(5) 가. 뒤1[마구,온통, 몹시] : 뒤구르다, 뒤까불다, 뒤까부르다, 뒤꼬다, 뒤끓다, 뒤놀다,6) 뒤놓다, 뒤늦다, 뒤늦추다, 뒤대다, 뒤덤벙거리다, 뒤덮다, 뒤덮치다, 뒤떠들다, 뒤떨치다, 뒤뜨다, 뒤말다, 뒤몰다, 뒤몰리다, 뒤뭉개다, 뒤번지다, 뒤범벅되다, 뒤법석거리다, 뒤변덕스럽다, 뒤뻗치다, 뒤뿌리치다, 뒤섞다, 뒤설레놓다, 뒤설레다, 뒤숭숭스럽다, 뒤숭숭히, 뒤스럭거리다, 뒤스럭대다, 뒤스럭떨다, 뒤스럭스럽다, 뒤스르다, 뒤쓰다, 뒤얽히다, 뒤엉키다, 뒤엎다, 뒤움치다, 뒤잡다, 뒤재주치다, 뒤적, 뒤적이다, 뒤적질, 뒤지다, 뒤집다, 뒤지르다, 뒤집히다, 뒤쪼다, 뒤쫓기다, 뒤채다, 뒤척거리다, 뒤척대다, 뒤틀다, 뒤틀리다, 뒤틀어지다, 뒤흔들다, 뒤몰다, 뒤틀다, 뒤흔들다, 뒤꼬다

가′. 뒤2[반대로] : 뒤엎다, 뒤받다, 뒤바꾸다, 뒤돌리다, 뒤집어씌우다

나. 내/냅- : 내갈기다, 내걷다, 내걸다, 내굽다, 내긋다, 내깔기다, 내놓다, 내달리다, 내던지다, 내돌리다, 내동댕이치다, 내두드리다,

---

5) [솜이불'의 궁중말] '핫금' → '핫衾'

6) [어떤 물체가 한 곳에 딱 붙어 있지 않고 이리저리 몹시 흔들리다], [정처 없이 마음대로 여기저기 돌아다니다]

내두르다, 내들다, 내디디다, 내떨다, 내뚫다, 내뛰우다, 내쏘다, 내씹다, 내지르다, 내팽개치다, 내맡기다, 내몰다, 내매다, 내먹다, 내몰다, 내몰아쉬다, 내밀다, 내밀치다, 내밀하다, 내밀힘, 내박차다, 내발리다, 내발뺌하다, 내밟다, 내방하다, 내뱉다, 내버려두다, 내버티다, 내번지다, 내벋다, 내보내다, 내부딪뜨리다, 내불다, 내붙이다, 내뻗다, 내뽑다, 내뿌리다, 내색하다, 내섧기다, 내세우다, 내키다, 내싸두다, 내쌓다, 내어가다, 내어놓다, 내오다, 내후리다, 내자치다, 내젓다, 내지르다, 내집다, 내쫓다, 내차다, 내치다, 내키다, 내팽개치다, 내퍼붓다, 내휘두루다, 내혼들다, 내후리다, 내꽂히다, 내맺히다, 내받다, 내뿜다, 내어오다, 내닫히다, 내닫다, 내돋치다, 내받다, 냅뛰다

다. 엇- : 엇가게, 엇가다, 엇가리, 엇각, 엇갈다, 엇갈리다, 엇갈림, 엇갈림떼기, 엇갈아짓기, 엇걸다, 엇걸리다, 엇걸어뜨기, 엇걸이, 엇겨놓기, 엇격, 엇견다, 엇결, 엇결, 엇결다, 엇결리다, 엇결수, 엇계락, 엇구뜰하다, 엇구수하다, 엇구수히, 엇기다, 엇기대다, 엇깎다, 엇꺾쇠, 엇꼬다, 엇꼴, 엇끼다, 엇나가다, 엇나다, 엇노리, 엇놀리다, 엇눕다, 엇눈, 엇니톱니바퀴, 엇달래다, 엇대다, 엇돌리다, 엇되다, 엇군다, 엇두루질, 엇두루질하다, 엇디디다, 엇든다, 엇뜨기, 엇막이, 엇삭다, 엇매기다, 엇먹다, 엇메다, 엇모토막, 엇몰이, 엇장단, 엇물다, 엇물리다, 엇미닫이, 엇밀이, 엇바꾸다, 엇바르다 엇박다, 엇박이, 엇베다, 엇보, 엇부딪치다, 엇붙다, 엇붙임, 엇비끼다, 엇비뚜름하다, 엇비뚜름히, 엇비스듬하다, 엇비슷하다, 엇비탈, 엇빗금, 엇빗내기, 엇빗이, 엇빗이음, 엇뿌리, 엇사설시조, 엇서다, 엇섞다, 엇섞이다, 엇세다, 엇세우다, 엇셈, 엇시조, 엇시침하다, 엇시침, 엇엮음시조, 엇잡다, 엇조, 엇중몰이, 엇지다, 엇지르다, 엇차다, 엇채다, 엇청, 엇치량, 엇텅이, 엇통이, 엇턱이음, 엇길, …

이 밖에도 '들이-(들이갈기다, 들이긋다 등), 설-(설삶다, 설익다 등), 짓-(짓고생, 짓망신 등), 뒤-(뒤범벅되다, 뒤법석거리다 등), 휘/휩-(휘갈기다, 휘감다 등)'도 생산성을 가지고 있다. 다음에 파생어의 내부 구조가 동사 어기와 접사로 분석되는 것 중 몇 개의 한정된 어기에만 나타나는(생산성이 없는) 파생어

중 일부를 적어보면 아래와 같다.

   (6) 가. 구- : 구슬프다
      나. 시- : 시건방지다, 시건드러지다
      다. 베- : 베풀다
      라. 깡- : 깡마르다, 깡물리다, 깡깜하다
      마. 해- : 해맑다, 해말쑥하다, 해말갛다
      바. 도- : 도맡다
      사. 거- : 거세다
      아. 다- : 다죄다, 다질리다, 다조지다, 다조치다, 다잡다, 다지르다
      자. 헤- : 헤가르다, 헤뜨리다, 헤묽다 헤먹다, 헤식다, 헷갈리다, 헤무
          르다
      차. 엿- : 엿듣다, 엿보다, 엿살피다
      카. 곰- : 곰씹다, 곰파다, 곰삭다[7]
      타. 대- : 대지르다, 대차다[거세고 힘차다], 대질리다, 대들다
      파. 에- : 에두르다, 에굽다, 에돌다
      하. 악- : 악물다, 악다물다, 악바르다
      거. 처- : 처걸다, 처내다, 처넣다, 처닫다, 처담다, 처대다, 처맡기다,
          처먹다, 처밀다, 처박다, 처지르다, 처신다

  아울러 접두사가 주로 형용사에 덧붙는 단어에는 아래와 같은 것들이
있다.

   (7) 가. 새/시- : 새빨갛다/시뻘겋다, 새파랗다/시퍼렇다, 새까맣다/시꺼멓다
      나. 샛/싯- : 샛노랗다/싯누렇다

---

7) '곰파다'[일의 내용을 알려고 꼼꼼하게 따져 보다], '곰삭다'[옷 같은 것이 오래 묵어 약해지
다], '곰살갑다'[성질이 싹싹하고 살갑다]

2.2.2. 접미 파생어

접미사를 이용해 파생어를 만드는 경우는 접두사에 비해 매우 다양하면서 생산적인 모습을 보여 준다. 접미사에는 어기에 의미만 첨가시켜 주는 것도 있고, 의미뿐만 아니라 어기의 품사를 바꾸어 주는 것도 있다. '바느질'(바늘+질)의 '-질'은 어기에 의미만 첨가시켜 주는 예이고, '지우개'의 '-개'는 어기에 [+도구]라는 의미를 첨가시켜 줄 뿐만 아니라 품사를 동사에서 명사로 바꾸어 준다. 접미사에 의한 파생어 형성에는 '명사 파생, 동사 파생, 형용사 파생, 부사 파생'이 있다. 각 파생을 살펴보기 전에 일반적인 접미사에 대한 간략한 정의와 판별 기준을 먼저 밝혀보면 아래와 같다.

접미사란 파생어를 형성하는 두 구성 성분 가운데 어기의 뒤에 놓이는 형식이다. 이것은 굴절접사와 다음과 같은 차이를 보인다.

첫째, 접미사는 분포에 있어 빈칸이 많이 나타나지만 굴절접사는 불구적인 쓰임의 동사를 제외하면 빈칸이 나타나지 않는다.

둘째, 접미사는 어기의 통사 범주를 바꾸는 기능을 갖는 경우가 있으나, 굴절접사는 그러한 기능을 갖지 못한다.

셋째, 접미사는 어기에 어휘적 의미를 더해 주나, 굴절접사는 문법적인 의미만을 더해 준다.

넷째, 접미사는 새로운 단어를 형성하나 굴절접사는 그렇지 못하다.

다섯째, 접미사는 굴절접사보다 보통 어기에 가까이 위치한다.[8]

이러한 특성을 반영하여 형태, 기능, 분포 의미 측면에서 접미사의 설정 기준을 제시하면 다음과 같다.

---

8) 김정은(1995 : 55) 참조.

(8) 기준1 : 형태면에서 접미사는 의존성을 지닌다.

(9) 가. -이 : 먹이, 길이, 개구리

　　　-거리- : 중얼거리다

　　　-스럽- : 바보스럽다

　　나. -히- : 먹히다, 잡히다

　　다. *-당하- : 모욕당하다

접두사 (9가)의 '-이, -거리-, -스럽-'은 어기에 의미를 첨가시키고 통사 범주를 명사, 동사, 형용사로 변환시킨다. (9나)의 접미사 '-히-'는 타동에서 피동으로 통사 기능을 변화시킨다. (9가, 나) 모두 형태면에서 자립적이지 못하고 의존적이다. 따라서 기준 (8)에 의거 접미사이다. (9 다)는 고영근(1974)에서는 접미사로 처리한 예이나 '당하다'는 자립성이 인정되므로 '모욕당하다'는 두 어기의 결합인 합성어로 처리할 수 있다.

(10) 기준2 : 기능면에서 접미사는 통사 범주의 변화를 일으킨다.

(11) 가. -개 : 찌개, 쓰개, 덮개

　　　-기 : 크기, 밝기

　　나. -히- : 먹히다, -이- : 먹이다

(11가)의 동사 어기 '찌-, 쓰-, 덮-'과 형용사 어기 '크-, 밝-'은 형용사 어기에 파생 접미사 '-개'와 '-기'가 각각 붙어 통사 범주가 명사로 전환된다. (11나)는 동사 어기 '먹-'에 접미사 '-히-, -이-'가 붙어 각각 능동에서 피동으로, 자동에서 타동으로 통사 기능의 변화를 보여 주고 있다. 따라서 기준2에 근거하여 (11)의 접사들은 파생 접미사이다.

(12) 기준3 : 분포면에서 접미사는 분포의 제약을 갖는다.

(13)

어기	접미사		
	-이	-음	-기
묻-	X	O	X
죽-	X	O	X
달리-	X	X	O
던지-	X	X	O
몰-	O	X	X
먹-	O	X	X

어기 '묻-, 죽-'은 접미사 '-음'과 결합하여 명사 '물음, 죽음'이 되며, 접미사 '-이, -기'와의 결합을 거부한다. 또한 어기 '달리-, 던지-'는 '-기'와만 결합하며 어기 '몰-, 먹-'은 '-이'와의 결합만 보이고 다른 접 사와의 결합을 거부함으로써 분포의 제약을 나타내고 있다. 따라서 기준 3에 의거 '-이, -음, -기'는 접미사이다.

(14) 기준4 : 의미면에서 접미사는 어기에 어휘적 의미를 첨가시켜 주기도 하고 어기의 의미에 제약을 가하기도 한다.

(15) 가. -다랗- : 높다랗다, 좁다랗다, 짤따랗다, 커다랗다
    나. -개 : 덮개

(16) '덮-'의 의미
    가. 위로부터 얹어 씌우다. 예 이불을 덮다.
    나. 드러난 것을 가리워 숨기다. 예 허물을 덮어 주다.
    다. 펼쳐진 책 따위를 닫다. 예 책을 덮고 명상에 잠기다.
    라. 한정된 범위나 공간, 지역을 휩싸다. 예 구름이 하늘을 덮다.

접미사 (15가) '-다랗-'은 어기 '높-, 좁-, 짧-, 크-'와 결합하여 어기 의 의미를 강조한다. (15나)의 어기 '덮-'은 접미사 '-개'와 결합하면 '특 정 사물이나 물체를 덮는' [도구]의 의미가 덧붙는다. 더불어 접미사 '-개'는 어기의 의미를 제약시키는데 (16가)의 '덮-' 의미 중 ①로 제약

시킨다.9) 따라서 기준 (4)에 근거하여 '-다랗-, -개'는 접미사이다. 그런데 이 기준들은 어느 하나만 적용된다고 하여 '접사'로 처리되는 것이 아니다. 기준1, 2, 3, 4가 종합적으로 적용되어야 완전한 접사로 설정된다. 여기서 예를 든 접사는 (9), (11), (13), (15)는 해당 기준을 설명하기 위하여 편의상 묶은 것으로 이들 예들은 이 네 기준이 종합적으로 적용되는 것들이다. 이제 범주 변환을 중심으로 파생어의 유형을 나누어 살펴본다.

2.2.2.1. 명사 파생어

어기와 접미사가 결합하여 명사라는 통사 범주를 만들어 내는 것 중에, 접미사의 의미와 기능이 비교적 투명하여 일반적인 규칙을 세울 수 있는 파생어와, 이와 달리 특정 어기에만 결합하여 그 규칙을 파악하기 어려운 단어들이 있다. 전자의 대표적인 것은 접미사 '-질, -개, -장이, -이, -음, -기' 등과 결합한 파생어를 들 수 있다. 접미사 '-질'은 어기 X를 도구 명사로 하여 [-하는 짓]이라는 의미를 더하면서 단어형성에 참여하고, 접

---

9) 구본관(1999 : 1-23)에서는 접미사 설정 기준을 위와 같이 보지 않고, 공시성과 생산성 곧 단어를 만들어내는 조어력을 기준 삼는다. 논의의 일부를 가져 오면 다음과 같다.

① 음운론적인 기준 : 파생접미사는 (공시적으로) 음운론적으로 의존적인 요소이다.
② 통사론적인 기준 : 파생접미사는 (공시적으로) 어기로 단어를 가지며(구를 가지지 않으며) 단어 밖의 요소와 통사적인 관계를 맺지 않는다.
③ 조어론적인 기준 : 파생접미사는 (공시적으로) 어기와 결합하여 새로운 단어를 만드는 요소이다.
④ 의미론적인 기준 : 파생접미사는 (공시적으로) 굴절접사에 비해 어휘적인 의미를 가지며, 실질 어휘에 비해 문법적인 의미를 갖는다.

음운론적인 기준, 통사론적인 기준, 의미론적인 기준은 기존의 기준과 유사하나, 형태론적인 기준인 조어론적인 기준에 새로운 단어를 만들어내는 조어력을 접미사 기준으로 삼았다. 이 글에서도 구본관(1999)에서 보는 조어론적 기준이 매우 타당하다고 보나, 생산성이 있느냐 없느냐에 대하여는 학자들에 따라 많은 차이를 보이며, 이 글에서 제시하는 접미사들에 대한 생산성 검증을 세부적으로 살펴보는 데 한계가 있음으로 해서 기존에 받아들여지는 기준으로 접미사를 살펴보고자 한다.

미사 '-개'는 '(X)+V' 구조를 갖는 어기와 결합하여 해당 형식을 명사로 만든다. 접미사 '-음'도 '(X)+V' 구조를 갖는 어기와 결합하여 해당 형식을 명사로 만든다(의미는 [대상성]).[10] 아울러 접미사 '-기'도 형용사 어기나 동사 어기에 결합하여 [규식성]의 의미[11]를 나타내는 등 이 부류의 접사들은 그 규칙을 비교적 쉽게 파악할 수 있다. 따라서 이들은 공시적으로 생산성이 매우 활발한 접사이다.[12] 예를 들어 신조어에 '펌프질', '뽀샵질', '차치기', '표밭갈이', '불평이', '엉뚱이' 등이 있는 것을 보면, 새로운 단어들이 이들 접미사들을 중심으로 활발하게 이루어지고 있다고 추측된다. 일반 화자들이 기존에 있던 어떠한 접사를 가지고 새로운 단어를 만들기 위해선 그것으로 이루어진 파생어를 쉽게 분석할 수 있어야 하는데, 그러려면 언어화자의 머릿속에 해당 접사로 이루어진 단어들이 많이 있어야 하고, 그 의미나 기능도 쉽게 파악할 수 있어야 한다. 위의 접사들은 이러한 화자의 욕구에 전형적으로 부합한다. 물론 파생 접사를 가지고 단어를 만들 때에는 우연한 빈칸이 굴절 접사보다 많이 있다. 그러나 이들로 이루어진 어휘 항목의 수가 사전에 실려 있는 것만도 '-질'은 약 800개, '-이'는 약 2,000개 이상의 단어가 존재하는 것을 볼 때 그 생산성을 부인할 수가 없다. 한편 이들 접미사 중 의미가 유사한 '-음, -기, -이'는 상호 배타적인 관계를 가진다. 즉 어떤 동사나 형용사로부터 명사를 파생시킬 때, 이 세 접미사 중 하나로부터만 명사를 파생시키는 것이다. 이러한 현상을 저지 현상이라 부른다.

---

10) 이재인(1991)은 '-음'의 의미를 인식의 목표와 사물 자체를 포괄하는 개념으로 [대상성]이라 보았고 김창섭(1996 : 152)도 이와 유사하게 보고 있다. 또 김창섭(1996)에서는 '-음'의 주변적 의미로 [주체, 때, 수단] 이외에 [결과물, 모양 방식]도 있다고 보았다.
11) '-기'의 의미를 김창섭(1996 : 145)은 '규식성' 즉 행위 자체의 문제와 대조되는 과정과 방법상의 문제에서 [과정과 방법]의 의미로서 규식성으로 보았다.
12) 김한샘(2013)에서는 '-질, -개, -장이, -이, -음, -기' 등의 생산성을 계량화하였는데, 이 접사들이 상대적으로 높은 생산성을 가지고 있음을 밝히고 있다.

(17) 동사 어기 + '-이', '-음', '-기'

	'-이'	'-음'	'-기'		'-이'	'-음'	'-기'		'-이'	'-음'	'-기'
굽-	구이	*	*	걷-(步)	*	걸음	*	달리-	*	*	달리기
놀-	놀이	*	*	묻-(問)	*	물음	*	던지-	*	*	던지기
떨-	떨이	*	*	믿-	*	믿음	*	읽-	*	*	읽기
몰-	몰이	*	*	죽-	*	죽음	*	더하-	*	*	더하기
먹-	먹이	*	*	울-	*	울음	*	빼-	*	*	빼기
벌-	벌이	*	*	싸우-	*	싸움	*	나누-	*	*	나누기
풀-	풀이	*	*	웃-	*	웃음	*	곱하-	*	*	곱하기

'-이', '-음', '-기'가 실제로 완전히 동일한 의미를 가지고 있느냐는 회의적이지만,13) 일단 이들이 '행위성' 명사를 공통적으로 도출한다는 점과, '-이, -음, -기' 결합체 가운데 한 쪽이 존재할 때 다른 두 형식은 그렇지 않은 상보적 관계를 가진다는 점을 고려하여 이들의 관계를 저지 현상으로 보는 견해가 일반적이다(시정곤 1993, 김창섭 1996, 송철의 1989 등). 아울러 '-음'과 '-기'는 명사형 어미와 그 형태가 같아서, 이들이 결합된 어떤 언어형식이 파생명사인지 동사의 명사형인지를 외형상으로는 구별하기 어려운 경우가 있다는 특징도 가진다. 따라서 파생명사인지 명사형인지는 수식관계나 전후 문맥을 참고하여 판단할 수밖에 없다. 아래 예문에서 (가)의 '웃음'은 관형어(표정의)의 수식을 받으므로 파생명사이고, (나)의 '웃음'은 부사(자주)의 수식을 받으므로 동사의 명사형이다.

---

13) '-이, -음, -기'의 이러한 배타적인 분포가 파생어 형성 규칙들 간의 일종의 저지 현상을 의미하는 것인지 아니면 각 접미사들의 의미 특성이 달라서 필요에 따라 배타적으로 선택되는 것인지는 분명하게 판단되지 않는다. '-이, -음, -기'는 한편으로는 의미상의 공통성을 가지기도 하면서 세부적으로는 차이점도 없지 않은 듯하다. 의미상의 공통성을 중시한다면 위와 같은 현상을 저지로 볼 수 있겠으나, 차이점을 중시한다면 저지로 볼 수 없게 된다. 그러나 '-이, -음, -기'의 선택 조건이 분명하게 드러나지 않는다는 점에서 본다면 위에서 보여지는 현상을 저지로 보아도 큰 문제는 없을 듯하다(송철의 1989 : 116-182 참고).

(18) 가. 그와 같은 표정의 <u>웃음</u>이 많은 사람들을 기쁘게 한다.

      나. 철수가 자주 <u>웃음</u>은 다 너 덕분이다.

  다음에 몇 개의 단어에만 활용되는 명사 파생 접미사에는 아래와 같은 것들이 있다.

(19) 명사 파생 접미사

    −가마리14) : 걱정가마리, 맷가마리, 욕가마리, 구경가마리

    −가퀴 : (낮은 담) 성가퀴15)

    −갈 : 젓갈

    −공치 : 낫공치16)

    −괄량이 : 말괄량이

    −깔 : 성깔, 빛깔, 때깔, 맛깔, 態깔

    −깔2 : (낮은 말) 눈깔

    −깡 : (줄기) 수수깡

    −깨비 : 허깨비

    −꼬17) : (물 길) 논꼬, 물꼬

    −꼬2 : (잠금) 차꼬

    −곱 : 눈곱

    −꼽 : 배꼽

    −꾸머리 : (낮은 말) 뒤꾸머리, 팔꾸머리

    −꿈치 : (관절의 바깥쪽) 팔꿈치, 발꿈치, 뒷꿈치<발뒤꿈치>

    −끌 : (많음) 티끌

---

14) '가마리'를 사전에서 불완전 명사로 표시하고 '욕먹기나 매맞기나 걱정 따위를 항상 당하는 사람'의 뜻으로 풀이하였다. 그러나 '가마리'를 굳이 하나의 형태소로 다루어야 할 근거를 잡을 수 없다.

15) [몸을 숨겨 적을 공격할 수 있도록 하기 위해 성 위에 덧쌓은 낮은 담. 성첩] '가퀴' → '담'

16) [낫의 슴베로 휘어넘어가는 덜미의 두꺼운 곳]

17) '논꼬'의 의미는 [논의 물꼬]를 의미하고 '물꼬'의 의미는 [논배미에 물이 넘어 흐르게 만들어 놓은 어귀]의 의미를 가지고 있어서 '-꼬'가 같은 형태소임을 알 수 있다. 그에 반하여 형태가 동일한 '차꼬'[지난날, 중죄인을 가두어 둘 때 쓰던 형구의 한 가지로써 긴 두개의 나무토막으로 두 발목을 고정시켜 자물쇠로 채우게 되어 있음]의 '-꼬'는 [막음]의 의미를 가지고 있다. 따라서 형태는 동일하나 의미는 서로 다른 이형태로 보아야 한다.

－나미 : 정나미

－느정이 : (꽃) 밤느정이[18)

－노리 : 관자노리, 콧등노리

－다구니 : (삐죽하게 내민 부분) 뿌다구니, 악다구니

－다귀[19) : 빰따귀, 뿌다귀◁뿔따귀, 악다귀

－다지 : (열매) 꽃다지

－닥다리 : (낮은 말) 노(老)닥다리, 구(舊)닥다리

－데기[20) : 소박데기, 부엌데기, 세침데기,[21) 양심데기

－따라기[22) : 배따라기

－따리 : 보따리

－딱부리 : 눈딱부리

－딱서니 : 철딱서니

－뚱이1 : (낮은 말) 몸뚱이<알-, 맨->

－뚱이2[23) : (상자) 인뚱이

---

18) [밤나무의 꽃, 밤꽃]

19) '각다귀', '가다귀'의 '다귀'도 접미사 '-다귀'와 형태적 동일성을 보이나 '다귀'를 제외한
'각'과 '가'는 분석될 수 없는 것이다. 그것은 '각다귀'는 [각다귀과의 곤충을 통틀어 이르
는 말]이고 '가다귀'는 [참나무 따위의 땔나무로 쓰이는 잔가지]의 의미로써, '각'과 '가'가
독립하여 하나의 형태소의 자격을 가지고 있지 않다. 한편 [서로 욕하며 싸우는 짓]이라는
'악다귀'는 '아가리', '악쓰다', '악머구리', '악물다'와 형태와 의미적 동일성을 보이므로
충분히 분석이 가능하다.

20) 이 밖에 같은 형태소로 보이는 것에는 '검은데기'의 '-데기'가 있다. '검은데기'의 뜻은 [수
염이 짧고 줄기가 붉으며 낟알이 검은 조의 한 가지]로 '검은'과 '데기'가 나누어질 수 있
을 것 같으나, 위의 '데기'로써 파생된 파생어는 그 의미 자질이 [사람]이지만, '검은데기'
의 '-데기'는 [식물]이어서 서로 다른 별개의 형태소로 보아야 한다.

21) '새침데기'를 김계곤(1996 : 176)에서는 '새침하다'의 '새침'임은 분명하나 '새침-'은 독립
성이 없는 어근이라고 하였다. 그러나 '새침을 띠다'가 쓰이는 것을 보면 이도 불완전하게
나마 독립성을 띤다. 따라서 이를 명사 어기 유형에 분류하였다.

22) [수로로 중국에 가는 사신의 배, 떠나는 것을 보이는 춤과 노래]의미로서 의미적으로도 어
휘화된 단어이다.

23) '몸뚱이'의 '뚱이'와 '인뚱이'의 '뚱이'는 서로 같은 형태소가 아니다. 그것은 '몸뚱이'의
'뚱이'는 '몸'을 단순히 속되게 이르게 해 주는 접사인 반면, [지난날, 관아에서 쓰는 도장
을 넣어 두던 궤]라는 의미를 가지고 있는 '인뚱이'의 '뚱이'는 [盒]의 뚜렷한 의미를 가지
고 있기 때문이다. 또 '인뚱이'의 동의어로 '인뒤웅이'가 있고, '몸뚱이'는 또 '몸뚱아리'와
동의어라 사전에 처리되어 있다. 만약 이들이 같은 형태소라면 '뒤웅이'와 '아리'를 서로
바꾸어 쓸 수 있어야 하는데, '몸뒤웅이', '인뚱아리'라는 말은 사전에 나타나지 않는다. 더
욱이 파생되어 나오는 의미자질이 '몸뚱이'는 [+사람]이고 '인뚱이'는 [+사물]이기 때문

　　　－대강이[24] : (머리) 맛대강이, 쑥대강이, 기대강이◁깃대강이

　　　－또개 : (떨어진 것) 감또개[25]

　　　－맹이/멩이1 : 돌맹이, 알맹이<핵알맹이>, 외맹이

　　　－맹이/멩이2[26] : 촌맹이, 꼬맹이

　　　－마리 : 실마리

　　　－매1[27] : (모양새) 눈매, 몸매, 입매, 허릿매

　　에 이 둘의 '－뚱이'는 확연히 구별되는 다른 형태소이다. 한편 접미사 '－뚱이'처럼 보이는
것에는 이밖에 '왕뚱이', '깡뚱이', '불뚱이'가 더 있다. 그러나 '왕뚱이'는 '꼽등이'와 동의
어로서 [곱등잇과에 딸린 벌레를 두루 일컫는 말]을 일컫는 말이다. 각각을 살펴보면 먼저
'왕뚱이'라는 이름이 붙여진 것은 이 벌레가 등이 꼽추처럼 몹시 꼬부라진 모습 때문에 연
유된 것이다. 그러므로 '왕뚱이'는 그 형태소 분석이 '왕+뚱이'가 아니라 '왕뚱+이'와 같
이 접미사 '－이'가 붙은 것으로 보아야 한다. 다음에 '깡뚱이'[깡뚱어]도 마찬가지이다. 이
는 '깡뚱 깡뚱', '깡뚱거리다', '깡뚱대다'와 비교하면 쉽게 '깡뚱+이'라고 분석 처리가 된
다. 마지막으로 [걸핏하면 무뚝뚝하게 불끈불끈 성을 잘 내는 성질]의 의미를 가지고 있는
'불뚱이'도 역시 '불뚱불뚱', '불뚱거리다', '불뚱밸', '불뚱대다', '불뚝하다'와 비교하여
'불뚱+이'로 분석해야 한다.

24) '맛대강이'의 '대강이'와 '기대강이', '쑥대강이'이 '대강이'를 같은 형태소로 보는 이유는
　　다음과 같다. '맛대강이'가 비록 '맛'이라는 어기가 붙어 [頭]라는 의미가 희석되어 나타나
　　기는 하지만, 그와 동의어로 '맛대가리'가 보임으로서, [잔대 꼭대기의 꾸밈새]라는 의미를
　　가지고 있는 '기대강이'나 [머리털이 흐트러져 어지럽게 된 대가리]라는 의미를 가지고 있
　　는 '쑥대강이'와 공통된 의미 [대가리, 또는 윗쪽 끝]을 보이기 때문이다. 또 '쑥대강이'는
　　'쑥대가리'라는 말이 있어서 '맛대강이'의 '－대강이'와 공통된 형태소임을 더욱 확신이 가
　　게 한다.

25) [꽃과 함께 떨어진 감]

26) '－맹이'를 '－맹이1'과 '－맹이2'로 나눈 것은 '－맹이'로 파생되어 나오는 의미자질이 서로
　　다르기 때문이다. 곧 '돌맹이', '알맹이', '외맹이'는 [+사물]을 나타내지만 '촌맹이, 꼬맹
　　이'는 [+사람]을 나타낸다. 참고로 '외맹이'의 뜻은 [광산에서 돌에 구멍을 뚫을 때, 망치
　　를 한 손으로 쥐고 정을 때리는 일, 또는 그 망치]의 의미를 가지고 있다. 그런데 '－맹이'
　　로 파생되는 것 중에서 이와 유사한 의미를 가지고 있는 것이 있다. '안아맹이'가 그것이
　　다. '안아맹이'는 [정을 어깨 너머로 대고 망치를 안아쳐서 뚫는 남폿구멍]의 의미이고, 파
　　생되어 나오는 의미자질이 [+사물]의 성격(구체적으로는 [+도구])을 가지고 있어서, '외맹
　　이'의 '－맹이'와 같은 형태소이다. 그러나 이는 어기가 '안다'라는 동사 범주이므로 여기에
　　서 제외하였다. '꼬맹이'를 '꼬'+'맹이'로 분석할 수 있는 것은 '꼬마'라는 비교 형태가 있
　　기 때문이다. 한편 '－맹이'로 분석될 수 있을 것 같은 예에 [똘똘한 기운]의 의미를 가지고
　　있는 '개맹이'가 있다. 그러나 이때의 '개'가 어떤 형태와 의미적 동일성을 보이는지 알 수
　　가 없어서 제외하였다.

27) '눈매', '몸매', '입매', '허릿매'의 '매'는 [모양새]라는 공통된 의미로 묶을 수 있다. 더욱이
　　사전에 '눈맵시', '몸맵시', '입맵시', '허릿맵시'와 동의어라고 나와 있는 것을 보면 '매'가
　　공통된 형태임을 더욱 확신이 가게 한다. 그런데 [옷의 모양새]라는 의미를 가지고 있는
　　'옷맵시'은 '옷매무시'라는 어휘가 사전에 나와 있지만 '옷매'는 나와 있지 않다. 그리하여

　－매228) : 팔매<돌팔매>

　－바리/빠리129) : 꾀바리, 약빠리, 새암바리, 약빠리, 악바리

　－바리2 : 벗바리

　－바리3 : 대갈빠리, 꼬바리, 하바리◁핫바리

　－바지 : 막바지

　－바치 : (가죽) 갖바치, 장인바치, 호사바치

　－뱅이30) : 가난뱅이, 주정뱅이, 게으름뱅이, 안달뱅이, 거렁뱅이, 비
　　렁뱅이

　－빤지 : 널빤지

　－빨31) : 이빨

'옷매'를 이 동아리에 함께 묶을 수 없었다. '옷맵시'라는 말은 쓰이지만 '옷매'라는 말이 쓰이지 않는 이유를 정확히는 알 수 없으나 위의 '눈매', '몸매', '입매', '허릿매'의 어기는 신체의 한 부분을 나타내는 반면, '옷맵시'의 '옷'은 신체의 한 부분이 아니라 신체에 걸친 간접적인 것이므로 '옷매'의 사용을 저지하지 않았나 추측될 뿐이다.

28) '물매'도 있으나 이는 '매'의 어휘적 의미가 변한 것이 아니다. 따라서 이는 합성어로 보아야 한다.

29) 접미사 '-바리'는 세 가지 종류의 동음 이형태가 있다. 첫째는 '바르다[많다]'에서 나온 '꾀바리, 약빠리, 새암바리, 악바리'의 '-바리1'이 있고, 둘째는 [무리]의 의미를 가지고 있는 '벗바리'의 '-바리2'요, 셋째는 [낮은 말]을 의미하는 '대갈빠리, 핫바리, 꼬바리'의 '-바리3'이 있다. '바리1'이 쓰인 어휘항목은 각각 '꾀바르다, 약바르다, 새암바르다, 약바르다'가 사전에 그 쓰임이 보인다. 이때 '바르다'라는 동사가 사어가 됨으로써 접미사화된 것이므로 한 동아리로 묶을 수 있다. 그에 반해 '벗바리'는 '벗바르다'라는 말이 없고 어기도 어떤 성질을 나타낸 것이 아니므로 '바리1'과는 다른 형태소이다. '바리3'이 쓰인 '대갈빠리'는 '대가리', '대갈빡', '대갈빼기'의 동의 형태 '대갈'이 보이므로 해서 분석은 할 수 있으되 어떤 의미를 가지고 있다고 보기는 어렵다. 또 '하바리'는 [품위나 지위가 낮은 사람]으로 '하치'라는 말과 동의 형태가 보이고, [꼴찌]의 의미를 가지고 있는 '꼬바리'는 '꼬리'와 비교하여 분석될 수는 있으나 특별히 어떤 의미를 가지고 있는 것은 아니다. 더욱이 '하바르다', '꼬바르다', '대갈바르다'라는 어휘가 없으므로 '-바리1'의 의미도 아니다. 참고로 '새암바리'란 [새암이 많아서 몹시 안달하는 성질이 있는 사람]의 의미이며, '벗바리'란 [뒷배보아 주는 무리]이며 '감리가 벗바리 세력이 어찌 좋은지 아무도 내칠 수가 없었다'라는 문장이 사전에 예로 제시가 되어 있다. 또 '꼬바리'는 '꼬바리대', '꼬바리사위'의 합성어의 쓰임이 있다.

30) 이 밖에 '짤라뱅이', '앉은뱅이', '떠들뱅이', '배뱅이'가 있으나 어기가 동사이거나 부사인 것이어서 여기서 제외하였다.

31) '끝빨'의 '-빨'도 같은 형태로 볼 수 있으나 필자의 주관적 생각이므로 여기서 제외하였다. '말빨'도 '이빨'의 '빨'에서 나왔다고 여겨질 수도 있다. 그것은 '말빨'은 '말빨이 선다', '말빨이 세다'와 같이 '서다', '세다'라는 특정 동사의 논항으로밖에 안 쓰이는데, 이 '서다', '세다'는 전형적으로 '이빨'이 쓰이는 동사이기 때문이다.

　-빼기1 : (낮은 말) 대갈**빼기**, 코**빼기**, 이마**빼기**

　-빼기2[32] : (꼭대기) 그루**빼기**, 머리**빼기**, 언덕배기, 재**빼기**[33]

　-사귀 : (낱개) 잎사귀

　-서리 : 모서리

　-쇠 : 상쇠, 돌쇠, 마당쇠, 탱쇠, 구두쇠, 밥쇠[34]

　-술 : (살) 입술

　-스랑 : 쇠스랑

　-썰미 : 눈썰미

　-썹 : (털) 눈썹

　-아구니 : (낮은말) 사타구니[35]

　-아치 : (직업적으로 종사하는 사람) 장사아치, 동냥아치, 구실아치,
　　벼슬아치, 시정아치, 빗아치, 반빗아치, 재주아치, 동자아치

　-엉귀 : 푸성귀

　-앗 : 씨앗

　-앝 : 바깥

　-얼 : (대략 절반) 나절[36]

　-엄/암 : 마감, 무덤, 사람[37], 가람, 바람[38]

---

32) '고들**빼기**'의 '**빼기**'도 형태적 동일성을 보이나 이 어휘항목의 의미는 [국화과의 이년초]로 '고들'의 의미를 유추할 수 없다. '고들고들'이 '고들**빼기**'의 '고들'과 형태적 동일성을 보이나 이 식물이 '고들고들하다' 즉 [오돌오돌하게 마르다]의 의미에서 나왔는지는 확실치 않는 이상 이를 형태 분석이 되는 것으로 볼 수는 없지 않을까 생각된다.

33) [잿마루]

34) '먹쇠, 모르쇠'의 어기는 각각 동사이므로 여기에 속하지는 않으나 '돌쇠'의 '쇠'와 의미가 다르지 않다고 보아 같은 '쇠'로 처리한다.

35) '사타구니'의 '샅-'은 '샅바'에서 '샅'과 비교가 될 수 있어서 명사 어기 항목에 넣었다.

36) '낮+얼' : [하루 낮의 대략 절반 되는 동안]의 의미에서 '얼'의 의미가 [대략 반 동안]의 의미가 아닐까 생각된다.

37) '사람'이 '살+음'에서 통시적으로 나왔고 '살다'의 '살-'과 의미적인 연관성이 있다고 보아 접미사 '-암'이 붙은 형태로 보았다.

38) '바람'의 옛날 말은 'ᄇᆞ름'이다.

풍온 ᄇᆞᄅᆞ미라 <월인석보> / 壁 : ᄇᆞ롬 벽 <훈몽자회>

'ᄇᆞ롬'은 '불+옴'으로 분석될 수 있다. 곧 '불다'는 공시적으로 '바람이 불다'할 때 '불다'의 /ㅜ/가 / · /의 변화된 형태이기 때문이다. 안옥규(1994 : 139)에서처럼 '가람'('갈+옴')의 '갈-'이 '가르다'[갈래]와 의미적 공통성이 있다면 이는 엄밀한 형태소 분석을 할 수 있다.

-으러기 : 끄트러기

-으머리 : 끄트머리

-우라기 : 지푸라기

-어기[39] : 검부러기, 꺼끄러기

-웅1 : 지붕, 기둥<베틀-, 수장-, 상-, 툇-, 회침-, 불-, 높은-, 원-, 직원-, 산-, 직각, 두리-, 상투-, 모-, 세모-, 네모->[40] 꾸중, 뒤웅, 마중

-웅2[41] : 배웅

-자기 : 꾀자기[42]

-자기2 : (낮은말) 눈곱자기[43]

-장[44] : (넓적한 것) 구들장, 구름장[45], 떳장[46], 먹장[47]

그러나 이들은 어원을 알아야지만 분석이 가능하다.

39) 이밖에 접미사에 '어기'가 붙은 것처럼 보이는 예에는 '어스러기'[옷의 솔기 따위가 어스러진 것], '부스러기<지스러기', '두드러기'가 있다. '어슬+어기', '부슬+어기', '두드리+어기'로 분석할 수 있을 것 같으나, '어슬-'은 공시적으로 같은 형태를 찾을 수 없고, '부스러기'의 '부수'가 과연 [~을 깨다]의 '부수-'인지 확신이 안 선다. 또 '두드러기'의 '두드리-'도 [도드라지다]의 의미면 분석을 할 수 있으나 '두드리-'는 [치다]의 의미를 갖고 있어서 그 의미적 유연성을 찾기 어려워 제외하였다.

40) '기둥'의 '긷'은 통시적으로 [柱]를 의미하고 있다. 따라서 이 예에 넣었는데 '긷'은 공시적으로 그 쓰임이 없으므로 어기 측면에서도 사어가 된 것이라 볼 수 있다.

41) '배웅'의 '-웅'과 '지붕', '기둥'의 '-웅'을 다른 형태소로 본 것은 먼저 '배웅'의 어기 '배'는 '陪'라는 한자어인 반면, '지붕'이나 '기둥'의 '집'과 '긷'은 순우리말이라는 점이다. 그리고 '-웅1'로 파생되어 나오는 파생어 '지붕', '기둥'은 그 의미 자질이 [+사물]인 반면, '배웅'은 [+사물]이 아니라 [+행위]의 의미자질을 가지고 있다. 그리하여 '배웅'은 '배웅하다'와 같이 '-하다'라는 동사를 붙여 '동작동사'를 만들 수 있는 반면, '지붕'이나 '기둥'은 '지붕하다', '기둥하다'라는 '동작동사'를 만들지 못한다. 이때의 '-웅2'는 오히려 '동작어기'를 가지는 '마중', '꾸중'과 같은 부류에 속한다. 그것은 '마중'과 '꾸중'도 [+행위]의 의미자질을 가지고 있어서 '마중하다', '꾸중하다'와 같이 '-하다'를 붙여 동사를 만드는 속성을 가지고 있기 때문이다.

42) [꾀보, 꾀돌이, 꾀바리]

43) ['눈꼽'의 낮은 말]

44) 이밖에 '주먹장'과 '속장'이 명사 어기를 취하는 '-장'이 있을 것 같이 보이나 '주먹장'의 의미는 [붓못에 들어가는 도리 끝을 물러나지 않게 도리 대강이를 안팎은 좁고 끝은 조금 넓게 에어 깎은 부분]이어서 [欌]의 한자말에서 온 듯하고 '속장'의 '장'은 [腸]의 한자말에 온 듯하다. 따라서 접미사 '-지'에서 제외하였다.

45) [넓게 퍼진 두꺼운 구름 덩어리]

46) [널을 붙여 대기 위하여 가로 대는 나무]

47) [먹이 넓게 퍼진 모양]

-장2 : 끝장, 앞장

-짜기 : 골짜기<산골짜기>

-짜 : (덩어리) 알짜, 통짜, 대짜, 소짜[48]

-짱1 : (두른 것) 울짱, 팔짱, 활짱

-짱2[49] : (버티는 것) 배짱, 보짱

-짝 : (둘레의 크기) 궤짝, 돈짝

-찌검 : (때림) 손찌검

-태기 : (묶음) 병태기,[50] 상태기,[51] 감태기,[52] 망태기, 삼태기[53]

-투리[54] : (조각, 부분) 짜투리,[55] 꼬투리[56]

2.2.2.2. 동사 파생어

어떠한 어기와 접미사가 결합하여 동사를 만들어 내는 것 중에서도 그 규칙을 쉽게 예상할 수 있는 경우가 있으며, 그렇지 않고 어기와 접미사

---

48) 이 밖에 '진짜', '가짜', '공짜', '뻥짜', '퇴짜'와 같이 위의 '-짜'와 동일한 형태를 보이는 것들이 있다. 그러나 이들의 의미는 '덩어리'의 의미가 아니다.

49) 접미사 '-짱'을 '짱1'과 '짱2'로 나누어 서로 다른 형태소라고 본 이유는 '짱1'은 [묶는 것]의 의미를 가지고 있으나 '짱2'는 [버티는 태도]의 추상적 의미가 서로 다르기 때문이다. '울짱'이란 [말뚝 같은 것을 죽 벌여 묶어 박은 '울'(木柵)]이고 '팔짱'는 [나란히 있는 두 사람이 서로 상대편의 팔에 자기의 팔을 엇걸치어 끼는 것], '활짱'이란 [활의 묶음]의 의미로 '짱'의 공통된 의미는 [서로 묶는 것]이라는 공통된 의미를 추상할 수 있다. 하지만 '짱2'의 '보짱'은 [꿋꿋하게 가지는 속마음, 속으로 품은 요량]이고, '배짱'는 [조금도 굽히지 않고 배를 내밀며 버티려는 태도]로 종시 '묶음'의 의미가 나오지 않았다. 반면에 '보짱'과 '배짱'은 사전에 보면 서로 유의어로 나와 있으므로 '배짱'과 '보짱'은 서로 묶어서 한 형태소의 '-짱'에서 나왔다고 볼 수 있겠다. 따라서 '짱1'과 '짱2'로 나누어야 타당하다고 본다.

50) ['벙거지'의 낮은 말]

51) [상투]

52) [감투]

53) [흙이나 쓰레기 따위를 담아 나르는 데 쓰는 그릇. 대오리나 싸리로 앞은 벌어지고 뒤는 우슥하며 세면이 울이 지게 엮어서 만든다.]

54) [흔히 날을 여섯 개로 하여 삼 껍질을 짚신처럼 삼은 신의 의미를 가지고 있는 '미투리'로 '미+투리'로 분석될 수 있을 것처럼 보이나 분석되어 나오는 '미'라는 형태의 의미와 연관을 지을 수 있는 형태가 존재하지 않는다. 또 '미투리'의 의미에서 [부분], [조각]의 의미를 추출해 낼 수 없다. 따라서 이는 분석할 수 없는 하나의 형태소이다.

55) [팔거나 쓰거나 하다가 남은 피륙의 조각 따위]

56) [콩이나 팥 따위의 콩과 식물의 씨가 들어 있는 깍지, 사건이나 이야기 따위의 실마리]

의 결합이 형태적으로 매우 제한되어 쓰이어 규칙을 세울 수 없는 경우가 있다. 전자의 대표적인 예로 피동법과 사동법을 만드는 '-이-/-히/-리-/-기-' 파생 접미사(먹이다/먹히다, 죽이다, 쓰이다, 잡히다, 놀리다, 남기다 등)와 의성의태어와 붙어서 동사를 만드는 '-거리-'(건들거리다, 비틀거리다, 끄덕거리다, 기웃거리다, 들락거리다, 덜컹거리다 등), '-대-'(건들대다, 비틀대다, 으스대다, 비비대다, 중얼대다, 덜컹대다, 나대다 등), '-이-'(글썽이다, 끄덕이다, 깜박이다, 뒤척이다, 속삭이다, 울먹이다, 움직이다)가 있다. 이들은 생산성이 높고 형태론적, 의미론적, 의미론적 제약이 투명하여 규칙을 세우기가 쉽다. 물론 활용과는 달리 우연한 빈칸이 상대적으로 많이 나타나지만, 이들은 일반적인 화자가 단어형성에서 어떠한 기능을 하고 의미를 가지고 있는가 하는 것을 비교적 투명하게 알 수 있다는 점에서, 공시적 단어형성에서 늘 이용되어 왔다는 것은 부인할 수 없다. 반면에 몇 몇 제한된 어기에만 쓰이는 생산성이 낮은 파생어도 있다. 이들은 대부분 접미사가 공시적인 생산력을 잃어버려, 매우 형태적으로 제한되어 쓰인 나머지 그 규칙을 세우기가 어려운 것들이 있다. 아래의 예들이 여기에 해당한다.

(20) 가. -그- : 담그다, 다그다
　　 나. -드리- : 엎드리다, 깊드리다, 높드리다
　　 다. -조리- : 읊조리다
　　 라. -음- : 머금다
　　 마. -퀴- : 할퀴다
　　 바. -애- : 짜개다 쪼개다
　　 사. -치- : 겹치다, 동치다, 망치다, 합수치다, 해치다, 합치다, 두치
　　　　　　 다, 곱치다, 삭치다

한편 동사 파생 접미사 결합형들이 저지 현상을 일으키는 것은 잘 나타나지 않는다. 다만 다음과 같은 몇 가지는 견해에 따라서 '저지 현상'

으로도 여겨질 수 있지 않나 추측된다.

첫째, 사동사 파생 접미사 '이, 히, 리, 기, 우, 구, 추' 등의 경우 기능이 동일하지만 각각의 접미사를 동사에 따라 상호 배타적으로 사용한다.

(21) 저지 현상

어기	이	히	우	추
높-	높이다	*	*	*
넓-	*	넓히다	*	*
크-	*	*	키우다	*
낮-	*	*	*	낮추다

둘째, 사동사를 만드는 접미사에 위와 같은 접미사를 이용하는 것 이외에 '하-'를 사용하는 경우도 있는데 이 두 부류는 한쪽은 척도 형용사('높다, 넓다'류)와 다른 한쪽은 감정 형용사('기쁘다, 즐겁다'류)에 쓰여 상호 배타적으로 나타난다(송철의 1989 참조).

(22) 저지 현상

어기	사동사	-하-
높다	높이다	*
넓다	넓히다	*
기쁘다	*	기뻐하다
즐겁다	*	즐거워하다

2.2.2.3. 형용사 파생어

형용사를 파생시키는 접미사로는 '-하-, -스럽-, -답1-/-답2-, -롭-, -다랗-' 등이 있다.

(23) 가. -하- : 깨끗하다, 고요하다, 씩씩하다, 조용하다, 깊숙하다, 다정

하다

나. -스럽- : 바보스럽다, 걱정스럽다, 창피스럽다, 촌스럽다, 어른스

럽다, 자랑스럽다

다. -답1- : 정답다, 꽃답다, 아름답다, 아리땁다

라. -답2- : 남자답다, 여자답다, 어른답다, 학생답다

마. -롭- : 이롭다, 해롭다, 지혜롭다, 향기롭다, 명예롭다

바. -다랗- : 굵다랗다, 가느다랗다, 기다랗다, 높다랗다, 널따랗다,

얇따랗다

'-답1-'과 '-답2-'는 동일한 접미사인 듯이 보이나 아래와 같은 차이가 있다. 첫째, '-답1-'은 자음으로 끝나는 어기에만 결합되지만, '-답2-'는 그러한 제약을 받지 않는다. 둘째, '답1-'은 명사와 어기에 다 결합될 수 있으나 '-답2-'는 명사에만 결합된다. 셋째, '-답1-'은 명사구에 결합되지 못하나(*남녀가 따뜻한 정답게 앉아 있다), '-답2-'는 명사구에도 결합될 수 있다(영이는 언제나 배운 여자답게 행동한다). 이와 같이 '-답2-'는 명사구에도 결합되기 때문에 '-답2-'는 파생접미사라고 할 수 없다는 견해도 있다(송철의 1992). 위 접사들은 비교적 공시적으로도 활발한 단어를 형성해 낸다. 예컨대 '-롭-'의 경우 '괴이롭다, 온화롭다, 의아롭다, 인자롭다' 등은 비교적 최근에 형성된 신조어로 볼 수 있다.[57] 반면에 아래와 같은 접미사들은 현재 공시적으로 생산성이 없는 접미사로 보인다.

(24) 가. -닐- : 거닐다, 굼닐다, 나닐다, 노닐다, 도닐다, 부닐다

나. -닫- : 깨닫다

다. -디- : 엎디다

라. -달- : 잔달다[58]

---

57) 이때의 신조어 기준은 사전에 실려 있느냐 아니냐를 의미한다. '온화롭다, 의아롭다' 등은
<표준국어대사전>에 실려 있지 않다.

58) [하는 짓이 잘고 다랍다]

마. -구- : 망구다

바. -궂- : 청승궂다, 엉성궂다, 앙상궂다, 암상궂다, 알망궂다, 진망
궂다, 짓궂다, 감궂다, 시설궂다, 데설궂다, 얄궂다, 해찰궂다, 곰
살궂다, 새살궂다, 몽니궂다, 주체궂다

사. -바르- : 꾀바르다 샘바르다, 애바르다, 양지바르다

아. -헙- : 흉헙다

자. -나- : 별나다

차. -딸- : 외딸다

한편 형용사 파생 접미사도 저지 현상이 잘 나타나지 않으나, 부정 접
두사('비-, 불-, 무-, 몰-, 미-' 등)와 결합한 형에 '-적'이 결합한 어형은 상
태 동사 '-하다'를 저지하는 양상을 보인다(시정곤 1993 참조).

(25) 저지 현상

명사어근	적	형용사
몰지각	*몰지각적	몰지각하다
무능력	*무능력적	무능력하다
미숙	*미숙적	미숙하다
불완전	*불완전적	불완전하다
몰인격	몰인격적	*몰인격하다
무혈	무혈적	*무혈하다
부동	부동적	*부동하다
비합법	비합법적	*비합법하다

다만 엄밀히 따지면 이 둘은 '적'과 '하다'가 저지 현상을 일으키는 것
이 아니라, '-적이다', '-하다'와 같이 동일한 범주로 비교될 때 저지되
지 않는가 여겨진다. 곧 '몰지각적'과 *'몰지각하다'가 저지 현상을 일으
키는 것이 아니라 '몰지각적이다'와 *'몰지각적하다'와 같이 동일한 범주
차원으로 놓고 설명해야만 '저지 현상'이라고 할 수 있다고 추측된다.

2.2.2.4. 부사 파생어

결합형을 부사로 파생시키는 접미사로 대표적인 예로 '-이'와 '-히'가
있다.

> (26) 가. -이 : 가벼이, 높이, 많이, 반가이 ; 집집이, 틈틈이 ; 깨끗이, 반듯
> 이, 높직이 ; 일찍이
> 나. -히 : 가만히, 순수히, 조용히, 철저히, 급히

부사 파생어에서 명사, 동사 등과 '-이'가 결합하여 만들어진 단어는
그 수가 약 2,000개가 넘는다.[59] 세부적으로는 어기의 의미와 접사 결합
형의 의미가 다른 단어도 있다(예 넌지시, 반드시, 슬며시 등). 아울러 나타나
지 않는 어기에 대한 이유를 설명할 수 있는 이른바 체계적 빈칸으로 설
명되는 예들도 많이 있다. 즉 필터 부분(걸러내기 장치)에 형태론적 의미론
적, 통사론적, 제약에 설명되는 것이 많이 있다는 뜻이다.[60] 그에 반하여
아래의 것들은 통시적으로 접미사가 매우 형태 제약적으로 쓰여서, 아무
런 규칙도 세울 수 없다. 그것은 우연한 빈칸이 너무도 많이 나타난다는
뜻도 된다.

> (27) 가. -소 : 몸소, 손수
> 나. -우[61] : ① 너무, 도로, 두루, 도두, 마주

---

59) 유재원(1985)의 <우리말 역순사전>에서 조사하였다.
60) 예컨대 공간 형용사에는 '이'가 붙으나 빛 형용사나 미각 형용사, 후각 형용사에는 붙지 않
는다는 제약이 있다.
　　공간 형용사 : 길이, 높이 멀리, 깊이 널리
　　시각 형용사 : 붉이, *프르이, *누르이, *검이, *밝이, *어둡이, *맑이, *희이, *흐리이
　　미각 형용사 : *달이, *떫이, *맵이, *시이, *싱겁이, *쓰이, *짜이
　　후각 형용사 : *구리이, *고리이, *냅이, *노리이, *비리이, *지리이
　　이는 우연한 빈칸이 아니라 체계적 빈칸인 것이다.
61) '매우'도 이에 해당할 것 같으나 '-우-'를 제외한 나머지 '매'가 무엇을 의미하는 지 알 수
가 없다. 따라서 이 글에서는 '매우'를 제외한다.

        ② 되우, 바투, 바로, 자주, 고루
        ③ 꺼꾸로, 휘뚜루, 허투루, 비로소

다. −애 : 몰래
라. −어 : 미처
마. −것 : 실컷, 기껏
바. −추 : 갖추, 곤추, 낮추, 얕추, 늦추, 얼추, 곤추, 조추, 맞추, 얼추
사. −낱 : 한낱

위 (가)의 접미사 '−소'에 붙는 것은 어기가 명사이고, (나)의 '−우−'에 붙는 어기는 ①은 동사 어기(넘−, 두르−, 돋−, 맞−, 돌−)고, ②는 형용사 어기 (되−, 밭−, 바르−, 잦−, 고르−)요, ③은 특수 어근(꺼꿀, 휘뚤, 허툴, 비롯)이다. 또 나머지 '−애', '−어', '−음', '−것', '−추' 등이 붙는 어기의 통사적 범주 는 대개가 동사이다. 그러나 이들은 파생 접미사 '−이'에 비하여 하나 또 는 몇몇 어기에만 붙어서 나타나는 형태 의존적 접미사이다.

부사 파생에도 상호 배타적으로 나타나서 저지 현상으로 볼 만한 경우 가 거의 없다. 다만 '−거리−' 파생과 '−이' 부사파생의 경우 상호 배타적 으로 나타나지만, 이 둘은 상호 범주적 차이를 가지고 있기 때문에(−거리− 는 동사 파생이며, '−이−'는 부사 파생) 배타적일 뿐 저지 현상이라고 보기는 어렵다.

(28) 저지 현상

머뭇거리−	*머뭇이
반작거리−	*반짝이
가물거리−	*가물이
*구붓거리−	구붓이
*가뜩거리−	가뜩이
*깜찍거리−	깜찍이

2.2.3. 영변화 파생

앞에서도 말한 바와 같이 영변화 파생이란 어떤 단어(어기)가 형태상의 변화 없이 품사를 달리하여 쓰이는 경우를 말한다. 이는 결국 동일한 형태의 한 단어가 두 가지 품사로 기능을 수행하기 때문에 '품사의 통용'이라 부르기도 하였다. 아래와 같은 예가 대표적이다.

(29) 가. 아무래도 음식을 잘못 먹은 것 같아. (부사)
　　 나. 너는 무슨 잘못을 저질렀니? (명사)
(30) 가. 오늘이 다 가기 전에만 와 다오. (명사)
　　 나. 오늘 해야 할 일을 다음날로 미루어서는 안 된다. (부사)
(31) 가. 이 시는 너무 길어서 인용할 수가 없다. (형용사)
　　 나. 짧게 깎았던 머리가 그 사이에 꽤 많이 길었다. (동사)
(32) 가. 우리는 날이 밝는 대로 떠나기로 했다. (동사)
　　 나. 표정이 밝은 사람이 보기에도 좋다. (형용사)
(33) 가. 키가 크다.
　　 나. 꽃이 잘 큰다.

동사(어기)/명사의 예에는 이 이외에도 '되-/되, 띠-/띠, 빗-/빗, 신-/신, 품-/품' 등이 있다. 그런데 영변화 파생은 형태가 동일하고 품사가 달라지는 경우이지만, 형태가 동일하면서 품사가 달라지는 형식에 동음이의어도 있다. 이에 따라 영변화 파생의 짝을 인정하기 위해서는 의미상의 관련성이 있을 것이라는 기준이 하나 더 추가되어야 한다. 위에 제시된 예들은 모두 이 기준에 맞는 것들이다. 하지만 '다리'(교량), '다리다'(옷을 '다리다'의 다리), '쓰다'(苦, 형용사)와 '쓰다'(書, 동사)는 형태가 동일하고 품사가 다르긴 하지만 의미상의 관련성이 없음으로 해서 영변화 파생의 짝이 되지 못한다. 아울러 또 하나의 문제는 어떤 품사에서 다른 품사로 파생되었는지를 판별하기 어려운 경우가 많다는 것이다. 특히 '동사(어간)/명

사'의 경우, 현재로서는 어느 쪽에서 어느 쪽이 파생되었는지를 판별할
분명한 근거를 찾을 수 없다.

2.2.4. 내적 변화에 의한 파생

내적 변화에 의한 파생이란 어간 내부의 형태가 바뀜으로써 다른 단어
가 되는 경우를 뜻한다. 여기에는 '노랗다'와 '누렇다', '보글보글'과 '부
글부글'과 같이 어간 내부의 모음이 교체되는 파생과, '뚱뚱'과 '퉁퉁',
'반질반질', '빤질빤질'과 같이 어간 내부의 자음이 교체되어 다른 단어
가 되는 두 가지 경우가 있다. 주로 색채를 나타내는 형용사나, 의성 의
태어와 같은 어기의 경우가 이러한 파생의 모습을 보인다. 색채어의 경우
모음 교체는 색채의 명암 차이를 드러내 주고, 자음 교체는 색채의 농도
차이를 드러내 준다. 예컨대 '노랗다/누렇다'의 '노랗다'는 색채가 밝음
을, '누렇다'는 색채가 어두움을 나타낸다. '발갛다/빨갛다'의 경우, '발갛
다'는 색채가 옅음을, '빨갛다'는 색채가 짙음을 나타내 준다. 하지만 의
성 의태어의 경우 이러한 어감 이외에 통사적 문맥에서 차이를 나타내기
도 한다.[62]

> (34) 가. 배가 {살살/*설설} 아파온다.
> 나. 한웅큼 쥔 눈이 손안에서 {살살/*설설} 녹아 물로 되었다.
> 다. 그는 동생을 불러 {살살/*설설} 달래 보았으나, 동생은 끝까지
> 고개를 가로 저었다.

---

62) 좀 더 자세한 내용은 김홍범(1993)을 참조하기 바란다.

3. 파생어 형성 규칙

3.1. 파생어 형성 규칙 모형

파생어 형성 규칙이란, 파생어를 분석의 관점으로 바라보는 것이 아니라 생성의 측면으로 바라보는 관점이다. 넓은 의미로 보면 형태소들(또는 단어와 형태소, 단어와 단어)이 결합하여 새로운 단어를 형성하고 이것이 등재부(사전)에 등재되기까지의 전 과정을 말하며, 좁게는 파생어를 만드는 규칙 곧 파생어 형성 규칙만을 지칭한다. 파생어 형성규칙을 먼저 제시한 Halle(1973 : 8)의 모형을 통하여 이를 구체적으로 설명하면 다음과 같다.63)

<표 3> Halle(1973)의 파생어 형성 규칙의 모형

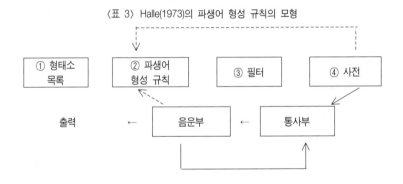

<표 3>의 주요 개념을 설명하면 다음과 같다. 우선 어휘부의 기본 단위는 형태소 목록(①) 속에 등재된 단위이기 때문에 형태소이다. 각 형태소 목록에 있는 형태소들은 여러 문법적 특성들에 관한 표시가 부착되어 있다. 그 표시는 먼저 대어휘 범주를 표시하는 괄호 매김(labelled bracketing)

---

63) 이 규칙은 파생 형태론과 굴절 형태론에 똑같이 작용한다. 즉 형태소 목록은 파생접사와 굴절접사 등을 포함한다. 한편 단어형성 규칙은 새로운 단어를 만들어 내는 규칙이지만 Halle(1973)에서는 이미 있는 단어도 분석한다고 주장한다.

이다. 곧 형태소 목록 속의 '동사'는 'V', '명사'는 'N' 등의 표찰(Label)들
이 결합되어 있다. 예를 들면 '가위'에는 명사 N이 '-질'에는 접미사라
는 대어휘 범주 표찰이 되어 있다는 것이다. 형태소에는 이와는 또 다른
특성이 표시되어야 하는데, 예를 들어 '덜컹거리다'의 '덜컹-'은 '어근'이
고, '-었-'은 굴절접사이며, '풋-'은 접두사라는 특성이 표시되어야 한다.
또한 형태소들이 그 언어의 실제 단어를 이루기 위해 어떻게 배열되는가
하는 것을 규정해야 한다.64) ③의 필터는 의미론적으로 특이한 결합, 음
운론적인 특이한 결합 등을 걸러내기 위하여 설정한 것이다. 예를 들면
'*컴퓨터질'[컴퓨터로 어떠한 일을 하는 행위]나 '*먹개'[먹게 하는 물건] 등은
가능하나(possible) 존재하지 않는(non existent) 단어들인데, 이 단어들에
[-어휘 삽입](-lexical insertion)의 자질을 부여하는 것은 필터가 하는 일이
다. 아울러 '해'+'쌀'과 같은 형태소들이 결합할 경우 'ㅂ'이 음운론적으
로 아무런 이유 없이 나타나는 경우(실제로는 이 어형이 허용됨에도 불구하고),
그리고 '토악질'과 같은 의미론적 특이성 즉 [먹는 것을 게워 냄]의 의미
가 아닌 [옳지 못한 재물을 받았다가 도로 돌려줌]과 같은 결합형을 이
부분에서 처리한다. 하지만 Halle(1973)의 모형은 이후의 강어휘론자들에
게 많은 비판을 받게 된다.65) 그 이유는 첫째 이 체계의 기본 단위가 형
태소라는 점으로 다분히 영어 지향적이라는 점이다. 영어는 대부분 단어
와 형태소가 일치하기 때문이다. 강어휘론자에게는 단어형성 과정의 기
본단위가 형태소가 아니라 단어이므로 발생하는 문제이다. 둘째 Halle
(1973)의 모형은 파생 형태와 굴절 형태 모두를 설명하려고 시도하였기
때문에 형태소 목록에 파생접사뿐만 아니라 굴절접사까지 포함되며 결과

---

64) 예를 들어 '날꾼치기'는 제외하고 '날치기꾼'은 허용하는 규칙이 그것이다.
65) 강어휘론자 중 단어 어기 가설을 배격하는 학자들은 대표적으로 Siegel(1974), Allen(1978),
   Lieber(1980), Di Sciullo, A.M & E. Williams(1987), Kiparsky(1982), Selkirk(1982) 등을 들 수
   있다.

적으로 형태소 목록 안에 들어 있어서 단어형성과 통사 구성 간의 구분
이 모호해진다는 점이다. 셋째는 단어형성규칙이 입력부와 출력부에 대
해 일종의 전국 조건(global condition)이어서 이 조건이 통제되지 않는다는
점이다. 예컨대 '연필깎기'와 같은 파생어를 만들기 위해서는 '-기'를 결
합시키는 단어형성규칙이 위 ④의 사전을 참조해야만 한다. 그 이유는 접
미사 '-기'가 결합되는 '연필 깎다'는 형태소 목록에서는 발견되지 않고
사전 즉 어휘부에 기대야 하기 때문이다. 하지만 전국 조건을 문법 전반
에 활용하면 문법의 부담을 지나치게 증가시키게 되어 설명력의 약화를
가져 온다. 넷째 필터가 유한하지 않다는 점이다. 즉 파생어를 제한할 원
칙이 없으므로 가능하지만 존재하지 않는 단어의 수는 유한하지 않게 되
는데, 이는 필터의 제약의 효용성을 떨어뜨린다. 강어휘론자인 Aronoff
(1976)에서는 형태소를 단어형성규칙의 어기로 삼지 않고 단어로 보았으
며, 이 단어들은 실재하는 것이어야 하고 가능하지만 존재하지 않는 단어
는 단어형성규칙의 어기가 될 수 없다고 하였다. 그는 두 가지 종류의 파
생어 즉 단어로서 형성되는 파생어와, 그렇지 않고 파생 접사를 분리할
수는 있어서 내적 경계를 가질 수 있지만 단어형성에 관여하지 않는 파
생어를 구분하였다. 후자의 예를 국어에서 찾아보면 '써래', '노래', '무
덤', '주검' 등과 같이 비생산적인 접사 '-애'나 '엄'이 덧붙은 경우를 말
한다. 다음에 그는 단어형성규칙의 기본적인 가정으로 우선 단어형성규
칙이 어휘 규칙, 다시 말해 어휘부의 규칙이라고 정의하였다. 그리고 그
단어형성규칙은 단어의 통사론적, 의미론적, 형태론적, 음운론적 특성에
대해 언급할 수는 있으나 통사, 의미, 음운 규칙에 대해서는 언급할 수
없다고 하였다. 또한 단어형성규칙은 수의적인 규칙이며 1회에 한해서만
적용되는 규칙(once-only rule)이어서 단어형성 규칙이 도입되지 않고 막 바
로 어휘부에 출력되는 예들이 있다고 보았다.[66] 그리고 단어형성규칙이

새로운 단어들을 설명할 뿐만 아니라 이미 존재하는 단어의 내부 구조도 설명한다고 하였다. 마지막으로 단어형성 규칙에서 단계에 관하여 '단어' 와 '접사'라는 개념의 구별을 가한다. 곧 단어는 어휘 목록에 들어 있으며, 접사는 한 단계 '낮은' 단어형성규칙부 안에 들어가게 조작하였다. 이 둘의 차이는 단어는 '범주적' 정보를 가지고 있는 것에 비해, 접사는 "상관적" 정보를 가진다.[67] Aronoff(1976)와 Halle(1973)의 가장 큰 차이점은 단어를 단어형성의 기본 단위로 보느냐 형태소를 단어형성의 기본단위로 보느냐이다. Aronoff(1976)의 단어형성 과정에서는 Halle(1973)과 달리 형태부를 두지 않고, 사전과 단어형성규칙의 상호 작용과 재조정 규칙이라는 수의적 규칙 현상으로 설명한다.[68] Aronoff(1976)의 모형을 제시하면 아래와 같다.

〈표 4〉 Aronoff(1976)의 단어형성규칙 모형

어휘부
사전
↓
단어형성규칙
↓
재조정 규칙

---

66) 국어의 예를 들면 '써래', '무덤', '주검' 등과 같은 경우와 하나의 단 형태소로 이루어진 단어 '땅, 바다, 사랑, 노래' 등과 같은 예가 이에 해당한다.

67) 예컨대 국어에서 '사람'은 명사 범주라는 범주적 정보를 접미사 '-음'은 동사로부터 명사를 파생시키는 결합적 정보(상관적 정보)를 가진다.

68) '재조정 규칙'이란 형태소 목록을 삭제했기 때문에 나온 것이다. 예컨대 'invert+ion'은 '+' 경계를 갖는 제1유형으로서 어휘부에 등재하기 위해서는 'inversion'과 같은 내적 과정을 겪어야 하므로 이를 설명하기 위하여 특별히 재조정 규칙을 설정한다. 또 '재조정 규칙'이란 특정한 형태소에 한정되고, 특정한 형태소의 환경에서만 적용되는 규칙이다(Aronoff 1976 : 87). 여기에는 절단 규칙과 이형태규칙의 둘로 구분된다. 절단 규칙은 지정된 접미사(designated suffix) 앞에서 지정된 어간 말 형태소(designated stem-final morpheme)를 삭제한다. 이형태규칙은 지정된 형태소나 형태소의 부류를 다른 지정된 형태소나 형태소의 부류와 인접한 환경에서 그 모양을 조정한다(Aronoff 1976 : 88).

그러나 Aronoff(1976)의 논리도 다분히 영어 중심적이어서, 국어 파생어와 합성어 형성에서는 맞지 않다. 먼저 국어에서는 파생접사와 결합하는 어기가 불구적인 것이 매우 많다. 즉 '덤벙거리다, 꺼벙이, 아름답다' 등의 접미사 '-거리-'나 '-이', '-답-' 등은 공시적으로 매우 생산적으로 쓰여서 어기와 분리가 가능하지만, 어기 '덤벙', '꺼벙', '아름' 등은 특수 어근으로 단독적으로 쓰이지 않는다. 따라서 이들은 하나의 형태소일망정 단어는 아니다.69) 다음에 국어에서는 영어에서처럼 특정한 접사와 결합하는 어기가 일정한 범주를 나타내고 있지 않다. 영어에서는 예컨대 '-able'과 같은 접미사는 '*wash+able', '*book+able', '*black+able'처럼 명사나 형용사 범주에 붙지 않는데, 국어에서는 이러한 일정한 범주가 없는 예가 많다. 예를 들어 접미사 '-이'와 결합하는 단어는 매우 다양한 범주에 붙는다.

(35) 가. 풀이(동사+이)
　　 나. 넓이(형용사+이)
　　 다. 절름발이(명사+이)
　　 라. 지은이(동사의 관형형+이)70)
　　 마. 못난이(형용사의 관형형+이)

(35)의 '-이'는 동사 어간, 형용사 어간, 명사 그리고 동사와 형용사의 관형형에도 붙어서 거의 모든 범주에 다 붙을 수 있다. Aronoff(1976)의 논리대로라면 '-이'가 공시적으로 많은 어기와 붙는 생산적인 접사임에

---

69) '-답-'과 같은 경우는 심지어 하나의 단어가 아닌 구적인 결합처럼 보이는 것에도 쓰인다.
　　 가. 그는 [[[우리가 믿는 정치인] 답]다]
　　 나. 영희는 [[[책에 나오는 공주] 답]다] (임홍빈 1989 : 24)
70) 국어의 명사 파생접사 중에서 가장 다양한 파생 기능을 보이는 것은 아마도 이 '-이'일 것이다. 이들은 다 같이 명사를 파생한다는 점에서 통사적 기능에는 동일한 면을 가지고 있다. 이 글에서는 이 점을 중시하여 하나로 묶어 보았다(송철의 1989 : 92 참조).

도 불구하고 이들을 모두 단어형성에 참여하지 않는 파생어로 보아야 하
는 모순이 생긴다.

마지막으로 '형태소'를 최소의 유의미적 단위가 아니라고 하여 어기로
서의 자격을 갖지 못한다면, '단어'도 역시 같은 논리로 어기로서의 자격
을 상실하게 된다. 그것은 단어 단위의 어기를 접사와 결합하여 파생어를
형성할 경우도, 형성된 파생어의 의미와, 파생접사와 어기의 의미 합과는
반드시 일치하지 않기 때문이다. 파생된 단어도 화용적인 상황에 따라 얼
마든지 변할 수 있고 그러한 상황이 주어지지 않는다고 하더라도, 어떤
형태와 형태가 결합하면 거기에는 반드시 얼마간의 의미적 변화를 일으
키게 마련이다. 예를 들어 '칼'의 의미와 '-질'[-을 하는 행위 또는 짓]의 비
교적 투명한 의미의 합으로 '칼질'이 도출된다고 하더라도, '칼'이 어떠
한 것을 의미하느냐에 따라 구성체의 의미의 합과 일치하지 않을 수 있
다. 곧 그 '칼'이 '식칼'을 의미한다면 '칼질'은 [부엌에서 음식을 만들기
위하여 칼을 사용하는 행위]라는 의미가 될 것이요, 강도가 쓰는 '칼'이
라면 '칼질'의 의미는 [물건을 훔치기 위해서 칼을 휘두르는 행위]의 의
미로 변한다. 더욱이 '마당질'과 같은 예는 화맥에서 그 의미가 바뀐 경
우가 아니라 아예 본래의 의미가 제 3의 의미 즉 [곡식의 이삭을 떨어
낱알을 거두는 일]과 같이, 의미를 예측할 수 없을 정도로 변한 경우가
있다. 이는 단어 어기 이론에서조차 단어를 단어형성규칙으로 상정할 수
없다는 논리가 나온다. 결국 Aronoff(1976)에서 형태소가 모호한 개념이라
고 단어형성 단위에서 폐기한 논리와 마찬가지로 역시 단어를 어기로 볼
수 없다는 결론에 도달하는 모순성을 낳게 된다. 그러므로 단어형성의 근
간 단위는 역시 형태소로 보아야 하는데, 문제는 Halle(1973)의 단어형성
개념의 약점 즉 l 시, 형태소 정보에도 기댈 수 있고 사전의 정보에도 기
댈 수 있는 전국 규칙이라는 점과 필터가 유한하지 않다는 점을 어떻게

극복해야 하는가가 관건이다.

3.2. 파생어 형성 어기

이 절에서는 파생어 형성 규칙의 대상 중 접사와 결합하는 어기 범주에 대한 논의를 하고자 한다. 기존 견해는 단어 또는 형태소 단위를 파생어 형성 규칙의 대상으로 보는 경우와 단어 초과 어기도 단어형성규칙의 대상이 된다는 두 견해로 양분된다. 이에 두 견해를 소절로 나누어 살펴본다.

3.2.1 단어 이하 어기

전통적인 분석론의 대상은 자립적이고 유의미적인 형식인 '단어'와 최소의 유의미적인 단위인 '형태소'였다(Nida 1946 : 1, Matthews 1974 : 11). 초기의 조어론도 이러한 분석론의 단위를 그대로 받아들여 단어형성의 단위에 '단어 어기' 뿐만 아니라 '형태소 어기'도 인정하였다(Halle 1973, Lieber 1980, Selkirk 1982).

초기의 국내 조어론의 입장도 단어형성 어기에 형태소를 배제하지 않았다. 곧 공시적으로 단어를 만들어 내는 생산성 있는 어휘부 접사나 어기의 개념을 포괄할 수 있는 용어로 파생어 형성소를 제안한 고영근(1992 : 11-23)의 견해나,[71] '자립할 수 없는 동작성 어근'을 어기로 인정한 송철

---

71) 고영근(1992)에서 보면, "덮개를 시렁에 얹는다."라는 문장의 형성소를 모두 7개로 설정한다('덮, 개, 를, 시렁, 에, 얹, 는다'). 이 때 주목해야 할 것은 '덮개'와 '시렁'이다. 전자의 '-개'는 '손톱깍개'처럼 공시적으로 생산성을 가지는 접사이므로, 이를 파생어 형성소라 보고, '시렁'의 '-엉'은 분석은 되나 파생어를 형성하는 데 참여하지 않으므로, 형성의 관점으로 볼 때 '시렁'이 하나의 단위가 된다. 따라서 '덮개'가 다른 어형성의 어기가 아니며, 공시적으로 더 나누어지는 '-개'를 파생어 형성소라 보았으므로, 적어도 단어형성 어기 가설을 주장하는 것이 아니다(고영근 1992 : 21-22 참조).

의(1989 : 141-145)의 견해를 볼 때, 단어형성의 기본 단위에 형태소 어기를 배제하지 않았다. 그러나 Aronoff(1976 : 8-17)의 견해 곧 조어론에서의 대상이 형태소가 아니라 단어라는 주장을 국내에서 받아들이게 됨으로써,[72] 국내의 조어론에서도 점차 형태소를 포기하고 '단어'만을 단어형성의 대상으로 삼는 경향이 일반적인 추세로 바뀌었다.[73]

이러한 조어론의 기본 단위가 단어라고 주장하는 이면에는 전통 문법 이래 끊임없이 문제로 제기된 형태소 개념에 대한 소모적인 논쟁을 피하고자 하는 의도가 담겨 있다. 즉 그간의 논의는 형태론이라는 말 자체가 의미하듯이, 분석의 궁극적 단위인 '형태소'를 밝히는 것이 최종적인 임무였다. 그러나 통시와 공시의 경계가 모호한 분석 단위, 구성체와 구성 요소의 합이 일치하지 않는 단위, 그리고 구조 분석이 이중적으로 되는 단위들이 상당수 존재함에 따라 형태론의 종결점인 형태소 개념 자체가 흔들릴 지경에 이르게 되었다. 그런데 형태소를 둘러싼 이와 같은 문제는 단어를 조어의 입장에서 설명하는 쪽에서는 매우 난감한 사항이었다. 왜 나하면 분석론에서는 형태소가 단어 분석의 '최종적인 안착점'인 반면, 조어론에서는 단어형성의 '최초의 출발점'이기 때문이다. 곧 조어론의 원래의 목표를 달성하기도 전에(화자의 조어 능력의 기제를 밝히기도 전에), 다시

---

72) '형태소가 유의미적인 최소 단위'라는 견해에 대한 Aronoff(1976)의 비판은 잘 알다시피 형태적으로는 동일하나, 구성체와 구성 요소간의 의미를 파악할 수 없다는 점이다. 예컨대 'strawberry, blueberry, blackberry, gooseberry' 따위에서 공통적으로 추출되는 '-berry'를 전체 형식에서 나타나는 의미와 연관 지을 수 없다는 점, 'X=fer, X=mit, X=sume, X=ceive, X=duce와 re=X, con=X, in=X, de=X' 등의 접두사와 접미사들에서 동일한 의미를 추출할 수 없다는 점, 그럼에도 불구하고 형태가 동일한 문법적 특징을 보인다는 점을 들어 ('stand'와 'understand'의 'stand'가 과거에서 'stood'와 'understood'와 같이 'stood'로 굴절되는 현상), 형태소의 개념을 조어론의 단위로 삼는다는 견해를 부정하였다. 곧 Aronoff는 형태소가 아니라 단어가 최소 기호이고, 따라서 자의적이지 않은 복합 기호를 얻기 위한 단어형성규칙은 단어에만 적용되어야 한다고 주장한다.

73) 유추론도 실재어를 기반으로 단어형성을 논하므로 역시 그 근간 단위는 단어이다(구본관 외 2002 : 162-169 참조).

형태소를 정의하는 데 온 힘을 쏟아야 했기 때문이다. 그러므로 형태소를 부정한 후 '의미 있는 단위'만이 다시 '의미 있는 단위'를 생성한다는 Aronoff(1976)의 견해는, 조어론의 입장에서 봤을 때, 그 논의의 힘을 본래의 목적에 집중하게 해 줄 수 있는 아주 좋은 이론적 근거가 된 것이다. 하지만 영어와 달리 국어는 단어로 볼 수 없는 비자립적인 단위가 결합하여 단어를 만드는 현상이 흔하며, 단어 개념 자체도 아직까지 해결되지 못한 상태이다. 따라서 국어의 실제 언어 현상에 이 이론에 대한 검증 없이 그대로 이 논의를 받아들인다는 것은 좀 더 신중을 기할 필요가 있다. 그러므로 여기에서는 단어 어기를 국어 조어론에서 수용할 때, 얻어지는 이점이 무엇인지, 그리고 이로 발생하는 문제가 없는지를 살펴보고자 한다. 또한 이를 통해, 국어의 언어 현실에 부합하는 단어형성의 기본 단위가 과연 무엇인가를 알아본다.

Aronoff(1976)의 단어 어기를 국어에 적용하면 어떠한 이점이 있는가? Aronoff의 '-fer, mit'와 유사한 예인 'X+-아리(-어리)' 결합체들을 통하여 이를 살피면 다음과 같다.

> (36) 경아리, 고라리, 무거리, 희아리, 노라리, 마가리, 귀머거리, 코머거리, 닭의어리, 불어리, 덩어리, 숭어리, 우러리, 몸뚱아리, 터거리, 매가리, 쪼가리, 이파리, 우너리, 아가리, …

우선 위 (36) 각각의 예들에 대한 분리 가능성을 살펴보자. 먼저 '경아리'[서울 사람을 약고 간사하다 하여 욕으로 이르던 말]는 '상경(上京), 경성(京城)'의 '경(京)'의 비교를 통하여, '고라리'[아주 어리석은 시골 사람]는 '냇골, 산골, 골짜기'의 '골'과 대조함으로써 '경', '골'과 '-아리'가 분석되어 나온다. 아울러 '경아리'나 '고라리' 자체의 대조에 의해서, '경', '골'과 '-아리'가 분석됨은 의심의 여지가 없다. 또한 '무거리'[가루를 내고 남은 찌끼]

는 '묵-, 무겁-', '희아리'[조금 상한 채 말라서 희끗희끗하게 얼룩이 진 고추]는 '희-', '노라리'[건들건들 놀며 세월을 보내는 일]는 '놀-', '마가리'[비바람이나 막을 수 있게 자그마하게 꾸린 집-오막살이]는 '막-'이라는 동사와 형태·의미적 유사성으로 인해 선행 어기와 '-아리'가 추출된다. '귀머거리'는 '귀먹다'라는 통사적 형식과 비교하여, '코머거리'는 '귀머거리'와 대비하여, 어기에서 '-어리'를 떼어 낼 수 있다.

'닭의 어리'74)는 '닭의'라는 통사적 형식과, [울타리]의 뜻을 가지고 있는 '어리'가 독립적으로 쓰이는 것과 비교하여 분석이 가능하다. '불어리'[바람에 불티가 날리는 것을 막기 위하여 화로에 들 씌우는 것]는 '불[火]'과의 형태·의미적 유사성을 통하여 내부적으로 쪼개어질 수 있다. 아울러 '덩어리', '숭어리', '우러리'[가죽신의 운두]와 '몸뚱아리'도 상호 분리가 가능하다. 비록 '덩-', '숭-', '울-', '몸뚱-'이 홀로 독립적으로 존재할 수는 없지만, '덩치, 덩저리, 쇳덩이, 바윗덩이'의 '-덩-'과 '-숭이'('송이'), '옹숭그리다'의 '-숭-', '울타리'의 '울-' 그리고 '몸뚱이'의 '몸뚱-'과 대조하여 'X+어리'로 분리가 가능하기 때문이다.

더불어 '터거리', '매가리', '쪼가리', '이파리', '우너리'75)는 각각, '턱', '맥(맥이 빠지다, 맥을 못추다)', '쪽', '잎', '운'('운두'의 '운') 따위와 같은 독

---

74) '닭의 어리'의 '어리'는 어기이다. '어리'가 사전에 풀이된 것을 보면 [① 아래위 문지방과 양쪽 문설주를 통틀어 이르는 말, ② 병아리 따위를 가두어 기르기 위하여 덮어놓는, 싸리 같은 것으로 둥글게 엮어 만든 것 ③ 닭을 넣어 팔러 다니도록 만든 닭장 비슷한 것]이므로, '어리'는 '우리'의 이형태로 보인다.

[1] 어리 권 : 圈(訓蒙下8)

이는 '닭의 어리 [나무 가지나 싸리 같은 것으로 엮어 만든, 닭을 가두거나 넣어 두는 물건]와 '불어리'[바람에 불티가 날리는 것을 막기 위하여 화로에 들씌우는 것]에서 보듯이, [가두어 놓는 것], [덮어두는 물건]의 '어리'와 아무런 차이를 보이지 않는다. 다만 '우리'라는 말이 '어리'로 대체됐기 때문에 우리가 인식하는 데 어려움을 느낄 따름이다.

75) [가죽신의 운두]

립된 단어와의 의미적 유사성을 통하여, '-아리'를 추출할 수 있다. '아 가리'는 공시적으로 '악머구리', '아가미', '아궁', '악지가리'의 '악-'과의 의미가 유사하므로 '악+아리'로 분석하여 '-아리'가 분리된다.76)

이처럼 'X+어리(아리)'는 선행 어기 혹은 그 자체가 독립적인 쓰임을 가진 예가 나타남으로 해서 분석이 가능하지만, 도출되어 나오는 파생어 의 의미는 다 같지 않다. 위 (36)을 의미적인 유사성으로 구분하면 아래 와 같이 [+사람](37가), [+신체의 일부분](37나), [테두리](37다), [-사람] (37라) 등으로 구분될 수 있는 듯하지만, 세부적으로 들여다보면 더 나뉠 가능성이 크다.

(37) 가. 경아리, 고라리, 귀머거리, 코머거리, 노라리
　　나. 몸뚱아리, 터거리, 아가리
　　다. 닭의어리, 불어리
　　라. 무거리, 희아리, 마가리, 덩어리, 숭어리, 우너리, 우러리, 매가리,
　　　　쪼가리, 이파리

예컨대, (37라)의 경우는 [찌끼](무거리), [고추](희아리), [집의 일종](마가 리), [뭉쳐진 것](덩어리), [다발](숭어리), [앞머리](우너리), [뚜껑](우러리), [∅] (매가리, 쪼가리, 이파리) 등으로 세부적으로 나누어질 수 있으므로, 견해에 따라선 이러한 '-아리'들을 서로 다른 형태소로 파악할 수 있다. 만약 상 이한 범주의 어기를 별개의 형태소라고 본다면, (37가)도 어기가 N('경+ 아리, 골+아리')과 V('귀먹+어리, 코먹+어리, 놀+아리')로 구분되므로, 서로 다 른 형태소로 구분된다. 그러나 구조 분석에서 형태소는 그것을 분석하는 분석자의 주관적 직관에 치우칠 위험성이 클 뿐만 아니라, 설령 여러 가

---

76) '악마구리'란 '입개구리'란 뜻으로 [입으로 시끄럽게 울어대는 개구리]를 이르는 말이고 '아가미'는 [고기의 입 부분]이고 '아궁'은 [불을 피우는 입구]이다. 이 셋은 모두 [입]을 공통 의미로 갖고 있다.

지 기준을 도입하여 '-아리'를 '-아리1', '-아리2', '-아리3' ⋯ '-아리α'로 구분할 수 있다고 할지라도, 단어형성에 대하여 논할 때에서는 이 '-아리'는 아무런 가치를 지니고 있지 않다. 달리 말하면 다양한 '-아리'를 언중들이 인식하고 각각에 대하여 모두 단어형성의 기제로 사용하지는 않기 때문이다. 차라리 Aronoff(1976)와 같이 형태소를 부정하고 더 큰 단위인 단어가 어형성의 기본 단위라고 보는 것이 많은 이점을 준다.

    (38) 걱정덩어리, 핏덩어리, 주책덩어리, 불덩어리, 덩어리, ⋯
    (39) 충항아리, 똥항아리, 전동항아리, 쌍항아리, 질항아리, 알항아리,
        분항아리, 터주항아리, 모항아리, 귀때항아리, ⋯

  곧 (38)과 (39)에서 보듯이, '걱정, 피, 주책, 불, 흙'이라든가 '충-, 똥, 전동-, 쌍-, 질-, 알-, 분, 터주-, 모-, 귀때-' 따위가 내부 구조 분석 없이(항+아리, 덩+어리) 바로 '항아리', '덩어리'에 결합되어 단어가 형성이 된다고 하는 것이, 형태소 어기 가설보다 설명에 있어서 더 나은 처리이다. 이는 조어론의 차원에서 볼 때 (38), (39)와 같은 '덩어리', '항아리'는 단어형성 어기의 역할만 하지, 구성 요소 '-아리'가 단어형성에 참여하지 않기 때문이다.[77] 그러나 문제는 형태소 부정 논의와 분석의 어려움이 곧 단어가 조어론의 기반 단위라는 연결이다. 구체적으로 말하여 Aronoff(1976)가 주장한 동일한 형식의 다양한 의미나, 역시 '-아리'의 다

---

77) 이러한 개념은 고영근(1992 : 13-23)에서 단어 형성소와 같은 맥락이다.
   가. 필자는 '지붕'(집웅)과 같은 단어를 명사어근 '집'과 접미사 '웅'이 결합된 것으로 보아 분석하는 태도를 취한다. 그러나 이 경우의 '웅'은 그 쓰임이 퍽 고립적·불구적이어서 다른 명사에 붙어서 새로운 명사를 형성하는 일이 없다. 고립적·불구적이라고 함은 매우 불규칙적이고 비생산적이라는 뜻이다. 이런 불규칙적 접사를 "단어구성소"라 부르기로 한다. ⋯ 중략 ⋯.
   나. '지우개, 손톱깎개' 등 ⋯ 중략 ⋯ 이런 요소는 새로운 단어의 형성에 참여한다는 점에서 "단어 형성소"라고 부를 수 있다.

양한 의미를 통하여 과연 형태소를 부정하고 더 나아가 단어를 조어론의
단위로 삼는 논의로 연결될 수 있느냐하는 타당성에 대한 의문이다.78)
우선 Aronoff(1976)의 논의처럼 구성체의 합과 그 구성 요소의 합이 별개
이어서 이보다 더 큰 의미를 가지고 있는 단위인 단어를 형성 어기로 설
정한다면, 단어도 역시 아래와 같은 예에서 동일한 문제를 발생시킨다는
점에서 논쟁의 여지를 남긴다.79)

> (40) 가. 가위질, 채찍질, 부채질, 저울질, 손가락질, 삿대질, …
> 나. 시장질, 헛젓가락질, 도배질, 주사질, 헛방망이질, 헛방질, 삽질, …

잘 알다시피 위 (40가)에서 어기 '가위', '채찍', '부채', '저울', '손가
락', '삿대'는 단어이며 여기에 접사 '-질'이 결합한 예이다. 그리고 접사
'-질'은 (40)과 같이 전형적으로 단어 어기와 결합하며, [-하는 행위]라
는 투명한 의미를 나타낸다. 하지만 위 (40가)는 그 의미가 구성 요소의
합과 비교해 볼 때 투명하지 못하다. 곧 [언론 기사나 영화 작품 따위를
검열하여 그 일부분을 삭제하는 일을 비유적으로 이르는 말], [몹시 재촉
하면서 다그치거나 일깨워 힘차게 북돋아 주는 일을 비유적으로 이르는
말], [어떤 감정이나 싸움, 상태의 변화 따위를 더욱 부추기는 일을 비유
적으로 이르는 말], [속내를 알아보거나 서로 비교하여 이리저리 헤아려
보는 일], [얕보거나 흉보는 짓], [말다툼을 할 때에, 주먹이나 손가락 따

---

78) Thus, rejecting the morphemes as a basis for a theory of derivational morphology, at least in
its definition as a minimally meaningful unit, is not the radical step one might think it to be.
As a basis for accounting for inflectional phenomena, it has long been under attack. We must
now develop a theory of morphology which does not crucially depend on the morpheme as a
basic meaning-bearing element(Aronoff 1976 : 15 참조).

79) There I took pains to show that exactly these classes of prefixes and stems have no meaning.
They are not signs. Since the parts have no independent meaning, the meaning of the whole
is unclear(Aronoff 1976 : 20 참조).

위를 상대편 얼굴 쪽으로 내지름. 또는 그런 짓'에서 보듯이 모두 어기의 의미를 내포하고 있지 않다. 그렇다면, Aronoff(1976)식으로 볼 때 단어보다 더 큰 단위를 어형성의 기본 단위로 삼아야 한다. 그러나 더 큰 단위인 문장조차 관용어, 연어와 같은 형식이 있어서 그렇게도 볼 수도 없다. 따라서 의미를 파악할 수 없다고 하여 형태소가 아닌 단어를 어형성의 기본 단위로 설정할 수는 없다. 이와 함께 국어에서 매우 생산성이 있다고 여겨지는 접사 '-기, -음'으로 도출되는 의미도 '행위, 물건, 사람, 규칙, 규식' 등 매우 다양하고, 각각의 경우도 매우 개별적인 의미를 갖고 있어서(예컨대, '행위'도 '운동, 놀이, 풍속, 굿' 등 매우 다양한 변이 의미를 가지고 있다.), 'X기, X음'(X= V, NV, …) 전체만을 어형성의 기본 단위로 놓아야 하는 모순을 안게 된다. 둘째, 이보다 더 본질적인 문제는 과연 국어에서 어기가 단어로만 이루어졌는가 하는 것이다. 예를 들어 생산성이 활발한 접사 '-거리-', '-스럽-', '-하-' 따위는 어기가 N인 경우뿐만 아니라, 홀로 독립하여 쓰일 수 없는 예들과 결합하는 형태들도 많다는 점이다.

(41) 다독거리다, 중얼거리다, 조잘거리다, 꿈틀거리다, 울렁거리다, …
(42) 때깔스럽다, 상냥스럽다, 끔찍스럽다, 투박스럽다, 퉁명스럽다, 먹음 직스럽다, 뻔뻔스럽다, 시원스럽다, …
(43) 깨끗하다, 뚜렷하다, 조용하다, 높직하다, 굵직하다, 불그스름하다, 노르스름하다, …

예컨대, 위의 '다독, 중얼, 조잘, 꿈틀, 울렁', '상냥, 끔찍, 투박, 퉁명, 먹음직, 뻔뻔, 시원', '깨끗, 뚜렷, 조용, 높직, 굵직, 불그스름, 노르스름' 등은 단어 미만의 불구 어기에 해당한다. 이러한 예들에 대하여 신중진(1998 : 30)의 견해와 같이 절단 규칙을 이용하여 설명할 수도 있다.[80) 왜

---

80) 신중진(1998 : 30)은 '더듬거리다, 삐뚤거리다, 바삭거리다, 덜그럭거리다'의 '더듬, 삐뚤,

냐하면, (41)의 경우 (44)와 같이 불구 어기가 중첩형을 이루어 단어를 이루기 때문이다.

(44) 다독다독, 중얼중얼, 조잘조잘, 꿈틀꿈틀, 울렁울렁, 끙끙, …

그러나 문제는 (41)과 달리 (42)와 (43)의 경우 대응하는 중첩형이 없다는 점이다.

(45) 가. *때깔때깔, *상냥상냥, *끔찍끔찍, *시원시원, *투박투박, *퉁명퉁명, *먹음직먹음직, …
     나. *깨끗깨끗, *뚜렷뚜렷 *높직높직, *불그름불그스름, *노르스름노르스름, …

그러므로 생산성이 활발한 접사 '-거리-', '-스럽-', '-하-' 따위의 접미사와 결합하는 (42)와 (43)의 예들은 단어가 아니다. 물론 (42)와 (43)의 어기는('불구 어기'이면서, '중첩형'이 나타나지 않는 어기) 생산성이 없다고 처리하여, 결합형 전체가 등재된 단위라고 처리하면 쉽게 해결될 문제처럼 여겨진다. 그러나 다음의 예를 보면 생산성이 없는 형식이 아니다.

(46) 가. 버벅거리다, 쑤왈거리다, 잘브락거리다, 벙벙거리다, …
     나. 쌈박하다, 썰렁하다, 깔쌈하다, 쌔끈하다, 야시시하다, 쪼잔하다,

바삭, 덜그럭'에 대하여 아래와 같은 논의를 통해 '더듬더듬, 비뚤비뚤'과 '바삭바삭, 덜그럭덜그럭'의 중첩형에서 나왔다고 전제한다. 곧 중첩형의 일부가 절단되어 이기가 되었음을 말하고 있다.

가. 의성의태어의 중첩형이 학습단계에서 단독형보다 먼저 습득된다.
나. 단독형은 예외 없이 중첩형을 갖는 데 반해, 중첩형 중에는 그에 대응하는 단독형이 없는 경우도 적지 않다.
다. 의태어 어기와 의성어 어기를 화자가 다른 방식으로 취급하리라고 생각하기 어렵다(신중진 1998 : 30).

째째하다, 어리버리하다, 쌉싸름하다, 야리꾸리하다, 아리까리하
다, 후줄그레하다, 뽀시시하다, …
다. 때깔스럽다, 버벅대다, 껄떡이다, …81)

위 (47가, 나, 다)는 비교적 최근에 나타난 신조어로, (47)에서 보듯이
어기가 단독으로 나타나지 않으며('불구 어기'이면서) (48)에서처럼 '중첩형'
도 가지지 않는다.

(47) 가. *버벅, *쑤왈, *잘브락, *벙벙, …
나. *쌈박, *썰렁, *깔쌈, *쌔끈, *야시시, *쪼잔, *째째, *어리버리, *쌉
싸름, *야리꾸리, *아리까리, *후줄그레, *뽀시시, …
다. *때깔, *버벅, *껄떡, …

(48) 가. *버벅버벅, *쑤왈쑤왈, *잘브락잘브락, *벙벙벙벙, …
나. *쌈박쌈박, *썰렁썰렁, *깔쌈깔쌈, *쌔끈쌔끈, *야시시야시시, *쪼
잔쪼잔, *째째째째, *어리버리어리버리, *쌉싸름쌉싸름, *야리꾸리

---

81) • 버벅거리다(국립국어원 <표준국어대사전> 참조)
• 쑤왈거리다 : 메이비 부분 미군들이 쑤왈거리다가 …중략…(중앙일보 2002.12.02).
• 잘브락거리다(국립국어원 2000 : 459).
• 벙벙거리다 : 우퍼의 경우는 좀 벙벙거린다고 하셔서 …중략….
  (http://www.digitaltheater.co.kr/comm_customer_install_list8.html)
• 쌈박하다 : 구수하면서도 쌈박하다(한겨레 2003.10.01).
• 썰렁하다(국립국어원 2000 : 460) : 객장 분위기는 썰렁하다(중앙일보 2003.11.04 '경제').
• 깔삼하다 : 현장 분위기 깔쌈한 곳(일간스포츠 2002.06.05)
• 쌔끈하다 : 쌔끈한 그녀가…생략…(문화일보 2003.06.03)
• 야시시하다, 쪼잔하다, 어리버리하다(국립국어원 2002 : 421).
• 째째하다 : 남들 보기에 째째하지 않은 그런 사람 말이다(파이낸셜뉴스 2003.04.17).
• 쌉싸름하다 : 쌉싸름하면서 알싸하게 톡 쏘는 맛이 독특하다(오마이뉴스 2002.08.28).
• 야리꾸리하다 : 화장을 한 다음에 야리꾸리한 가운 차림으로 남편을 기다린다(문화일보
  2003.07.03).
• 아리까리하다 : 아리까리해서 이랬다저랬다하면 애매하다(오마이뉴스 2003.01.14).
• 후줄그레하다 : 후줄그레한 레인 코트…중략…(중앙일보 2002.10.09).
• 뽀시시하다 : 안춘영은 '뽀시시'하다고 우기며 행운의 '7'을 붙였다(일간스포츠 2003.05.15).
• 버벅대다(국립국어원 2002 : 421)
• 껄떡이다(국립국어원 2000 : 459)

야리꾸리, *아리까리아리까리, *후줄그레후줄그레, *뽀시시뽀시
시, …
다. *때깔때깔, *껄떡껄떡, *때깔때깔, …

따라서 (47)의 예들은 (41) 부류와 같이 절단 규칙을 설정할 성질의 어
기가 아니다. 달리 말하면 '불구 어기'이면서 '중첩형'이 아닌 어기와, 생
산성이 높은 '-거리-', '-하-', '-스럽-'이 결합한 예이다.

셋째, 국어에서 단어 어기만을 한정할 경우, 아래의 활성적인 접사
'-짜'의 규칙은 설명할 수 없다.

(49) 가. 진짜, 가짜, 날짜, …
나. 대짜, 중짜, 소짜, 말짜, 민짜, 생짜, 정짜, 조짜, 통짜, 퇴짜, 초짜
(생초-), 생짜, 별짜, 민짜, 타짜, 졸짜, 몽짜, 괴짜, 원짜, 갱짜, …
다. 은근짜, 강짜, 앙짜, 공짜, 웅짜, 왈짜, 겉짜, 뺑짜, 얼짜, 알짜, …82)

위 (49)에서 보듯이 한자어 후에서 연유되었다고 여겨지는 '-짜'는 여
러 단계를 가지고 있다. (49가)와 같이 '-짜'가 견인할 수 있는 — 본래의
의미와 아직 연관되어 있는— 한자 어기와, (49나)처럼 본래의 의미와
관련이 없는 한자어 어기로 그 규칙이 확대되었다. 이러한 확대는 (49다)
처럼 우리말 어기와 결합하여 좀더 일반적인 규칙으로 확대되었다. 이
때, (49가, 나)의 한자어 어기를 의미적 측면에서 억지로 단어로 볼 수 있
을지 몰라도 (49다)는 그렇게 처리할 수 없다. (49다)의 '은근-, 강-, 앙-,
공-' 따위는 단어가 아니며 '*은근은근, *강강, *앙앙, *공공(한겨레 2003.
01.09)'이라는 중첩형도 존재하지 않는다. 따라서 우리는 이를 최소한 단
어 미만의 어기로 처리할 수밖에 없다. 이와 같은 논의는 비교적 근래에

---

82) 생초짜(국립국어원 2002 : 431), 왈짜(송철의 1992 : 241), 알짜(국립국어원 2000 : 486)

생성되었다고 여겨지는 (50)의 어기들에서도 문제로 제기된다. (50)은 어기 내부에 공시적으로 완전한 접사로 굳어진 '-이'가 포함되어 있음에도 불구하고 '뿜이, 털이, 붓말이, 접이, 말이, 걸이'가 단어가 아니기 때문이다.

(50) 뿜이개, 털이개, 붓말이개, 접이식, 말이식, 걸이식, …83)

즉 위 (50)의 접사 '-개'나 '-식'과 연결된 형식은 최소한 단어 미만 어기라고 처리할 수밖에 없다. 더욱이 김영석 외(1993 : 72)에서 제시한 색채 명사 '빨강, 파랑, 노랑, 하양, 까망' 따위의 단어 어기를 정하기 어렵다면('노랑'을 '노르-다-앙'에서 도출해야 할 것인지 '노랗-다-앙'에서 도출할 것인지 분명치 않다는 점과 여기에 덧붙여 국어 동사는 단독으로 쓰일 수 없다는 점으로 볼 때), 국어에서 단어형성의 단위를 굳이 단어 어기로 고정시킬 필요가 없다.

영어의 경우 하나의 단어가 문법 기능을 나타내는 경우가 흔하다. 예컨대, 양태의 기능 범주를 나타내는 형식은 대개 'could'나 'would', 'should' 따위와 같이 하나의 단어로 표현하는 것이 일반적이다. 이러한 방식은 어휘부에서도 일반적이어서 단어를 기반으로 단어를 생성하는 규칙을 먼저 설정한 후, 예외가 되는 것은 절단 규칙으로 처리하는 것이 영

---

83) • 뿜이개(송철의 1992 : 71), 털이개(송철의 1992 : 71)
  • 자주 손가락이나 털이개(拂子), 주장자 등으로 허공이나 땅에 일원상을 그린다(한국일보 2003.07.28).
  • 붓말이개는 붓을 휴대할 때 붓의 털을 보호하기 위한 말이개야.
    (http://211.251.231.70/study2/3학년/1학기/미술/웹자료/붓글씨/기타용구.htm)
  • 최근에는 접어서 차에 넣고 다닐 수 있는 접이식 자전거의 비중이 높아지고 있다(한국경제신문 2003.10.09).
  • PDA 키보드는 3단으로 접을 수 있는 '접이식'과 고무재질로 만들어 둘둘말아 휴대할 수 있는 '말이식'으로 나뉜다(디지털타임스 2002.05.28).
  • 또 구매 금액에 따라 패밀리 3단 찬합, 걸이식 비닐봉투 보관함, 인테리어 시계 …중략… (한국경제신문 2000.03.31).

어에서는 매우 합리적인 처리 방법이다. 그러나 국어는 교착어적인 속성을 가지고 있고, (42), (43), (46)에서와 같이 절단 규칙으로 다룰 수 없는 예가 생산성이 활발한 접사를 빌어 도출되는 형이 분명히 존재한다. 따라서 적어도 국어에서는 섣불리 단어 어기만이 공시적인 단어형성규칙의 기반 단위라고 단정할 수 없다. 그렇다고 하여 이 글에서 국어 어기를 다시 형태소로 회기한다는 주장을 하는 것은 아니다. 형태소라는 개념은 분명히 분석의 개념에서 나온 것이고 위 '-아리'에서 살펴본 바와 같이 단어형성에 참여하지 않는 것이 대부분의 속성이기 때문이다. 그러나 조어력이 활발한 접사와, 단어로 볼 수 없는 불구 어기가 결합하여 신조어를 만드는 예들이 상당수 존재하는 만큼, 국어 조어법에서 이러한 어기들이 참여할 수 있는 방안을 마련해야 한다. 그러기 위해서는 어기가 '단어'라고 단정 짓기보다는 '단어 미만의 어기'라든가 또는 '비자립 형식 어기'이라는 개념을 도입함으로써, 단어 어기와 함께 이들을 포괄할 수 있는 조어법을 시도해야 완전한 국어 조어 체계를 구축할 수 있게 된다.

3.2.2. 단어 초과 어기

단어 초과 어기라 함은 어휘부(규칙과 등재부) 이외의 문법 부문에 속하는 형식이 단어형성에 참여하는 경우를 뜻한다. 보통 '관용어구, 연어 형식 영화 제목, 놀이 문장 등은 통사구가 등재부에 등재된 것으로 본다. 이러한 단위들은 등재되지 않을 당시에는 적격과 부적격을 판단할 수 있는 단위이지만(명백히 통사적 구에 해당하지만) 다양한 등재 요인에 의하여 어휘부의 단위로 귀속된 것이다. 그런데 이러한 형식들은 단어형성규칙을 이용하지 않고 통시적으로 그 의미가 바뀌어 어휘부에 들어온 예들이다. 이에 반해 어떤 형식은 어휘부 규칙의 적용을 받아, 어휘부로 귀속되는 형식이 존재한다. 이러한 예의 대표적인 경우가 '-음, -기' 결합 형식이다.

    (51) 가. 'V아/어V' 어기 : <u>얽어짜임</u>, <u>딸려묻음</u>, <u>뚫어새김</u>, <u>모아맞춤</u>, <u>이어</u>
            <u>바꾸임</u>(이어바꿈), …
       나. 'V아/어V' 어기 : <u>감아서기</u>, <u>거슬러태우기</u>, <u>걸쳐막기</u>, <u>고쳐짜기</u>,
            <u>엇걸어뜨기</u>, <u>굽혀묻기</u>, …
       다. 'V고V' 어기 : <u>놓고치기</u>, <u>다리걸고돌기</u>, <u>다리걸고오르기</u>, <u>들고놓</u>
            <u>기</u>, <u>들고부르기</u>, <u>받고차기</u>, <u>보고부르기</u>, <u>보고놓기</u>, …
       라. 'V며V' 어기 : <u>돌며뿌리치기</u>, <u>모로누며메치기</u>, …

    (52) 가. 명사구 어기 : <u>살것몰림</u>, <u>팔것몰림</u>, …
       나. 관형사구 어기 : <u>돈을새기음</u>(돈을새김), …84)
       다. 부사구 어기 : (가) <u>마당에들이기</u>, <u>볕에말리기</u>, …
                (나) <u>두번가기</u>, <u>두번짓기</u>, <u>같이가기</u>, <u>같이살기</u>, <u>거</u>
                    <u>저먹기</u>, …

  위 (51가)와 (51나)는 종속적 연결어미 '-아-/-어-'가 선행 동사와 후행 동사를 연결시킨 후(이러한 단위를 이중 동사 어기라 명명한다.) 하나의 어기를 이룬 다음, 다시 그 문법적 정체가 모호한 '-음', '-기'가 연결되어 도출된 형식이다. (51다, 라)도 선·후행 동사들이 연결어미 '-고'와 '-며'로 결합된 후, 그 결합된 이중 동사 어기에 '-기'가 통합된 형식이다. 우리가 이 어기를 어휘부 소속의 단위로 볼 수 없는데, 그 이유는 아래 (53)에서 보듯이 '-음/-기'를 제외한 형식이 단순한 연결 형식일 뿐 그 자체가 단어가 아니기 때문이다.

    (53) 가. 얽어 짜이-, 딸려 묻-, 뚫어 새기-, 모아 맞추-, 이어 바꾸-, …

---

84) • 살것몰림 : 증권 시장에서 매수(買收) 주문이 많이 쏟아지는 상태. (참고) 팔것몰림.
     • 돈을새김 : 조각에서, 형상이 도드라지게 새기는 일. 부각. 양각. = 돋새김 ↔ 오목새김.

　　나. 감아 서-, 거슬러 태우-, 걸어 차-, 걸쳐 막-, 고쳐 짜-, 엇걸어
　　　　뜨-, 굽혀 묻-, …
　　다. 놓고 치-, 다리걸고 돌-, 다리걸고 오르-, 듣고 놓-, 듣고 부르-,
　　　　받고 차-, 보고 부르-, 보고 놓-, …
　　라. 돌며 뿌리치-, 모로누으며 메치-, …

　이와 같은 형식이 단어가 아니라는 것은 아래의 어기와 본질적으로 그
성격이 다르기 때문이다.

　　(54) 봐주기, 덮어씌우기, 갈라서기, 갈라먹기, …
　　(55) 봐주-, 덮어씌우-, 갈라서-, 갈라먹-, …

　곧 (54)의 '봐주기'의 의미 곧 단순히 [보는 행위]가 아닌 [남의 입장
에서 배려를 하는 행위]에서 '행위'를 제외한 의미([남의 입장에서 배려를 하
다])는 하나의 단어의 자격 즉 X^0의 자격을 갖는 '봐주-' 때문에 기인하
지만, (51)의 '얽어 짜-', '감아 서-' '놓고 치-', '돌며 뿌리치-'는 그렇
지 않다. 왜냐하면 '얽어 짜기'의 의미([창이나 문 따위의 문살을 가로 세로 이
어 짜는 일이나 모양새])에서 '일이나 모양새'의 의미('-기'가 가지고 있는 의미)
를 제외한 나머지의 의미가 전체 '얽어짜-'에 걸린다고 할 수 없다. 그렇
다고 하여 '얽어짜임'의 '얽어짜-'가 통사적 구 '얽어 짜-'와 그 의미가
완전히 다르다고는 말할 수 없다. 구체적으로 말하여 통사적 구 '얽어 짜-'
의 의미가 '얽어 짜임'의 '얽어 짜-'와 그 의미 부분에 있어서 상당 부분
공통되기는 하나, '얽어 짜-'가 단어로 굳어진 후에 나오는 의미가 아니
라는 뜻이다. 보다 객관적인 증거로 연결 어미 '-서'의 삽입 여부를 통해
(51)과 (54)의 차이를 알 수 있다. 곧 연결 어미 '서'가 '봐주-'에서는 허
용되지 않는 반면('봐서 주다) '얽어 짜-'의 경우 '얽어서 짜-'로 대치가
가능하다는 점을 볼 때,[85] (51)의 어기는 통사적 구임을 확실히 알 수 있다.

(52가, 나, 다)도 '-음, -기'에 선행하는 어기가 명사구, 관형사구, 부사구이지, 명사, 관형사, 부사는 아니다. 물론 이 전체 도출 형식에 대한 구조가 이중적으로 분석될 수 있으나, 어느 쪽으로 바라보든 구 형식이 어기가 되었다고 해야지만 합리적인 처리가 된다. 예컨대, (52가)의 '살것몰림', '팔것몰림'의 '몰림'을 어기로 처리할 경우, [[살 것]+[몰림]]과 [[팔 것]+[몰림]]으로 분석될 수 있으며, 만약 통사적 대응체 '살 것이 몰리다', '팔 것이 몰리다'를 존중하면 [[[살 것]+몰리]]음]과 [[[팔 것]+몰리]]음]이다. 하지만 이 두 가지 구조 모두 선행 어기가 명사가 아닌 명사구임은 명백하다. (52나)의 '새김'은 홀로 자립할 수 있는 까닭에, 구조 분석이 [[돈을]+[새김]]의 분석만이 가능하지만, 이때의 선행 요소도 역시 통사부 접사로 볼 수 있는 '-ㄹ'(미래 관형형 어미)이 포함되어 있다. 그러므로 '돈을' 자체는 관형사구로 해석될 수밖에 없다. (52다(가))도 처격 조사 '-에'가 선행 형식과 결합하여 부사구를 형성한 예에 해당하며, (52다(나))도 역시, '두번'과 '같이' 자체는 부사가 아니라 부사구에 해당하므로 (52가, 나)와 본질적으로 동일한 성격을 가지고 있다. 더욱이 (52다)는 (56)과 같이 통사적 대응체가 존재하는 것으로 볼 때,

(56) 가. 마당에 들이다, 볕에 말리다, …
나. 두 번 가다, 두 번 짓다, 같이 가다, 같이 살다, 거저 먹다, …

'-음, -기' 앞의 선행 어기는 단어 초과 어기에 해당하며, 이때의 '-기'도 통사부 접사(통사적 어미)의 범주에 속할 가능성이 농후하다. 다만 '-음,

---

85) 이에 대한 방증으로 -음, -기를 제외한 어기가 기존 사전에 단어로 등재되어 있지 않다는 사실을 들 수 있다. 물론 이러한 방증은 귀납적인 사실로 절대적 근거는 될 수 없지만, 기존 사전들의 편찬자들의 의도 속에는 분명히 '봐주-'류는 하나의 단어의 자격을 갖는 반면 '얽어 짜-'는 그렇지 않다는 의식이 개재 되어 있음은 부인할 수 없다.

-기'가 어휘부 접사의 쓰임도 가지고 있음으로 해서 위 형식들이 통사부 접사가 아닌 어휘부 접사의 쓰임이라고 말할 수 있다는 점이다. 또한 도출되어 나온 형이 단어임을 중시하여 내부의 어기들을 통사적 구가 아닌 단어(X^0)(이 때는 잠재어로)로 결론지을 수 있다는 데 있다. 그렇다면 이들은 어휘부 외부의 소관이 아닌 어휘부 내부에 속하는 단위로 파악된다. 그러나 이와 같은 논리는 어기 내부의 '-아/-어, -고, -며, -에' 따위와 같은 형식들도 역시 어휘부 접사로 처리해야하는 잘못된 논리가 나온다. 곧 어휘부 접사의 본질은 내부의 형식이 X^0 이하의 단위만이 들어 올 수 있음으로 해서, '-아/-어, -고, -며, -에' 따위를 이보다 상위 범주에 속하는 단위라고 볼 수 없기 때문이다. 따라서 '-아/-어, -고, -며, -에' 따위를 어휘부 접사라고 본다면, 예컨대, '감아서기'가 도출되는 과정은 '감-'에 어휘부 접사 '-아'가 결합하고 난 후 동사 '서-'에 역시 어휘부 접사 '-기'가 붙은 후 다시 '감아서기'가 된다. 그러나 이런 식의 처리는 기능 범주 및 어휘 범주를 모두 어휘부 접사로 처리하는 모순에 직면한다. 예컨대, '무궁화꽃이 피었습니다'도 어휘부 소속이기 때문에 이 구조의 내적 요소 '-었-, -습, -니, -다' 따위의 기능 범주들도 어휘부 접사로 처리해야 하고, '노트르담의 꼽추'에서도 역시 내부의 기능 범주 '-의'를 어휘부 접사로 처리해야 한다. 이러한 견해를 극단적으로 계속 밀고 나가다 보면, 다음과 같은 자료의 '-로, -에, -하니, -어, -도록, -게, -라' 따위도 선행 요소와 필연적으로 함께 나타나므로 '어휘부 접사'로 처리해야 한다.[86)]

---

86) 이는 구조주의의 일반적인 견해이기도 하며 조어론의 입장에서 선 견해에서도 이러한 시각을 유지하는 견해가 있다. 예컨대 조어론의 입장에서 단어형성을 논한 이양혜(2000 : 209-219)에서 보면 '-로, -에, -하니, -어, -도록, -게, -라'가 선행 요소와 불가분의 관계를 가지는 분포를 중시하여 이를 접사로 처리하고 있다.

(57) 가. 주로, 절대로, 억지로, 고의로, 단숨에, 엉겁결에, 단박에, …
　　 나. 설마하니, 다투어, 어찌하여, 연달아, 번갈아, 줄잡아, 죽도록, …
　　 다. 아닌게 아니라, 두말없이, 밤새도록, 온종일, …

위와 같은 식의 전개는 결국 통사부 접사(통사 어미) 모두를 어휘부 접사로 처리하는 자의적인 남용을 피할 수 없다. 더욱이 이보다 더 큰 문제는 설령 '-로, -하니, -게'를 어휘부 접사로 설령 인정한다고 하더라도, '-로, -하니, -게'가 결합된 형식 모두가 단어로 귀결되는 것이 아니라는 점이다. 그 이유는 다음과 같은 통시적인 실질 형식의 접사화된 '-내'와 비교하면 잘 알 수 있다.

(58) 비린내, 구린내, 누린내, 고린내, 전내, …

위 (58)의 '내'의 경우 통시적으로 단어 '내음'이 축약된 것으로 원래는 명사이나, 통시적인 변화 과정을 겪어 접사화된 형식이다. 이때 우리가 이 '-내'를 어휘부 접사로 볼 수 있는 이유는, '-내'가 붙은 형식이 모두 그리고 어김없이 단어를 만들어 내기 때문이다. 그에 반하여 '-로, -하니, -게'는 비록 (57)에서 보면 단어를 만들어 내는 경우도 있지만, 다른 어기들과 결합한 경우는 대부분 통사적 구이기 때문에 '-로, -하니, -게' 자체를 보고는 어휘부 접사라고 판단할 수 없다. 더욱이 이와 같은 종류의 통사부 접사(통사적 어미)들을 모두 어휘부에서 설명한다고 한다면, 궁극적으로 어휘부에 통사부를 종속시키는 오류에 빠지게 된다. 반대로 이러한 통사부 접사 부류의 문법적 지위를 중시하여 (57)(주로류)의 예나 앞서 살펴본 (51)(얽어짜임류), (52)(살것몰림류)의 단어를 통사부에서 설명한다면, 통사부에 어휘부를 종속시키는 일대 혼란에 빠지게 된다. 그러므로 '-아/-어, -고, -며, -에'를 포함하는 어기나, '-음, -기'와 결합한 형식,

그리고 (57)의 '-로, -에, -하니, -도록, -게, -라'와 같은 통사부 접사 (통사적 어미)와 결합한 어기에 대한 성격에 대한 일관적인 처리가 필요하다. 곧 이 접사를 통사부 접사로 놓고, 또한 이와 선행하는 어기를 통사적 구의 자격을 그대로 유지하면서, 동시에 이 전체형을 공시적으로 단어를 만들어 주는 새로운 원리와 조건을 밝히는 것이 합리적인 처리 방법이다.

다음에 아래와 같은 형식들의 어기도 본질적으로 단어 초과 어기에 해당한다.

> (59) 가. 가려움증, 밝힘증, 가림판, 갈림길, 구김살, 노림수, 닦음새, 닮음꼴, 돌림병(-빵), 되새김질, 말줄임표, 맞춤말(-옷), 매김말, 맺음말, 박음질, 볶음밥(-짜장), 붙임성, 비빔(-국수, -냉면, -면, -밥), 속임수, 쉼표, 올림말, 지름시조, 차림표(-새), 이음새, 흘림체, …
> 나. 버티기 작전, 떠넘기기 수법, 몸풀기 운동, 잘살기 운동, 다리꺾기 기술, 뒤집기 한판, 숨쉬기 운동, 끝내기 안타, 끝내기 묘수, 힘겨루기 싸움, 널뛰기 장세, …

> (60) 가. 몸낮춤, 입맞춤, 겉꾸밈, 눈속임, 끝막음, 자리다툼, …
> 나. 보물찾기, 고무줄넘기, 동전던지기, 구슬치기, 수읽기, …

(59가)는 김창섭(1996 : 19-27, 117-130, 199)에서 언급하였듯이, 이른바 단어형성 전용요소 또는 잠재어에 해당한다. 그러나 지금은 현재 없지만, 앞으로 나타날 가능성이 있는 단어라는 말을 뒤집어 생각하면, 그 성격이 통사적 구와 다름 아니다. 즉 '가림, 갈림, 구김, 노림, 닦음, 닮음, 돌림, 되새김, 말줄임, 맞춤, 매김, 맺음, 박음, 밝힘, 볶음, 붙임, 비빔, 속임, 쉼, 올림, 이음, 지름, 차림, 흘림' 따위는 단독으로 쓰이지 못하는데, 이러한 현상은 통사적 구의 '-음, -기' 결합형이 보충어나 주어 없이 쓰일 경우

에 나타나는 불완전한 현상과 동일하기 때문이다. (60나)의 '버티기, 떠넘기기, 몸풀기, 잘살기, 다리꺾기, 뒤집기, 숨쉬기' 따위도 역시 통사적 형식의 불구적 쓰임일 뿐 단어는 아닌 것이다. 다만 (60가, 나)의 어기는 (51)과 (52)(읽어짜임, 마당에들이기)와 달리 내부에 '-아/-어, -고, -며, -에'가 없음으로 해서 N 범주로도 볼 수 있다는 점이다. 즉 이러한 어기는 독립해서 쓰일 수 없다는 점을 중시하면 (53)(읽어 짜이-), (56)(마당에 들이-)과 같이 통사적 구로 처리할 수 있으며(이 때의 '-음, -기'는 통사부 접사로 처리), 반대로 내부에 어미적 요소가 없다는 점을 중시하고 접사 '-음, -기'를 염두해 두면, 단어형성 전용요소 또는 잠재어로 처리할 수 있는 이중성을 띤다. (60가)(몸낮춤류), (60나)(보물찾기류)도 역시 마찬가지이다. 이들은 '-하다'와 모두 결합할 수 있다는 점을 볼 때((60가) : 몸낮춤하다, 입맞춤하다, 겉꾸밈하다, 눈속임하다, 끝막음하다, 자리다툼하다, (60나) : 보물찾기하다, 고무줄넘기하다, 동전던지기하다, 구슬치기하다, 수읽기하다), 하나의 단어로 파악될 듯하다. 하지만 이 형식들은 아래 (61)과 같이 어기가 통사적 대응체만 존재할 뿐이며, (62)처럼 어기 내부의 관계가 응집된 단어로 파악할 수는 없다.[87)

> (61) 가. 몸을 낮추다, 입을 맞추다, 겉을 꾸미다, 눈을 속이다, 끝을 막다, 자리를 다투다, …
>   나. 보물을 찾다, 고무줄을 넘다, 동전 던지다, 구슬을 치다, 수를 읽다, …
>
> (62) 가. 몸낮추다, 입맞추다, 겉꾸미다, 눈속이다, 끝막다, 자리다투다, …
>   나. 보물찾다, 고무줄넘다, 동전던지다, 구슬치다, 수읽다, …

---

87) '낯가림'은 '낯가리다'가 사전에 등재되어 있으므로 단어(낯가리-)와 '-음'이 결합한 예로 볼 수 있지만, 이들은 그러한 성격의 예가 아니다.

결국 (60)의 예도 어기를 '통사적 구'로 볼 수 있는 형식이다.

3.3. 파생어 형성 접사

접사에 대한 견해는 구 금지 제약을 엄밀히 지키는 어휘부 접사만을 인정하느냐 아니면 통사적인 구도 허용하는 통사부 접사도 인정하느냐 하는 두 가지 견해가 양분되어 있다. 이 논란의 중심에 서 있는 접사에 대표적인 것에 접사 '-음, -기'와 어기가 결합한 단위가 그것이다. '-음, -기'를 어휘부 접사 견해로 보자면, '-음, -기' 결합형의 내부 구조가 어떠한 것이든 상관없이, 그 결합의 결과가 단어이므로 '-음, -기'의 문법 범주를 '어휘부 접사'로 파악한 후, 역시 선행 어기도 단어로 규정하는 방향으로 기술한다. 반면에 통사부 접사 견해를 가지고 있는 학자들의 경우 어휘화의 개념을 도입한다. 즉 어기의 통사적 특성을 중시하여 '-음, -기'를 통사부 접사(통사적 어미)로 인정한 후 그 전체 도출형을 이른바 '통사부 구성의 어휘화'로 다루는 입장이다. 전자의 견해는 독립적인 어휘부 접사 고유의 객관적 기준이 우선적으로 마련된 후 해당 문법 형태소가 이러한 기준을 통과하여야만 그 타당성을 인정받을 수 있다. 후자의 견해는 어휘화를 통시적 사실이 아닌 공시적인 단어형성 과정 속에서 설명해야지만, 공시적이며 생산적인 '-음, -기' 도출형들에 대한 문법 현상의 본질을 제대로 밝힐 수 있다.[88]

---

88) 아울러 내부 구조에 따라 파생어 형성 규칙이나 통사부 구성의 어휘화로 양분하여 설명하는 방법도 있다. 예컨대, '배고픔', '널뛰기'의 경우 '-음, -기' 선행 어기에 통사적 연결 어미가 없음으로 해서 이 결합형을 접사 '-음, -기'를 이용한 파생어 형성 규칙으로 다루고, '먹여침'이나 '이어달리기'의 내부 구조에 연결 어미 '-어/-아'가 있기 때문에 통사부 구성의 어휘화로 설명하는 방법이다. 그러나 이는 어휘부 접사의 판별 기준에 대한 문제와 통사부 접사 구성의 통시성에 대한 문제를 동시적으로 안을 뿐만 아니라, 서론에서 제기한 바 있듯이 통사적 환경에 따른 통사부와 어휘부 단위의 상호 관련성에 대하여는 아무런 언급도 하지 못한다.

3.3.1. 어휘부 접사

이 견해는 '-음, -기'를 어휘부 접사로 규정하여 선행하는 어기를 단어로 파악하고자 하는 시도이다. 이 견해의 밑바탕에는 "어휘부 단위는 통사적 구가 올 수 없다"라는 구 금지 제약이 있다. 이 견해를 구체적으로 설명하기 위하여 앞 절에서 든 단어 초과 어기 중 일부를 아래에 다시 제시한다.

(63) 가. 얽어짜임, 딸려묻음, 뚫어새김, 모아맞춤, 이어바뀜, …
　　나. 감아서기, 거슬러태우기, 걸쳐막기, 고쳐짜기, 엇걸어뜨기, 굽혀묻기, …
　　다. 놓고치기, 다리걸고돌기, 다리걸고오르기, 듣고놓기, 듣고부르기, 받고차기, 보고부르기, 보고놓기, …
　　라. 돌며뿌리치기, 모로누우며메치기, …

(64) 가. 가려움증, 밝힘증, 가림판, 갈림길, 구김살, 노림수, 닦음새, 닮음꼴, 돌림병(-빵), 되새김질, 말줄임표, 맞춤말(-옷), 매김말, 맺음말, 박음질, 볶음밥(-짜장), 붙임성, 비빔(-국수, -냉면, -면, -밥), 속임수, 쉼표, 올림말, 지름시조, 차림표(-새), 이음새, 흘림체, …
　　나. 버티기 작전, 떠넘기기 수법, 몸풀기 운동, 잘살기 운동, 다리꺾기 기술, 뒤집기 한판, 숨쉬기 운동, 끝내기 안타, 끝내기 묘수, 힘겨루기 싸움, 널뛰기 장세, …

위 (63가~라)의 어기 내부에는 연결 어미 '-어/-아, -고, -며' 따위가 삽입되어 있다. 그러므로 '-음'과 '-기'를 제외한 형식은 단어로 볼 수 없음을 앞 절에서 살펴보았다. (64가, 나)의 '-음, -기'를 포함하는 형식(가려움, 밝힘, 가림, 갈림, …)도 단독형으로 쓰이지 못함으로 해서 선행 어기는 단어일 수가 없다. 그렇지만, '-음, -기'가 객관적인 접사 판별 기준에 통과한다면, 이 근거를 토대로 선행하는 어기를 '잠재어', 또는 '단어

형성 전용요소'라고 볼 수 있는 근거가 마련된다. 이러한 견해가 바로 어휘부 접사 견해이다. 이 견해는 도출어의 성격을 기반으로 내부 구조의 어기와 접사의 성격을 규정함으로써, 어휘부 후 통사부라는 순서적 개념 (엄밀 순환 조건)을 갖는 문법 부문 모형을 기반으로 한다.[89] 예컨대 Siegel (1974)의 유순 가설, Allen(1978)의 확대 유순 가설, Kiparsky(1983)의 어휘 형태론, Botha(1981)의 구 금지 제약 조건,[90] Emonds(2002)의 영역 크기 제한 등의 개념에 담겨져 있는 주장과 일맥상통한다.[91]

---

89) 순서 개념을 도입한 과정을 다른 말로 하면 'linear model'이다. 이는 Di Sciullo & Williams (1987 : 49)의 원자 이론(Atomicity Thesis)의 견해와 밀접한 관련을 가지고 있다. 이 개념을 아래에 써보면 다음과 같다.

The Atomicity Thesis : Words are 'atomic' at the level of phrasal syntax and phrasal semantics. The words have 'features', or properties, but these features have no structure, and the relation of these features to the internal composition of the word cannot be relevant in syntax. (원자성 이론 : 단어들은 구절통사론과 구절 의미론 층위에서 원자(통사 원자)이다. 단어들은 자질과 특성(속성)들을 가지고 있지만 이러한 자질들은 구조를 가지지 않으며 단어의 내적 짜임새와 이러한 자질들 간의 관계가 통사부와 관련이 없다.)

90) 가. 유순 가설 : Ⅰ종 접사 첨가 → 강세 규칙 → Ⅱ종 접사 첨가(Siegel 1974 : 153)
　　나. 확대 유순 가설: : 1단계 접사 첨가 → 2단계 접사첨가 → 3단계 합성어 형성 → (통사부) 굴절접사 첨가(Allen 1978)
　　다. 어휘 형태론

비도출 어휘항목	비도출 어휘항목
1단계 형태부 1단계 음운부	+경계 굴절과 파생 강세, 단모음화 규칙
2단계 형태부 2단계 음운부	#경계 파생과 합성 합성어 강세규칙
n 단계 형태부 n 단계 음운부	#경계 굴절 이완모음화 규칙
통사부 후 어휘음운부	통사부-후어휘 음운부

　　　　　　　　　　　　　　　　　　　　　　　　　　　　　　(Kiparsky 1983 : 3-29)
　　라. 구 금지 제약 조건 : 모든 범주는 자기와 같거나 낮은 범주로 바꿔 쓸 수는 있어도 자기보다 상위에 있는 범주로 바꿔 쓸 수는 없다. … (중략) … 즉 단어 안에 구가 나타난다든지, 혹은 어근 안에 단어가 나타나는 일이 없다(Botha 1981).

91) 이 견해들을 지지하면 WF 부문과 통사부는 오직 한 고정된 점에서만 상호 교류한다. 이러한 순서성은 한 체계의 출력이 다른 체계의 입력이다. 아울러 이 견해는 두 가지 세부 모듈로 나뉜다.

(1) 구조 형성 단어 만들기
단어형성 부문 : 몇 가지 종류의 어휘부와, 굴곡 구조(논항 변환을 포함한 구조) 및 파생 구조의 전 범위에 걸치는 규칙 부문으로 구성되어 있다.

↓

Emonds(2002 : 2)의 영역 크기 제한을 통하여 이를 구체적으로 설명하면 아래와 같다.

> (65) 가. 어떤 기본적 통사 단위들 예컨대 구 Y^1은, 단어들(X^0)보다 크다.
> 이는 Y^1이 'X^0 외부'에 나타날 수 있지만, 이들(단어들) 내에서는
> 일어날 수 없기 때문이다. 이 제한은 '나'와 같이 표현된다.
> 나. 영역 크기 제한 : 어떠한 구 Y^1도 X^0 내에서 나타날 수 없다.[92]

위 (65가, 나)가 의미하는 바는 "단어 이상의 단위 즉 통사적 구가 접사와 결합한다면, 도출되어 나오는 결합형이 이보다 낮은 층위 X^0와 상충되므로 허용되지 않는다."라는 점을 지적한 것이다. 곧 입력형의 단위는 상위 층위의 통사적 구이며 출력형의 단위는 하위 층위라는 상충을 막기 위하여 (63가~라)의 핵(-음, -기)을 어휘부 접사로 본 것이다. 아울러 여기에 대한 잠재어 규정의 의미도 '단어로서 적격한 형태론적 구성이라는 제한이 더해진다.'라는 맥락임을 볼 때(김창섭 1996 : 199, 124-125), 역시 '-음, -기'를 어휘부 접사임을 전제하므로 (65)의 논의와 같은 맥락

통사 층위 1 ┐
↓   │ 최소 사상 작용(가능한 한 오직 Wh-이동만 포함한다)
통사 층위   ┘

(2) 자질 다발 형성 단어 만들기
단어형성 부문 : 몇 가지 종류의 어휘부, 그리고 범주 자질 다발들을 생성하는 규칙 부문으로 구성되어 있다.
↓
통사 층위 1 ┐
↓   │ 최소 사상 작용(가능한 한 오직 Wh--이동만 포함한다)
통사 층위   ┘
↓
형태음소론   형태음소적 가치를 어휘부에 의해 생성된 자질 다발에 할당

(Borer, H 1998 : 153)

92) [1] Certain basic syntactic units, namely phrases Y^1, are "larger" than words(X^0) in that Y^1 occur outside X^0 but cannot occur within them. The restriction can be expressed as in [2].
[2] Domain Size Restriction. No phrase Y^1 occurs within an X^0(word).

이다.93) 만약 우리가 이렇게 '-음, -기'를 어휘부 접사로 규정할 수만 있다면 구 금지 제약을 피할 수 있는 매우 세밀한 논의가 가능하다. 왜냐하면 선행 어기(밝히-, 버티기)와 어휘부 접사 '-음, -기'가 결합하였으므로 전체형은 단어의 자격을 갖추었기 때문에(밝힘, 버티기<잠재어> : X^0), 이와 다른 핵(-중, 작전)이 결합하는데 아무런 걸림돌이 되지 못한다. 곧 구 금지 제약을 어기지 않으므로, 도출형 X^0(밝힘증, 버티기 작전)를 이루는 데 논리적으로 하자가 없게 된다. 하지만 이러한 설명은 순환론적인 근거를 갖는다는 약점을 필연적으로 안는다. 즉 잠재어를 설정한 이유가 구 구조 금지 제약을 위반하기 때문이요, 구 구조 금지 제약을 위반하지 않는 이유가 잠재어이기 때문이라는 순환론적인 근거를 낳는다. 이러한 연결 고리를 깨뜨릴 수 있는 방법은 '-음, -기'가 어휘부 접사라는 이 이외의 기준을 통하여 객관적인 증거를 제시해야 한다.

그렇다면 과연 이 이외의 기존 접사 판별 기준이 무엇이며 그 기준이 타당한지, 그리고 해당 판별 기준이 '-음, -기' 형식을 논하는 데 적합한지를 면밀하게 검토할 필요가 있다. 논의를 위해 기존의 접사 판별 기준을 종합하여 제시하면 설명하면 아래와 같다.94)

(66) 접사 판별 기준
　[1] 논항 결합 기준　　　[2] 선어말 어미 결합 기준
　[3] '-의' 결합 기준　　　[4] 조어력 기준

---

93) '단어형성은 구 이상의 형식을 어기로 삼을 수 없다는 비어구제약(전상범 역 1987 : 202-205)에 대한 분명한 반증이 될 것이기 때문이다. … 중략… 비어구제약 가설에 대한 반증례를 삼을 수 없다.' (김창섭 1996)
　즉 김창섭(1996)에서는 (64)(가려움증류, 버티기류)와 같은 예에 대하여 비어구 제약의 반증례가 아님을 주장하였는데, 그 근거로 삼은 것이 '-음, -기'를 어휘부 접사로 규정하였기 때문이다.
94) 자세한 것은 전상범(1995 : 38-43), 김석득(1992 : 182-183, 296), 하치근(1996 : 96-110), 허웅(1988 : 252), Bauer(1983 : 28-29), Scalise(1984 : 109-112), 김영석 외(1992 : 31) 참고.

[5] 어기 범주 변환 기능 [6] 자질 스며들기 기준
[7] 어휘부 관련성 기준 [8] 접사의 한정성과 무한성 기준
[9] 위치 기준 [10] 분리성 기준
[11] 어휘 고도 제약 기준 [12] 생산성 기준
[13] 분포의 제약성 기준 [14] 적용의 수의성과 의무성 기준
[15] 접사 의미 기준 [16] 의미적 대응성 기준
[17] 동일 범주 대치성 기준 [18] 통사적 호응 관계 기준
[19] 음운론적 기준 [20] 의존성 기준

우선 위 (63), (64)의 대표적인 예(밝힘(증), 버티기 (작전), 얽어짜임, 막고차기, 입맞춤, 보물찾기)들을 통하여 이 기준의 의미와 적용의 타당성을 살펴보기로 한다.

[1]의 논항 결합 기준이란 논항에 대한 선택 제약과 관련된 기준으로 동명사는 동사에 따라 선택 제약을 요구하지만, 파생 명사는 그렇지 못하다는 점을 근거로 하여 어휘부 접사와 통사부 접사(또는 파생 접사와 통사적 어미)를 구별하려는 기준이다. 이 기준을 적용해 보면 '입맞춤, 보물찾기'의 예들을 제외한 나머지 형식들은 논항 없이 바로 어기와 결합하였으므로(밝히-, 버티-, 얽어짜-, 막고차-) 이 때의 '-음, -기'는 어휘부 접사로 볼 수 있다. 반면에 '입맞춤, 보물찾기'는 의미의 미묘한 차이를 고려하지 않으면, '입을 맞추다, 보물을 찾다'와 같이 통사적 대응 형식이 있고, 이 때 '입'과 '보물'은 동사와 논항 관계(대격의 내부 논항 관계)를 유지하므로 이 두 예에 한하여 '-음, -기'는 어휘부 접사가 아니다.

[2]의 선어말 어미 결합 여부란 동명사는 '선어말 어미'가 덧붙을 수 있는 반면 파생 명사는 그렇지 못함을 통하여, 이 두 형태소의 문법적 지위를 가름하려는 기제이다. 위 6가지 부류 모두, 내부에 '선어말 어미'와 결합할 경우 *밝렸음길, *버텼기 작전, *얽어짜이었음, *막고찼기, *입맞추었음, *보물찾었기'와 같이, 불가능한 형식을 도출하므로, 이 기준에 의

하면 '-음, -기'를 어휘부 접사로 규정할 수 있다.

[3]의 '의' 결합 기준이란 파생 명사는 수식을 받을 경우, 이른바 속격 형태 '-의'로 밖에 올 수 없으나, 동명사는 동사를 수식할 수 있는 부사형 어미나 부사가 오는 사실을 바탕으로 이 두 형식의 문법성을 판단하려는 기제이다. 이 때 위의 6가지 부류는 '철수의 밝힘증, 그 야당의 버티기작전, 이 글의 얽어짜임, 태권도의 막고차기, 철수의 입맞춤, 철수의 보물찾기'와 같이 속격 '-의' 형태만 가능하고, 통사 형식(*철수가 밝힘증, 그 야당이 버티기 작전, *태권도가 받고차기, *이 글이 얽어짜기, *태권도가 막고차기, …)이 불가능하므로 이 기준에 의하면, 위 6가지 부류의 '-음, -기'는 '어휘부 접사'로 파악된다.

[4]의 '조어력'이란 단어를 만드느냐 그렇지 않느냐에 따라서 어휘부 접사와 통사부 접사를 구분하려는 기제이다. 얼핏 보기에 이 기준은 두 문법 형태소의 문법적 기능을 판별할 수 있는 절대적 기제인 것처럼 보인다. 왜냐하면 이 기준이 의미하는 바는 새로운 단어를 만들어 내면 어휘부 접사(파생 접사)이며, 그렇지 않으면 통사부 접사(굴절 어미)이기 때문에, 도출형이 단어이냐 그렇지 않느냐라는 사실만 안다면 내재된 문법 형태소를 어휘부 접사로 확실히 말할 수 있기 때문이다. 그러나 앞서 살펴본 바와 같이, 명백히 어미가 내포되어 있는 결합형들(관용어구, 영화 제목 등)도 단어가 되는 경우가 있음으로 해서 이 기준은 타당한 기준이 될 수 없다. 구체적으로 말하면 단어를 만들어 내는 능력, 즉 조어력을 기준으로 삼게 된다면, 어미와 결합하여 이루어진 형식들이 단어로 굳어진 경우에 그 내포되어 있는 어미는 모두 어휘부 접사로 규정해야 하는 오류에 빠지게 된다. 더욱이 이 기준은 만들어진 개별적 결과물을 보고 난 후 내부의 문법 형태소를 규정하는 전국성을 지니게 될 수밖에 없다. 이러한 의미는 우리가 명백히 어휘부 접사로 규정할 수 있는 '-질'을 보면 잘

알 수 있다. 어휘부 접사 '-질'은 자신의 의미 자질에 [+N], [행위]를 우선적으로 가지고 있기 때문에 도출형이 단어가 된 것으로 단정할 수 있다. 왜냐하면 우리는 이 '-질'을 통하여 개별적 결과물(N1, N2, N3 …… Nα)이 아닌 전체 집합(Nt={N1, N2, N3 …… Nα})에 대한 자격을 예측할 수 있기 때문이다. 이에 반해 '-음, -기'는 도출되어 나오는 형이, 단어 일수도 있고 그렇지 않을 수도 있음(통사적 구)으로 해서, 전체 집합의 자질을 가늠할 수 없게 되고, 따라서 그 집합의 개별 원소들 속에서 단어형을 찾은 후 그 예들에 한하여 '-음, -기'를 어휘부 접사로 규정해야 하기 때문이다. 곧 부분적인 결과물들을 고려하지 않고서는 '-음, -기'를 어휘부 접사로 설정할 만한 근거를 찾을 수 없게 되므로 이러한 기준은 필연적으로 전국성을 지니게 될 수밖에 없다. 곧 조어력의 기준은 그 도출형을 만드는 접사 자체가 본유적으로 강한 조어 자질을 가지고 있다면 상당한 객관적인 증거가 되나, 그렇지 않고 그 접사가 부분적인 조어 자질을 가지고 있다면 더 이상 이 기준은 이러한 접사(-음, -기)에는 적용 될 수 없는 기제이다.

[5]의 '어기 범주 변환 기능'이란 해당 문법 형태소가 자신의 범주로 어기의 범주를 바꾸는 역할을 하면 어휘부 접사이며, 그렇지 않으면 통사부 접사(통사적 어미)라고 보는 기준이다. 그러나 이 기준도 위 [4]와 마찬가지로 '-음, -기'의 문법적 지위를 판단할 기준으로 적당치 않다. 왜냐하면 '-음, -기'의 도출형이 단어인 경우에 한하여 명사로 변환시키는 기능을 언급할 수 있지만, 그렇지 않은 경우에는, 해당 형식이 자신의 범주 기능(동사 기능)을 상실하지 않기 때문이다.

[6]의 '자질 스며들기 기준'은 범주 변환 기준의 확대 개념으로 접사의 특정 자질을 어기에 스며들게 하여(삼투시켜) 이로 말미암아 도출어의 자질이 변환되면 어휘부 접사, 그렇지 않을 경우 통사부 접사(통사적 어미)로

판단하는 기준이다. 구체적으로 핵의 범주 자질이 명사일 때 도출어가 명사로 되며, 핵의 의미 자질이 '행위성'일 때 도출어도 '행위성'을 나타낼 경우 그 핵은 자신의 자질을 도출어에 삼투시켰으므로 어휘부 접사에 해당하며, 그렇지 않고 핵의 자질이 도출어의 자질에 관여하지 않는다면 통사부 접사라고 보는 기준이다. 그러나 이 기준은 어기의 자질과 핵의 자질이 다를 경우에만 적용되는 기준이다. 만약 어기와 핵의 자질이 동일하다면 이 기준은 그 효과를 발휘하지 못한다. 예컨대 명사 범주 '가위'와, 역시 명사 자질을 가지고 있는 어휘부 접사 '-질'이 결합할 경우. 도출되어 나오는 형식도 역시 명사('가위질')이므로, 어휘부 접사의 자질이 도출어의 자질에 스며들었는지 그렇지 않은지는 판단할 수 없다. 더욱이 해당 핵이 어휘적인 의미를 담당하지 않고 문법적 의미에만 관여할 경우, 그 도출형의 의미는 선행 어기에 달려 있게 되므로 자질 스며들기 기준은 역으로 진행되게 된다. 즉 선행 어기의 의미 자질이 오히려 핵에 삼투하게 되므로 이 '자질 스며들기 기준'은 무의미하다. 달리 말하면 접사 '-음, -기'가 어휘부 접사이든 그렇지 않든 이 두 범주의 기능이 모두 문법적 의미가 중심이 되는 바, 의미 자질의 삼투는 반대로 진행되게 된다는 것이다. 반면에 통사 자질은 통사부 접사이든 어휘부 접사이든 상관없이 둘 다 핵이 담당하게 되지만, 둘 다 명사적 기능을 수행하므로, 도출어 편에서 보면 양자 모두 자신의 핵의 자질을 스며들게 한다. 다만 어미의 경우 '-음, -기'와 결합하는 선행 어기의 '동사적 기능'을 여전히 보유하는 관계를 가질 뿐이다. 그렇다면 자질 스며들기 기준 자체가 다른 개념 예컨대 '자질 막기' 기준으로 수정하면 어떠한가? 즉 어휘부 접사나 통사부 접사 둘 다 자신의 자질을 어기에 삼투시킨다는 점에서는 동일하지만, 어휘부 접사의 경우 이 삼투의 기능 이외에 선행 어기의 자질(여기서는 '동사적 기능')을 막게 되므로, '자질 스며들기'라기보다는 '자질 막기'라는 개

넘이 더 타당하다는 것이다. 그러나 '자질 막기'라는 개념을 도입하더라
도, 그 기능은 '어휘부 접사'가 자신의 내포적 자질을 삼투시키는 경우뿐
만 아니라, 어휘부 접사의 도움 없이 도출형 외부에서 작동되는 경우도
있을 가능성도 있음으로 해서, 이도 역시 '-음, -기'의 문법적 지위를 판
별할 절대적 기제가 되지 못한다. 예컨대, '막고차기, 얽어짜임'류가 단어
가 되는 까닭이 '-음, -기'에 있는 것이 아니라, 그 전체 단위가 통사부
로 투사되는 중간 과정에 화자의 공시적인 단어화 의도가 개입될 수도
있다는 뜻이다.

[7]의 어휘부 관련성이란 파생은 형태론 고유의 과정으로서 어휘부에
서 일어나며, 한편 굴절은 굴절을 필요로 하는 통사부에서 일어나는 과정
을 말하는 것이다. 하지만 이와 같은 기준은 실제 분류의 기제라기보다는
원론적인 설명일 뿐이다. 즉 '어휘부 접사'가 결합하는 것은 단어형성규
칙이며, '통사부 접사'(통사적 어미)가 결합하는 것은 통사부 규칙이라는
말은 어휘부와 통사부의 차별성만을 언급할 뿐이지, 왜 그러한 차별성을
띠게 되는지에 대한 이유가 없다. 더구나, 이 기준은 각각의 세부적인 어
휘부 관련성에 대한 특징을 언급하지 않은 관계로, 개별적인 접사 판별
기준으로의 역할을 하지 않는다. 예를 들어 이 기준은 개별적인 단위인
'밝힘증, 버티기 작전, 얽어짜임, 막고차기, 입맞춤, 보물찾기'가 어휘부
소속이며 이와 유사한 다른 유형들은 통사부 소속이라는 원론적인 설명
만을 할 뿐이다. 그러나 도출어가 왜 어휘부 또는 통사부 소속이 되는가
하는 이유, 아울러 도출어 내부의 '-음, -기'와 해당 문법 부문과의 연관
성을 말해 주지 않는다. 결국 어휘부 관련성 기준도 여타의 기준처럼 접
사의 성격을 판별할 수 있는 실제적인 기제가 아니다.

[8]의 한정성과 무한성도 개별적인 접사에 대한 판별 기준이라기보다
는, 통사부 접사와 어휘부 접사의 거시적인 특징을 기술한 것일 뿐이다.

즉 통사부 접사(굴절 어미)는 한정(closedness)되고 정해진 무리인 반면 어휘부 접사(파생 접사)는 무한(openness)한 무리라는 특징만을 기술한 것일 뿐이다. 그러므로 이 기준은 두 형식의 문법 범주를 구별하는 실제적인 기제가 아니다. 한편 통사부 접사(굴절 어미)의 무리가 한정적이며, 어휘부 접사는 그렇지 않다는 점은 기능적인 측면에서 설명할 수 있다. 곧 굴절 어미의 주된 기능이 무한한 명제에 대한 문법적 의미를 더해 주는 것이기 때문에, 만약 해당 언어 체계가 가지고 있는 어미의 개체수가 무한해진다면, 화자의 문장 생성 능력은 그만큼 떨어질 수밖에 없다. 따라서 그 해당 언어 체계는 가능한 한 자신의 패러다임 내에서 구성원을 한정시키게 된다. 이에 반해 어휘부의 본질은 다양한 개념에 대한 지시가 목적이기 때문에 통사부 접사보다 상대적으로 개체수가 많을 수밖에 없다. 더욱이 개념이 변화하면 그 구성원도 변할 수밖에 없는 특성을 지니고 있음으로 해서 그 어휘부 구성원에 해당하는 어휘적 파생 접사도 이러한 변화에 따라 생성과 사멸을 반복할 수밖에 없게 된다. 그 결과 해당 구성원의 개체 수는 무한해질 수밖에 없다. 하지만 이러한 한정성과 무한성의 특징은 어휘부 접사(파생 접사)와 통사부 접사(굴절 어미)에 대한 집합적 측면에서 바라본 것일 뿐 각각의 내부를 구성하는 원소들 자체에 대해서는 아무런 의미를 부여하지 못한다. 즉 이 글에서 중점적으로 살펴보는 '-음, -기'도 두 집합의 구성원에 해당하므로, 역시 이 기준은 이 두 문법 형태소에 대한 문법적 지위를 판별해 주는 기제가 아니다.

[9]의 위치 기준[95])도 두 가지로 나뉜다. 우선 어휘부 접사로 보는 견해에서는 잠재어로 규정하므로 아무런 문제가 없다. '밝힘, 버티기'가 X^0

---

95) 일반적으로 파생 접사는 어기에 가까운 자리를 차지함으로써 조어 구조의 '안차지성'(내적 층위성, inner layer of constructions of word-formation)을 가지며, 굴절 어미는 굴곡 구조의 '바깥차지성'(외적 층위성, outer layer of inflectional construction)을 가진다.

이기 때문에 '증'과 '작전'과 결합하는 데에는 논리적인 문제가 없다. 또한 '입맞춤, 보물찾기'도 역시 마찬가지이다. 반면에 '얽어짜임, 막고차기'는 연결어미 '-아/-어'와 '-고'가 결합되어 있음으로 해서 어휘부 접사 견해는 문제로 대두된다. 또한 이들을 통사적 구의 단어화로 파악한다면, 앞서 말한 바와 같이 이들 모두 단계 유순 가설을 위반한다.

[10] 분리성 기준이란 파생어의 경우 어기와 파생 접사 사이에 분리성이 없고 동명사의 경우 분리가 자유로운 특징을 통하여 어휘부 접사와 통사부 접사를 구분하려는 기제이다. 이 기준으로 보면 '*밝힘 그 증, *버티기 그 작전, *얽어서 짜임, *막고서 차기, *입을 맞춤, *보물을 찾음'와 같이 모두 분리 및 확대가 불가능하므로, 내부의 '-음, -기'는 어휘부 접사에 해당한다.

[11]의 어휘 고도 제약이란 어휘부 접사에 대한 정의로, 진정한 어휘부 접사라면 자신의 어기들과 상호 긴밀하게 연결되어 분리될 수 없고, 그 어기와 관계없는 다른 형식의 침투를 허용하지 않는다는 의미를 내포한다. 그런데 '-음, -기'에 한정해서 보면 이 문법 형태소의 선행 어기가 동사에 해당하므로 내부 구조에 침투할 수 있는 형태소는 '선어말 어미'에 해당하는 바, [2]의 '선어말 어미 결합 기준'이 이 기제에 종속된다. 아울러 내부 구조가 긴밀하므로 전체 결합형만을 관형적으로 수식할 수밖에 없으므로 [3]의 속격 '-의' 결합 기준도 여기에 포함된다. 역시 선어말 어미 이외의 다른 요소가 존재한다면 그 형식도 삽입될 수 없으므로 [10]의 분리 기준도 이 개념에 종속된다. 따라서 이 기준은 '선어말 어미 결합 기준, -의 결합 기준, 분리 기준'을 포괄하는 상위적 개념이다. 그러므로 이 세 기준의 적용과 동일한 결과를 낳는다.

[12]의 생산성 기준이란 파생 과정은 생산성이 낮은 데 비해 굴절 과정은 생산성이 높다는 특징을 통하여 이 둘을 구분하려는 의도이다. 이

기준으로 볼 때 비록 '-음'과 '-기'가 '푸르름, 그리움, 입가심, 지겨움증, 입음가지, 하임가지' 등과 '솎아내기 돌려막기, 내려받기, 즐겨찾기, 아이 기르기, 새판짜기, 흠집내기, 편가르기, 군살빼기, 뺨치기, 불우이웃돕기' 과 같은 공시적인 도출형이 존재하므로 생산성이 있지만, '어미'류의 무한적인 문장의 생산성에 비하여는 상대적으로 그 생산성에 한계를 가진다. 따라서 '-음', '-기'는 위 6가지 부류에 한하여 어휘부 접사로 볼 수있다.

[13]의 분포의 제약성이란 해당 문법 형태소와 결합하는 어기의 개체수를 통하여 어휘부 접사와 통사부 접사를 구분하려는 기준이다. 이는 접사의 입장에서 생산성을 말하므로 그 결과는 [12]와 동일하다.

[14]의 수의성과 의무성이란 굴절어미는 일단 적용 환경이 주어지면, 의무적인 결합을 요구하지만, 파생접사는 접사 첨가의 개연적 환경이 주어지더라도 적용이 필연적이지 않다는 사실을 기반으로 접사의 기능을 밝히려는 기준이다. 예컨대, 통사부에서 화자가 해당 명제에 대하여 과거인식을 나타내는 사건임을 명시하려면, 과거 인식 형태소 '-었-'이 의무적으로 투사되어야 한다. 그렇지 않을 경우 합리적인 근거가 반드시 존재한다.

(67) 그때 당시에도 영희는 키가 <u>크고</u> 예뻤다.

예컨대 위 복합문의 선행절 동사 '크-'가 과거의 사실임에도 불구하고 '-었-'이 결합되지 않는 이유에 대하여, 우리는 후행절에 '-었-'이 나타났기 때문이라고 하는 합리적 근거를 댈 수 있다. 반면에 어휘부 접사의 '-음, -기'가 결합된 '*작음', '*받음', '*날기, *쥐기' 따위와 같은 결합형이 존재하지 않는 이유에 대하여는 예측이 불가능하다는 것이다. 즉 '-음,

-기'의 의미론적 제약에 이를 모두 기술할 수 있는 일관성이 없다는 것이다. 이러한 측면으로 볼 때 위의 6가지 부류의 '-음, -기'는 어휘부 접사로 파악할 수 있다.

[15]의 접사 의미 기준이란 굴절 어미의 의미는 비교적 일정한 문법적 의미가 있는 반면, 파생 접사는 특이성과 다양성을 가지고 있음을 통해, 이 둘을 변별하려는 기제이다. 예컨대, '-음'의 경우 '튀김, 얼음, 그림, 부침, 짐' 따위의 '결과물'(구체 명사)과 '그리움, 푸르름, 아름다움' 등의 '추상물', 그리고 '눈속임', '가르침', '몸부림', '도움', '걸음'과 같은 '행위'의 의미를 가지므로 그 의미는 '결과물, 추상물, 행위' 등과 같은 하위적 특이 의미를 다양하게 내포한다. '-기'도 역시 마찬가지이다. '행위'나 '규식성'(달리기, 던지기), '사람'(먼산바라기), '구체물'(해바라기), '규칙'(앞차기, 옆차기) 등 매우 다양한 의미를 가지고 있다. 이에 반해, '-었-', '-느-' 따위는 그러한 의미 변화의 격차가 상대적으로 매우 작다. 따라서 이 기준을 통해 '-음, -기'를 어휘부 접사로 규정할 수 있는 듯이 보인다. 그러나, 앞에서 살펴본 '무궁화꽃이 피었습니다'류와 '눈깜짝할 사이에'류와 같은 통사적구를 보면, 굴절 어미도 일단 등재된다면 그 의미가 완전히 달라지는 것이 있으며, 반대로 전형적인 어휘부 접사(의미를 가진 접사)도 접사 자체의 의미 변화의 폭이 적은 경우가 있기 때문에, 이 기제는 절대적 접사 판별 기준이 되지 못한다. 예컨대 어휘 접사 '-질'을 보면 구성 요소와 구성체가 서로 의미가 다른 예가 있더라도(가위+질≠가위질), '-질' 자체가 가지고 있는 [행위]는 변하지 않는다. '-음, -기'가 다양한 의미도 역시 이 형식이 어휘적 의미를 담당하기보다는 문법적 의미만을 가지고 있음으로 해서, 등재된 후 변화된 의미일 가능성이 크기 때문이다.

[16]의 의미적 대응성 기준은 두 가지 의미로 해석할 수 있다. 첫째는 '-음', '-기'에 대하여 다른 말로 교체할 수 있다는 의미와, 둘째는 결합

된 도출어 전체를 다른 말로 교체할 수 있다는 의미가 그것이다. 곧 후자는 '얽어짜임, 막고차기, 입맞춤, 보물찾기'는 '얽어짜는 행위, 막고 차는 기술, 입을 맞추는 행위, 보물을 찾는 놀이'에서 보듯이 결합형 전체를 다른 형식(통사적구)으로 대응시킬 수 있다는 뜻으로 해석된다. 전자는 '-음, -기' 자체를 '행위, 기술, 놀이'로 대응시킬 수 있다는 뜻으로 해석할 수 있다. 하지만 통사적 구도 다른 통사적 구로 대치시킬 수 있고("영희가 철수에게 밥을 먹인다." →"영희가 철수에게 밥을 먹게 한다."), 문법 형태소도 역시 다른 형식으로 교체가 가능하다. 그런데 엄밀하게 보면 대응되는 형식과 원 형식과는 그 개념이 상호 다를 수밖에 없다. 이와 마찬가지로 위의 단어를 다른 형식으로 대치시키는 것이 가능하더라도 엄밀한 의미에서 이 두 형식은 그 의미가 서로 다를 수밖에 없다.

　다음에 '-음, -기'가 '행위, 기술, 놀이'가 대응된다고 하였으나, 예컨대, '소매치기'의 '-기'를 보면 '소매를 치는 행위'가 아닌 제3의 의미[사람]의 의미로 대응되므로 이때의 '-기'는 교체가 불가능하다. 이와 함께 '밝힘증, 버티기 작전'의 '-음'과 '-기'는 어휘적 의미보다는 문법적 기능('명사로 변환시켜주는 기능')만을 가지고 있으므로, 대응 형식을 파악할 수 없다. 따라서 의미적 대응성 기준은 어휘부 접사의 절대적 기준이 아니다.

　[17]의 동일 범주 대치성[96]이란 동일한 범주는 체계에 의해서 서로 대치가 가능하다는 뜻이다. 예를 들어 아래 (68)과 같은 선문말 형태소 '-었-', '-겠-'은 동일 범주에 해당하므로 상호 대치가 가능하다.

　　(68) 가. 아이가 문을 열-{-었-/-겠-}다.

---

96) 굴절 어미는 문장 속에서 비교적 대치(substitution)가 자유로우나 파생접사는 '대치가 되지 않는 것', '되는 것의 두 부류'가 있다. 그러나 대치가 가능한 파생 접사도 굴절 어미에 비해서는 제약성이 있다.

이에 반해 '밝힘증, 입맞춤, 얽어짜임'의 '-음'과 '버티기 작전, 막고차기, 보물찾기'의 '-기'가 상호 대치된 형식은 '*밝히기증, *입맞추기, *얽어짜기, *버팀 작전, *막고참, *보물찾음'에서 보듯이 불가능하다. 그런데 개별적인 몇 가지 예에 있어서 대치가 가능한 경우도 있다. 예컨대 '힘겨룸'과 '갈라치기'는 '힘겨루기, 갈라침'과 같이 '-음, -기'가 상호 대치가 가능한 형식이 존재하고, '-음, -기' 이외의 다른 문법 형태소의 결합의 예('갈림길' ↔ '갈래길')도 다 존재하는바, 동일 범주 대치성 기준은 개별적 자료에 모두 적용되는 것은 아니다. 하지만 후자의 '갈래길'의 '-애'는 명백히 어휘부 접사에 해당하고 '힘겨룸, 갈라치기'류가 결합형 전체 중 극히 소수에 지나지 않기 때문에(대치가 불가능 한 형식이 보편적이기 때문에) 예외로 파악된다. 따라서 동일 범주 대치성 기준을 적용하여 위 6가지 부류의 '-음, -기'의 문법적 지위를 어휘부 접사로 추정할 수 있다.

[18]의 통사적 호응 관계란 접사가 문장의 다른 성분과 호응이나 지배 관계를 맺으면 굴절 어미이고(내일 철수가 오겠다. → 호응 관계, 선생님께서 오+시+었+다 → 지배 관계), 수식이나 변환 관계를 맺으면 파생 접사로 본다는 것이다. 위의 6가지 부류가 단어이므로 통사적 호응 관계를 보이지 않는다. 따라서 이 기준으로 볼 때는 '-음, -기'를 어휘부 접사로 볼 만하다.

[19]의 음운론적 기준이란 통사 단위의 음운론적 현상과 형태 단위의 음운론적 현상이 다름을 말함으로써, 어휘부 접사와 통사부 접사를 구별하려는 기제이다. 그러나 이러한 기준은 어휘부의 단위의 음운 현상과 통사 단위의 음운 현상이 공통되는 것이 없고, 각 부문의 고유한 음운론적 특성이 일관되게 나타나야 한다는 가정이 전제되어야 한다. 잘 알다시피 두 가지 기능의 '-음'에 대한 음운론적인 미묘한 차이는 송철의(1989 : 110-112)에서 밝혀졌다.

(69)　　파생 명사　　　　　　　　동명사형
　　가. 울-+-음 → 울음(*욺)　　　울-+-음 → 울음(욺)
　　나. 얼-+-음 → 얼음(*얾)　　　얼-+-음 → 얼음(얾)
　　다. 싸우-+-음 → 싸움(쌈)　　 싸우-+-음 → 싸움(*쌈)
　　라. 미끄럽-+-음 → *미끄러움　 미끄럽-+-음 → 미끄러움
　　　　　　　　　(미끄럼)　　　　　　　　　　(*미끄럼)

위 (69가, 나)에서 보듯이 파생명사는 대개 축약형이 불가능하고 동명
사형 어미는 그렇지 않다(*욺↔욺, *얾↔얾). 그런데 (69다)의 파생 명사
'싸움'은 축약형과 원형이 둘 다 사용되는반면 동명사 형은 축약형이 없
는 '싸움'만이 가능하다.[97] 아울러 (69라)는 (69가, 나)와 반대의 현상을
보인다. 즉 축약형이 파생 명사이며(미끄럼), 그렇지 않은 것은 동명사형이
다(미끄러움). 필자가 조사한 바로 위 예 이외에도 개별적인 단어의 음운론
적 현상은 각각 다르다.

(70)　　파생 명사　　　　　　　　동명사형
　　가. 외로움(*외롬)　　　　　　　외로움(*외롬)
　　　　괴로움(*괴롬)　　　　　　　괴로움(*괴롬)
　　　　무서움(*무섬)　　　　　　　무서움(*무섬)
　　나. 밤새움(밤샘)　　　　　　　밤새움(밤샘)
　　　　어두움(어둠)　　　　　　　어두움(어둠)
　　다. 썰음질(*썲질)　　　　　　　썰음(썲)
　　　　쓸음질(*쓺질)　　　　　　　쓸음(쓺)

---

97) 이러한 음운론적 구별은 '갈림길', '박음새'류의 'X길/새'의 X가 무엇인지를 파악하는 데에
　 도 유용한 기제일 것이다. 예컨대 '싸움질'이 '쌈질' 둘 다 가능하다면, 이때의 '싸움'은 N
　 으로서의 범주 자격을 가졌음을 증거 하는 것이 될 것이다. 마찬가지로, '*밤샘움질'이 아
　 닌 '밤샘질'만이 가능하다면 이들 NP의 구성이 아닌 N의 구성을 가짐을 간접적으로 증거
　 할 수 있다. 즉 '밤새움'과 '밤샘'은 둘 다 어휘부에 등재되어 있으나(사전) '새움' 자체는
　 김창섭(1996)에서 말하는 잠재어의 성격을 가지고 있기 때문이다.

라. 싸움질(쌈질)　　　　　싸움(*쌈)
마. 싸움꾼(*쌈꾼)　　　　　싸움(*쌈)

(70가)의 파생 명사의 음운 현상은 (69가, 나)의 파생 명사의 음운 현상과 동일하나(외로움 : *외롬=울음 : *옮), 동명사적 측면에서도 '*철수가 외롬, *철수가 괴롬, *철수가 무섬'이 되지 않는다는 점에서 (69가, 나)의 음운 현상과 다르다(울음 : 옮≠외로움 : *외롬). 아울러 (70나)는 파생 명사의 경우 축약형과 그렇지 않은 형이 모두 허용되므로 (69다)의 예처럼 보이나, 동명사 측면에서는 축약형도 허용하므로(철수가 밤샘, 이 방이 어둠), 음운 현상이 상호 다르다. (70다)는 어휘부 접사 '-질'의 어기로 '썰음'이 사용되면 축약형이 허용되지 않으나, 동명사의 쓰임에서는 '채를 썲, 방을 쌂'과 같이 축약형을 허용하는 것으로 보아, (69가, 나)와 음운 현상이 동일하다. 반면에 (70라)는 (69다)의 음운 현상과 동일하다. 하지만 (70마)에서는 동일한 '싸움'임에도 불구하고 파생 명사 '쌈꾼'은 허용되지 않는다는 점으로 보아, 동명사냐 파생 명사이냐에 따라, 그리고 특정 어기와 결합하는 접사에 따라서 음운 현상이 다르게 나타난다.

　이처럼 음운론적 기준은 개별적인 형식에 대한 기준은 될 수 있지만 전체를 일관되게 설명할 수 있는 방식은 아닌 것이다. 즉 한 쪽은 축약 형식이 불가하므로 어휘부 접사이며, 다른 한 쪽은 축약 형식이 가능하므로 어휘부 접사라는 것은, 엄밀히 말하여 결과를 고려하고 난 후(단어임을 말하고 난 후), 그 음운론적 특성에 대한 차이점을 든 것에 불과하다. 구체적으로 말하면 예컨대 우리가 파생 명사에서는 축약형이 허용된다는 음운론적 조건을 상정함으로써, (69다)와 (70나, 라)를 설명할 수는 있다. 그러나 (69가, 나) (70가, 다, 마)는 반대의 음운론적 현상을 보이게 되므로 그 조건이 일반화되지 않는다. 역시 그 조건을 반대로 하더라도 부분적인 설명만 할 수 있는 매우 한정적인 제약성을 가지고 있을 뿐이다. 결국 '-음'의 축약과 원형의 대립 현상을 '어휘부 접사'이냐 '통사부 접사'이냐를 가름할 수 있는 음운론적 기준으로까지 확대할 수는 없다.

다음에 '-음'의 기능을 파악할 수 있는 또 다른 음운론적 현상은, 'XY음'의 X와 'Y음'의 사이시옷 개입 여부이다. 사이시옷 개입 환경은 'X'의 말음이 유성음이고 'Y'가 무성음일 경우에 해당되고, 만약 이와 같은 환경에서 X와 Y사이에 사이시옷이 개입되는 예가 있다면, 우리는 'Y음'이 명사이며, 명사의 내적 구성 요소 '-음'이 접사임을 가정할 수 있게 된다. 그러나 그 구조가 어떠하든지 간에 ([X[Y음]], [XY]음) 사이시옷이 죄다 개입하지 못하여서, '-음'의 경계를 나누는 음운론적 기준이 되지 못한다.

'X+기'도 마찬가지이다. 'X+Y+기'의 '-기'는 '-음'과 달리 변칙 활용을 허용하지 않고, ─ 무성음 /ㄱ/의 개입으로 변칙 활용을 허용하지 않는다 ─ 'X+Y기'의 X와 Y에 사이시옷이 개입하는 예가 없다.

반면에 '밝힘증'류는 사이시옷을 허용하는 예들이 많다(김창섭 1983 : 94-95).

> (71) 가. 무섬 ㅅ증, 갈림 ㅅ길, 구김 ㅅ살, 누름 ㅅ돌, 따름 ㅅ數, 비빔 ㅅ
>   밥, 비김 ㅅ手, 알림 ㅅ狀, 오름 ㅅ길, 울림 ㅅ소리, 붙임 ㅅ性, 어
>   렵 ㅅ性, 질림 ㅅ調 흐림 ㅅ手, 추림 ㅅ불
>   나. 밝힘 ㅅ증, 떨림 ㅅ증, 어지럼 ㅅ증

위 (71가, 나)에서 보는 바와 같이 'X음+Y'류 사이에 사이시옷이 개재되었다. 그렇다면 이 음운론적 증거는 [X+음]의 '-음'을 접사로 볼 수 있게 해 주는 비교적 확실한 기준이 된다.[98] 그러나 위의 사이시옷이 개

---

98) 그런데 사이시옷을 개입하게 하는 주체가 혹시 후행 어기 '-증, -길, -살, -돌, -밥, -소

입되는 환경이 '(X)Y음' 내부의 X와 Y의 관계가 아니라, '(X)Y음' 전체
와 후행하는 어기(-증, -길, -살, -돌, ⋯)간의 관계이다. 달리 말하면 이 사
이시옷의 개입 이유가 '-음' 때문이 아니라, '무섬, 갈림, 누름' 따위와
같은 전체 형식 때문이라고도 주장할 수 있다는 점이다. 더욱이 후행 어기
결합에서 나타나는 사이시옷 현상은 '-기' 결합형에는 적용되지 않는다.

> (72) 듣보기 장사[장사X → 장사○], *버티기 작전[짝전X → 짝전○], *떠넘
> 기기 수법[쑤법X → 수법○], *다리꺾기 기술[끼술X → 기술○], *널뛰
> 기 장세[짱세X→장세○], ⋯

위와 같은 예들의 결합을 혹시 구적인 관계로 파악할 수도 있다. 하지
만 '듣보기 장사'는 결합형 전체가 사전에 등재되어 있는 예이며, '버티
기, 떠넘기기, 다리꺾기' 따위는 단독형이 단어처럼 쓰이는 환경에서도
나타난다. 아울러 '널뛰기'의 경우는 단독형이 단어임을 볼 때, '(X)Y기'
와 후행 어기와의 관계가 무엇이든 상관없이 사이시옷이 개입하지 않는
다. 따라서 사이시옷 개입 여부는 '-음'에만 적용되지만 그 적용도 후행
어기가 나타날 경우에만 한정되어서, 접사를 판별해 주는 일반적 기제로
확대하기 어렵다.

[20]의 의존성 기준이란 파생접사는 어휘성을 전제로 한 곧 독립된 뜻
을 가지고 있으면서도 의존성을 띠는 반면에 통사부 접사는 독립된 어휘
적인 뜻을 가지지 못하면서 자립성도 없다는 특징을 들어, 이 두 접사에
대한 판단 기준으로 삼고자 하는 의도이다. 그런데 모든 형식이 대응하는
의미를 가지고 있는 까닭에 어휘성이 무엇이냐 하는 점은 다분히 자의적
인 기준일 수밖에 없을 뿐만 아니라, 의존성 자체만 놓고 본다면 이른바

리, -성, -수, -불'이라면, 이 기제도 절대적 기제가 되지는 못한다.

비자립 명사 '것, 줄, 수, 바, 데, 리'도 선행 통사적 구에 의존한다는 점에서 '갈림길, 닦음새, 갈라치기, 막고차기, 껴붙임, 떠맡기, 소매치기, 두발차기'의 '-음, -기'의 의존성과 다를 바 없음으로 해서, 의존성 기준으로 어휘부 접사를 나누는 절대적인 기준으로 삼을 수 없다.

이상을 종합하여 표로 나타내면 다음과 같다.

(73) 기존 접사 판별 검증법에 대응

기준 \ 예	밝힘증	버티기작전	얽어짜임	막고차기	입맞춤	보물찾기
[1] 논항결합여부	접사	접사	접사	접사	어미	어미
[2] 선어말 어미 결합 여부	접사	접사	접사	접사	접사	접사
[3] '의' 결합 여부	접사	접사	접사	접사	접사	접사
[4] 조어력	△	△	△	△	△	△
[5] 어기 범주 변환 기능	△	△	△	△	△	△
[6] 자질스며들기	△	△	△	△	△	△
[7] 어휘부의 관련성	△	△	△	△	△	△
[8] 한정성과 무한성	–	–	–	–	–	–
[9] 위치	△	△	어미	어미	△	△
[10] 분리성	접사	접사	접사	접사	접사	접사
[11] 어휘 고도 제약	접사	접사	접사	접사	접사	접사
[12] 생산성	접사	접사	접사	접사	접사	접사
[13] 분포의 제약성	접사	접사	접사	접사	접사	접사
[14] 적용의 수의성과 의무성	접사	접사	접사	접사	접사	접사
[15] 접사 의미	–	–	–	–	–	–
[16] 의미적 대응성	–	–	–	–	–	–
[17] 동일 범주 대치성 기준	–	–	–	–	–	–
[18] 통사적 호응 관계 기준	접사	접사	접사	접사	접사	접사
[19] 음운론적 기준	△	–	–	–	–	–
[20] 의존성 기준						

위의 표를 볼 때, 접사 판별 기준으로 보기 어려운 [8], [15], [16],

[17], [19], [20]은 '-음, -기'에 대하여 아무런 언급을 하지 못하므로 제외되며, [4], [5], [6], [7], [9], [10]과 같이 견해에 따라 접사 판별 기제로도 파악할 수 있고 그렇지 않을 수도 있는 이중성을 띠기 때문에 접사 기준으로서의 효력이 없다. 그렇다면 남는 기준은 [1], [2], [3], [10]-[14], [18]로서, 이 기준을 통하여 보면 어기의 내부 구조와 관계없이 '-음, -기'가 접사의 자격을 가졌음을 판별해 주는 듯이 보인다(이 때 [1]의 경우 '입맞춤, 보물찾기'류에 한해서 어미로 파악해야 된다.).

그러나 이러한 결과는 위 (73)의 접사 판별 기준이 옳다는 전제하에서만 성립한다. 하지만 실제로 위 기준을 자세히 보면 두 가지 부류로 나뉜다. 그 하나는 접사 자체에 대한 검증이요, 다른 하나는 도출형에 대한 검증이다. 후자는 엄밀히 말하여 접사 판별 기준이 아니라, 단어 판별 기준인 셈이다. 후자에 속하는 기제는 [11]의 어휘 고도 제약이다. 즉 이 용어 자체가 의미하듯이 단어에 대한 특성(고도)만을 언급할 뿐 접사를 의미하지 않는다. 그런데 어휘 고도 제약을 판별할 수 있는 사실상의 기제가 [2] 선어말 어미 결합 여부, [3] '-의' 결합 여부, [10] 분리성 그리고 [18] 통사적 호응 관계이므로, 결국 [2], [3], [10], [18]도 단어가 되었느냐 그렇지 않느냐를 판가름해 줄 뿐이다. 여기에 [4]의 조어력, [7] 어휘부의 관련성, [17] 동일 범주 대치성, [19] 음운론적 기준도 역시 결합체에 대한 기준에 해당한다. 더욱이 접사의 [12] '생산성', [13] '분포의 제약성', [14] '적용의 수의성과 의무성'도 바꾸어 말하면 도출형이 한정되어 있다는 말과 별반 다를 게 없다. 또한 [5] 어기 범주 변환 기능, [6] 자질 스며들기 그리고 [9]는 견해에 따라서 '어미'로도 '접사'로도 파악될 수 있는 만큼, 그 타당성에 의문이 제기된다. 결국 확실한 것은 [1] 논항 결합 여부뿐이지만, 이도 통사적 성격의 어미가 투사되기 전에 단어로 굳어졌다고 보면, 역시 절대적인 기준이 될 수 없다. 결국 위와 같은 모든 접사 판별 기제는 해당 도출어가 단어인지 그렇지 않은지만을 판별할 수 있을 뿐 접사 자체를 검증하는 기준으로는 매우 무리가 있다. 그렇다면 우리는 공시적으로 확실한 접사로 여겨지는 형식과의 비교를 통해서 '-음, -기'의 성격을 파악할 수는 없는가? 그러기 위한 전제로는 '-음, -기'와 문법적 기능 뿐만 아니라 의미적으로 동일하거나 적어도 공통점이 발견되어야 한다. 이 때, 그 비교 대상이 될 수 있는 가장 강력한 후보에 접사 '-이'가 있다. 무엇보다도 접사 '-이'가 결합한 예는 예외 없이 어휘부 대상이기 때문이다. 더불어 이 세 형식은 의미적으로도 매우 유사하다. 그렇기 때문에 앞 절에서 살펴보았듯이 '-이, -음, -기'를 상호 저지 현상으로 파악하는 견해도 나온 것이다. 아울러 이들은 '-하다'에 대해서 공통성을 보여준다는 점에서 비교의 대상이 될 만하다. 다음을 보면 이를 잘 알 수 있다.

(74) 가. 철수가 그 학원에서 <u>문제풀이(를)</u> 하였다.
　　나. 철수가 이 숲에서 <u>보물찾기(를)</u> 하였다.
　　다. 철수가 그 책을 <u>대물림(을)</u> 하였다.

이로 미루어 볼 때, '-이, -음, -기' 내부의 형태론적 자질과 관련하여 상호 공유하는 부분이 존재한다. 더욱이 이 세 출력형의 다양한 의미 가운데 공통점이 발견된다.

(75)	-이	-음	-기
- 하는 행위 또는 사건 :	봄맞이	가르침	환치기
- 하는 물건, 도구 :	재떨이	그림	손톱깎기
- 하는 사람 :	구두닦이	해골지킴	모들뜨기

위와 같은 세 가지 공통점에 주목한다면 적어도 문법 범주 기능에 있어서 이들이 동일한 역할을 가진다고 보아야 할 것이다. 따라서 다음과 같은 논리가 성립할 듯도 하다.

(76) '-이'가 공시적으로 접사의 역할을 할 뿐 통사적 구성체를 만들어 내지 않으므로, 접사적 기능의 '-이'와 '-음, -기'의 문법 범주를 동일 선상에 놓을 수 있다.

하지만 (75)의 각 유형별에 해당하는 도출형의 생산성의 정도는 매우 다르다. 곧 '-이'가 상대적으로 '-하는 사람'의 의미를 나타내는 단어가 많으며, '-음'은 하는 '행위 또는 사건' '물건, 또는 도구'의 역할이 '-기'는 '행위 또는 사건'을 의미하는 출력형이 우세하다. 그러므로 이들의 문법 범주를 동일한 맥락으로 파악하기보다는 차이점에 더 큰 비중을 두는 것이 오히려 더 타당하다. 더욱이 확실한 접사라고 여겨지는 '-이'도 통시적 사실을 고려해 보았을 때, '어미'적 기능이라고 여겨지는 몇 가지 사례가 있어서 그 기준을 삼기에는 매우 조심스럽다.

(77) 가. 믈읫 말ᄉᆞᄆᆞᆯ 모로매 튱후코 믿비ᄒᆞ며 ᄒᆡᆼ뎍을 모로매 독실코 공경ᄒᆞ며 음식을 모로매 삼가고 존졀ᄒᆞ며 <u>글ᄌᆞ곳 그ᅀᅵ롤</u> 모매 반둑반둑이 졍히ᄒᆞ며 <飜譯小學 8 : 16>
나. 이젼에 빈혼 사홀 닷쇗 ᄢᆞ롤 <u>니ᅀᅵ</u> ᄢᅦ 쉰닐흔 번을 닐거 모로매 외오게 ᄒᆞ고 흔 ᄌᆞ도 ᄆᆞᄉᆞᆷ 노하 디내요미 올티 아니ᄒᆞ니라. <飜譯小學 8 : 34-35>[99]

---

99) 혹시 '니ᅀᅵ'가 '이어(連)'의 의미를 가지고 있어서, '-이'가 연결어미 '-어'라고 볼 수도 있다. 그러나 중세 국어에서나 현대 국어에서 모두 연결어미에 해당하는 '-이'는 없다. 아울러 형태적 측면으로 보아서 '-이'를 부사형 어미로 처리할 수도 있다. 그러나 부사형 어미로 볼 경우, 다음에 동사가 나와야 하나, 'ᄢᅦ'는 동사가 아니라, '철저히'라는 부사이며, 그 뒤의 경우에도 '-이'와 연결 관계를 갖는 동사가 나오지 않는다. 이에 대한 실마리는 번역한 한문을 살펴보는 것이다. 한문을 보면, 토와 함께 다음과 같은 글귀가 나온다.

(78) 샹스애 이우지 서르 도오며 <u>녀름지싀</u>룰 게을이 말며 <u>도조굴</u> ᄒ다 말
    며 나기 쟝긔 샹륙을 비호디 말며 <u>ᄃ토아 숑스룰</u> 즐기디 말며 모
    <飜譯小學 6 : 36-37>

(77가)는 대격과 'V이' 구조 사이에 강세 첨사 '곳'이 결합된 예이다.
(77나)도 역시 마찬가지로 'NP'(사흘 닷쇗 쁠)와 'V이'(니싀) 구조 사이에
대격표지 '-룰'이 오는 예이다.100) (78)도 연결 어미 '-며'에 의하여 대
등적으로 연결된 복합문으로 '녀름지싀'는 '도자굴 ᄒ다', '쟝기 샹륙을
비호다', '숑스룰 즐기다'와 대등적으로 연결되어 있다. 이 때 '도자굴 ᄒ
다', '쟝기 샹륙을 비호다', '숑스룰 즐기다'의 '-다'는 어미로 밖에 처리
할 수밖에 없는데, 그렇다면 '녀름지싀'의 '-이'도 역시 절의 자격 즉 C
인 것이고 그 전체 결합형이 단어로 굳어진 것으로 파악해야 한다.101)

須連前三五授ᄒ야 通讀五十遍ᄒ야 須令成誦이오

여기서 '닛-'에 해당하는 의미는 連이며, 'ᄒ다'가 이에 호응한다. 그렇다면 번역된 (77가)
의 경우 '니싀' 다음에 원래는 'ᄒ다'가 생략된 것으로 볼 수 있다. 혹시 한문에 나타나는
'ᄒ다'가 授에 호응한다고 말할 수 있다. 그러나 그 한문에 충실하려면 "사흘 닷쇗 쁠룰 니
싀 비옴ᄒ야"라는 식으로 번역되어야 할 것이나 그렇지 않다. 따라서 '니싀' 뒤에 'ᄒ다'가
생략된 것이다. 그렇다면 이는 동명사적 쓰임의 '-이'이다.
100) 김완진(1976)은 <老乞大諺解>에서 동명사형 어미 '-기'로 나타난 예들이 <飜譯老乞大>에
    서는 '-이'로 나타나는 것으로 볼 때, 동명사적의 기능이라 보고 있다. 아울러 그 음운론
    적 제약으로 '-이'는 선행요소의 말음이 자음이라는 제약을 가지고 반대로 '-기'는 선행
    요소의 말음이 자음이라는 상보적 제약을 가졌다고 말하였다. 또한 이 제약은 매우 보편
    적이어서 김완진(1976 : 128)에 따르면 <飜譯老乞大>나 <老乞大諺解>에 이러한 제약에서
    벗어나는 예는 "이 버다 네 콩 숢기 아디 몯ᄒᄂ 둣ᄒ고나 <번박 상 19b : 8>"밖에 없음
    을 말하였다.
101) 한 가지 주의할 점은 '-이'에 대한 동명사적 쓰임이 있다는 이 글의 주장이 '-이'가 파생
    접사의 의미를 가지고 있었다는 사실을 부정하지는 않는다는 것이다. 다음의 예에서 나타
    나듯이 <飜譯老乞大>에서 '-이'로 나타나는 예가 <老乞大諺解>에서도 '-기'가 아닌 '-이'
    로 보이는 경우가 있기 때문이다.
    [1] 가. 바구레 밋마기 다훈혁 쥬리올 즈가미 마함 <老乞下 : 27a>
        가´. 바굴에 믿마기 다혼 셕 주리울 즈가미 마함 <飜老下 : 30a>
    [2] 나. 돌마기 둘온 갓애 양지오딩즈 브텨시니 <老乞下 : 47a>
        나´. 둘마기 ᄃ론 간애 양지옥 딩즈 브텨시니 <飜老下 : 52a>

이와 함께 시정곤(1993 : 89-100)의 논의에서 중세 국어에서 어휘부 접사 '-음'보다는 어미 '-옴, -움'이 결합한 형이 그대로 단어화를 만드는 조어 방법이 활발했고, 그 조어법이 공시적으로도 여전히 활발하다는 가정을 받아들인다면, 사실상 '-음, -기'가 공시적으로 접사 기능을 가졌다고 판단할 객관적인 공시적 기제가 없는 셈이다. 결국 '-음, -기'가 어휘부 접사이기 때문에 위 6가지 예들이 구 금지 제약을 어기지 않는다는 논리는 성립하지 않는다.

3.3.2. 통사부 접사

통사부 접사 견해는 어기에 대한 구 금지 제약이 없다는 입장이다. 그러나 구 금지 조건을 없앤다면, 위와 같은 '-음, -기'에 대하여 설명은 할 수 있으나, 통사부 접사를 모두 어휘부에서 설명해야할 위험성을 안게 된다. 이와 관련하여 접사가 통사적 구를 취할 수 있다는 기존의 '통사부 접사'를 살펴볼 필요가 있다. 이에 대한 대표적인 견해는 김창섭(1993 : 151-181)으로, 여기에서 기존에 형태론적 파생 접미사로만으로 인식되어 왔던 형용사 파생 접미사 '-답2-'가, 명사구(NP) 어기를 취하여 형용사구를 형성하는 통사적 기능이 있음을 밝혔다.

(79) 가. *그는 [따뜻한 정]답2다.
　　　나. 그 여자는 [예쁜 꽃]다운2 나이에 고향을 떠났다.

(80) 가. 그는 [한때 세계 챔피언을 지낸 선수]답1게 기량이 뛰어났다.
　　　나. 그 학교의 교육은 [전통있는 명문 사학의 교육]답1게 체계적으로
　　　　　운영된다.
　　　다. 그 학교의 발전은 [김교장이 이끈 발전]답1게 내실이 있다. …중
　　　　　략…

즉 순수한 파생 접사는 (79나)의 '꽃답다'('참답다'도 이에 해당)의 '-답다'
이며, 그 이외의 '답다'는 (80)와 같이 통사적 구를 취할 수 있으므로 이
를 통사적 접사로 보아야 함을 주장하였다. 이러한 시각은 어휘부 접사가
통사적 구를 취할 수 있음을 말하는 것으로 달리 말하면, 입력형의 어기
에 구가 올 수 있음을 뜻한다. 그러나 이러한 '-답1-'은 잘 보면 위 (80)
에서 수식을 해 주는 요소를 생략해 버리면 아래 (81)과 같이 부적격하다.

> (81) 가. *그는 선수답게 기량이 뛰어났다.
> 나. *그 학교의 교육은 교육답게 운영된다.
> 다. *그 학교의 발전은 발전답게 내실이 있다.

혹시 이것은 '-답-'이 연결 어미 '-게'를 취하는 형식에서만 적격과
부적격을 이룬다고 주장할지 모르나, 아래 (82)와 같은 분포에서도 역시
부적격한 쓰임을 갖는다.[102]

> (82) 가. *그가 선수답다.
> 나. *이것은 교육답다.
> 다. *이것이 발전답다.

따라서 이는 '통사적 범주를 취하는 어휘부 소관 접사'가 아니라, '통
사적 범주를 취하는 통사 핵'으로 다루어야 한다. 즉 관형형 범주를 필수
적으로 요구하는 불완전 명사 '것, 줄, 수, 바, 데, 리' 따위와 평행하게
선행 논항을 반드시 요구하는 핵으로서 다루어야 한다. 이에 대한 논의를
명확하게 하기 위하여 기존에 접사로 다루어진 '-음직'을 하나 더 들어

---

102) 혹시 '그가 선수답다'라는 문장이 적격하다고 판단할지도 모르나, 선수가 본질적인 의미
즉 [운동을 직업으로 하는 사람]이라면, [속성]을 내포하고 있지 못하므로 가능하지 않은
문장이다.

설명해 보면 아래와 같다.[103]

> (83) 가. 먹음직하다, 줌직하다, 막음직하다, 감직하다, …
> 나. 그림직하다, 큼직하다, 좋음직하다, …
> 다. 있음직하다, 없음직하다, …
> 라. 먹었음직하다, 막았음직하다, 갔었음직하다, 그렸음직하다, 좋았
> 음직하다, …
> 마. 잡수심직하다, 드림직하다, …

위 (83)에서 보듯이 '-음'은 동사, 형용사, 계사 등 모든 범주에 다 붙을 수 있고, 또한 한정된 어기에만 결합하는 것도 아니다. 더욱이 (83라)를 보면 시제 형태소 '-었-'과 결합할 수 있으며, (83마)와 같이 어기(-X음-)가 존대의 자질을 가진 채 '존대 형태소' '-시-'와 덧붙는다. 또한 도출되어 나오는 형이 무한함으로써, '-직하다'의 'X' 대하여 우리는 적격·부적격을 판별할 수 있다. 예컨대, '마중직하다, 꾸물꾸물직하다'처럼 명사 범주에 덧붙는 것은 부적격하다라고 '확신'을 가질 수 있다는 것이다. 즉 어기의 범주가 용언인 한 완전히 개방되어 있다. 따라서 우리는 이러한 '-음직'은 비록 그것이 어휘적인 접사라 할지라도 이를 다루어야 하는 영역은 통사부인 것이다.

다음에 동일한 통사적 접사라는 용어를 쓰지만 개념이 약간 다른 시정곤(1993 : 13-24)의 견해가 있다. 여기에서도 접사를 단어형성에 참여하는 접사와 통사부에서 구와 결합하여 새로운 구를 형성하는 접사로 양분하여, 전자를 '어휘부 접사', 후자를 '통사적 접사'로 규정하였다는 점은 위와 동일하나,

---

103) 송철의(1989 : 113-114)에서는 이를 파생 접사로 다루고 있다. 아울러 시정곤(1993 : 97-98)에서는 이러한 파생 접사 견해에 대하여 비판하고 있다.

(84) 가. 어휘부 접사

$(\text{Affix}) + X^0 + (\text{Affix}) \rightarrow Y^0$ (X, Y = N, V)

나. 통사적 접사

$XP = \text{Affix} \rightarrow YP$ (X, Y = N, V, T, M, C)

통사적 접사를 어휘 접사와 기능 접사로 분리했다는 점에서 그 의미가 좀 더 확대 해석되었다.

(85) 가. 통사적 어휘 접사 : '-이-', '-같-', '-답-', '-되-', '-거리(다)', '-대(다)', '-지(다)' 등과 피사동 접사, '-이-', '-히-', '-리-', '-기-', …

　　 나. 통사적 기능 접사(A) 1부류 접사 : -에게, -부터, -만, …

　　　　 2부류 접사 : -이/가, -을/를, -의, …

　　 다. 통사적 기능 접사(B) 1부류 접사 : -시-, -었-, -겠-, …

　　　　 2부류 접사 : -다, -라, -니, …

　　 라. 통사적 기능 접사(C) : -기, -음, -게, -ㄴ, -ㄹ, …

즉 위 (85가~라)는 XP와 결합하는 예이다. (85가)는 논항을 배당할 수 있는 접사로 기존의 통사적 접사의 개념에 속하지만,[104] (85나)에는 특수 (어휘)조사 및 구조격 조사, (85다)는 선문말 어미 및 문말 어미 (85라)는 전성 어미와 같이 전형적인 통사적 단위로 이들도 역시 통사적 접사의 범주에 포함시켰다. 그런데 여기서 주목할 만한 사실은 (85라)의 '-음, -기'이다. 여기에는 통사적인 어미로 쓰이는 '-음, -기' 뿐만 아니라, 기존에 접사로 파악되었던 '-음, -기'도 포함되기 때문이다. 이러한 맥락은 다음과 같은 주장에서도 엿볼 수 있다.

---

104) 피사동 접사가 속해 있는 것으로 볼 때, 적격과 부적격의 판단을 할 수 있는 대상이 아닌 것도 포함되어 있다.

(86) 그리고 이러한 고찰을 통해 'X+기'의 '-기'는 앞서 고찰한 '-음'과
같이 모두 통사적 접사이며, 통사부에서 형성된 후에 단어화될 수 있
다고 가정하고자 한다.

즉 시정곤(1993)에서는 기존에 접사로 분류한 '-음, -기'도 실은 그 기
능은 어미이고 단어화가 된 사실은 다른 과정임을 주장하면서 이들을
(86라)의 부류에 귀속시킨 것이다. 예컨대, '가르침, 걸음, 놀림, 뉘우침,
도움, 모임, 물음, 믿음, 보탬, 싸움, 울음, 흐름, 그림, 춤, 삶, 웃음, 노름
고름 주름, 기쁨'105)이나, '달리기, 던지기, 쓰기, 읽기, 더하기 곱하기 나
누기'를 통사부 접사의 '-기'와 동일하게 파악하였다(시정곤 1993 : 100-
101). 그러나 이러한 논의의 문제는 첫째, 통사부 접사 자체가 어휘부에
어떻게 들어오는지에 대한 구체적인 과정을 밝히지 않았다는 점과, 둘째
역사적으로 전형적인 접사와 결합한 예(거름, 느낌, 다짐, 어름, 잠)가 한정적
인 반면 어미와 결합한 형이 더 우세하다고 하여 공시적으로도 '-음, -기'
의 정체가 어미라고 단정 지을 수 있는가 하는 문제가 제기된다. 다음에
어미 결합형이 이와 다른 단어화라는 과정을 거쳤다고 한다면, 이것은 통
사부 후 어휘부라는 순서를 어떻게 극복할 수 있는지 아울러, 단어화 과
정은 통시적인 사실로 파악할 수밖에 없는데, 앞에서 살펴본 '얽어짜임,
볕에 말리기, 밝힘증'류의 '-음, -기' 형식이나, 다양한 내부 구조를 가진
형식들은 공시적으로도 생산성이 있는 형으로 이에 대한 처리를 과연 어
떻게 할 수 있는지에 대한 의문이 제기된다. 보다 근본적으로 이러한 통
사적인 어미와 어휘부 접사를 동일하게 파악했을 때, 이들 전체를 어휘부
로 다루거나, 혹은 통사부로 다루어야 하는데, 이 둘의 경계를 허무는 것
이 과연 언어 사실을 처리하는 데 어떤 도움을 주는지에 대한 재고가 필

---

105) 시정곤(1993 : 91-100) 참조. 그런데 '거름 느낌, 다짐, 어름, 잠' 따위는 통시적으로 '-옴
/-움'이 결합한 예이므로 위와 같은 부류에 속하지 않는다.

요할 것이다. 통사부와 어휘부의 경계는 쉽게 규정 지워질 수는 없지만, 한 가지 명백한 사실은 통사부는 적격과 부적격을 말할 수 있지만, 어휘부는 그렇지 않다는 점이다.

정리하면 단어 초과 어기와 '-음, -기'가 결합할 경우 기존 견해는 어기 내부의 통사적 요소를 어휘부 접사로 규정하거나, 그 도출형을 잠재어로 파악할 수밖에 없었다. 왜냐하면 상위 차원의 통사적 구가 접사와 결합하여 낮은 층위의 단어로 되는 결과를 막는 구 금지 제약을 위반하기 때문이다. 그러나 구 금지 제약을 지키기 위하여 '-음, -기'를 어휘부 접사로 선행 어기를 잠재어로 규정할 경우, 접사나 잠재어의 근거를 구 금지 제약으로, 구 금지 제약에 대한 근거로 접사나 잠재어를 드는 순환론적인 설명을 할 위험성이 있다. 이러한 연결 고리를 깨뜨릴 수 있는 방법은 '-음, -기'가 접사라는 객관적인 기준을 제시하여야 하는데 기존 접사 기제는 해당 도출어가 단어인지 그렇지 않은지만을 판별할 수 있을 뿐, 접사 자체를 검증하는 방법으로는 무리가 있다. 따라서 이런 점을 볼 때 단어 초과 어기에 대한 어휘부 접사 처리는 크나큰 문제로 제기된다. 반면에 통사적 구가 올 수 있다는 통사부 접사 견해는 통사부의 여러 단위를 어휘부에서 설명할 위험성과 함께, 통사부 구성으로 이루어진 단어를 통시적인 사실로 설명할 위험성을 갖게 된다.

4. 어휘부 규칙과 등재부의 관계

이 절에서는 파생어 형성 규칙으로 도출된 형식이 사전에 등재되는 방식에 대하여 살펴본다. 논의를 명확히 하기 위하여 명백히 등재와 관련이 없는 통사부 규칙과 등재의 관계를 우선적으로 살펴보고자 한다.

(87) 가. 있더<u>시</u>니, 가더<u>시</u>니, 먹더<u>시</u>니

　　　나. 있으<u>시</u>더니, 가<u>시</u>더니, 먹으<u>시</u>더니

　국어에 대한 공시적·통시적 직관을 모르는 화자가 위와 같은 자료들을 동시에 접했다고 가정해 보자. 아울러 화자가 국어에 대한 문장 체계를 배우고자 할 필요를 느끼고 있다고 가정해 보면, 그 화자는 국어에 대한 언어적 직관이 없으므로('있-, 가, 먹-'에만 '-더-/-시-'나 '-시-/-더-'가 결합하는지 아니면 이 이외의 다른 형식에도 결합할 수도 있는지, 또한 '-더-/-시-'나 '-시-/-더-'의 순서 결합이 어느 것이 통시적이며 어느 것이 공시적 사실인지를 알지 못하므로) 이들을 한 덩어리로 자신의 사전에 등재할 것이다. 그리고 한정된 자료를 바탕으로, (87가)를 통하여 '-더-'+'-시-'(규칙 A)와 (87나)를 통하여 '-시-'+'-더-'(규칙 B)라는 '통사부 접사 결합 순서 규칙'을 임의로 상정할 것이다.

　덧붙여 (87가)와 (87나) 자료가 동시에 공존하므로 화자는 '존경법 형태소'와 '과거 인식 형태소'(서정목 1998) 간의 순서 결합이 국어 문법에서 무규칙적일 것임을 예측할 수밖에 없다. 이 때 (87)의 자료 이외에 '규칙 A'에 관련된 자료('-더-'+'-시-')들이 더 제시된다면 이를 기반으로 화자는 규칙 A가 국어 체계에서 '활성화'된 규칙이며, 규칙 B는 이보다는 덜 '활성화'된 규칙이라고 예측한다. 물론 '규칙 B'와 관련된 자료가 더 많다면 반대로 예측할 수 있다. 이러한 임시적인 틀에 대하여 화자가 국어의 언어 현실에서 생성되는 새로운 발화체(통사적 구)를 접함으로서 '규칙 A'가 아닌 '규칙 B'가 공시적임을 알게 된다. 그 결과, 화자는 '규칙 B'를 공시적으로 '활성화'된 규칙이라는 조정을 한다. 또한 조정된 규칙을 기반으로 화자 자신이 새로운 발화체를 생성하고 그 새로운 발화체가 해당 언어 사회에서 공시적으로 수용을 인정받으면, 이 조정된 규칙은 해당

화자가 공시적으로 이용할 수 있는 '완전한 통사 규칙'으로 자리 잡게 된다. 그렇다면 규칙 형성의 원초적 자료들은 어떻게 되는가? 애초에 그 규칙을 만들기 위하여 화자의 머릿속에 (87가)와 (87나)를 등재시켰기 때문에 구축된 규칙과는 상관없이 그대로 남아 있게 된다. 물론 (87가) 자료는 이미 구축된 통사 규칙에 위배되므로 망각, 즉 '인출'에는 실패할 수는 있으나, 그러한 망각은 등재와 또 다른 차원이다.106)

이 때 우리는 위 (87가, 나) 자료의 등재가 통사부 규칙과 관련되기는 하나, 통사부 규칙이 곧 등재의 기제라고 말하지 않는다. 달리 말하면 위의 (87가)와 같은 자료가 등재부에 등재된다면, 그 이유가 통사부 규칙 형성 때문이지, 통사부 규칙을 적용시켰기 때문이라고 말할 수 없다. 요컨대 등재와 규칙은 동일한 차원이 아닌 것이다.

그런데 이는 언어 발달상에 국한된 문제이며, 규칙이 완전히 구축되면 그 이외의 다른 이유로 등재되는 증거가 없다는 주장을 할 수 있다. 그러나 다음과 같은 자료를 볼 때, 이와 같은 주장은 명백히 잘못된 것이다.

(88) 가. 첫째, 둘째, 셋째, 넷째, 다섯째, 여섯째, 일곱째, 여덟째, 아홉째, 열째, …
　　나. 열한 번째, 열두 번째, 열세 번째, …

(89) 가. 어린이, 늙은이, 젊은이, 글쓴이, …
　　나. 밝은 이, 잡은 이, 숨긴 이, 옮긴 이, 퍼낸 이, 박은 이, …
　　다. 맑음, 흐림, …
　　라. 무궁화꽃이 피었습니다, 꼭꼭 숨어라 머리카락 보인다, 못찾겠다 꾀꼬리, …

---

106) 그렇기 때문에 화자가 이러한 예외적인 원초적 자료들을 나름대로의 등재 체계를 구축하여 필요할 때 인출을 가능한 한 쉽게 하고자 한다. 이는 마치 불규칙한 단어들을 형태론적, 음운론적, 통사론적, 의미론적 요인이나, 상위어, 하위어, 반의어 따위와 같이 나름대로의 체계를 만들어 등재부에 등재하는 의도와 유사한 맥락이다.

(90) 가. 민욱님, 유정님, 유미님, 홍길동님, 철수님, 영희님, …

　　　나. 선생님, 사장님, 회장님, 검사님, 판사님, 선배님, 형수님, 고객님,
　　　　　대통령님, …107)

　　　다. *책님, *복사기님, *컵님, *사전님, …

　　　라. 햇님, 달님, 별님, …

(91) 가. 골치가 아프다, 눈 깜짝 할 사이에, 마음이 쓰이다, 깜짝 놀라다, …

　　　나. 사람은 키 큰 덕을 입어도 나무는 키 큰 덕을 못 입는다, 바다는
　　　　　메워도 사람의 욕심은 못 채운다, 마음 한 번 잘 먹으면 북두칠
　　　　　성이 굽어보신다, 나는 바람풍(風) 해도 너는 바람풍 해라, …

　　　다. 노트르담의 꼽추, 달마가 동쪽으로 간 까닭은, 바람과 함께 사라
　　　　　지다, 달마야 놀자, 메리에겐 뭔가 특별한 것이 있다, …

---

107) '-님'은 <표준국어대사전>에 의미는 유사하나 기능은 다른 형식으로 보고 있다. 곧 아래
와 같이 사람과 결합하는 '-님'은 명사로 보고, 직위나 신분과 결합하는 '-님'은 접사로
보고 있다.

가. 님01 : (사람의 성이나 이름 다음에 쓰여) 그 사람을 높여 이르는 말. '씨'보다 높임의
　　　　뜻을 나타낸다. 예 홍길동 님/길동 님/홍 님.
나. -님04 : 접사
　　1. (직위나 신분을 나타내는 일부 명사 뒤에 붙어) '높임'의 뜻을 더하는 접미사.
　　　　예1 사장님/총장님
　　2. 사람이 아닌 일부 명사 뒤에 붙어) '그 대상을 인격화하여 높임'의 뜻을 더하는 접
　　　　미사'.
　　　　예2 달님/별님/토끼님/해님

그러나 이 두 형식이 다같이 '높임'의 뜻을 가지고 있기 때문에 의미적으로 공통적이며,
특히 '나'의 두 번째 예는 대상을 인격화하였기 때문에 '가'와 의미가 밀접한 연관성을
가지고 있다. 따라서 이 둘을 상이한 기능이 아닌 변이 의미의 차이를 갖고 있다고 하겠
다. 더욱이 이 두 가지 형식의 어기가 모두 개방 부류이기 때문에 사실상 그 의미 차이는
없겠다고 보겠다. 혹시 전자는 모든 명사 어기와 결합할 수 있는 반면, 후자는 그렇지 않
다고 보아 이 둘을 동음이의어 즉 상이한 형태로도 볼 수 있을 수도 있겠다. 그것은 후자
의 경우 '거지님', '조폭님'과 같은 결합체가 어색하기 때문이다. 그러나 전자의 경우도
예컨대 '개똥님', '바둑이님'과 같은 결합체도 어색하다는 점으로 볼 때 이 두 형식은 변
이 의미로 밖에 볼 수 없다. 곧 전자의 '거지, 조폭'이나 후자의 '개똥, 바둑이'의 내부 의
미 자질에 본유적으로 [-높임]의 자질을 갖고 있기 때문에 [+높임]의 자질을 갖고 있는
'-님'과의 상충을 일으키기 때문에 양자의 결합체가 모두 어색한 것일 뿐이다.

(88가)는 (88나)와 통사부 구성이 동일하다. 명사와 '-째'가 결합하여 순서의 개념을 나타낸다. 비록 '-째'가 어떤 범주에 속하는지는 — 접사인지 불완전 명사인지 아니면 그 이외의 범주에 속하는지 — 확실하지 않지만, '-째' 앞의 선행 형식이 서수이면 '적격'이요, 그렇지 않으면 '부적격'이라는 판단(*사과째, *가다째)을 명확하게 할 수 있다는 점을 중시하면, 이 결합 형식이 통사적 구성임은 확실하다. 그런데 이렇게 동일한 구성을 가지고 있는 (88가)와 (88나)의 형식에 대하여 우리는 직관적으로 서로 다른 부문의 소속임을 알 수 있다. 그 직관의 실마리로 '첫째'-'열째'의 항목들이 <표준국어대사전>에 등재되어 있지만, (88나)는 그렇지 않다는 점을 들 수 있겠다. 물론 사전에 등재되어 있다고 하여 곧 '첫째'-'열째'가 실재 화자에게 등재되어 있음을 증거하는 데는 논리적으로 지나친 감이 없지 않다. 왜냐하면 '첫째-열째'를 사전에 등재하고 그 이외의 형식을 등재하지 않는 이유가 그 사전을 편찬한 사람의 주관에 치우친 것일 수도 있기 때문이다. 그러나 '첫째-열째'의 사용 빈도를 보면, 빈도 순위 3000 이내에 '첫째'(1223)와 '둘째'(1270) 그리고 '셋째'(2804)가 포함되어 있고(문화관광부 한국어 세계화 추진 위원회 1998), 국립국어원(2002)의 학습용 어휘 사전을 보면, '첫째(1728), 둘째(2679), 셋째(2834), 넷째(6198), 다섯째(15360), 여섯째(34854)'가 고빈도 사용례로 조사된 바가 있음을 볼 때, 빈도의 요인에 의해 (88가)와 (88나)의 등재 여부가 결정되었음을 보다 더 객관적으로 알 수 있다. 더욱이 '첫째~여섯째'까지의 빈도 순위가 '1728>2679>2834>6198>15360>34854'와 같이 차례로 낮아진다는 사실을 고려한다면 개별적 화자의 '등재의 정도성'(대체로 열째 이하는 단어로, 열한 번째 이상은 통사적 구라는 정도성)이 사용 빈도와 상당한 연관성을 가지고 있음을 알 수 있다.

(89가)와 (89나)의 통사부 구성도 위와 같은 맥락이다. 즉 '어린이'류나

'밝은 이'류의 내부 구조는 다 같이 동사나 형용사가 관형적으로 명사 '이'를 꾸며주는 전형적인 통사적 형식이다. 역시 똑같은 통사적 구성임에도 불구하고 (89가)는 사전에 등재되어 있는 반면 (89나)는 그렇지 않다. 빈도 사전에서 볼 때도 '어린이류'는 '802(어린이), 1255(젊은이), 11676(늙은이), 20168(글쓴이)'라는 고빈도 사용례인 반면 '밝은 이, 잡은 이, 숨긴 이, 옮긴 이, 펴낸 이, 박은 이'는 빈도 순위에 빠져있다. 물론 빈도 순위에서 없다는 사실이 이 형식들이 언어 현실에서 단어로 사용되지 않았다는 직접적인 증거가 될 수 없다. 왜냐하면 '밝은 이, 잡은 이, 숨긴 이'를 조사자가 통사적 구로 파악하여 조사 대상에서 제외했을 가능성이 높기 때문이다.[108] 그러나 이와 같은 인식을 그대로 받아들이더라도 역시 한쪽이 어휘부 소속의 단위이며 다른 한 쪽은 통사부 소속의 단위라는 직관이 개재된 사실 자체는 부인할 수 없다.

(89다)도 역시 통사부 단위이다. 즉 '날씨가 맑다, 날씨가 흐리다'처럼 '맑음'과 '흐림'의 선행 주어를 연상할 수 있기 때문이다. 비록 빈도 조사의 대상에서 일기문을 제외하였다는 점과 이들이 통사적 구라는 인식 때문에 빈도 순위에서는 지적되지 않았지만, 필자가 조사한 바로 초등학생 일기문에는 '맑음', '흐림'이 매우 고빈도로 사용된 사실을 바탕으로 하면(김명광 2003), '맑음, 흐림'도 역시 빈도의 요인으로 인해 화자의 등재부에 등재된 단위임을 알 수 있다.

(89라)의 '무궁화꽃이 피었습니다'는 특정 놀이에서 사용되는 문장에 해당하며, '꼭꼭 숨어라 머리카락 보인다', '못찾겠다 꾀꼬리'도 역시 정체는 통사적 구이지만, 놀이 환경에서는 고빈도적인 쓰임을 갖게 됨으로

---

108) 그런데 '옮긴 이, 펴낸 이, 박은 이'는 '역자', '편찬자', '인쇄인'과 같은 단어로 대치 가능하다는 점에서 저빈도의 요인 때문에 빈도 순위에서 제외된 것이라는 심증도 갖지만, 이에 대한 확실한 통계 자료가 없는 바 그 판단을 유보한다.

써, 화자의 머릿속에 이 단위 전체가 등재된 형식임은 매우 자명하다.

결국 (88가, 나)나 (89가, 나, 다, 라)의 결과로부터 얻을 수 있는 사실
은 동일한 내부 구조의 모양을 갖고 있는 통사부 단위라고 하더라도 빈
도에 의하여 화자에게 얼마든지 등재부에 등재될 수 있다는 것이다.

(90)의 '-님'은 (88)과 (89)의 예와는 약간 다른 성격을 가지고 있다.
'-님'의 문법 범주가 무엇인지는 (88가, 나)와 (89가, 나)처럼 확실하지는
않지만, 적어도 개별 사람이나 높임의 자질을 가지고 있는 신분이 '-님'
앞에 결합되면, 그 결합체에 대해 적격과 부적격을 판단할 수 있다는 점
에서 (90가, 나)를 통사적 구로 볼 수 있다고 여겨진다. 예컨대, '민욱님',
'유정님', '유미님'의 '민욱, 유정, 유미'와 같이 개별적 사람이 '님'과 결
합될 때, 적격인 판단을 할 수 있는 반면 높임의 자질이 없는 (90다)의
'책님, 컵님, 복사기님, 사전님'의 경우는 부적격이라는 판단을 할 수 있
다는 점에서 통사적 구로 파악된다. 언뜻 보기에 (90라)의 '해, 별, 달'이
높임의 자질을 가지고 있는 사람이나 신분이 아님에도 불구하고 '해님,
별님, 달님'이 가능한 결합체가 존재함으로 해서, 위 (90가)에 대한 반증
예처럼 보이나, '해, 별, 달'이 동화책 속에서 자주 '의인화'된다는 점을
이해하면 근본적으로는 (90가)의 맥락과 유사한 유형에 속한다. 이 때 우
리가 여기서 주목할 점은 (90가)의 경우는 등재될 가능성이 적지만 (90
나)는 그렇지 않다는 사실이다. 그 이유는 (90가)의 '님'과 결합되는 사람
(민욱, 유정, …)은 특정 화자와 청자에게만 관여하는 극히 특칭적인 명칭에
해당하지만, (90나)는 그러한 특칭성에서 벗어나 모든 사람이 공유할 수
있는 신분[+높임의 자질]과 관련된 명칭으로 이른바 총칭성(generic noun)에
해당하기 때문이다. 곧 (90가)와 (90나)는 동일한 내부 구성을 가지는 통
사부 단위임에도 불구하고, (90나)에 대하여 화자가 어휘부 대상의 직관
을 가질 수 있는 이유가 바로 어휘부 대상의 본질이 특칭적인 사태나 사

물에 관여적이지 않는다는 대원칙과 합치되기 때문이다.109)

(91)의 통사부 구성이 등재부에 등재된 이유는 또 다른 요인이 작동한 것이다. 예컨대 (91가)의 '골치를 썩히다'는 명사(골치)와 동사(썩히-)가 상호 긴밀한 연상 관계를 갖는 연어 형식으로 한 쪽을 연상하면 다른 한쪽이 연상되게(등재된 단어가 인출되게) 됨으로써, 두 형식이 인출되는 데 있어 상호 긴밀하게 도움을 줄 수밖에 없다. 그 결과 명사와 동사('골치가 아프다') 전체가 등재부에 하나의 등재소처럼 등재되게 된 나머지, 사용 맥락에서 동시적으로 인출되게 된다. 곧 통사부 구성 단위 간의 긴밀한 연상 관계에 의하여 등재부에 동시적으로 등재된다는 것이다. 한편 (91나)의 속담의 경우에도 이러한 상호 연상 관계의 요인이 그대로 적용되지만, 여기에 더불어 통사부 구성의 의미의 합과 다른 개념이 연결되었다는 사실도 크게 작동된다. 물론 통사부 구성의 의미와 다른 개념이 어떻게 연결되었느냐의 문제는 통시적인 사실에 해당한다. 그러나 속담 형식이 특정 화자나 특정 청자에게 일회적으로 사용되는 것이 아니라, 모든 사람에게 두루 관여할 수 있는 '대상'으로서의 명제 역할을 한다는 점에서, 총칭적인(generic) 의미를 요구하는 등재부의 속성에 부합한다.

(91다)는 통사적 개별 구성의 합이 의미하는 문자적 개념으로부터 전체 개념을 함의할 수 없음에도 불구하고, 만든 사람의 의도가 강하게 개입되어 해당 영화의 사태나 사건을 대표하는 형식에 해당한다. 역시 통사적 구성의 의미와 다른 의미를 내포한다는 점에서 (91나)와 동일하다.

종합하여 보면 통사부 규칙으로 만들어진 형식도 '사용 빈도', '총칭성', '연상 관계', '제3의 의미', '화자의 의도성' 등 다양한 요인에 의하여 얼마든지 등재부에 등재되어 하나의 등재소가 될 수 있다. 하지만 우

---

109) 물론 (90나)도 위에서 살펴본 빈도의 요인도 복합적으로 작동한 예이기도 하다.

리는 (87~91)과 같은 등재된 예를 통하여 '통사부 규칙'을 '등재'의 기제라고 말하지 않는다. 왜냐하면 '통사부 규칙'은 화자가 해당 형식의 문장을 만드는 데까지 관여하는 기제일 뿐, 이것이 등재소의 단위가 되었느냐 그렇지 않느냐, 곧 (87~91)과 같은 형식이 등재부에 등재되느냐 그렇지 않느냐는 이와 같은 독립적인 별개의 요인들이 적용된 것이기 때문이다.

4.1. 어휘부 규칙과 등재의 관계

어휘부의 규칙과 등재의 관계도 위에서 살펴본 통사부의 규칙과 등재의 관계와 본질적으로 유사하다. 논의를 구체화하기 위하여 '-구이'류의 자료를 바탕으로 파생어 형성 규칙 형성 과정을 먼저 살펴보면 다음과 같다.110)

> (92) 가. 생선-구이, 조개-구이, 대구-구이, 갈치-구이, …
>   나. 초벌-구이, 애벌-구이, 간접-구이, 직접-구이, …

화자가 (92)와 같은 예들만을 알고 있다면, 그 화자는 (92가)의 자료를 통해 어기가 '먹을 수 있는 생선'류라는 규칙 A를 구축할 것이다. 또한 (92나)의 자료를 통해 '굽는 횟수'(초벌-구이)나 '굽는 방법'(간접-구이)이라는 규칙 B를 임의로 상정할 것이다. 이 때 (92가)와 (92나)의 자료가 동시에 공존하므로 화자는 규칙 A와 규칙 B 중에 어떤 것이 더 활성적인 규칙인지 알 수 없다. 이 때 (92나)의 어휘 항목이 (92가)보다 더 많다고

---

110) 논의를 분명하게 하기 위하여 어기가 [생선 이외에 구울 수 있고 먹을 수 있는 유정물]의 의미를 갖고 있는 예(통닭구이류, 붙임2 : ①)와 'X으로 굽다'의 X에 들어 갈 수 있는 예 (전기구이류, 붙임2 : ②), 그리고 그 밖의 어기 (칭기스칸 구이류 2-③)은 (2)의 예에서 생략하였다. 그러나 (붙임2)의 예들은 모두 생산적인 쓰임을 갖고 있는 예이다.

한다면 해당 화자는 규칙 A가 국어 체계에서 '활성화'된 규칙이며, 규칙 B는 이보다는 덜 '활성화'된 규칙이라고 예측할 것이다. 그러나 이러한 임시적인 틀은 국어의 언어 현실에서 생성되는 새로운 단어(신조어) '은어 -구이', '황태-구이', '뱅어포-구이', '연어-구이'들을 통해 (92나)가 아닌 (92가)('먹을 수 있는 생선'류)의 규칙이 더 활성적임을 화자가 깨닫게 된다. 그 결과 '규칙 A'가 아닌 '규칙 B'가 공시적으로 '활성화'된 규칙이라는 조정을 한다. 또한 이 조정된 규칙을 기반으로 화자 자신이 새로운 단어, 예를 들어 '멸치구이, 붕장어구이'를 생성하고 이것들이 해당 언어 사회에서 공시적으로 수용 가능하다고 인정받게 되면 이 조정된 규칙은 완전한 파생어 규칙'으로 화자에게 자리 잡게 된다. 한편 '등재'되어 있는 (92나)의 자료 즉, 비활성 자료는 어떻게 되는가? 이는 통사 규칙과 달리 '적격', '부적격'의 판정을 받는 대상이 아니고 사회적으로 사용되는 단어이기 때문에 여전히 '등재'된 상태로 남아 있다. 물론 이 자료 사용의 빈도수가 거의 없다면, 망각되어 '사용 어휘'(화자 자신이 사용할 수 있는 적극적인 단어)가 아닌 '이해 어휘'로서만의 자격을 갖게 되는 것이다. 즉 통사부 규칙의 부적격 자료와 유사하게 인출에 어려움을 겪는다. 그러나 이러한 어휘들이 나름대로의 체계를 가지고 있다면 이도 역시 인출이 쉽게 가능하다.

결국 통사부 규칙과 마찬가지로 위 (92)의 자료들이 등재부에 등재되는 이유가 파생어 형성 규칙 형성 때문이지, 규칙이 적용되었기 때문에 등재부에 등재된 것이 아님을 알 수 있다. 곧 (92)과 같은 자료를 통하여 파생어 형성이 이루어짐을 볼 때, 파생어 형성 규칙과 등재가 상관은 있지만 규칙이 바로 등재의 기제는 아니라는 점이다. 역시 파생어 형성 규칙도 통사부 규칙과 마찬가지로 규칙과 등재는 다른 차원의 문제이다.

물론 통사부 규칙과 어휘부 규칙이 모든 면에서 동일하다고 주장하는 것은 결코 아니다. 분명히 이 둘은 성격이 다르다. 가장 큰 특징 중 하나가 어휘부 규칙은 통사부 규칙과 달리 동일 접사에 대한 복수의 규칙이 동시에 공존할 수 있다는 점이다. 'X-스럽'류를 통하여 설명하면 다음과 같다.

> (93) 가. 자랑-스럽다, 바보-스럽다, 의문-스럽다, 염려-스럽다, …
>   나. 조심성-스럽다, 병신성-스럽다, 고풍-스럽다, …

위 (93가)의 어기가 'X 자체와 관련된 속성'(규칙A)이며, (93나)는 'X로부터 연상될 수 있는 속성'(규칙B)이다. 이 때 화자는 (93)과 같은 개별자료를 통하여 분석 예측 가능한 규칙A와 규칙 B라는 두 개의 임시적인 규칙을 설정한다. 이러한 임시적인 두 개의 규칙 중 '규칙 A'(93가)는 '엽기스럽다, 저질스럽다, 과장스럽다, 허풍스럽다, 고급스럽다, 성스럽다' 따위를 통하여 활성화되지만, '규칙 B'(93나)는 이로부터 생성되는 단어가 없음으로 해서 비활성화된 채로 남아있게 된다. 그런데 접사 '-스럽-'을 이용한 규칙이 다시 수정 분화되는데, 그것은 '속성이 연상될 수 없는 어기'들과 결합한 예, 예컨대 '오노스럽다, 한국스럽다' 따위가 새로이 등장하였기 때문이다. 하지만 이는 (93가)와 (93나)의 어기와는 그 성격이 판이하게 다르다. 즉 고유 명사는 원칙적으로 특정한 단일 대상(개체)에 대한 명칭의 성격을 지닌 것으로 개별 대상만을 특칭하여 직접 지시하게 된다. 따라서 '-스럽-'이 요구하는 '어기로부터 연상되는 속성'을 내포하지 못한다.[111] 이에 반해 (93가)와 (93나)의 어기들은 본질적으로 '속성'을 가진 명사류이다.[112] 그러므로 '오노'나 '한국'은 그것이 보통 명사의

---

111) 명사의 의미에 관한 자세한 논의는 김인균(2002 : 45-49) 참조.
112) 이러한 전형적인 범주가 보통 명사이다. 대개의 명사들은 다른 형식과 결합할 때 보통 그 것들의 내현적 의미 중 '일부분' 또는 '전체 의미 집합'과, 다른 형식의 의미와 결합하거

속성이 아니기 때문에 원칙적으로 '-스럽-'과 붙을 수 없다. 그러던 것이 이 단어들의 속성이 해당 언어를 사용하는 대중들의 언어 외적인 공인을 받게 되어 '-스럽-'과 결합할 수 있게 된 것이다. 즉 '오노'는 2002 동계올림픽에서 벌어진 상황에 대하여 많은 사람들에 의하여 그 속성이 수용된 것이며, '한국'도 역시 한국 사람이라면 그 연상적인 속성에 대하여 사회적으로 공인을 받기 쉬운 단어인 것이다. 우리는 이러한 단어에 대한 규칙을 잠정적으로 '고유 명사'+'-스럽-'이라고 부르기로 하자. 그러나 규칙이 활성화되었느냐 그렇지 않느냐는 이 단어만을 놓고는 알 수 없다. 곧 이 규칙을 통하여 새롭게 형성되는 단어들이 있어야 비로소 활성화된 규칙이라 부를 수 있는 정당성이 확보되기 때문이다. 이러한 신조어에는 '한국스럽다', '부시스럽다', '검사스럽다' 등이 있다. 물론 이들이 모든 화자에게 공인받지 못한 임시어로서의 자격을 가진다. 구체적으로 말하면 특정한 개별 화자에게만 그 규칙을 적용하고 역시 동일한 규칙 또는 동일한 스키마를 가진 개별 청자에게만 통용될 뿐이다. 그러나 그 활성화가 사회적 공인을 아직까지 받지 못한 단계이지만, 적어도 이를 부려 쓰는 특정 화자에게는 새로운 규칙이 공식적으로 대두한 것이다. 그렇다면 이러한 규칙이 복수로 공존하는 이유가, 차원이 다른 규칙어(사회 통용)와 임시어(그렇지 않음)이기 때문이어서, 대등한 차원의 활성 규칙이 복수로 존재하지 않는다고 주장할 수 있다. 그러나, 결코 그렇지 않다. '-구이'류를 다시 한번 살펴보자. 위 (92)(생선구이류)는 논의를 명확하게 위하여 단순화하였지만, 좀 더 정밀하게 하면 (94)와 같은 '-구이'류도 역시 존재한다.

(94) 철판구이류 : 소금구이, 철판구이, 기름구이, …

나 또는 해당 명사들의 외현적 의미(통칭 지시)와 다른 형식의 의미와 결합한다.

만약 단어에서도 절대적 격이 인정된다면 (92가)는 아래의 (95가)에서 보듯이 격(대격)이 무표적으로 실현된 예이지만, (94)는 (95나)와 같이 대당하는 통사적 논항이 '-을/-를'이 실현된 것이 아니다. 오히려 (95다)에서 보듯이 대응하는 문장의 수의적 논항 '-에' 또는 '-(으)로'라는 유표적 격이 실현된 것이다.

(95) 가. 생선을 굽다, 조개를 굽다, 대구를 굽다, …
　　 나. *철판을 굽다, *소금을 굽다, *기름을 굽다, …
　　 다. 그가 고기를 <u>철판에</u> 굽다, 그가 고기를 <u>소금에</u> 굽다, 그가 고기를 <u>기름으로</u> 굽다, …

우리는 위 (92가)가 (95가)에서 보듯이 '-구이'의 선행 요소 X가 무표적일 경우 그 규칙이 활성화됨을 말하였다. 하지만 (95가)의 규칙만이 어휘부에 단일하게 존재한다면 (95다)와 같이 수의적 논항 '-에' 또는 '-(으)로'로 대응되는 (94)류의 예를 설명할 수 있는 어휘부 규칙은 비활성적이라고 볼 수밖에 없다. 그러나 (96)을 보면 사정은 사뭇 다르다.

(96) 전기구이, 연탄구이, 숯불구이, 장작구이, 진흙구이, 석쇠구이, 돌구이, 화로구이, 황토구이, 황토숯직화구이, 맥반석구이, 회전구이, 가스구이, …

곧 (96)의 예들은 (94)와 같이 어기가 구울 수 있는 도구나 물질인 N과 '-이'가 결합된 형식들이며, 상당수가 사회적으로 수용된 예들이다. 결과적으로 볼 때, (92)와 같이 어기가 '생선류'라는 규칙과 마찬가지로 어기가 '도구나 물질'류라는 규칙이 동일 형태소 '-이'를 중심으로 복수로 공존하게 되며, 이것이 통사부와 다른 어휘부 규칙의 고유한 본질 중 하나인 것이다.

4.2. 등재부의 독자성

파생어 형성 규칙은 단어를 형성하는 데에만 관여한다. 이러한 규칙을 통하여 단어(X^0)가 등재되느냐 그렇지 않느냐는 다른 요인이 작동하는 것이다.

우선 파생어 형성 규칙을 구성하는 과정에서 부수적으로 발생되는 등재의 문제는 '-스럽-'을 예로 들어 설명할 수 있다. '-스럽-'은 어기의 속성을 견인하는 접사이므로 '속성을 견인할 수 없는 어기'와 이 접사와 결합할 수 없다는 의미론적 입력 제약이 있다. 그런데 '오노'처럼 '특정 사람'과 '-스럽-'이 결합되어 '오노스럽다'의 형식이 사용된 예가 존재한다. 그렇다면 이러한 형식은 '속성을 견인할 수 없는 어기'라는 기존의 의미론적 제약을 위반할 수밖에 없는 까닭에, 이 규칙의 테두리 내에서는 '오노스럽다'는 어휘화된 단어의 자격, 곧 등재의 자격을 가질 수밖에 없다. 그러던 것이 화자가 '오노스럽다'의 내부 구조 인식을 통하여, 이를 기반으로 임시적으로나마 신조어를 형성하고(홍길동스럽다, 철수스럽다, 만수스럽다, 영희스럽다), 공시적으로 언중들에게 새로운 단어를 만드는 사용 규칙으로 자리잡게 된다. 이 때, 원초적인 단어 '오노스럽다'는 이 활성화된 규칙 내에서는 어휘화된 단어가 아닌 규칙어로서 그 문법적 지위를 바꾸게 된다. 곧 이 단어는 '고유명사 결합 규칙'에서는 규칙어이지만, 규칙이 분화되기 전에는 이미 등재된 상태인 자료일 수밖에 없다. '-구이'류도 마찬가지이다. '철판구이'는 '생선구이'에서 보면, 규칙을 위반한 (통사론적인 어휘화) 예로 화자의 사전에 등재되지만, '전기구이, 숯불구이, 돌구이, 화로구이, 진흙구이, 석쇠구이, 황토구이, 황토숯직화구이, 장작구이, 맥반석구이, 회전구이, 가스구이, …'를 생성하는 원초적 자료의 시각으로 볼 때는 규칙어일 수밖에 없다. 그러므로 규칙으로서의 '규칙어'라는 말과 '등재'는 필연적인 상관이 없다. 물론 이렇게 제약을 위반한 자료가 등재되고 다시 새로운 자료를 통하여 그 제약이 활성적인 규칙으로 탈바꿈하는 상호 밀접한 관련성은 가지지만, '등재'가 곧 '규칙'이며 '규칙'이 '등재'이라는 의미는 되지 못한다. 이러한 예들은 규칙을 활성화하기 위하여 등재가 이루어진 것일 뿐이다. 아울러 규칙을 위와 같은 시각으로 본다면, 등재부에 규칙어와 불규칙어가 함께 등재될 수밖에 없다는 사실에 대한 근본적인 이해를 하게 된다. 곧 규칙을 형성하고 그 규칙을 강화하기 위한 규칙어의 자료가 등재부에 등재될 수 있기 때문에 규칙에 어긋나는 불규칙어와 함께 등재부의 구성원을 이룰 수 있다. 더불어 이러한 시각은 규칙론의 입장이 곧 최소 등재 가설을 주장한다는 이론이 성립할 수 없음을 말해준다. 곧 규칙어도 함께 등재되기 때문에 불규칙어만이 등재부에 등재된다는 최소 등재 가설보다, 그 등재의 구성원이 많을 수밖에 없기 때문이다. 그런데 통사부 규칙과 마찬가지로 이것도 언어 발달상에 국한된 문제이며, 따라서 규칙 이외의 다른 요인으로 등재되는 증거가 없다고 주장할 수 있다. 그러나 다음과 같은 자료를 볼 때, 이러한 주장은 명백히 잘못된 것이다.

(97) 오노스럽다, 검사스럽다, …
(98) 보기, 듣기, 쓰기, 읽기, …
(99) 끝내기-묘수, 볶음-짜장, 맞춤-아기, 비빔-면, 돌림-병, 맺음-말, …
(100) 뺑튀기, 입가심, 가위질, 소매치기, 벼락치기, 알까기,[113] …
(101) 가. 앉을깨, 젖을깨, …
　　　 나. 몰래 카메라, 몰래 녹음, 반짝 세일, 반짝 추위, 깜짝 파티, 묻지마 투자(-관광, -청약……), 우쭐-심리, …
　　　 다. 마음적, …
　　　 라. 지푸라기, 무덤, 마중, 바가지, 이파리, …

---

113) 알까기 : 바둑판 위에 바둑돌을 놓고 손으로 튕겨서 상대방의 바둑돌을 떨어뜨리는 놀이
　예 알까기 놀이, 공기 대회 등 그날 해 본 놀이의 풍경을 자세히 묘사해 보기도 하고 소풍, 견학을 다녀온 소감, 책을 일고 난 뒤의 느낌도 기록했다(경향신문 1999).

마. 더위, 추위, …

바. 형님부대 아줌마부대, 미시부대, …

(102) 가. 노비어천가, 발밀이, …

나. 숫발, 칼발, 말발, 끝발, …

(103) 손수건돌리기, 보물찾기, 가지치기, …

(97)-(103)에 대한 논의에 앞서 먼저 Lieber(1992)의 다음과 같은 견해를 살펴보자.

(104) Schultink의 정의에는 두 가지 중요한 요소들이 있다. 즉 진정한 생산적인 파생어 형성 과정에 의하여 형성된 단어는 [1] 비의도적(unintentional)이라는 개념과 셈 불가능성(uncountability) 개념이 바로 그것이다. 비의도적으로 형성된 단어가 의미하는 바는 창조(creation)가 비인지적으로 진행된다는 것을 뜻한다. 어떠한 영어 화자도 -able 어기로부터 -ity의 새로운 명사를 창조하는 것을 알지 못할 뿐더러 아무도 -ness로 생성된 새로운 명사를 주목하지 않는다. …중략… 비생산적인 과정임에도 불구하고 신조어가 때때로 만들어질 수 있지만, 이러한 만듦성(coinages)은 항상 주목을 끈다. 이들은 모국어 화자에게 [2] 이상하다거나(odd), 우습다거나(amusing), 혐오스럽다거나(repulsive) 또는 주목할 만하다거나(remarkable)하는 인식을 갖게 한다. 이러한 단어 생산법은 자신의 생산물에 대하여 [3] 주목을 끌기 위한 광고자들이 자주 만들어내는 수법이다 … (중략) … (Lieber 1992 : 3 번역).

비록 위 문맥의 흐름이 생산성과 관련되어 나온 것이지만, 여기서 의미하는 두 가지 주장에 주목할 필요가 있다. 첫째, 진정한 파생어 형성은 '비의도적'이라는 점이다(→[1]). 예컨대 전형적인 접사 '-질'로 형성되는 형식 중 '망치질'을 보자. 어기 '망치'는 '도구'이므로 '도구'를 요구하는 접사 '-질'과 자연스럽게 결합할 수 있다. 그리고 '망치'의 의미 [단단한 물건이나 불에 달군 쇠를 두드리는 데 쓰는, 쇠로 만든 연장]와 '-질'의 의미 [-로 하는 행위]의 의미가 결합하여, [망치로 물건을 두드리는 행위]라는 투명한 의미만을 도출할 때, 이를 '비의도적'이라고 한다.114)

둘째, 신조어를 만드는 것은 그것을 만드는 창조자의 '주목의 의도'라는 점이다(→[2], [3]). 주목성이란, 다른 화자에게 각인(刻印)시킨다는 의미로 달리 말하면 '등재와 환기'가 주목적임을 뜻한다.115) 이 글의 맥락과 같이, 생산적인 파생어 형성은 비인지적이며 이것이 화자에게 각인되기 위해서는 이른바 '주목성'을 끌어야 됨을 지적한 것이다. 이러한 전형적인 예는 위 (97) '오노스럽다', '검사스럽다' 따위가 대표적이다. 즉 등재의 이유가 바로 위 문맥 [3]의 '이상함, 우스움, 혐오성'(odd, amusing, repulsive)에 해당한다. 그런데 '주목'에 해당하는 요인은 이러한 의미적인 각인 이외에도 여러 가지가 있다.

먼저 (98)과 같이 빈도의 요인이 있을 수 있다. '외국인을 위한 한국어 교육 기초 조사'의 순위를 보면 '보기'는 빈도 순위가 '5152'이며 '듣기'는 '4840'이라는 점은 등재의 요인이 빈도와 밀접한 관련이 있음을 뜻한다. 이는 해당 단어가 자주 쓰임으로서, 그 단어가 등재되는 것이다.

(99)는 이른바 '갈림길'류에 해당하는 것으로 어순 뒤바꿈의 효과를 통하여 — 더 정확히는 통사적 대응 형식과 순서를 뒤바꿈으로써 — 등재부에 이 형식이 등재된 것이다. 이는 아래 (105)와 같은 통사적 구와 비교해 보면 잘 알 수 있다.

(105) 묘수로 끝내다, 짜장을 볶다, 면을 비비다, 아기를 맞추다, …

즉 (105)의 단어 형식은 '끝내기'와 '묘수', '볶음'과 '짜장', '비빔'과

---

114) 물론 '망치질'은 hapax 지수에서 등재와 관련된 다른 행위가 있을 경우 지수가 1인 단어이다.
115) '각인'(imprinting)이란 심리학 용어이다(김원수 외 1992 : 74).

'면' 그리고 '맞춤'과 '아기'와 같이 대응하는 통사적 구 (105)와 어순이 반대로 되어 있다. 이 때 이러한 예들은 '짜장볶음'과 같이 어순을 뒤바꾸지 않고도 충분히 그 의미의 효과를 얻을 수 있음에도 불구하고, 굳이 어순을 뒤바꾼 것은, '어순바꾸기'를 통한 등재의 각인성에 기인한다 하겠다.116) 물론 '묘수끝내기', '짜장볶음', '면비빔', '아기맞춤'과 '끝내기 묘수', '볶음짜장', '비빔면', '맞춤아기'가 개념의 차이에 의하여 독립적으로 등재된 형식으로도 볼 수 있다. 전자는 [묘수로 끝내는 행위], [짜장을 볶은 행위], [면을 비비는 행위], [아기를 맞추는 행위]와 같은 사태를 지칭하는 의미가 그 사태를 유발시키는 결과물의 잦은 출현으로 인하여 '사태에서 결과물'을 연상하는 환유의 기법으로 등재된 예로 볼 수 있으며, 후자는 합성어 형성 규칙 곧 어기와 어기가 결합한 후에 공시적인 언중들의 잦은 사용이나(끝내기 묘수, 볶음짜장) '맞추다'의 내부 논항에 보통 [물건]이 와야 함에도 불구하고 인성 명사가 옴으로써 화자에게 등재의 각인성을 유발한 것으로도 해석할 수 있다. 곧 '어순 뒤바꾸기'의 요인이 아닐 지라도 등재가 이루어진다면 규칙이 아닌 이러한 '환유, 빈도성, 특이한 내부 논항의 결합'이라는 별개의 요인이 작동하였음은 부인할 수 없다.

(100)의 예들은 원래의 의미와 다른 의미가 '환유'의 기법을 통하여 등재가 된 예이다. '뻥튀기'는 [뻥 하는 소리를 내며 튀는 것]에서 [쌀, 감자, 옥수수 따위를 불에 단 틀에 넣어 밀폐하고 가열하여 튀겨 낸 막과자]의 의미로, '가위질'은 [가위로 자르거나 오리는 일]의 '가위'를 매개로 하여 [언론 기사나 영화 작품 따위를 검열하여 그 일부분을 삭제하는

---

116) '짜장볶음' 이외에 통사적 형식과 대응된 형식 즉 '묘수끝내기, 면비빔, 아기맞춤'은 행위의 의미를 나타내므로 '짜장 볶음', '볶음 짜장'과 약간 다르다. 그러나 이러한 개념을 수식과 피수식의 통사적 형식 즉 '끝내는 묘수', '비빈 면', '맞춘 아기'로 나타낼 수 있음에도 불구하고 (99)와 같이 나타냈다는 점은, 바로 Lieber(1992)의 각인성 효과를 드러내기 위한 의도인 것이다.

일을 비유적으로 이르는 말]로 바뀐 것이다. '소매치기'는 [소매를 치는 행위]에서 환유되어 [남의 몸이나 가방을 슬쩍 뒤져 금품을 훔치는 짓, 또는 그런 사람]으로, '벼락치기'는 [벼락이 치는 모습]이라는 빠름의 양태에서 연유하여 [임박하여 급히 서둘러 일을 하는 방식]으로 그 의미가 바뀐 것이다. '입가심'은 [입을 가시는 행위]에서 [더 중요한 일에 앞서 가볍고 산뜻하게 할 수 있는 일]로 바뀐 것이다. 이러한 즉 (100)의 예들은 특정 개념을 기존에 있던 해당 형식을 이용하여 등재한 예로, 그 개념과 특정 형식의 의미 간에는 격차가 있으며 이러한 환기성이 바로 화자가 이를 등재하려는 등재의 의도인 것이다.

(101가~바)는 이른바 기존 논의에서 어휘화된 단어로 불려왔던 예들이다.117) 어휘화된 단어는 잘 알다시피 규칙의 제약 부분에서 걸러지는 예들로, 이를 통해 화자의 주목을 일으키는 환기성을 일으킨다. (101가, 나)는 통사적으로 어휘화된 예이다. 즉 (101가)의 '앉을깨', '젖을깨'는 '-개'가 동사 범주가 와야 한다는 제약(덮개, 쓰개, 지우개……)을 위반한 것이며, (101나) '몰래 카메라, 몰래 녹음, 반짝 세일, 묻지마 투자(-관광, -청약……), 우쭐심리……'는 'N' 어기 이외의 형식 '몰래, 반짝, 묻지마, 우쭐' 따위가 결합함으로서 어휘화된 예이다. (101다, 라)는 형태론적 어휘화에 해당한다. 먼저 (101다)는 한자 어기 결합 접미사 '-적'에 고유어 '마음'이 온 예에 해당하며, (101라)는 '-아기', '-엄', '-웅', '-아지', '-아리' 따위와 같이 생산성이 없는 접사와 결합한 예이다. (101마)는 음운론적으로 어휘화된 예이며, (101바)는 선행 어기가 '군인'과 관련된 어기가 와야 함에도 불구하고 그렇지 않은 단어 '형님 아줌마, 오빠'와 같

---

117) 이 글에서 말하는 어휘화된 형식이란 전통적인 단어의 개념의 다르다. 곧 파생어 형성 규칙(WFR)의 하위 부문인 음운론적·형태론적·의미론적·통사론적 제약으로 설명할 수 없지만 존재하는 형식을 포괄하여 어휘화라 규정한다.

은 어기가 옴으로써 의미론적으로 어휘화된 예이다. 즉 (101가~바)는 모두 규칙이 화자에게 등재에 대한 각인성을 요구하는 형식들이다.

다음에 (102가)의 예는 '용비어천가→노비어천가', '때밀이→발밀이'118)와 같이 전형적인 '유추'에 해당하는 예이다. 이는 유추 근간 단위와 유추된 단위가 상호 환기를 일으킨다는 점에서 화자에게 등재에 대한 의식을 일으킨다. 또한 (102가)와 같은 단어는 인출의 관점에 있어서도 유추된 단위와 체계 관계망을 형성하기 때문에 쉽게 도출된다. (102나)도 그 유추의 근간이 무엇인지는 확실하지 않더라도 '슛, 칼, 말, 끝' 등이 서로 체계를 이루어 등재된다. 따라서 유추의 기제는 이렇게 실재어와의 밀접한 관계성을 본유적으로 요구하기 때문에, 전형적인 유추는 본질적으로 등재의 기제가 될 수밖에 없다. (103)의 예들은 그 등재의 기제가 '보물찾기 놀이, 손수건 돌리기 놀이, 가지치기 기술, 알까기 놀이' 등 '놀이', '기술' 따위와 같은 상위어의 개념과 밀접하게 관련을 맺음으로써, 해당 단어가 등재된 것이다. 이 밖에도 등재의 기제는 매우 다양하다. 심지어 화자가 해당 단어를 등재시키려는 의도성도 여기에 포함되는데, 우리가 등재를 목적으로 소리 내어 읽거나, 반복하거나, 연상의 작용을 일으키는 경우도 이에 속한다.119)

이상의 논의를 볼 때 우리는 규칙으로 만들어지는 형식은 엄밀하게 등재와 관련이 없음을 알 수 있으며, 이 형식들이 등재되려면 화자의 의도적인 각인(주목)의 행위 곧, 빈도의 요인, 어순 뒤바꾸기, 어휘화, 환유, 유추, 상위어 관련 등 규칙과는 별개로 수많은 독립적인 등재 요인이 작동해야 함을 알 수 있다.

---

118) <표준국어대사전> 참조.

119) 의도적인 등재의 기법은 다양하다. 가장 보편적인 방법은 흔히 '유의어, 반의어, 동의어, 상위어, 하위어와 같은 단어의 환기성 및, 시공간적으로 그 단어를 연결시키는 연상법도 이에 해당한다. 자세한 것은 김원수 외(1992 : 21-37) 참고.

‖ 참고문헌

고영근(1992), "형태소란 도대체 무엇인가?", 형태, 태학사, 13-23.
고영근(1974), 국어 접미사의 연구, 백합출판사.
고영근(1989), 국어형태론연구, 서울대학교 출판부.
고영진(1996), 국어 풀이씨의 문법화 과정에 관한 연구, 박사학위논문, 연세대학교.
구본관(1992), "생성문법과 국어 조어법 연구 방법론", 주시경학보 9, 탑출판사, 50-77.
구본관(1999), "파생접미사의 범위", 형태론 1-1, 1-23.
구본관 외(2002), 언어의 이론과 분석(1), 태학사.
국립국어원(2000), 2000년 신어, 국립 국어원 편.
국립국어원(2001), 2001년 신어, 국립 국어원 편.
국립국어원(2002), 학습용 어휘 사전, 국립 국어원 편.
김계곤(1996), 현대 국어의 조어법 연구, 박이정.
김명광(2004), 국어 접사 '-음', '-기'에 의한 단어 형성 연구, 서강대 박사학위논문.
김석득(1992), 우리말 형태론, 탑출판사.
김영석 외(1993), 현대형태론, 학연사.
김영석(1985), Aspects of Korean Morphology, Ph. D. Dissertation, The Univ of Texas
　　　at Austin.
김완진(1976), 노걸대의 언해에 대한 비교연구, 한국연구총서 31.
김원수 외(1992), 심리학 : 인간의 이해, 민음사.
김인균(2002), 국어의 명사 연결 구성 연구, 박사학위논문, 서강대학교.
김정은(1995), 현대 국어의 단어 형성법 연구, 박이정.
김창섭(1983), "'줄넘기'와 '갈림길' 형 합성명사에 대하여", 국어학 12, 73-98.
김창섭(1993), "형용사 파생 접미사들의 기능과 의미", 형태, 태학사, 151-181.
김창섭(1996), 국어의 단어형성과 단어구조 연구, 태학사.
김창섭(1997), "'하다' 동사 형성의 몇 문제", 관악어문연구 22, 247-267.
김창섭(1998), 국어 어휘 자료 처리를 위한 단어와 구의 형태·통사론적 연구, 연구
　　　보고서, 국립 국어 연구원.
김한샘(2013), "교육용 어휘 선정을 위한 접미사의 생산성 연구", 한국어 의미학 40,
　　　521-547.
김홍범(1993), "상징어의 형태와 의미구조 분석", 연세어문학 25, 209-239.
문화관광부 한국어 세계화 추진 위원회(1998), 한국어 교육을 위한 기초 어휘 선정 1
　　　-기초 어휘 빈도 조사 결과-.
서정목(1998), 문법의 모형과 핵 계층 이론, 태학사.

송철의(1989), 국어의 파생어형성 연구, 박사학위논문, 서울대학교.

송철의(1992), 국어 사전에서의 파생어 처리에 관한 연구, 국립국어연구원.

시정곤(1993), 국어의 단어형성 원리, 박사학위논문, 고려대학교.

신중진(1998), 현대국어 의성의태어 연구, 석사학위논문, 서울대학교.

신중진(1999), "의성어의 조어원리와 단어형성 참여 양상", 형태론 1-1, 61-73.

안옥규(1994), 우리 말의 뿌리, 학민사.

유재원(1985), 우리말 역순 사전, 정음사.

유창돈(1971), 어휘사 연구, 선명문화사.

이양혜(2000), 국어의 파생 접사화 연구, 박이정.

이재인(1991), 국어 복합 명사 구성의 이해, 민음사.

이재인(1993), "국어 파생어에 대한 의미론적 해석", 서강어문 9, 31-44.

이재인(2001), "국어형태론에서 '어근' 개념", 배달말 28, 93-112.

이지양(1993), 국어의 융합현상과 융합형식, 박사학위논문, 서울대학교.

임홍빈(1989/1998), "통사적 파생에 대하여", 어학연구 25-1, 33-64.

전상범 역(1987), 생성 형태론(Sergio Scalise 지음), 한신출판사.

하치근(1985), "조어론의 연구 경향에 대하여", 부산한글 4, 207-236.

하치근(1993), 국어 파생 형태론, 남명문화사.

하치근(1996), "국어 통사적 접사의 수용 범위 설정에 관한 연구", 한글 231, 43-103.

하치근(1999), "'-음' 접사의 본질을 찾아서", 형태론 1-2, 359-369.

허 웅(1988), 국어학, 샘출판사.

Allen, M.R.(1978), *Morphological Investigations*, PhD diss. Univ. of Connecticut.

Aronoff, M.(1976), *Word Formation in Generative Grammar*, The MIT Press.

Aronoff, M. & F. Anshen(1998), Morphology and the lexicon : lexicalization and productivity, In A. Spencer & A.M. Zwicky (eds), *The Handbook of Morphology*, Blackwell, 237-247.

Botha, R.(1983), *Morphological mechanisms*, Pergamon Press, Oxford.

Di Sciullo, A.M & E. Williams(1987), *On the Definition of Word*, The MIT Press.

Emonds, J.(2002), *Common Basis for Syntax and Morphology : Tri-level Lexical Insertion. many morphologies*, ed. by Paul Boucher. Somerville MA: Cascadilla Press, 235-262.

Borer H.(1998). Morphology and syntax, In Andrew Spencer and Arnold Zwicky (eds.), *The Handbook of Morphology*, Basil Blackwell, 151-190.

Borer, H. (1988), *On the Parallelism between Compounds and Constructs*, Yearbook Morphology 1, pp. 45-66.

Halle, M.(1973), Prolegomena to a theory of word-formation, *Linguistic Inquiry* 4,

3-16.

Kiparsky, P.(1983), *Word formation and the lexicon*, in : Ingemann, F. (ed.), Proceedings of the 1982 Mid-America Linguistics Conference, University of Kansas, pp. 3-32.

Lieber, R.(1980), *On the Organization of the Lexicon*, PhD diss. Univ. of New Hampshire, reproduced by the IULC.

Lieber, R.(1981), *Morphological Conversion within a Restricted Theory of the Lexicon*, in : Moortgat et al. (eds.) The Scope of Lexical Rules, Foris, Dordrecht.

Lieber, R.(1983), Argument linking and compounds in English, *Linguistic Inquiry* 14, 251-286.

Lieber, R.(1989), On Percolation, In G. Booij & J.van Marle(eds.), *Yearbook of Morphology* 2, Foris Publications, 95-138.

Lieber, R.(1992), *Deconstructing Morphology*, Chicago University Press.

Matthews, P. H.(1974), *Morphology*, Cambridge University Press.

Nida, E. A.(1946), *Morphology*, University of Michigan Press.

Selkirk, E. O.(1982) *The Syntax of Words*, MIT Press.

Siegel, D.(1974), *Topics in English Morphology*, PhD diss. MIT, Cambridge, Mass.

Siegel, D.(1978), *The Adjacency Condition and the Theory of Morphology*, NELS VIII, 189-197.

1. 서론

국어 형태론 분야에서 합성어에 대한 연구는 구조주의의 이른 시기부터 그 개념, 유형, 의미, 내부 구조 등에 대하여 깊은 연구와 분석이 이루어졌다. 특히 단어의 형성 문제에 대하여 생성문법 등에 기반한 심도 깊은 연구들이 진행되면서, 그 범주, 형성 기제 등에 관하여 집중적인 조명을 받아 왔고, 발전적인 논의들이 전개되어 왔다.

그러나 이와 같은 일련의 논의들은 선행 논의들을 차례로 극복하고 새로운 이해로 나아갔다기보다는 여전히 여러 생각과 이론들이 대립하면서 혼재되어 있는 상황으로 판단된다. 이는 그만큼 합성어가 복잡하고 민감한 특성을 내재하고 있다는 점을 방증하는 것이라고 할 수 있다.

이 글은 국어 합성어에 관한 쟁점 사항들을 중심으로 그 논의의 대강을 살펴보는 데 목적을 둔다. 합성어의 개념, 범주, 그리고 그 형성 기제에 대한 논의가 주 내용을 이루며, 그 과정에서 일부 세부 주제는 상대적으로 소략하게 다루기도 하였다. 대상 자료도 현대국어에 한정하였으며,

특히 합성어의 의미, 해석 등 일부 주제는 논의에서 제외하였다.

2. 합성어의 개념과 유형

2.1. 합성어의 개념

합성어(compound word)가 무엇인지는 그 내부 구조를 분석하는 관점에서 이해될 수도 있고 그 구조를 형성하는 관점에서 이해될 수도 있다. 어떤 관점인가에 따라 단어의 분류 체계가 달라질 수 있고 그에 따라 합성어의 개념 역시 달리 이해될 수 있다.

2.1.1. 분석의 관점에서 본 합성어

전통적으로 합성어는 다음과 같은 단어의 분류 체계를 바탕으로 이해되어 왔다.

(1) 남기심·고영근(2011)

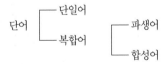

이 비교적 단순한 체계는 분석의 관점을 바탕으로 한다. 단어1)의 구성 요소가 어기(base)와 접사(affix)로 양분된다면, 단일어 이외의 단어는 접사

---

1) 이는 조어법의 영역으로서 굴절어미를 제외한 부분을 가리킨다. 이익섭(1975/1993)은 이 부분을 가리켜 '어간'이라고 표현한 바 있고 이익섭·채완(1999)에서는 '단어(어미를 뺀 부분)'과 같이 표현한 바 있다.

를 포함하거나(파생어) 포함하지 않은(합성어) 단어 중 하나일 수밖에 없다.2)

이 분석의 관점에서는 단어를 이루는 요소들의 문법단위가 무엇인가가 합성어의 개념을 규정하는 데 중요하다. 이를테면 다음과 같은 정의들은 그 구성 요소를 '단어'로 국한하여 규정하는 태도이다(밑줄 필자).

> (2) 가. "독립성이 있는 2개 이상의 <u>단어</u>를 재료로 삼아서 성립된 말"(이
>   희승 1955)
>   나. "직접구성성분이 둘 또는 그 이상의 <u>자립형식</u>으로 이루어진 단어"
>   (Bloomfield 1935)
>   다. "보다 작은 <u>단어</u>들로 이루어진 새 단어" (Bloch & Trager 1942)
>   라. "복합어는 둘 또는 그 이상의 <u>자립형태소</u>가 결합하여 생긴 단어"
>   (조성식 1990)

이 관점들에서 '단어, 자립형식, 자립형태소' 등은 의존형태소를 제외하는 것으로서 합성어를 '단어'로 구성된 것이라고 규정한 것이다. 영어와 같은 언어는 어근이 결합한 경우가 상대적으로 매우 적어 흔히 합성어를 '단어'의 결합으로 기술한다. 그러나 서구 언어학에서도 이에 대한 반성이 있었듯이3) 국어의 경우는 특히 '부슬비, 너털웃음, 끈끈막, 너럭

---

2) 최현배(1937/1971)의 단어 분류 체계는 파생어가 단일어의 하위 개념이라는 점에서 (1)과 다르다. 이 분류 체계에서 합성어는 곧 '겹씨'라고 할 수 있는데, 구성 요소 중 하나가 씨가지(접사)인가 아닌가에 따라서 합성어 여부가 결정된다는 점에서는 (1)과 다를 바 없다.

    씨 ┌ 홑씨 ┌ 순전히 하나로 된 것
      │   └ 으뜸 조각에 붙음 조각 씨가지를 더한 것
      └ 겹씨

3) 예를 들어 영어의 'nitwit, hobnob, biocrat, homophile' 등은 두 접사끼리 결합할 수는 없으므로 두 개의 어근으로 된 합성어이다(Bauer 1983 : 213-214). 이와 같이 합성어의 구성 요소가 자립 형태가 아닐 수도 있음이 일찍이 Hockett(1958), Gleason(1965) 등에서 지적되었고, 이에 Katamba(1993/1995 : 356)에서는 "서로 결합하여 합성어를 만드는 어기들이 보통의 경우 자립적인 단어이지만, 그들의 독립 가능성이 합성어를 이루는 모든 어기가 반드시 충족

바위, 삽살개, 뾰족구두, 알뜰주부' 등 단어가 아닌 어근이 결합한 단어들
이 많이 있어 문제가 된다.[4)]

이러한 문제를 고려하면 국어 합성어의 개념에는 단어 이외에 '어근'
까지 포함되어야 한다. 다음은 그러한 시각에서 합성어를 정의한 경우이
다(밑줄 필자).

> (3) 가. "뜻과 꼴이 둘 더 되는 낱말이 서로 겹하여서, 말본에서 한 낱말로
> 서의 다룸을 받는 한 덩어리의 말" (최현배 1937/1971)
> 나. "한 낱말 안에는 뿌리가 둘(또는 둘 이상)이 있는 것" (허웅 1979)
> 다. "그 단어(어미를 뺀 부분)의 직접구성요소가 모두 어기이거나 그
> 보다 큰 언어 단위인 단어" (이익섭·채완 2000)
> 라. "직접구성성분이 모두 어간(stem)이거나 어근(root)인 단어" (Hockett
> 1958)
> 마. "둘 이상의 실질 형태소가 결합하여 하나의 단어가 된 말" (<표준
> 국어대사전>)

이들에서 '낱말,[5)] 뿌리, 어기,[6)] 어근,[7)] 실질 형태소' 등은 단어보다 작

시켜야 할 필수 요건은 아니다."라고 하면서 '전형적인' 합성어는 각각이 독립된 단어로 나
타날 수 있는 어기가 적어도 두 개 이상 모여 이루어지는 단어이지만, 의존어기로만 이루어
진 합성어도 있다고 말한다.

4) 이 점에서 서구 언어학의 개념을 그대로 국어에 적용하기 어렵다는 점은 일찍이 이익섭
(1975/1993 : 38)에서 지적된 바 있다.

5) 최현배(1937/1971)의 '낱말'은 보다 넓은 개념으로서, '곱슬머리'의 '곱슬'처럼 오늘날 어근
으로 분류되는 것도 포함한다. 즉 낱말의 자격이 없는 것은 '씨가지(접사)'일 뿐이고, '세,
월, 부슬, 너털' 등의 어근은 낱말의 자격을 갖는다고 한다. 이에 따라 '어근'이 구성 요소인
단어들, 예를 들어 '세월, 광음, 풍수, 장단' 등 한자어, '부슬비, 너털웃음' 등도 합성어로 분
류된다.

6) (3다)의 '어기'는 단어의 중심부를 담당하는 형태소로서, '꾀, 얼굴'과 같은 자립어기와 '웃-,
뛰-, 깨끗-'과 같은 의존어기를 가리킨다. 한편 이 정의에서 '그보다 큰 언어 단위'는 '금팔
찌'의 '팔찌', '도둑놈의갈고리'의 '도둑놈의'처럼 합성어 형성에 참여하는, 어기보다 큰 단
위를 포괄하기 위한 것이다. 이 '어기보다 큰 단위'는 최규수(2007)에서 각각 어간과 어절로
규정된다. 여기에서의 어간은 Gleason(1955) 등에 따라 하나의 형태소이거나 형태소들이 결
합한 더 큰 단위이고 '어절'은 굴곡접사가 결합한 단위이다. 즉 '팔찌'는 '금'과 동일하게 어
간이며 '도둑놈의'는 어절이다.

은 단위의 개념을 포함하고자 한 표현들이다. 이러한 관점에서는 애초에 합성어로 포함되기 어려웠던 '부슬비, 너털웃음' 등도 합성어가 된다.

합성어의 분석은 직접구성요소(Immediate Constituent) 분석 방식에 따르는지 아닌지에 따라 그 태도가 달라진다. 이를테면 'abc'의 구성체를 단순히 그 최종 구성요소가 무언인지에 중점을 두어 'a, b, c'의 관점에서 볼 수도 있고, 직접구성요소 분석 방식에 따라 '[a, b], c' 또는 'a, [b, c]'와 같은 관점에서 볼 수도 있다. 아래는 적어도 그 정의만으로 볼 때 전자의 관점에서 합성어를 규정하는 예들이다.

(4) 가. "두 개나 그보다 많은 어근이 결합하여 새로운 한 낱말로서의 의
미 기능을 드러내는 것" (서정수 1996)
나. "한 단어 안에 단어 노릇을 할 수 있는 요소가 둘 이상 들어 있을
때에, 우리는 그 단어를 복합어라 부른다." (김완진 · 이병근 1979)
다. "최종구성성분이 둘 또는 그 이상의 어근(root)만으로 구성된 단
어" (이주행 1981)

위 정의들은 '둘 이상'과 같은 표현에서 보듯이 합성어를 구성하고 있는 각 요소들이 무엇인지에만 따라서 합성어를 정의하고 있다.

이와 달리 앞서 살펴본 (2다), (3다, 라) 등은 직접구성요소 분석 태도에서 합성어를 규정하는 관점들이다.[8] 합성어의 개념 정의에서 직접구성요소 분석의 개념을 도입하지 않을 경우 합성어를 규정하는 데 어려움을 겪게 된다. 다음 예를 보자.

---

7) Hockett(1958)의 어근(root)은 늘 의존형식인 형태소만 가리키는 좁은 의미이다. 이 점에서 단어보다 더 작은 단위도 합성어의 요소로 포함한 정의이다. '어근(root)'이 자립성과 무관하게 접사를 제외한 형태소를 모두 가리키는 광의의 개념과 의존형식의 형태소만 가리키는 협의의 개념으로 나뉘는 데 대해서는 이익섭(1975/1993) 참조.
8) 이미 Bloomfield(1935)에서 합성어의 개념에 IC분석을 도입했지만, 이것이 국어학에 도입된 것은 이익섭(1965)에서이다.

(5) 가. 삯일꾼
    나. 삯, 일, 꾼
    다. 삯일, 꾼

'삯일꾼'은 '삯, 일'의 어근, '-꾼'의 접사로 구성된 것이다. 단순히 단어를 구성하고 있는 요소들이 무엇인지만 본다면 (5나)와 같이 나열할 수 있다. 이와 같이 단순히 구성 요소들을 나열한 '삯, 일, 꾼'을 대상으로 할 경우, 위 (4가, 나)의 정의로는 어근 또는 단어 노릇을 할 수 있는 '삯, 일'이 있다는 점에서 합성어이고, (4다)의 정의로는 최종구성성분9)에 접사 '-꾼'이 있다는 점에서 합성어가 아니다.

단순히 합성어의 최종 구성 요소들을 평면적으로 나열해 놓을 경우에는 이와 같이 합성어를 정의하는 데 어려움이 생긴다. 또 이는 단어 내부의 계층적 구조를 반영하지 않음으로써 화자의 언어 지식도 정확히 반영하지 못한다는 문제도 지닌다.10) 화자는 '진선미'는 '진, 선, 미'가 대등한 자격으로 결합한 것이고, '시부모'는 '시, 부모'가 결합한 것이라는 언어적 차이를 인식한다. '금목걸이'는 '금+목걸이' 즉 '명사+명사'로 이루어졌고, 따라서 문법적 성질이 '팔찌'(명사+접사)보다는 '손목'(명사+명사)에 더 가깝다는 언어적 사실을 보이기 위해서는 직접구성요소 분석에 따라 단어의 계층적 구조를 반영할 필요가 있다.

분석의 관점에서 볼 때 합성어는 그 직접구성요소 중 어느 것도 접사가 아닌 것이요, 파생어는 그 중 하나가 접사인 것이라고 할 수 있다. '삯일꾼'이 '삯일-꾼'의 직접구성요소로 분석된다면, '-꾼'이 접사이므로 이 단어는 파생어가 된다. 반면에 '흙일꾼'의 경우 '흙-일꾼'으로 분석된

---

9) 어떤 단위를 형태소 단위로 최종적으로 분석한 성분(ultimate constituent).
10) (4가, 나)의 경우는 단순히 기술의 미비점이라고 할 수 있겠지만, (4다)의 경우는 정의 자체가 계층적 구조와 무관하게 구성요소들을 평면적으로 분석하여 정의한 것이다.

다면,11) 직접구성요소 중 어느 것도 접사가 아니므로 이 단어는 합성어가 된다. 평면적인 분석 태도에서는 '삯일꾼, 흙일꾼'은 같은 종류의 단어일 수밖에 없지만 직접구성요소 분석 태도에 따름으로써 두 단어의 차이점을 기술할 수 있다.

2.1.2. 형성의 관점에서 본 합성어

형태론에서 단어의 내부 구조에 대한 접근하는 방식에는 분석과 형성의 두 가지 관점이 있다. 단어는 형성된 이후 재구조화 등이 일어날 수 있으므로 분석과 형성의 구조가 꼭 동일한 것은 아니다.

예를 들어 분석의 관점에서 '고기잡이'는 위 (6가)와 같이 분석될 수 있다. '고래잡이, 멸치잡이, 새우잡이, 꽃게잡이' 등과 같이 'X-잡이'의 단어들이 많아지면서 공시적으로 '-잡이'가 한 단위로 분석되는 것이다.12) 그러나 형성의 관점에서 '고기잡이'는 (6나) 또는 (6다)의 구조로 분석될 수 있다.

이와 같이 분석의 관점에서는 비교적 단순해 보이는 단어들이 형성의 관점에서는 다양하고 복잡한 면모를 지닐 수 있다. 형성의 관점에서 보면 합성어의 범주는 크게 달라질 수 있다.

---

11) 이는 <표준국어대사전>의 분석 태도를 따른 것이다.
12) <표준국어대사전>은 '-잡이'를 접사로 기술한다.

(7) 이렇게, 갈수록, 어찌하여, 멋대로, 진실로, 동시에

　분석의 관점에서는 위와 같이 조사, 어미가 결합한 단어들을 기술하는
데 어려움이 생긴다. 이 단어들은 '이렇-게', '진실-로'와 같이 분석되며,
분석 결과에 따라 (합성어라고 하기는 어려우므로) 파생어라고 할 경우
'-게, -로'를 접미사로 기술하게 되는 문제가 생긴다. 이와 같이 형식과
의미가 동일한 대상을 두고 한쪽에서는 조사나 어미로, 다른 쪽에서는 접
미사로 처리하는 것은 둘 사이의 제약을 구별적으로 제시하는 것이 쉽지
않은 등 여러 가지 문제를 낳을 수 있다(최형용 2003 : 33).

　이 단어들이 어간과 어미, 체언과 조사가 결합한 것이 굳어져 단어가
된 것, 즉 합성법도 파생법도 아닌 기제를 통해 만들어졌다는 '형성'의
관점을 중시한다면, 단어 가운데는 합성어도 파생어도 아닌 유형의 단어
들이 있게 된다. 다음은 형성의 관점에서 단어를 분류한 경우들이다.

　　(8) 가. 고영근·구본관(2008)

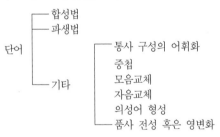

　　나. 최형용(2003)

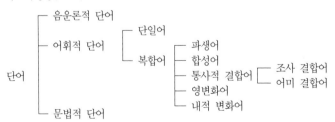

(8가, 나)의 '통사 구성의 어휘화', '통사적 결합어(syntactically combined word)'는 내용적으로 거의 유사한 것으로서 이들은 통사적 구성이 단어화한 경우를 가리킨다. 이와 같이 형성의 관점에서 본 단어 분류 체계는 이들이 어휘부에서 규칙(또는 유추)에13) 의해서 형성된 합성어(또는 파생어)와 다르다는 점을 잘 포착해 내고 있다.

다만 이와 같이 형성의 관점에서만 단어의 체계를 분류하는 것이 국어의 공시태를 충분히 기술하는지는 의문이다. 단어형성법의 분류와 단어의 분류가 일대일로 일치한다고 보기 어려운 점이 있기 때문이다. 이를 구체적으로 살펴보자.

(9)

　　　　　　　　　　　합성법 : ─ 만화ㅅ가게, 맥주ㅅ집, 안경ㅅ다리
　　단어　　　　　　　　　　　 ─ 쌀밥, 고추잠자리, 구름다리
　　　　　　　통사 구성의 어휘화 : ─ 나뭇닢, 횟빛
　　　　　　　　　　　　　　　　　 ─ 개다리, 봄가을

(9)는 (8가)에 따라 일부 단어의 예를 제시해 본 것이다. 형성의 관점에서 볼 때, '만화ㅅ가게, 맥주ㅅ집, 안경ㅅ다리'는 'ㅅ'이 관형격 조사로서의 기능을 잃어버린 현대국어에서 형성된 것이므로 통사부가 아닌 어휘부에서 형성된 것이다. 반면에 '나뭇닢, 횟빛'은 'ㅅ'이 관형격 조사로서의 기능을 발휘하던 시기에 형성된 것이므로 통사적 구성에서 어회화한 것(고영근·구본관 2008 : 255 덧붙임 4)이라고 할 수 있다.14)

'쌀밥, 고추잠자리, 구름다리'는 통사적 구성이 불가능하므로 어휘부에서 형성된 것인 반면 '개다리, 봄가을'을 '개의 다리, 봄과 다리'라는 명

---

13) '유추'에 대해서는 3.4. 참조.
14) 최형용(2003 : 184-187)은 중세국어의 'ㅅ'이 통사적 지위뿐만 아니라 형태적 지위도 지녔을 가능성을 언급하고 있다. 이 글에서는 중세국어의 'ㅅ'이 통사적 지위를 지닌 것이라는 보편적인 관점에서 단어 분류 체계의 문제점을 기술하고자 하는 것이다.

사구가 가능하므로 통사부에서 형성된 것이라는 주장(채현식 2003나)이 있는데(4.6. 참조), 만일 이 주장을 따른다면 같은 유형의 'N+N' 명사라도 합성어와 통사 구성의 어휘화(또는 통사적 결합어)로 나뉘게 된다.

결론적으로 이런 식의 분류는 현대국어의 공시적인 체계에 대하여 '만홧가게, 구름다리'는 합성어로, '나뭇잎, 개다리'는 통사적 결합어로 달리 기술하게 된다.15) 형성의 관점에서 보면 이는 당연한 결과지만, 현대국어의 공시태에서 이들이 각각 다른 부류를 형성하고 있는지는 의문이다. 화자는 '만홧가게'와 '나뭇잎', '구름다리'와 '개다리'를 각각 동일한 내적 구조를 지니는 것으로 인식할 가능성이 크다. 현대국어의 공시태를 기술하는 데는 이러한 화자의 인식 태도를 반영할 필요가 있을 것이다.

결국 합성어를 규정함에 있어서 형성의 관점보다는 분석의 관점이 중시되어야 하리라 본다. 형성의 관점에서 '나뭇잎'이 '만홧가게'가 아니라 '갈수록, 정말로'와 한 부류를 이룬다고 하는 것보다, 분석의 관점에서 '만홧가게, 나뭇잎'이 한 부류를 이루고 '갈수록, 정말로'가 별개의 부류를 이룬다고 하는 것이 공시태 기술에서 더 유의미해 보이는 것이다. 조사, 어미가 구성요소인 단어를 합성어와 파생어 어디에도 귀속하기 어렵다면, 그래서 새로운 단어 부류로 규정한다면 그 구성요소의 성격에 기반해야지 형성 과정이 무엇인지에 기반하는 것은 바람직하지 않다. 앞에서 보았듯이 내부 구조가 동일한 많은 합성어들이 서로 다른 부류로 규정되는 또 다른 문제를 낳기 때문이다. 합성어의 형성 과정이 다양할 수 있다고 본다면, 서로 다른 기제에 의하여 만들어진 단어라도 내부 구조가 같다면 모두 합성어로 보는 것이 문제될 게 없다.16)

---

15) 물론 각 단어들이 형성된 기제는 관점에 따라 다를 수 있다. 예를 들어 '개다리'는 어휘부에서 '개'와 '다리'가 직접 결합한 것일 수도 있다(4.6. 참조). 여기에서는 그와 같은 문제를 떠나 유사한 유형의 단어들이 서로 다른 부류로 나닐 가능성을 의미한 것이다.

16) 이는 전혀 새로울 것이 없는 생각으로, 김창섭(1996 : 40-41)에서도 합성어를 통사적 합성

조사, 어미가 개재된 단어를 무엇으로 규정할지 등 문제가 남아 있지만, 이와 같이 보면 '개다리, 봄가을, 쌀밥, 고추잠자리' 등 'N+N' 명사들, '나뭇잎, 만홧가게' 등 'N+ㅅ+N' 명사들은 어떤 과정을 거쳐 형성되었든 간에 모두 합성어로 분류될 수 있다. 이것이 현대국어에 대한 화자의 인식을 반영하는 더 의의 있는 기술 태도라고 생각된다.[17)]

2.2. 합성어의 유형

2.2.1. 의미적 기준에 따른 분류

합성어는 둘 이상의 성분이 모여 다양하면서도 특이한 의미의 결과를 만들어낸다는 점에서 의미는 중요한 분류 기준이 되어 왔다. 합성어의 의미는 내적으로 구성 성분 간의 의미 관계와 외적으로 도출된 의미 결과의 두 측면에서 바라볼 수 있다. 각 기준에서는 이러한 의미의 관점이 혼재되어 있다.

합성어를 의미 관계에 따라 분류한 가장 대표적인 예는 최현배(1937)에서 이루어진 '융합 합성어, 종속 합성어, 병렬 합성어'의 분류이다.[18)]

어(이를 '구의 단어화'로 명명한다)와 형태적 합성어로 나누면서, 'ㅅ'이 통사적인 속격 표지의 기능을 지니고 있던 시기에 만들어진 단어('나뭇잎', '횟빛' 등)들은 원래 통사적 합성명사였지만 현대국어에서는 형태적 합성명사로 분류될 수 있음을 언급하고 있다.

17) 이 점에서 앞서 '고기잡이'는 [[고기]+[잡이]]로 단어 내부 구조를 분석하는 화자의 인식을 바탕으로 단어의 부류가 결정된다. 형성의 관점에서 보면 이 단어는 [고기+[잡+이]]의 합성어이거나 [[고기+잡]+이]의 파생어일 가능성이 있다. 그러나 [[고기]+[잡+이]]의 구조에서는 '잡이'의 범주가 무엇이냐(예를 들어 '접사' 등)에 따라서 합성어인지 파생어인지가 결정된다.

18) 최현배(1937/1971)에서의 용어는 각각 '융합복사(녹은 겹씨), 유속복사(가진 겹씨), 병렬복사(벌린 겹씨)'이다. 이러한 분류는 이희승(1955)에서도 동일하게 보인다. 이희승(1955)는 '병립(並立), 주종(主從), 혼일(混一)'의 관계로 나누는데, 각각 병렬, 유속, 융합에 대응한다.

(10) 최현배(1937/1971)

┌─ 종속 합성어 : 국물, 시냇물, 걸어가다
합성어 ├─ 병렬 합성어 : 마소, 봄가을, 듣보다
└─ 융합 합성어 : 세월, 밤낮, 돌아가다[死]

　'국물, 시냇물, 걸어가다' 등은 의미적으로 두 요소가 주종의 관계인 종속 합성어이며, '마소, 봄가을, 듣보다' 등은 두 요소가 각각 독립적으로 대등한 의미를 지닌 병렬 합성어이며, '세월, 밤낮, 돌아가다[死]' 등은 구성 요소가 각각의 의미를 잃어버리고 새로운 뜻으로 된 융합 합성어이다. 이는 구성 요소의 의미 관계에 따라 분류한 것이다.

　그런데 이미 지적되어 왔듯이[19] 이 분류는 기준이 일관되지 못하다는 문제가 있다. 즉 융합 합성어는 두 요소가 합성된 결과물(즉 합성어)의 의미를 기준으로 삼는 반면, 종속 합성어와 병렬 합성어는 합성어를 구성하는 두 요소 간의 의미 관계를 기준으로 삼고 있다. 이 점에서 적어도 이들은 같은 층위에서 분류될 수 있는 성질의 것이 아니다.

　'종속 합성어, 대등 합성어'의 분류는 이러한 기준의 문제를 수정하여 분류하는 체계이다. 종속 합성어는 '손가락, 쌀밥, 할미꽃' 등 앞 성분이 뒤 성분을 수식하는 관계이고, 대등 합성어는 '강산, 논밭, 마소' 등 그러한 수식 관계가 없는 경우이다. 고영근·구본관(2008 : 235)은 이 경우 '세월, 산수, 갈등' 등 이른바 '융합 합성어'는 구성 요소들 간의 의미상 수식 여부를 따지기 어렵기 때문에 종속 합성어나 대등 합성어와 함께 다루기 어렵다고 한다. 이는 곧 '융합'의 의미를 지니는 합성어는 종속, 대등 합성어 어디에도 포함되지 않는다는 것으로 이해된다.

---

19) 김창섭(1996 : 56 각주 61)도 녹은겹씨(융합 합성어)가 다른 두 겹씨와 다른 차원에서 설정된 것임을 지적하고 있고, 고영근·구본관(2008 : 262)에도 같은 지적이 있다. 서정수(1981/1993 : 263)에서도 녹은겹씨는 의미론적 기준, 가진겹씨와 벌린겹씨는 구문론적 기준에 따른 것으로 기준 혼란의 문제가 있다고 지적한다.

(11) 고영근·구본관(2008)

합성어 ┌ 종속 합성어 : 손가락, 쌀밥, 할미꽃
       └ 대등 합성어 : 강산, 논밭, 마소
                    (세월, 산수, 갈등)

그러나 이른바 융합 합성어들이 배정되지 못하는 분류 체계는 바람직
해 보이지 않는다. 융합 합성어도 그 구성 요소들은 대등('밤낮'), 주종('꽃
물')의 관계를 갖는다. 전체 단어가 융합하였다고 해서 수식 관계를 따지
기 어렵다면 '강산, 논밭, 마소' 등 대등 합성어도 단순히 두 구성 요소의
합성적 의미만은 아니라는[20] 점에서 수식 관계를 따질 수 없어야 할 것
이다. 따라서 합성어는 구성 성분 간의 의미 관계에 따라 분류하고 다시
합성의 결과적 의미에 따라 분류하여 융합 합성어도 체계 안에 포함하는
것이 바람직하다. 이와 같이 층위를 달리하여 합성어를 분류한다면, 최현
배(1937/1971)에서 융합 합성어라는 공통점만 지니는 '세월'과 '물개'는 각
각 대등 합성어와 종속 합성어라는 차이점도 지니게 된다.

(12) 계층적 분류 체계[21]

합성어 ┌ 대등 합성어 ┌ 융합 (세월, 산수, 갈등)
       │   └ 비융합 (강산, 논밭, 마소)
       └ 종속 합성어 ┌ 융합 (꽃물, 돌옷)
                    └ 비융합 (손가락, 쌀밥, 장미꽃)

---

20) 이를테면 '강산'은 단순히 '강, 산'의 의미가 아니라 '자연 경치' 또는 '국토'의 의미를 지
    닌다. 합성어는 단어로서 단일한 의미를 지닌다는 점에서 '논밭, 마소'도 단순히 '논, 밭
    또는 '말, 소'의 의미와는 같다고 할 수 없다. 서정수(1996)에서는 기본적으로 모든 합성어
    는 '융합'된 의미를 갖는다고까지 한다.
21) 이와 같은 계층적인 분류 체계는 나은미(2007)에서도 볼 수 있다. 이 논문에서는 합성어를
    의미 관계에 따라 '융합관계형, 결합관계형'으로, 통어 관계에 따라 '등위구조형, 부체구조
    형'으로 분류하는데, 이 글의 분류 체계와 거의 대동소이하다. 한편 서구 언어학의 '규칙적
    합성어'(regular compounds) '숙어적 합성어'(idiomatic compounds) 역시 이와 다를 바 없는
    분류이다. 규칙적 합성어는 '촛불, 장미꽃' 등 구성 요소의 의미를 바탕으로 그 둘 간의 관
    계의 의미가 더해진 합성어이고, 숙어적 합성어는 '무당벌레, 돌옷' 등 두 구성 요소 중 하
    나의 의미만 투명하거나 둘 모두의 의미가 불투명한 합성어이다(Marchand 1969).

의미 기준에 따른 합성어의 분류는 다양하게 이루어졌다. 양영희(1994)는 문맥을 고려해야만 합성어임을 알 수 있는 문맥 의존 합성어와, 문맥을 고려하지 않고도 그 의미를 알 수 있는 문맥 자립 합성어로 분류하였으며,[22] 시정곤(1998)은 구성 요소인 두 어근의 분할된 의미 자질을 많이 포함하는 상보관계('미닫-, 높낮-, 오가-'), 두 어근이 고유의 의미를 지니면서 상보관계에 비하여 의미 호응이 있는 근접관계('금부처, 은돈, 실개천'), 두 어근 가운데 어느 하나가 의미의 본래성을 잃어버려 어느 하나의 의미에 귀속되는 포섭관계('눈송이, 붓집, 밤거리')로 나누기도 하였다. 서구 언어학의 '내심(endocentric) 합성어, 외심(exocentric) 합성어, 동격(appositional) 합성어, 연계(copulative) 합성어'의 분류도 의미 관계에 따른 대표적인 분류이다.[23]

어떤 경우이든 합성어의 문법 기술에 의의를 지니는 것이 바람직하다고 할 수 있다. 한 예로 시정곤(1998 : 179-199)은 자신의 분류를 바탕으로 합성어, 파생어의 형성 순서에 대한 의미있는 설명을 시도하고 있다. 또 영어의 'VN' 합성명사는 동사(V)가 직접 목적어인 명사(N)와 결합한 유형(cut-throat, kill-joy, pickpocket)과 직접 목적어가 아닌 명사와 결합한 유형(dangle-dolly, drownproofing, goggle-box)으로 나뉘는데 전자는 모두 외심 합성어이고 후자는 모두 내심 합성어로서(Bauer 1983 : 204-205) 의미론적 기준의 분류가 합성어의 문법 기술에 보다 큰 의의를 더해 주게 된다.

그러나 이러한 의미적 분류 체계가 합성어의 형성 문제와 관련하여 지니는 의의는 충분하다고 하기는 어렵다. 합성어의 형성은 형태적 기준이

---

22) '물불, 큰집'은 단어인지 '물, 불', '큰 집'의 구인지는 문맥을 보아야 알 수 있는 문맥 의존 합성어, '황소바람, 벼락부자'는 문맥 없이도 그 변화된 의미를 인지할 수 있는 문맥 자립 합성어이다. 다만 후자도 '황소, 바람', '벼락, 부자'의 구성이 있을 수 있다는 점에서 합성어가 완전히 문맥으로부터 자유로울지는 의문이 남는다.

23) 이에 대해서는 Bauer(1983 : 30-31) 참조.

나 통사적 기준에 따른 분류를 통해 더 구체적으로 이해될 수 있다.

2.2.2. 형태적 기준에 따른 분류

'어근 합성어(root compound)'와 '종합 합성어(synthetic compound)'24)는 합성어를 구성하고 있는 형태에 따라 분류한 것이다. 어근 합성어는 '손발, 덮밥, 오르내리다'와 같이 단일어 어근이 결합하여 만들어진 것이다. 반면에 종합 합성어는 아래와 같이 구성 요소의 하나가 어미나 접사인 경우이다.

> (13) 가. 고기잡이, 구두닦이, 손톱깎이, 해돋이, 귀걸이
> 나. 눈가림, 입가심, 무릎맞춤, 끝맺음
> 다. 줄넘기, 글짓기, 김매기, 널뛰기
> 라. 이쑤시개, 발싸개, 오줌싸개

이러한 종합 합성어는 분석 자체가 어려운 것으로 잘 알려져 있는데, 크게 [해[돋이]]처럼 분석하여 합성어로 보는 논의(이익섭 1965, 유목상 1974, 연재훈 1986, 2001, 채현식 1999, 김인균 2004 등)와, [[해돋]이]]와 같이 분석하여 파생어로 보는 논의(김계곤 1969, 허웅 1975, 김진형 1995, 김창섭 1996, 송철의 1992, 시정곤 1998 등)으로 나뉜다.

전자는 다시 '유추'인지 '규칙'인지 그리고 명사와 동사의 문법 관계는 어떠한지 등에 따라 입장이 나뉘고,25) 후자는 '고기+잡-', '해+돋-' 등

---

24) 'synthetic compound'는 '통합 합성어', '동사 합성어' 등으로 번역되기도 한다. 이 글에서는 전상범(1995)에 따라 '종합 합성어'로 쓰기로 한다.
25) 한 예로 [고기+잡이]에 있어서 '고기'와 '잡-'의 논항 관계를 포착하기 위하여 채현식 (1999)는 '잡이'에 '잡-'의 논항구조가 전수되었다고 한다. 이와 달리, 이러한 구조에서는 단순히 N1+N2의 구조이므로 선행 명사와 동사 간의 논항 관계는 존재하지 않는다고 보는 견해도 있다(연재훈 2001, 김인균 2005). 연재훈(1986, 2001)은 '잡이'가 동사성 명사 (verbal noun)라고 한다.

처럼 명사와 동사가 논항과 서술어 관계를 이룬다는 점을 바탕으로 그
형성 부문이 어휘부인지 통사부인지와 관련한 논의로까지 나아가게 된다
(3.2.2. 참조).

2.2.3. 통사적 기준에 따른 분류

합성어를 구성하는 요소들은 다양한 문법적(통사적) 관계를 이룬다. 이
들이 보이는 문법 관계는 통사부의 질서와 공통점을 보이기도 하고 차이
점을 보이기도 하여 '단어'가 지니는 고유의 문법을 보여 준다. 따라서
구성 요소들 간의 통사적 관계에 따라 유형화하는 것은 합성어의 문법
기술에 도움이 될 수 있다.

통사적 기준에 따른 분류라고 해도 무엇을 기준으로 삼느냐에 따라 분
류의 결과는 다르다. 서정수(1996)은 합성어의 구성 요소들이 이루는 구문
론적 관계에 따라 '딸림 관계의 합성어, 맞섬 관계의 합성어, 기타 구문
론적 관계의 합성어'로 분류한다.

(14) 가. 콩나물, 얕보다
나. 밤낮, 오르내리다
다. 덧없다, 뒤따르다

딸림 관계 합성어는 구성 요소들이 (14가)처럼 수식−피수식의 관계,
맞섬 관계의 합성어는 (14나)와 같이 접속 관계, 기타 구문론적 관계의
합성어는 (14다)와 같이 주술 및 목술 등 그 외의 관계를 갖는 것들이다.

이러한 분류는 합성어 구성 요소들이 지니는 다양한 문법 관계를 보여
주는 장점은 있지만 다음과 같은 예들이 지니는 차이점을 포착하지 못하
는 결점도 있다.

(15) 가. 돌보다, 꺾자
　　 나. 돌아보다, 꺾는소리

즉 (15가)는 용언 어간이 직접 다른 용언, 명사와 결합한 것인 반면, (15나)는 '-아, -는'의 어미가 결합한 다음 뒷말과 합성어를 이룬 것이다. 서정수(1996)의 기준으로 본다면 이들은 모두 딸림 합성어일 뿐이다. 그러나 어미의 결합 여부에 따른 차이가 합성어의 문법 기술에 필요하다면 이를 포착할 수 있는 분류 체계가 필요하다.

'통사적 합성어, 비통사적 합성어'는 이와 같이 합성어의 구성 요소들이 지니는 통사적 관계의 차이에 따라 분류한 것이다. 통사적 합성어는 '구(句)에서도 나타나는' 결합 방식으로 된 합성어이고,26) 비통사적 합성어는 합성어를 이룰 때만 나타나고 '구에서는 안 나타나는' 결합 방식으로 된 합성어이다(이익섭·임홍빈 1983 : 123).

(16) 가. 어깨동무, 고무신　　　가′. 서울 친구, 고무 제품
　　 나. 새서방, 첫사랑　　　　나′. 새 친구, 첫 방학
　　 다. 볼일, 찬밥　　　　　　다′. 볼 사람, 찬 기운
　　 라. 귀먹다, 겉늙다　　　　라′. 책 읽다, 허리 아프다
　　 마. 뛰어나다, 돌아보다　　마′. 베껴 가다, 심어 놓다
　　 바. 콧물, 냇가　　　　　　바′. *차ㅅ 성능, *영희ㅅ 책
　　 사. 귀엣말, 소금엣밥　　　사′. *귀엣 점, *소금엣 값
　　 아. 접칼, 덮밥　　　　　　아′. *날카롭 칼, *먹 밥

---

26) '통사적'은 '통사적 구성과 구조가 같은'과 '통사부에서 만들어진'의 두 가지 의미로 해석될 수 있다(채현식 2003나 : 127). '통사적 합성어, 비통사적 합성어'의 분류에서 '통사적 합성어'는 보편적으로 전자 즉 '통사적 구성과 구조가 같은'의 의미로 쓰이고, 이 글도 이 기준에 따른다. 채현식(2003나)에서는 후자의 의미로서 즉 통사부에서 만들어진 명사를 '통사적 합성명사'로, 어휘부의 조어 기제에 의해 만들어진 명사를 '형태적 합성명사'로 부르고 있다. 이 글에서는 이와 같이 형성 기제(부문)에 따른 분류로서는 '통사부 합성어', '형태부 합성어'라는 용어를 사용한다(3.3.1. 참조). 따라서 통사적 합성어, 비통사적 합성어는 형성 기제와는 무관하게 그 내적 질서가 통사적인가 아닌가에 따른 분류일 뿐이다.

자. 굶주리다, 검붉다　　　자′. *읽 쓰다, *업 가다
차. 알뜰주부, 뾰족구두　　　차′. *알뜰 동생, *뾰족 모양
카. 뻐꾹새, 살짝곰보　　　　카′. *뻐꾹 울음, *살짝 바보
타. 싱글벙글, 줄줄　　　　　타′. *싱글 웃다, *줄 새다

(16가)는 명사+명사 구성, (16나)는 관형사+명사 구성, (16다)는 용언의 관형형+명사 구성, (16라)는 명사+동사 구성, (16마)는 용언 어간-아/어+용언 구성이 각각 구에서도 나타나므로 통사적 합성어이다.

반면에 (16바, 사)의 '콧물, 귀엣말' 등은 현대국어의 통사적 구성에 나타나지 않는 사이시옷 개재 구성,[27] (16아)의 '접칼, 덮밥'은 용언 어간+명사 구성, (16자)의 '굶주리다, 검붉다'는 용언 어간+어간 구성, (16차)의 '알뜰주부, 뾰족구두'는 어근+명사 구성, (16카)의 '뻐꾹새, 살짝곰보'는 부사+명사 구성, (16타)의 '싱글벙글, 줄줄'은 어근+어근 구성으로, 모두 구에서는 나타날 수 없는 결합 방식이다. 따라서 이 단어들은 비통사적 합성어이다.

합성어들은 통사부에서 통사적 구성으로 형성되어 잦은 사용을 통하여 단어화되기도 한다(3.3.1. 참조). 그 결합 방식이 구에도 나타나는지 여부에 따른, 이와 같은 통사적 합성어와 비통사적 합성어 분류는 합성어 가운데 통사적 구성과 같은 것이 있다는 점을 부각시킨 것으로서, 통사부에서 형성되는 단어의 존재에 대하여 보다 체계적으로 생각할 수 있는 길을 열어 주었다는 의의를 지닌다.[28]

---

27) 사이시옷이 현대국어의 통사적 구성에 전혀 나타날 수 없는 것은 아니다. 그 예로 김창섭(1996 : 60-61)은 "[철수가 도착한 날]ㅅ 밤, [이 동네]ㅅ 사람, [2년]ㅅ 동안" 등을 들고 있다. 김창섭(1996)은 기원적으로 이들의 사이시옷이 명사구에 붙던 속격 '-ㅅ'이 '밤, 사람, 동안' 등 앞에서 화석화한 것으로서 '밤, 사람, 동안'은 'ㅅ' 전치의 명사라고 설명한다. 이와 같은 경우를 제외하면 현대국어에서 사이시옷은 통사적 구성에 나타날 수 없다.

28) 송원용(2005 : 89)는 합성어를 통사론적 관점에서 바라본 이러한 분류 기준이 형태론 논의에서 가지는 의미가 상당한 기간 동안 깊이 있게 탐구되지 못했다고 평가한다.

통사적 합성어와 비통사적 합성어의 분류 방식이 모두 같지는 않다. 이에는 통사적 합성어의 개념을 더 넓게 보는 관점과 더 좁게 보는 관점이 있다. 김동식(1994)에서 언급하였듯이 통사적 합성어의 개념을 가장 넓게 본 것은 허웅(1975)이다. 여기에서는 '굶주리다, 검붉다'처럼 용언 어간끼리 바로 결합한 것만 비통사적 합성어로 보고 그 외는 통사적 합성어로 분류한다. 이 기준에 따르면 앞에서 비통사적 합성어로 분류하였던 '콧물, 냇가, 접칼, 덮밥, 알뜰주부, 뾰족구두, 싱글벙글, 줄줄'은 모두 통사적 합성어가 된다.

그러나 이러한 분류는 문법적 사실을 체계적으로 기술하지 못하는 문제가 있다. 즉 용언의 경우에는 '굶주리다, 검붉다' 등이 '뛰어나다, 돌아보다' 등과 달리 통사적인 규칙을 벗어나 있다는 점은 기술해 주면서도, 명사의 경우에는 '접칼, 덮밥' 등이 '볼일, 찬밥'과 달리 통사적 규칙을 벗어나 있다는 점을 동일하게 기술해 주지 못하는 것이다.

통사적 합성어의 개념을 보다 좁게 보는 관점으로는 김동식(1994)를 들 수 있다. 김동식(1994 : 387)에서는 통사적 합성어를 "음운 현상이나 성분 성격, 그리고 그 결합 관계가 일반적인 통사 구조에서 나타나는" 것으로 본다.29) 적어도 '음운 현상'이 새로운 기준으로 더해지면서 통사적 합성어의 개념은 더 좁아지게 되었다. 이 기준에 따르면 다음 단어들은 비통사적 합성어이다.

(17) 좁쌀, 안팎, 부나비, 소나무, 사흘날, 쇠고기

이 단어들에서 보이는 음의 첨가, 탈락, 대치 등의 음운 현상은 통사적 구조에서는 나타날 수 없다. 이들을 통사적 합성어로 볼 경우에는 각 음

---

29) 김일병(2000)에서도 이러한 기준은 거의 그대로 수용되고 있다.

운 현상을 예외로 처리할 수밖에 없는데, 비통사적 합성어로 볼 경우에는 이를 예외적으로 처리하지 않을 수 있는 장점이 있다(김동식 1994).

그러나 이와 같은 장점에도 불구하고 음운 현상으로까지 기준을 확대하는 것은 오히려 또 다른 문법 기술의 의의를 놓치는 결과를 낳는다. 예를 들어,

    (18) 발목, 소나무, 냇가

음운 현상을 기준으로 한다면 'ㄹ'이 탈락한 '소나무'는 '냇가'와 더불어 비통사적 합성어가 되고, '발목'은 통사적 합성어가 된다. 그러나 이 결과는 형태적으로 '냇가'는 사이시옷이 개재된 반면, '발목, 소나무'는 개재되지 않았다는 문법적 사실은 놓치게 된다. 형태소 배열 기준에서는 '냇가'는 비통사적 합성어요, '발목, 소나무'는 통사적 합성어인 것이다. 이처럼 음운 현상과 형태소 배열을 기준으로 한 분류 결과가 모순될 수 있으므로 보다 문법적 의의가 큰 하나만 분류 기준으로 삼을 필요가 있다.

3. 합성어의 형성 원리

3.1. 규칙

생성형태론에서는 단어의 형성 원리에 관심을 갖고서 그 형성 기제가 무엇인가를 제시한다. 즉 문장을 생성해 내는 인간의 능력으로 문장 생성 규칙이 있듯이, 단어를 만들어내는 능력으로 단어형성규칙이 있다고 본다.

(19) 가. 철수가 영희를 사랑한다.

S → NP VP

NP → N

VP → NP V

N → 철수, 영희, …

V → 사랑하다, …

나. 돌다리

① N → N   N (Selkirk 1984)

② $[X]_N$, $[Y]_N$ → $[[X]_N [Y]_N]_N$ (김창섭 1996 : 29)

③ N → N+N

(19나)의 규칙들의 모습은 통사 규칙의 다시쓰기 규칙을 닮아 있듯이 변항에 구체적인 어휘 항목이 입력되면 자동적으로 새로운 단어를 생산해 내는 특성을 지니고 있다. 화자가 새로운 개념을 표현하기 위하여 적절한 입력 요소(돌, 다리)를 선택하고, 이를 규칙에 입력하면 결과물(돌다리)이 생산된다. 통사 규칙이 인간의 심리에 실재한 것이듯이 당연히 이 단어형성규칙 역시 인간의 심리적 실재물이라고 할 수 있다.

이와 같은 규칙에 대하여 그 존재에 대한 의문이 심각하게 제기되었다. 주로 유추론자들에 의해 주장된 것인데(3.4. 참조) 기본적으로 단어형성규칙이 진정한 '규칙'인지 의문이라는 것이다. 규칙이라면 화자의 심리 속에 존재하는 기호적 실재이자 연산 과정으로서의 기능을 지녀야 하는데, 진정한 규칙이라고 할 통사 규칙이 논리적 형식과 변항을 사용함으로써 문장을 무한히 생성해 낼 수 있는 자동적인 연산 과정인 것과 달리, 단어형성규칙은 다음에서 보듯이 적격한 단어 외에 부적격한 단어도 만들어 낸다는 점에서 즉 과잉 생성을 한다는 점에서 규칙으로서의 자격이 없다는 것이다(채현식 2003나 : 77-87).

(20) 가. N→N-장이
　　나. 간판장이, 그림장이, 석수장이, 옹기장이, 점장이, 욕심장이, …
　　다. *고기장이, *유리장이, *채소장이, *눈물장이, *웃음장이, …

이러한 과잉 생성을 막기 위해서는 다양한 제약이 설정되는데, 이와 같이 제약이 결부되는 것은 규칙으로서의 본질도 아니고, 아무리 제약을 정밀화한다고 하더라도 성공하기는 어렵다는 것이다. 또 이러한 제약은 기존의 적격한 단어들에 대한 정보를 바탕으로 만들어질 수밖에 없고, 결국 단어형성의 규칙이란 것은 기존 단어들에 대한 정보가 깊이 관여되어 있고(채현식 2003나 : 79, 83), 따라서 이는 진정한 '형성' 규칙이 아니라 '분석'의 결과일 뿐(최형용 2003 : 189)이라는 것이다.

단어형성규칙이 일회용(once only)규칙이라는 특성 역시 규칙으로서의 문제점으로 지적된다. 예를 들어 통사 규칙은 동일한 문장을 생성해 낼 때마다 반복해서 적용된다. 즉 화자가 '철수가 영이를 사랑한다'는 문장을 다시 발화할 때는 기억한 문장을 꺼내는 것이 아니라 규칙을 적용하여 새롭게 생성해 낸다. 이와 달리 '돌다리'는 한번 생성하면 다시 규칙을 거치지 않으니까 규칙으로서의 속성이 결여되어 있다는 것이다.

그러나 이러한 단어형성규칙의 특성은 기본적으로 단어가 기억의 대상이라는 데 기인하는 것이다. 언어는 개념을 표현하는 형태소, 단어들을 바탕으로 문장이라는 최종 단위로 실현된다. 이 형태소, 단어들은 문장을 구성하는 데 필수적인 재료들로서, 유한하고, 기억의 대상이다.[30] 그러나 문장은 그 수와 길이가 무한하다는 속성을 지니고 있어서 인간의 기억 용량으로 감당할 수가 없다. 따라서 통사 규칙에 의하여 반복적으로 생성해 내는 방법을 택하게 된다.[31]

---

30) 언어 사전에 표제어들이 이러한 단위들을 명시적으로 보여 주는 전형이라고 할 수 있다.
31) 생성문법의 지향점은 유한한 규칙으로써 무한한 문장의 생성을 설명해 내는 것이다. 즉 규

이와 같이 보면 단어형성규칙과 통사 규칙은 적용의 필요성 문제로 귀결된다. 즉 단어형성규칙은 이미 단어가 기억되어 있으므로 '다시 적용할 필요가 없고', 통사 규칙은 기억된 문장이 없으므로 '다시 적용되어야 한다'. 이 점에서 단어의 등재를 둘러싼 논의를 음미할 필요가 있다. 단어의 등재에 대하여는 만들어진 모든 단어는 등재(곧 기억)된다는 주장, 일부만 등재된다는 주장이 대립하는데,[32] 다음과 같이 극히 생산적인 단어들은 등재되지 않는다는 입장(김성규 1987, 정원수 1992 등)을 가정해 보자.

(21) 가. 갸웃거리다, 건들거리다, 나풀거리다, 덜렁거리다, 만지작거리다,
　　　출렁거리다, 팔랑거리다, 흐느적거리다 등
　　나. 가탈스럽다, 고통스럽다, 남사스럽다, 미련스럽다, 변덕스럽다,
　　　의심스럽다, 혼란스럽다 등

이 경우 단어를 형성하는 원리를 '규칙'이라고 해야 한다. 왜냐하면 통사 규칙과 마찬가지로 반복적인 연산(computation)이기 때문이다. 문제는 생산성에서만 차이가 날 뿐 동일하게 '어간'과 '접사'로 구성된 '먹이, 덮개' 류 역시 동일한 원리 즉 규칙에 의하여 만들어진다고 보아야 한다는 점이다. 적어도 최소 등재의 관점에 따른다면 일회적이라는 속성이 규칙의 존재를 부정하는 근거가 되기 어려운 것이다.

과잉 생성, 그리고 이에 따른 과도한 제약 등의 문제에 대하여는 동일한 특성이 통사부 규칙에도 잠재되어 있다는 점을 인식할 필요가 있다.

(22) 가. 나는 철수가 가는 줄을/*수를 몰랐다.
　　나. 철수가 가는 수가/*줄이 있다.

칙은 유한하기(그리고 적기) 때문에 인간의 기억에 부담을 주지 않는다.
32) 김명광(2004), 정한데로(2010), 이 책 4장 참조.

일반적으로 통사론에서 문장은 서술어의 하위범주화 정보가 투사되어 형성된다고 한다. '모르다'가 다음과 같은 하위범주화 틀을 지니고 있다면, 이 정보가 투사되어 'VP→NP V', 'S→NP VP'의 연산 작용에 의하여 동사구(VP), 문장(S)을 형성한다.

(23) 모르- : NP ＿＿＿＿

그런데 이 자동적인 연산 과정만으로는 '*나는 철수가 가는 수를 모른다'의 부적격한 문장이 생성되는 것을 막을 수 없다. 이러한 과잉 생성을 막기 위해서는 '모르다'는 이른바 '주어성 의존명사'를 목적어 논항으로 선택할 수 없다는 제약을 가해야 한다. 반면에 '있다'는 '줄'과 같은 비주어성 의존명사를 선택할 수 없다는 제약을 가해야 한다. 이는 과잉 생성을 막아 주는 통사 규칙의 여러 가지 이론들, 즉 격이론, 의미역이론, 결속이론, 통제이론 등과는 달리 어휘 개별적 속성에 기반한 제약이다. 이러한 제약은 단어형성규칙에서 흔히 보이는 제약만큼이나 모호하며, 적격한 문장을 기반으로 설정되는 제약으로서 역시 '분석'의 결과라는 속성을 지닌다.

과잉 생성의 문제에 대하여 황화상(2010)에서 단어형성규칙은 필요할 때만 적용되는 것이므로 과잉 생성의 문제가 없게 된다고 한 것이 올바른 지적일 것이다. 앞에서도 말했듯이 단어는 기억을 전제로 하는 것이므로 불필요한 요소를 무한히 생성해 낼 필요가 없다. 새로운 개념을 나타낼 말이 필요하고, 만들겠다는 욕구에 의하여 규칙이 선택되는 것이라면 과잉 생성의 문제는 없다고 할 수 있다.

근본적으로 단어와 문장이 지니는 속성의 차이로 인하여 규칙의 적용 양상은 다른 점이 있지만 단어형성규칙은 통사 규칙과 규칙으로서의 본질적 속성에서는 다르다고 할 수 없다. 즉 단어형성규칙은 존재한다.

3.2. 공시성과 통시성

합성어(또는 단어)는 통사적 구성으로부터 시간의 흐름을 거쳐 형성될 수 있다. 즉 반복적인 사용을 통하여 구성 내부의 경계가 없어지고 단어화하는 것이다. 이는 근본적으로 대상 구성을 하나의 단위로 여기게 되는 화자의 인식 작용에 따른 결과이다.

이는 '-ㄹ지라도, -다마는, -라면서' 등 둘 이상의 요소가 결합한 통사적 구성이 시간이 지나면서 각각 어미와 조사가 된 문법화의 예들,[33] '부터, 에서부터, 한테로' 등 체언에 조사가 결합하거나 용언 어간에 어미가 결합한 통사적 구성이 단어화한 예들, '저리로, 그러다가' 등 체언이나 용언 어간에 조사, 어미가 결합한 통사적 구성이 단어화한 예들, '눈엣가시, 우스갯말, 몸엣것' 등 통사적 구성에 사이시옷이 결합한 것이 단어화한 예들 등 다양한 유형에서 찾아볼 수 있다. '아가방'은 '아가 방'의 통사적 구성이 그대로 상호로서 단어가 된 것으로(김창섭 1996) 역시 같은 유형의 예라고 할 수 있다.

물론 이와 같이 형성된 단어들이 모두 합성어인 것은 아니다. 최형용(2003)에서는 이와 같은 과정을 통하여 형성된 단어를 '통사적 결합어'로 부른 바 있다(2.1.2. 참조). 이와 같이 통사적 구성으로부터 단어화를 겪은 단어 모두를 최형용(2003)처럼 합성어와 별개로 분류할지는 또 다른 문제지만, 만일 2.1.2에서의 논의대로 분석의 관점을 중시하여 단어를 분류한다면 'N+N'의 내부구조를 지니는 '아가방'은 합성어라고 할 수 있다.

---

33) 이 어미들이 분석되지 않는 하나의 어미라는 점은 최형용(2003)에서 검증되고 있다.

이 예만으로도 합성어는 통시적인 형성 과정을 거쳐 만들어질 수 있다고
말할 수 있다.

그러나 규칙에 의한 단어형성은 공시성을 지닌다. 다음 예를 보자.

　(24) 가. 덧버선, 시누이, 덮개, 마름질
　　　 나. 갈림길, 디딤발, 뜯이것[34]
　　　 다. 값표, 똑똑전화, 맵시청바지, 눈길덧신
　　　 라. 요금판, 집드라이

(24가, 나)의 구성 요소인 '덧-, 시-, -개, -질' 등 파생접사, '갈림, 디
딤, 뜯이' 등 실재하지 않는 잠재어들은 다른 요소와 결합하여 통사적 구
성을 만들 수 없다.[35] 즉 통사적 구성으로부터의 단어화가 불가능하므로
이들은 '덧-+버선, 갈림+길'과 같이 구성 요소들 간의 공시적 결합으로
만들어졌다고 해야 한다. (24다, 라)는 순화어이거나 화자가 특정한 발화
상황에서 즉시적으로 만들어낸 단어들이다.[36] 이와 같이 신어를 만드는
것은 즉시적인 과정이므로 역시 공시적으로 형성된 것이다.

언어학자가 규명하는 단어형성규칙이라는 것이 기존의 단어를 분석하
여 알게 되는 것이라는 점에서 규칙은 언어의 공시태를 반영할 수 없다
거나(시정곤 1998), 현재에 사용되는 모든 파생어와 합성어는 과거에 형성
된 것이며 새롭게 만들어지는 단어는 그것이 만들어지는 순간에 역사적
산물이 된다는 점에서 단어의 형성은 모두 통시적인 것이라는 견해(최명
옥 2007 : 36-37)도 있다. 최명옥(2007)에서 논증하는 바와 같이 현재의 단

---

34) 헌 옷을 빨아서 뜯어 새로 만든 옷.
35) 기저에서 '갈림, 디딤'이 명사절로서 [[e 갈림]NP [길]NP]NP와 같은 통사적 구성일 가능성도
　　생각해 볼 수 있겠으나 여기에서는 잠재어로 보는 보편적인 견해에 따르기로 한다.
36) '값표, 똑똑전화, 맵시청바지, 눈길덧신'은 '가격표, 스마트폰, 스키니진, 아이젠'을 순화한
　　말이고, '요금판, 집드라이'는 '미터기, 집에서 하는 드라이클리닝'을 가리켜 개인 화자에
　　의해 일시적으로 쓰인 말이다.

어들 중 공시적인 단어형성규칙으로 분석될 수 없는 예들이 다수 있다는 점에서 이는 진지하게 숙고될 만하다.[37]

그러나 '공시적'의 의미를 '현재'로 해석하지 않는다면 문제는 다를 수 있을 것이다. 오늘날의 국어(공시태)에는 그 형성 시기 면에서 다양한 지층을 보이는 단어들이 있다. 물론 이들은 모두 과거에 형성된 것이지만, 각각의 단어는 만들어진 '당시'를 고려하면 공시적인 규칙에 따라 만들어졌다고 할 수 있다.[38] 규칙은 새로 만들어지기도 하고 없어지기도 한다. 따라서 특정한 시기의 일부 단어들은 그 시기의 규칙으로 설명할 수 없는 경우가 있을 수밖에 없다. 그러나 그 단어들도 그 이전 시기의 단어형성규칙에 의하여 만들어졌다면 공시적으로 형성된 것이다.

물론 단어형성을 등재의 단계까지 고려하면 통시적인 속성을 지닌다(박진호 1994, 1999, 송원용 2005). 단어가 만들어진 다음 이것이 어휘부에 등재되는 과정은 어휘부 체계에 변화를 가져오므로 통시적인 성격을 지닌다는 것이다.

> (25) (어떤 화자가) 이전에는 알지 못했던 '졸업복'이라는 단어를 만들었다면, 그 화자의 심리적 어휘부에 새로운 어휘 항목이 추가되며 그 결과 다양한 측면에서 어휘 연결망에 변화가 생긴다. 이것은 화자의 공시적 언어 지식에 변화가 일어났음을 의미한다. 요컨대 단어형성 과정의 결과물은 필연적으로 화자의 언어 지식에 변화를 일으키므로 화자의 언어 능력을 연구 대상으로 삼는 형태론 연구의 관점에서 단어형성은 본질적으로 통시적 과정인 것이다(송원용 2005 : 63).

---

37) 예를 들어 동남방언의 동해안 지역어에서 '끓-(沸)'는 '(물이) 끌{가, 거}도'에서 보듯이 '끎-'으로 변하였는데, 그 사동사는 '(물을) {끌, 낄}리고'이다. 사동사가 공시적으로 파생되는 것이라면 어간말 자음소군 /ㄹ/을 가지는 어간에 접미사 '-리-'가 통합되는 것을 설명할 수 없다. 그 경우에는 '끌킨다'(긁힌다)처럼 '-히-'가 결합하기 때문이다(최명옥 2007 : 34).

38) 최명옥(2007)에서 논증하듯이 현재의 국어 단어에는 분석될 수 없는 것들이 많다. 이 점에서 이 글 역시 특정한 시기에 만들어지는 대다수의 단어들은 어휘부에 등재된다고 본다. 즉 대부분의 단어가 그때그때 반복적으로 규칙에 의하여 만들어진다고 보는 것은 아니다.

예를 들어 '외출복, 작업복, 운동복'의 어휘를 알고 있는 화자가 '졸업복'이라는 새 단어를 만들어 자신의 어휘부에 등재하는 순간 '외출복, 작업복, 운동복, 졸업복'과 같이 어휘 연결망에 변화가 일어나므로 단어형성은 통시적이라는 것이다.

공시태, 통시태에 대한 이러한 인식은 심리언어학적 관점에서 개인 화자의 언어 능력을 대상으로 삼은 것이다. 이 점에서 어떤 새 단어가 화자의 어휘부에 저장되는 '통시적' 과정과 그렇지 않은 '공시적' 과정[39]을 구별하여 기술하는 것은 분명 의의가 있다. 이와 같은 관점에서 본다면, 앞서 공시적인 단어형성이라고 한 (24가~라)의 예들 중 (24가, 나)는 통시적, (24다, 라)는 공시적인 단어형성으로 구분할 수 있을 것이다.

그러나 새 단어의 사회적 승인, 곧 등재를 떼놓고 보면, 그 형성 과정에서 보이는 단어들 간의 차이점을 놓치는 문제점이 있다. 적어도 '단어'로서의 통사적 범주(즉 x^0)를 갖추는 데 있어서 (24가~라)의 예들은 모두 즉시적이라는 점에서 같지만, '눈엣가시, 귀엣말' 등은 시간의 흐름을 동반하는 차이가 있다.

등재까지 고려하면 (24가, 나)는 통시적, (24다, 라)는 공시적인 형성으로 나뉜다. 그러나 '단어형성'의 핵심은 어휘부의 '등재' 여부가 아니라, '등재 자격'의 여부에 있다고 생각된다. 단어 '가'는 다소 비생산적인 기제로, 단어 '나'는 매우 생산적인 기제로 만들어졌다고 할 때, XP가 아니라 X^0라는 점에서 등재의 자격을 갖춘 점은 동일할 것이다. '가'는 등재되고 '나'는 등재되지 않는다고 해도, 이는 단어의 형성과는 또 다른 문제라고 볼 수 있다. 이 점에서 단어의 자격을 갖추는 과정이 공시적인가, 통시적인가가 더 유의미한 기준이 될 것이다.

---

39) 송원용(2000)에서는 이를 '임시어'라고 한다.

이호승(2001, 2003)에서도 단어형성 기제는 어휘부 등재 여부와 동일한 과정이 아니므로 어휘 체계의 변화 자체를 단어형성 과정의 일부분으로 볼 수 없다고 비판하고 단어형성은 공시적인 과정이라고 주장하는 것도 이와 같은 맥락에서 이해할 수 있다. 결국 단어의 형성을 등재의 단계에서 분리하여 해당 단어가 만들어지는 과정까지만으로 국한한다면 단어형성은 공시적인 속성을 지니게 된다(이호승 2001, 2003, 양정호 2008, 황화상 2010).

이와 같이 단어의 형성을 등재 여부와 무관하게 도출 과정까지를 의미한다면, 실재어이든 임시어이든 형성된 단어라는 점에서는 차이가 없다. 만들어지는 그 순간 단어로서의 자격을 얻는다. 따라서 임시어도 등재되지 않았더라도(그래서 자립적인 기능을 갖지는 못하지만) 그것이 출현하는 환경에서는 단어로서의 자격과 기능을 갖는다고 볼 수 있다.[40]

따라서 이 글에서는 단어의 형성은 등재와 무관하게 단어로서의 자격을 얻는 과정을 가리키고자 한다. 그리고 규칙 등 즉시적인 과정으로 단어가 되는 것은 공시적인 단어형성으로, 일정한 시간의 흐름을 동반하여 단어가 되는 것은 통시적인 단어형성으로 구분하고자 한다.

3.3. 어휘부와 통사부

3.3.1. 형태부 합성어와 통사부 합성어

합성어는 통사부와 어휘부의 특성을 공유한다.[41] 합성어가 공유하는

---

40) 이 점에서 최형용(2003)에서 '임시어'를 합성어(또는 파생어)와 분리하여 별도 부류로 규정한 것은 재고의 여지가 있다. 이 임시어들도 단어라는 점에서 합성어의 자격을 갖는다고 보아야 한다. 단지 이들은 등재되지 못한 합성어이다.

41) 예를 들어 '늙은이'는 '늙은 이'와 같은 통사구 구성과 유사하다는 점에서 통사부의 특성이 있으면서도 '*매우 늙은이'처럼 구성 요소 중 일부만 수식할 수 없다는(즉 형태적 완전성

이러한 통사론적, 형태론적 특성은 합성어의 형성과 관련하여 그 형성 부문이 어디인가 하는 의문을 갖게 한다. 기본적으로 단어형성규칙은 어휘부에서 적용되는 것으로 간주되어 왔다. 이러한 관점은 어휘부가 단어의 저장 장소로서뿐만 아니라 단어형성 장소로서의 기능도 지니고 있음을 의미한다.

초기의 생성문법에서는 어휘부의 기능이 매우 작았고, 단어도 문장을 통해서 형성되는 것으로 보기도 하였다(Lees 1960).[42] 그러나 Chomsky (1970)에서 어휘부의 단어형성 기능이 확인되면서 어휘부의 기능이 새롭게 조명되기 시작하였다. Chomsky(1970)은 다음과 같은 예를 통하여 파생명사의 경우 통사부에서 변형을 통해 도출될 수 없음을 논증한다.

(25) 가. John amused the children with his story.
　　 나. John's amusing the children with his story.
　　 다. *John's amusement of the children with his story.

동명사 'amusing'은 (25가)의 문장으로부터 변형을 통해 (25나)와 같이 형성되었다고 할 수 있다. 그러나 파생명사 'amusement'는 (25다)가 성립하지 않는 데서 보듯이 변형의 결과로 형성되었다고 보기 어렵다. 또 문장 등 통사부에서 형성되는 결과물은 그 의미가 규칙적인데 반해 파생

---

morphological integrity을 지닌다) 점에서 형태론적 특성을 보여 준다. 합성어가 지닌 이러한 통사론적 특성과 형태론적 특성은 Spencer(1991 : 8.1.1.)이 참조된다.
42) Lees(1960)는 합성어들이 동일한 형식인데도 다양한 의미를 갖는 점을 통사적 구성으로부터 설명할 수 있다고 주장하였다.
　　가. man-servant (서술어 + 주어) ⇐ The servant is a man.
　　나. windmill (주어 + 목적어) ⇐ Wind powers the mill.
　　다. flour mill (목적어 + 주어) ⇐ The mill grinds the flour.
　　즉 Lees(1960)의 생각은 (가, 나, 다)의 합성어들이 지니는 의미 관계의 다양성은 단순히 'N+N'의 결합으로 형성되었다고 해서는 설명할 수 없으므로 화살표 오른쪽의 문장으로부터 변형을 통하여 형성되었다고 보아야 한다는 것이다.

명사는 매우 불규칙하고 예측할 수 없는 점43)도 파생명사가 통사부에서 형성되는 것이 아님을 보여 준다. 따라서 파생명사가 형성되는 곳, 즉 단어형성 기능을 지닌 어휘부가 제안된다.

이러한 어휘부의 단어형성의 기능은 합성어에도 적용된다. 즉 어휘부에서 규칙에 따라 합성어를 형성하고 이를 저장하는 것이다. 국어에는 '접칼, 묵밭, 꺾쇠, 알뜰주부' 등과 같이 어휘부에서 형성되었다고 볼 수밖에 없는 단어들도 있지만, '빛나다, 묵은밭, 밤낮, 해돋이, 연날리기, 주고받다, 뛰어가다' 등 통사적 대응 구조를 지녀 그 형성 부문이 어휘부인지 통사부인지 논란거리가 되는 예들도 있다.

'형태부 합성어'와 '통사부 합성어'는 이와 같이 형성 부문을 기준으로 분류한 개념이다. 형태부 합성어는 어휘부에서 만들어진 단어이다.44) 이를테면 다음 예들은 형태부 합성어이다.

(26) 가. 뾰족구두, 나란히꼴, 접칼, 꺾쇠, 검붉다, 여닫다
    나. 고추잠자리, 금가락지, 칼국수, 불장난

(26가)는 이른바 비통사적 합성어로서, 각각 어근＋명사(뾰족구두), 부사＋명사(나란히꼴), 어간＋명사(접칼, 꺾쇠), 어간＋어간(검붉다, 여닫다)의 구성이 통사부에서는 나타날 수 없으므로 어휘부에서 형성되었음이 분명하다. (26나)는 통사적 합성어이기는 하지만, 이를테면 '고추잠자리'의 경우 '*고추의 잠자리, *고추인 잠자리'와 같이 통사적 구성과 관련지을 수 없

---

43) 'carriage(마차), trial(재판)' 등은 'carry＋-age', 'try＋-al'의 요소만으로 그 의미를 예측할 수 없고, '노름, 날개' 등은 '놀-＋-음', '날-＋-개'의 요소만으로 그 의미를 예측할 수 없다.
44) 단어를 주관하는 포괄적인 개념으로서의 '어휘부'는 단어를 만들기도 하고 저장하기도 하는 기능이 구체적으로 조명되면서, 생산 부문은 '단어형성부'로, 저장 부문은 '어휘부'로 세분하고, 그 둘을 아우르는 전체 부문을 '형태부'로 부르기도 한다(어휘부의 기능과 모형은 이 책 4장 참조). '형태부 합성어'는 이 체계에서의 명칭으로, 이때 '형태부'는 이 글의 '어휘부'와 거의 대등한 용어이다.

으므로 어휘부에서 형성된 형태부 합성어이다.[45)]

통사부 합성어는 통사부에서 형성된 합성어이다. 이와 같이 통사적 구성이 통사부에서 단어화하는 데는 세 가지 정도의 형성 기제가 있다.

(27) 가. 통시적 단어화
나. 공시적 규약에 의한 단어화
다. 통사 규칙에 의한 단어화

(27가)는 통사적 구성이 시간의 흐름에 따라 단어화한 것이다. 김창섭 (1996)의 '구의 단어화', 구본관(1998 : 37)의 '통사구성의 어휘화'에 해당하는 경우이다. '눈엣가시, 닭의똥, 벼락같이, 제멋대로, 도와주다, 잃어버리다' 등 이에 해당한다.[46)]

(27나)는 통사적 구성이 공시적으로 단어화하는 것이다. 이는 곧 화자가 이를 단어로 받아들이겠다는 의도 곧 심리적인 규약에 의한 것이라고 할 수 있다.[47)] '스승의 날'과 같은 단어는 규칙에 의해 만들어진 것으로 보기 어려운데, 이는 곧 통사적 구성이 이 공시적인 단어화의 규약에 의하여 형성된 것이다. 이에는 작품명, 인명, 동작명, 단체명 등 다양한 예가 있다.[48)]

---

45) 이와 같이 통사적 속격 구성이 불가능한 'N+N' 유형의 명사들은 어휘부의 단어형성규칙에 따라 만들어진다는 관점에 대하여는 김창섭(1996 : 27-29) 참조.
46) 이들이 모두 합성어인지는 분류 기준에 따라 달라질 수 있다(2.1.1. 참조).
47) 이와 같이 통사적 구성이 공시적으로 단어화하는 규약은 Di Sciullo & Williams(1987)에서 'N→XP'로 요약되는 '단어 창조 규칙'(Word-Creating Rule)으로 설명하였다. 이에 대한 설명은 정한데로(2011 : 216-217) 참조.
48) 이 단어형성 기제는 규칙에 의한 합성어의 형성과는 분명히 구별된다. 이 기제에 의한 예들은 N으로서 문장의 핵 범주를 계승한 것이 아니라는 점, 동사, 형용사, 부사, 관형사 등 다른 품사의 경우에는 이와 유사한 경우를 찾아볼 수 없다는 점, 휴지가 개입될 수 없다는 단어의 보편적 속성조차도 이들에서는 발견하기 어렵다는 점 등에서 단어형성규칙과는 별개의 과정임을 알 수 있다.

(28) 바람과 함께 사라지다, 누구를 위하여 종은 울리나, 그 많던 싱아는
누가 다 먹었을까, 박차고나온놈이샘이나, 나오는발치기, 나무시집보
내기, 권영길과 나아지는 살림살이, 이순신장군배

이 (28)처럼 통사적 구성이 그 자체로 재분석되어 단어의 자격을 갖는
것은 이미 김창섭(1996 : 25-29)에서 '구의 단어화'로 기술된 바 있다.

(29) '구의 단어화'란 명사구에 어떤 변형규칙을 적용하여 합성어를 유도
해 낸다는 뜻이 아니라, 주어진 구 자체가 단어로 재분석되어 단어의
자격을 가지게 되는 것을 뜻한다.

구의 단어화에는 '구의 통시적 단어화'와 '구의 공시적 단어화'가 모두
있다. 통사적 구성인 '이 째'가 통시적으로 단어 '입때'가 되는 것은 전
자, 역시 통사적 구성인 '스승의 날'이 공시적인 재분석에 의하여 단어가
되는 것은 후자의 경우이다.

(27다)는 통사적 구성을 기반으로 통사 규칙이 적용되어 단어로 형성
되는 기제이다. 앞의 두 기제가 다소 예외적이고 개별적인 기제라면, 이
는 보다 체계적인 단어형성 기제라고 할 수 있다. 앞에서 언급하였듯이
이 관점은 합성어의 구성 방식이 통사적 구성과 유사하다는 점을 바탕으
로 아예 통사부의 단어(합성어와 파생어) 형성 기능을 인정하는 관점이다.
여기에서 이 관점에 대하여 집중적으로 검토해 보고자 한다.

3.3.2. 통사부의 단어형성

통사적 구성으로부터 통사 규칙을 적용받아 단어가 형성되는 기제는
단어의 구성 요소들이 지니는 통사적, 의미적 관계를 잘 설명해 낼 수 있
다(시정곤 1998, 고재설 1994 등).

가. 핵이동의 관점

합성어 등 단어가 통사부의 구성에서 명사포합(Noun Incorporation)[49] 혹은 핵이동을 통하여 형성된다고 보는 관점이 있다. 대표적으로 시정곤 (1998)의 어휘부 모형을 보자.

(30) 국어의 단어형성 모델(시정곤 1998 : 64)

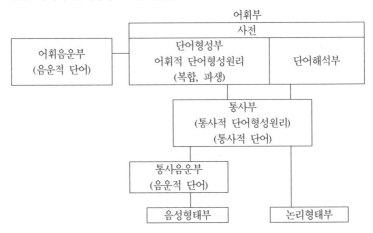

이 모델에 따르면, 어휘부는 단어를 만들고, 저장하고, 해석하는 전형적인 기능을 모두 갖고 있다. 그러나 기존의 관점과 다른 점은 통사부가 단어를 만드는 기능을 지닌다는 점이다. 즉 통사적 구성을 바탕으로 핵이동을 통하여 단어가 만들어지고(고창수 1992, 시정곤 1998 등 참조),[50] 이렇게 형성된 단어는 어휘부로 보내져 어휘부 단어형성의 요소가 되거나 개별적인 단어로서 저장되고[51] 해석된다. 통사부 형성론에서는 다음 부류

---

49) 명사포합은 목적어, 주어 등이 동사로 이동하여 하나의 단어처럼 기능하는 현상이다. 구체적인 내용은 Mithun(1984), 고재설(1987), Baker(1988) 등 참조.

50) 조사, 어미로의 핵이동은 통사부에서 단어가 만들어지는 전형적인 예이다. 즉 '[[[노루$_N$]$_{NP}$ 가] 죽$_V$]$_{VP}$ 었]$_{IP}$ 다]$_{CP}$'에서 '노루$_N$'가 핵이동하여 '노루가', '죽$_V$'이 '었', '다'로 차례로 이동하여 '죽었다'를 형성한다. 이 '노루가, 죽었다'는 통사부에서 형성된 단어이다.

의 단어들도 통사부에서 형성된다고 한다.

　　(31) 해돋이, 물받이, 감옥살이, 구두닦이, 고기잡이

　이 유형은 [해[돋-이]]인지 [[해-돋]이]]인지 IC 분석부터 이견이 있지만 후자의 분석을 바탕으로 이를 통사부 단어형성으로 보는 관점52)을 살펴보기로 한다. 통사부 형성론에서는 '해돋-'류의 합성어는 어휘부가 아니라 통사부에서 형성된다고 주장한다. 그 근거는 첫째, '해가 돋다, 물을 받다, 감옥을 살다, 고기를 잡다' 등 그 통사적 대응물이 존재한다거나(시정곤 1998 : 348), 동사의 하위범주화 요건을 선행명사가 충족시켜야 하는데 이는 통사부에서의 요건(고재설 1994 : 66)이라는 점, 둘째, 어휘부에서 형성된 '말먹이, 자갈길' 등은 그 의미 예측이 어려운 반면 '해돋이, 젖먹이' 등은 의미 예측이 거의 가능한데, 이러한 의미 예측성은 통사부의 특징이라는 점(고재설 1994 : 84) 등이다. 다음은 그 단어형성 기제의 한 예를 보인 것이다.

---

51) 통사부 단어는 통사 규칙에 의하여 생산적으로 만들어지므로 기본적으로 저장되지 않는다. 만들어진 구조가 단어로 굳어지면 어휘부의 사전에 등재된다(시정곤 1998 : 373)고 한다.

52) 시정곤(1998 : 340-347)의 경우 '해돋이, 물받이, 하루살이, 고기잡이, 꽃꽂이' 등의 경우, '돋이, 받이, 살이, 잡이, 꽂이'가 존재하지 않고, [해+[돋+이]]와 같이 합성어로 볼 경우 사이시옷이 나타나지 않는 이유를 설명하기 어렵고, '살이, 잡이' 등이 '몰이꾼, 풀이란' 같은 새로운 파생어나 합성어를 형성할 수 없으며, 그 의미도 매우 다양하게 해석된다는 점 등을 근거로 이들은 [[해+돋]+이]의 구조로 분석되어야 한다고 주장한다.

(32) 고재설(1994 : 89)

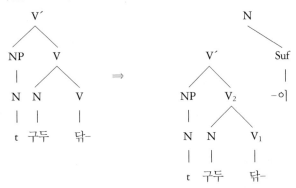

여기에서 특히 주목하는 과정은 [구두 닭-]v′의 통사적 구성이 [구두닭-]v
으로 단어화하는 과정이다.53) 이는 '구두'가 통사부에서 '닭-'으로 핵이
동하여 '구두닭-'이 형성된다는 것인데, 통사적 구성에서 선행 명사가 동
사로 핵이동하는 것은 일반적이지 않다는 점에서 왜 핵이동이 일어나는
지가 문제 된다.54) 시정곤(1998)은 이에 대하여 다음과 같이 그 명사가
대상역(Theme)을 지닐 경우에만 이동한다고 설명한다.

(33) 핵이동의 의미론적 조건
　　핵인 인접 명사의 의미역이 '대상(theme)'이면, 그 명사는 의미결합
　　을 위해 인접 핵인 동사로 이동할 수 있다(시정곤 1998 : 354).

그러나 최형용(2003 : 62)에서 언급하였듯이 이 조건은 '앞서다, 뒤서다,
거울삼다' 등 의미상 부사어+동사로 해석될 수 있는 예들에서 대상역이

---

53) 접사 '-이'에 대한 견해는 논자마다 차이가 있다. 이를테면 고재설(1994)는 '-이' 역시 통
　사부에서 V′ 단위에 결합하는 것으로 보는 반면, 시정곤(1998)은 '먹이' 등을 근거로 '-이'
　는 (어휘부에서 결합하는) 어휘적 접사로 본다. 따라서 시정곤(1998)의 경우 통사부에서 형
　성된 합성어 '고기잡-'은 다시 어휘부로 들어가 '-이'와 결합하게 된다.
54) 예를 들어 "도둑이 순경에게 잡히다.", "영이는 밤에 온다." 등에서 *순경잡히다, *밤온다
　가 형성되지 않는다.

아닌 명사가 후행 동사와 결합하는 예가 있다는 점에서 비판을 받아 왔다. 연재훈(2001 : 341)에서도 '개구멍받이, 여름낳이, 벽걸이, 집들이' 등 'N+V+접사'의 예로 동일한 의문을 제기한 바 있다. 이 예들에서 명사는 대상 의미역을 지니지 않는 것이다.

또 '이동한다'가 아니라 '이동할 수 있다'라는 다소 모호한 표현에서 보듯이 대상역을 지니는 명사면 의무적으로 이동하는지가 의문이다.

> (34) 가. 철수가 책(을) 읽는다, 영희가 트럭(을) 몬다, 목수가 의자(를) 만든다, …
>   나. 달(이) 떴다, 바람(이) 분다, 대문(이) 열렸다, …

대상역의 위 명사들이 핵이동을 하여 '책읽는다, 트럭몬다, 의자만든다, 달떴다, 바람분다, 대문열렸다, …' 등 단어를 형성한다고 해야 하지만 이는 의문이다. 다음과 같은 발화에서 상황에 따라 명사와 동사 사이에 휴지가 게재되는 것이 충분히 가능한데, 이 경우 단어가 아니며, 따라서 의무적인 핵이동은 없다는 의미가 된다.

> (35) 가. 책#읽는다, 트럭#몬다, 의자#만든다
>   나. 달#떴다, 바람#분다, 대문#열렸다

그렇다면 통사적 구성에서 대상역을 갖는 명사라도 동사로 이동하는 것은 수의적이라는 것이다. 그러면 핵이동은 왜 일어나는가?

이 문제에 답하기 위하여 고재설(1994)를 자료로 'N+V+이' 구성의 단어형성 기제를 다시 한 번 고찰해 보자. 고재설(1994)에서 (핵이동의 이유에 대해서는 구체적으로 명시하지 않는 반면) '-이'도 통사부에서 결합하는 접사로 본다. 이와 같이 '구두닦이'류가 통사 구조에서 출발한다면

이는 곧 다음 (36가)와 같은 명사구 표현에 대응하는 표현으로서 $[[NP \ V]_{V'} \ -이]$의 통사 구조가 있다는 뜻으로 해석해 보자.

(36) 가. 그는 [구두를 닦는 사람]이다.
　　　나. 그는 [구두 닦 이]이다. → 그는 [t_1 t_2 구두닦이]이다.

(36나)에서 핵이동이 일어나면 '구두닦이'라는 단어가 형성되는데, 문제는 통사 구성이라는 점에서 동일한데도 (36가)는 '책을 읽는 사람, 쇠를 먹는 사람, 고기를 낚는 사람, …' 등이 자유롭게 생산될 수 있지만, (36나)는 '*책읽이, *쇠먹이, *고기낚이, …'에서 보듯이 그 수용성이 매우 낮다는 점이다.

　동일한 조건을 갖는 환경에서도 명사가 동사로 이동하는 것이 일부 예에서만 일어나고(시정곤 1998), 기본적으로 매우 개방적인 생산성을 갖는 '통사 구성'인데도 실제로는 생성되는 표현이 매우 제약된다는 점, 이는 곧 이러한 통사부 단어형성의 기제가 과잉 생성의 문제를 지닌다는 점을 보여 준다.

　이러한 문제점을 피하는 한 가지 방안은 단어형성의 '의도'에 따라 '해돋이'와 같은 단어가 형성된다고 가정해 보는 것이다. 즉 화자는 특정한 개념 구조를 지니는 단어를 만들기 위하여 '해, 돋, 이'의 요소들을 선택하고, 통사부에서 이들을 결합하여 단어를 만든다고 보자. 그러면 '*달뜨다, *대문열리다, *밤먹다, *책읽이, *쇠먹이, *고기낚이'가 만들어지지 않는 것은 이 개념의 단어를 만들려는 의도도, 과정도, 결과도 없었기 때문이라고 할 수 있다.

　이는 곧 어휘부에 단어 형성부가 있듯이, 통사부에도 단어형성부가 있다고 인정하는 것을 의미한다. 즉 (30)의 단어형성 모델에서 통사부 내에 단순히 단어형성의 '원리'가 아니라 '단어형성부'가 별도의 부문으로 존재해야 한다는 뜻이다. 이와 같이 통사부 내 단어형성부를 가정하면 앞에서 제기된 과잉 생성의 문제는 사라지게 된다.

그러나 이는 문제의 해결이 아니다. 왜냐하면 이와 같이 통사부에 단어형성의 기제를 인정할 경우에도 여전히 명사의 핵이동은 문제가 되기 때문이다. 앞에서 제기한 문제, 즉 '핵이동은 왜 일어나는가'의 물음을 상기해 보자. (36)에서 보았듯이 자동적 연산 과정인 통사 규칙으로는 핵이동이 일어나야 할 까닭이 없으므로 이에 대한 답은 '단어를 만들기 위해서'라고 할 수 있다. X^0 층위의 요소들로 구성되는 단어를 형성하기 위해서는 NP 내의 핵명사 N이 V로 이동하여 $[NV]_V$와 같은 영범주가 되어야 한다. 결론적으로 화자가 단어를 만들기 위하여 핵이동을 하는 심리적 기제가 있다면 이것이 N과 V를 직접 결합하는 과정과 무엇이 다른지 의문이 들 수밖에 없다.

이 통사부 형성론의 기제가 명사포합과 개념적으로 같은지도 의문이다. 이를테면 영어의 경우 N-V의 합성은 'money-loser, tabacco-buying, basket-giver' 등처럼 단어의 일부일 뿐 그 자체가 동사로 기능하지 못하는데[55] Onondaga어 등 명사포합을 보이는 언어에서는 규칙적인 동사를 형성한다. Baker(1988 : 78)은 이 점에서 영어의 N-V 합성(compounding)과 명사포합은 다르다고 하였다. 이는 국어에서 'N-V-접사' 유형의 종합합성어에서 '*NV'가 실재하지 않는 많은 경우와 비교된다.

더욱이 Baker(1988 : 78-79)에서 Mithun(1984)를 인용하여 언급하듯이 진정한 명사포합은 해당 명사가 특칭적(speciic) 의미를 나타낼 수 있다는 점에서 늘 비지시적(nonreferential) 의미를 나타내는 영어의 NV 합성어와 다

---

55) 즉 *money-lose, *tabacco-buy, *basket-give와 같은 동사는 없다.

르다.56) 국어도 'N-V' 또는 'N-V-접사'의 단어에서 명사는 비지시적 의미만을 나타낸다(즉 '구두닦이, 고기잡이'가 특정한 구두, 고기를 나타내는 것은 아니다)는 점에서 역시 그 단어형성 기제가 명사포합의 기제인지 의문이다. Baker(1988)은 영어의 N-V 합성이 명사포합과 달리 어휘부에서 이루어진다고 하는데 국어 역시 그럴 가능성이 있어 보인다.

이상과 같은 문제를 고려하여 이 글은 논항-술어의 관계를 갖는 'NV' 합성명사라도 통사부가 아닌 어휘부에서 'N → N+V'의 규칙에 의해 형성되었다는 관점을 유지하고자 한다.

나. 분산형태론적 관점

어휘부에서의 단어형성론과 통사부에서의 핵이동을 통한 단어형성론이 지니는 문제점을 극복하기 위한 것으로 박소영(2011), 김혜미(2011), 박소영·김혜미(2012) 등의 분산형태론적 접근이 있다.

박소영(2011)은 기본적으로 종합 합성어를 [N+[V+Suf]]의 구조로 분석하는 어휘부 형성론을 부정한다. 즉 이 구조는 '젖먹이/*아기먹이, 고기잡이/*어부잡이'57) 등처럼 외부논항은 참여하지 못하는 논항구조 관계를 제대로 설명하지 못하고, '여러해살이, 양손잡이, 뒤로차기' 등 선행 성분이 통사적 구성을 이루는 경우도 설명할 수 없다58)는 것이다.

이와 함께 [[N+V]+Suf]의 구조 분석을 바탕으로 하는 통사부 형성론

---

56) 예를 들어 아래 Mohawk어 구문에서 후행절의 명사포합의 nvhst('corn')는 선행절의 명사 nvhst을 가리키는 지시적 즉 특칭적 의미를 지닌다(Mithun 1984).
No:nv akwe: yo-stathv no-:**nvhst**-e sok nu:wa v-tsaka-**nvhst**-aru:ko.
when all 3_N-dry PRE-**corn**-SUF then now FUT-1_{PS}-**corn**-takeoff.
'When the corn was completely dry, it was time to shell it(the corn).'
57) '아기가 먹다, 어부가 잡다' 등처럼 명사 성분이 주어(외부논항)의 의미를 지니는 경우임.
58) 통사적 구성은 어휘부의 단위가 아니라는 점, 통사부에서 형성된 구가 다시 어휘부의 입력 형으로 회귀되는 것은 어휘부의 연산이 통사부의 연산에 후행할 수 없다는 어휘론자 가설에 어긋난다는 점 등을 가리킨다.

도 부정한다. 시정곤(1998) 등에서 보았듯이 통사부 형성론은 통사적 구성을 기저구조로 하여 핵이동을 통하여 단어가 형성된다.59) 그런데 박소영(2011)은 종합 합성어는 부사어 수식 가능성, 선행 명사 성분의 수식, 접속, 대명사 대치 가능성, 의미 해석의 합성성 준수 여부 등에서 통사적 구성과 대조적인 특성을 보이므로 동일한 기저구조로부터 도출될 수 없다고 주장한다.

> (37) 가. *조심스럽게 양치기-조심스럽게 양을 치기 <부사어 수식>
> 나. *순한 양치기-순한 양을 치기 <선행 명사 수식>
> 다. *양과 소치기-양과 소를 치기 <접속>
> 라. *양치기와 그것의 지킴이 개-양을 치기와 그것의 지킴이 개
> <대명사 지시>
> 마. 소매치기 (도둑질)-소매를 치기 (*도둑질) <의미의 합성성 준수>

(37가~마)에서 보듯이 왼쪽 항의 종합 합성어는 오른쪽 항의 통사적 구성과는 여러 가지 통사적 작용에서 다른 양상을 보인다. 이는 동일한 기저구조를 가진다면 있을 수 없는 현상이다. 따라서 핵이동에 의한 종합 합성어 형성론은 그 기저구조를 통사적 구성과 동일하게 설정하기 어렵다는 점에서 문제가 된다는 것이다.

박소영(2011)이 제시하는 대안은 분산형태론(distributed morphology)에 기반한 단어형성론이다.60) 이는 통사부에서 단어형성이 이루어진다는 것인데, 핵이동이 없다는 점에서 통사부 형성론과는 구별된다.

분산형태론은 어휘부의 연산 작용을 부정하고 단어형성의 연산적 기능

---

59) 이와 같은 관점으로 이선희·조은(1994), 강진식(2000) 등이 있다.
60) '분산형태론'은 어휘부의 단어형성 등의 기능이 문법 전반에 걸쳐 분산되어 있다는 의미의 용어이다. 이 용어는 '분산형태론'(정인기 2009, 박소영 2011), '배분형태론'(안희돈 1994), '분포형태론'(김용하 2007) 등으로 쓰인다.

도 통사부에서 이루어진다고 본다. 즉 통사부의 기본 단위는 단어가 아니라 어휘범주인 l-형태소(lexical morpheme)[61]와 기능범주인 f-형태소(funtional morpheme)의 형태통사의미 자질들이다. 단어는 이러한 자질들이 통사부에 입력되어 연산 작용을 거쳐 만들어진다.[62]

이를테면 단어 'cat'은 그 자체로 통사부의 입력 단위가 아니라 어근(Root) √CAT과 기능범주 n이 통사부에 입력되어 연산을 통해 결합한 복합체이다.[63] 이 경우 어근은 품사가 전혀 결정되어 있지 않은 무표적인 존재이며 통사부에서 기능범주가 병합(merge)함으로써[64] 그 품사가 결정된다. 이러한 모형을 바탕으로 박소영(2011), 박소영·김혜미(2012)에서 제시하는 통사적 구성과 종합 합성어의 구조는 다음과 같다.

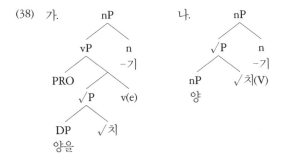

즉 '양치기'의 구조는 핵이동에 의한 통사부 형성론과 달리 (38가)의 통사적 구성이 아닌 어근구가 직접 명사화 기능핵(n)과 병합되는 (38나)

의 구조이다. 둘의 핵심적 차이는 v의 유무에 있다. (38가)는 기능핵 v가 있어 행동주의 외부논항을 투사하고 실제적인 사건구조를 가져 지시적 논항 '양'이 목적어 즉 대상(theme)으로서의 해석이 고정된다. 그러나 (38 나)는 v가 없어 외부논항을 투사하지 못하고 문법적인 사건구조가 없어 '양'의 해석이 고정되지 않고 보다 자유롭다는 것이다(박소영 2011).

이와 같은 분산형태론적 설명은 박소영(2011) 등에서 주장하듯이 확실히 명사-동사의 논항구조를 잘 설명하고, 핵이동의 문제점을 제거하고 있으며, 그 의미적 특성을 설명해 내고 있다는 점에서 기존의 어휘부 형성론, 통사부 형성론의 단점을 극복하고 있다고 할 수 있다.

그러나 분산형태론적 설명이 어휘부 형성론에 대한 비판, 그리고 그 대안으로 제시된 것과 달리 명사 성분과 동사 간의 논항구조에 대한 설명에 장점을 갖는지는 의문이다. 즉 명사 성분이 동사의 대상(내부논항)으로 이해되거나 부가어로 이해되거나 구조적으로는 동일하다.

(39) 박소영·김혜미(2012)

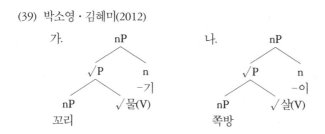

어근 술어와 관련한 명사의 의미역 해석이 통사구조적으로 고정되지 않고, 두 성분 간의 의미론적 관계 맺기에 의하여 자유롭게 해석된다면(박소영 2012 : 699), 즉 통사적 구조에 기반한 해석이 이루어질 수 없다면 어휘부 형성론에 비하여 장점이 없고, 통사부 형성론에 비하여는 설명력이 뒤떨어진다.

분산형태론에서는 기존 이론의 문제로 제기하는 '여러해살이, 뒤로차기, 새판짜기'와 같이 명사 성분이 최대투사인 경우도 핵이동으로 설명할 수 없다는 점에서 통사부 형성론을 비판하는데, 이 역시 전혀 불가해한 경우도 아니다. 이들이 최대투사가 아니라, '새판짜기'의 경우 '새판'이 시간적으로 더 앞서 단어가 된 다음[65] 그 단어 '새판'이 단어형성에 참여한 것으로 볼 수도 있고, '뒤로차기'는 구의 단어화라는 기제로써 설명될 수 있으며, '여러해살이'의 경우 '여러해'가 임시어로 형성되는 어휘부의 규칙(N→ADN+N)의 존재도 생각해 볼 여지가 있다. 이는 단어가 형성되는 다양한 기제가 있음을 고려하는 태도이다.

나아가 이러한 존재는 통사부 형성론에서 핵이동의 기제로 설명하기 어렵지만, 그렇다고 분산형태론에서 핵이동을 배제하는 설명 방법으로도 충분히 해결되었다고 보기 어렵다. 이를테면 '$^{*?}$새로운판짜기, $^{*?}$매우큰상차림, $^{*?}$여행지로떠나기, $^{*?}$친구와걷기'와 같은 단어는 체계적인 공백으로 여겨지는데, 통사적 구성을 기저구조로 하는 분산형태론에서는 이들의 형성을 제약할 방법이 없어 보인다.

분산형태론은 어휘부의 단어형성 기능을 전면적으로 부정함으로써 기존의 단어형성 기제에 대한 설명틀에 큰 변화를 가져온다. 분산형태론의 관점에 대한 진지한 관심은 계속 이어져야 한다고 보지만 이 글에서는 기존의 생성형태론적 관점을 기반으로 합성어의 형성 기제를 기술하고자 한다.[66]

---

65) <표준국어대사전>은 '새판'이 표제어로 등재되어 있다. '한상차림'은 '한상'이 사전에 단어로 등재된 것은 아니지만 단어를 만드는 화자에게는 일상의 빈번한 쓰임으로부터 이를 단어로 판정하였을 가능성이 높다.

66) 본질적으로 어휘부의 연산을 부정하는 분산형태론의 제안이 국어 자료를 모두 적절하게 설명할 수 있는지 고민할 필요가 있다. 예를 들어 한자어처럼 기본적으로 '어근'을 자료로 형성되는 단어들이 통사부의 연산에 의하여 이루어진다는 것이 얼마나 설득력이 있을지 의문이다.

3.4. 유추

유추는 기본적으로 어휘부의 단어형성 이론이다. 그러나 이는 '규칙'처럼 어휘부 내의 형태소(혹은 단어)를 '결합'하여 단어를 만드는 것이 아니라 어휘부에 저장된 '단어'들의 연결망을 바탕으로 일부 요소를 '대치'하여 새 단어를 만든다는 이론이다.[67] 채현식(2003가 : 10)는 규칙과 유추를 다음과 같이 도식화하고 있다.

(40) 가. 단어형성규칙 : X + Y → XY
　　나. 유추 : XY → ZY

만일 어휘부에 단어를 만들어내는 규칙이 없다면, 화자는 새로운 단어를 만들기 위해서 기존의 단어들을 참고하여 그와 유사한 형태의 단어를 만들 것이다. 즉 규칙이 구성 요소들 간의 통합관계에 기반한 개념이라면[68] 유추는 계열관계에 기반한 개념이다.

규칙의 존재를 부정하는 유추론자들의 주장에 따르면 오랜 기간 단어형성의 주변적인 기제로 이해되었던 유추가 중심적인 단어형성의 기제가 된다. 당연히 대부분의 합성어는 규칙이 아닌 유추에 의해 만들어지는 것으로 설명된다(구본관 1998, 채현식 2003가, 2003나, 2012, 최형용 2003, 송원용 2005, 이광호 2005, 양정호 2008 등).

유추론에 따르면, 새로운 단어를 만들 때(예를 들어, '보리를 넣어 만든 빵'의 단어) 모형이 되는 단어들이 활성화되고(예를 들어, '계란빵, 단팥빵, 옥수수빵, …'), 이를 바탕으로 다음과 같은 방식으로 단어가 형성된다.

---

67) 이 점에서 흔히 규칙을 형태소-기반 모형(morpheme-based model), 유추를 단어-기반 모형(word-based model)로 구분한다.
68) 규칙은 '돌+다리'와 같이 두 성분의 통합관계를 바탕으로 기술된다.

(41) 가. 계란 : 계란빵 = 보리 : X (X는 '보리빵')

　　나. [[X]$_N$(X=재료)-빵]$_N$

즉 (41가)처럼 개별 단어에 유추하여 새 단어가 형성되기도 하고, (41 나)처럼 유추의 틀에 의하여 형성되기도 한다(채현식 2003나). '계란빵, 단 팥빵, 옥수수빵, …'처럼 활성화되는 단어들이 많아지면, 일정한 유추의 틀이 형성되고, 이 틀에 의하여 새 단어가 만들어진다는 것이다.

그러나 규칙의 존재가 부정되고 유추가 중심적인 단어형성 기제인지는 의문이 든다. 이른바 '최초의 단어'는 가장 손쉽게 떠올리면서도 매우 답 하기 어려운 문제일 것이다. 최초의 단어는 그것이 만들어질 유추의 기반 이 없다는 점에서 그 형성 과정을 설명하기 어려운 예가 된다.

(42) 즉 이론적으로 유추의 기반이 되는 단어들을 유추로 설명하려 해도 결국 마지막 최초의 단어는 남게 되며, 이 경우 유추는 더 이상 적용 할 수 없기 때문이다(시정곤 1999 : 274).

유추론에서 이러한 문제 제기에 충분히 답했다고 볼 수는 없지만 채현 식(2003가)에서 이에 대한 생각을 어느 정도 엿볼 수 있다. 앞서 통사부 형성론의 기제가 문제되었던 종합 합성어에 대하여 채현식(2003가)는 이 단어들이 '편지꽂이, 책꽂이, 연필꽂이, 꽃꽂이' 등 계열관계의 단어망을 통하여 'N-V-이' 단어들이 화자의 어휘부 안에 [N-[V-이]]의 구조로 분석되어 있다고 한다.

(43) 가. 고기잡이, 구두닦이, 옷걸이, 해돋이

　　나. 개구멍받이, 귀걸이, 벽걸이, 집들이

　　다. 꽁치구이, 참새구이, 소금구이, 안경잡이, 북잡이, 돌잡이

(43가~다)는 기존의 논의에서 다양하게 분석되던 것으로, 이를테면 고재설(1992)는 대격-서술어 구조의 (43가)는 [[구두닦]-이]와 같이, 그렇지 않은 (43나)는 [개구멍-[받이]]와 같이 분석하고, 김창섭(1996)에서는 대체로 [[N+V]-이]와 같이 분석하면서도, (43다)는 [꽁치]-구이]와 같이 분석하면서 '구이, 잡이' 등이 단어형성 전용요소69)로 재분석되었다고 한다. 그런데 유추론의 채현식(2003나)에서는 이들은 모두 [N-[V-이]]의 구조일 뿐이다.

공시적인 단어형성의 기제는 곧 이러한 구조의 단어들을 계열 관계를 기반으로 유추에 의하여 형성되는 것이지, [N+[V+이]]이든 [[N+V]+이]이든 규칙에 의하여 단어를 형성하는 것이 아니라는 것이다. 현대국어의 [N-[V-이]] 단어들이 과거에는 다른 방식에 의하여 만들어졌다고 해도 공시적으로는 모두 위와 같이 분석되고, 새로운 단어 역시 이 단어들의 연결망을 기반으로 형성된다는 것이다. 이 단어들이 과거에 어떻게 만들어졌는지는 유추론자들의 관심사가 아니다.

이러한 유추론적 관점과 관련하여 두 가지 문제를 생각해 보자. 하나는 이러한 유추의 기제와 별도로 규칙이 전혀 작용하지 않는가 하는 점이다. 둘째는 유추가 온전한 단어형성의 기제가 될 수 있는가 하는 보다 본질적인 문제이다.

첫 번째 문제와 관련하여 황화상(2010)이 참고된다. 황화상(2010)은 '보리빵'을 만드는 데 '단팥빵'과 같은 계열 관계의 단어들을 떠올릴 수도 있지만, '보리로 만든 빵'이라는 의미에서 '보리, 빵'을 선택하여 결합하

---

69) 김창섭(1996)은 자립적인 기능은 없으면서 본래의 의미에서 멀어진 채 단어형성에 생산적으로 참여하는 성분을 '단어형성 전용요소'라고 한다. '대패ㅅ집, 안경ㅅ집' 등의 '집'<匣>, '서울ㅅ집, 전주ㅅ집' 등의 '집'<家>, '김ㅅ집, 이ㅅ집' 등의 '집'<시집간 여자>은 그 본래의 의미에서 멀어지고 독립적인 명사로 거의 못 쓰이면서 단어형성에 생산척으로 참여하는 단어형성 전용요소이다. 다소 범위는 다르지만 송원용(2005)는 이들을 '의사접사'로 불렀다.

는 심리 과정도 있을 수 있다고[70) 하면서 유추와 규칙의 가능성을 모두 인정하고 있다.

'해돋이'류 경우에도 계열 관계의 단어를 떠올리는 대신 각 요소들을 결합하는 규칙이 전혀 부정된다고 할 수 없다. 아래는 '-이'형과 더불어 '-음', '-기'형을 함께 보인 것이다('(북)'은 북한어).

(44) 가. 쇠끌이,71) 귀밝이, 입비뚤이, 눈짓물이
      나. 개미핥기, 가슴쓰리기(북)
      다. 가새틀음,72) 관례보임,73) 단골섬김,74) 관절굳음, 상품알림75)
      라. 갈꺾이,76) 풀꺾이 ; 꽉집이,77) 부집이78) ; 구두닦이, 때닦이 ; 끝덮
          이, 매덮이 ; 못뽑이, 속뽑이 ; 넝마주이, 이삭주이(북) ; 구멍뚫이,
          대뚫이,79) 땅뚫이80)
      마. 길닦음, 낯닦음,81) 인사닦음82) ; 관디벗김,83) 길복벗김

(44가, 나, 다)는 'V-이/기/음'의 어형이 유일하게 존재하여 유추가 작용할 수 없는 예들이고, (44라, 마)는 같은 계열의 단어가 존재한다고 해

---

70) 황화상(2010 : 68)은 "스님짜장카는기 쫌 부담시럽네예. 우리 부부가 불자아입니꺼. 스님짜
    장말고 사찰짜장, 버섯짜장카는기 안좋겠습니꺼."와 같은 예를 들면서, 기자와의 대화중이
    라는 짧은 순간에 다른 단어를 떠올리고 이에 유추하는 어렵고 복잡한 과정을 거쳐 '버섯
    짜장'과 같은 단어를 만들었을 가능성은 거의 없다고 본다.
71) 자기(磁氣)의 물리 용어.
72) 남사당패 놀이에서 부리는 재주의 하나. 앉았다 일어났다 하다가 뛰어서 돌아앉는다.
73) 관례를 치를 때 하는 옷차림.
74) 무당이 단골집을 위하여 치성 드리는 일.
75) '견본책'의 북한어.
76) 모낼 논에 거름할 갈참나무 잎을 베는 일. 늑풀꺾이.
77) 문방구의 하나로서, 종이 따위를 꽉 집어 놓을 때 쓰는 물건.
78) 부지깽이 또는 부집게.
79) 막힌 담뱃대를 뚫는 데 쓰는 물건.
80) 시추기.
81) 면치레.
82) 인사치레.
83) 전통 혼례에서 신랑이 초례(醮禮)를 마치고 관디를 벗을 때에 갈아입도록 신부 집에서 마련
    한 옷. 늑길복벗김.

도 그 수가 한두 개에 그치거나, 의미상 멀기도 하여[84] 역시 유추가 작용한다고 보기 어려운 예들이다. 이를테면, '꽉집이'를 만드는 과정에서 '부집이'와 같은 저빈도의 단어를 연상해 냈다고 보기는 힘들다.

이 단어들은 그 형성 시기가 다양한 시기에 걸쳐 있다고 보인다. 그런데 각 시기마다 'N-V-이/기/음'의 단어들이 존재하고, 인간의 심리가 보편적이라면 이 단어들도 각 시기마다 유추의 기반이 될 단어망을 형성하였을 것이다. 그럼에도 위와 같이 유추로 설명되기 어려운 예들이 존재하는 것은 유추의 기제와 별개로 단어형성규칙 역시 지속되어 왔다는 점을 말해 준다.[85]

두 번째 문제를 보자. 유추는 대치(substitution)의 과정이지 부가(addition)의 과정이 아니다(송원용 2005, 채현식 2003가). 만일 대치가 아닌 부가의 과정만이 가능한 경우에는 유추의 본질이 의문시될 것이다.

이와 관련하여 단어의 비핵 성분이 유추의 틀이 되는 경우를 보자. 송원용(2005 : 146)는 '흰담비'의 경우, '흰가오리, 흰개미, 흰곰, 흰기러기, 흰꼬리하루살이, 흰꼬마명충나방' 등과 같은 동물명의 선행 성분 '흰'을 유추의 추축으로 삼아 상위의 동물명 자리를 '담비'가 대치함으로써 형성되었다고 한다.

그러나 인간의 인식 체계를 생각해 본다면 이러한 유추 기제는 성립하기 어렵다. 위 개념에 대한 명명 과정에서 어떤 의미 요소를 선택할 것인

---

84) '끝덮이'는 죽도의 끝부분을 싸서 덮는 물건이지만 '매덮이'는 매를 산 체로 잡는 사냥 도구로서 둘 간의 계열 관계를 인지하기 어렵다. '못뽑이'는 공구의 일종이지만 '속뽑이'는 '남의 마음속을 알아내기 위하여 여러 가지 수단으로 넌지시 드러내어 놓게 하는 일'로서 역시 서로 관련짓기 어렵다.

85) 물론 '-이'는 현대국어에서 생산성이 극히 낮아지고, 이에 따라 그 형성 규칙 자체가 거의 폐쇄되었을 수는 있지만, 그것이 개별 규칙의 문제이지, 본질적으로 규칙이 존재하지 않는다고 볼 근거는 아니다. '-이'가 지닌 단어형성의 기능은 '-기', '-음' 등에서 담당할 수 있고, 또 그러하기 때문이다.

지는 종개념의 명사가 먼저 결정되어 있어야 한다. 이를테면 무당벌레의
한 종류에 대하여 명명한다고 하면 유개념의 요소로 [색깔]은 선택될 수
없다. 왜냐하면 무당벌레는 모두 '붉은' 색이기 때문이다. 즉 유개념의
의미 요소로서 어떤 것이 선택될지는 종개념의 명사(즉 '무당벌레')가 무엇
이냐에 따라 결정된다. '무당벌레'가 먼저 고정되고 변별적 요소로 [무늬]
의 의미 요소가 더해지는 것이다('거북무당벌레, 십이흰점무당벌레, 이십팔점박
이무당벌레, 일곱점무당벌레, 칠성무당벌레, 큰이십팔점박이무당벌레' 등). '흰담비'
역시 다른 '흰X'의 단어들로부터 '흰'이 추출되었다고 해도 그 형성 과
정은 '담비'에 '흰'이 결합하는 방식이 될 것이다. 이는 성분 부가라는 점
에서 유추의 본질에 의문을 제기한다.

다음도 같은 예이다.

(45) 가. 물빛긴꼬리부전나비
　　 나. 귤빛부전나비, 불빛부전나비, 쇳빛부전나비

'물빛긴꼬리부전나비'는 '물빛X'의 단어도 없고 'X긴꼬리부전나비'의
단어도 없어 유추의 틀이 존재하지 않는 예이다. 그렇다면 이는 '긴꼬리
부전나비'에 '물빛'이 결합하는 규칙을 따른 것이라고 할 수 있다.

여기에서 주목할 점은 (45나)와 같은 예가 존재한다는 점이다. 곧 부전
나비의 하의어를 생산하는 데 '귤빛, 불빛, 쇳빛, 물빛'과 같은 동궤의 단
어들이 부가되는 특성이 있다. '긴꼬리부전나비'에 '물빛'이 결합하는 데
는 이로부터의 유추적 심리가 작용했을 가능성이 높다.

그러나 이 경우에도 유추의 틀을 형성하는 데 필요한 고정된 어휘 요
소가 없다는 점에서 유추가 직접적인 형성 기제라고 할 수는 없다. 단어
의 분석, 형성 등과 관련하여, 인간의 어휘 지식이 단어들 사이의 계열관
계에 기반해 있을(채현식 2012) 가능성은 충분히 인정되지만, 이러한 지식

이 통합관계를 바탕으로 하는 규칙으로 이어지지 않는다고 단언하기는 어렵다. 즉 유추가 심리 작용으로서 단어형성에 관여되기는 하지만 궁극적인 단어형성의 기제인지는 불확실하다.

이는 다음과 같은 통사적 구성과 관련지어 생각될 수 있다. 관형사는 다음과 같이 반복적 패턴의 통사적 구를 생산적으로 만들어낸다.

> (46) 가. 전 장관, 전 국장, 전 대통령, 전 총리
> 나. 귀 회사, 귀 연구소, 귀 학회, 귀 대학교

전임의 원장을 뜻하는 표현을 만든다고 할 때 화자는 '원장'을 선택한 다음 이에 전임의 뜻을 더할 수 있는 방안을 찾게 된다. 이 경우 화자가 '전'을 선택하는 데는 '전'이 그러한 의미를 지닌 관형 표현이라는 언어 지식에만 의존할 수도 있지만, (46가)의 표현들이 활성화되어 유추의 기반을 제공할 수도 있다. 이러한 유사한 표현들을 떠올리는 것은 새 표현을 만드는 동기가 될 수도 있고, 만든 표현의 타당성을 확인하는 과정이 될 수도 있다.

그러나 이러한 유추의 심리가 있는 것과 무관하게, '전 원장'이 '[전 [X]]'와 같은 유추의 틀에 의해 형성되었다고 할 수는 없다. 통사 구성은 통사 규칙에 의하여 형성되기 때문이다.

이는 통사적 구성의 표현 전반에 걸쳐 적용될 수 있다. 이를테면 '풍뎅이 연구'는 '역사 연구, 식물 연구, 미술사 연구, 자동차 연구, …' 등으로부터 유추될 수 있고, '카드와 함께 사라지다, 나는 언어 정복의 역사적 사명을 띠고 이 땅에 태어났다' 등은 기존의 문장 표현(책 제목, 국민교육헌장의 첫 구절)으로부터 유추된 것이고, '불도저 앞에서 삽질 하기, 안내양 앞에서 동전 세기' 등은 '번데기 앞에서 주름 잡기'와 같은 표현으로부터 유추된 것이라고 할 수 있다. 그러나 이 표현들의 생성이 단순히 특정한

표현을 기반으로 단어를 대치하는 방식으로 형성되었다고 할 수는 없다. 송원용(2005 : 152-153)에서는 '남의 문화 유산 답사기(전유성), 못 말리는 람보' 등의 제목명(이를 단어로 본다)의 형성 역시 유추의 기제로 형성되었을 가능성을 주장하지만, 이들은 모두 유추의 심리 작용과는 별도로 구, 문장을 형성하는 통사 규칙이 실질적인 형성 기제가 되었다고 보아야 한다. 이를테면 '행복의 문을 두드리십시오. 그러면 열릴 것입니다.'와 같은 표현은 '두드리라, 그러면 열릴 것이다.'로부터 유추된 것이지만, 새로운 수식어, 어미의 결합은 별도의 문장 형성의 통사적 규칙이 작용하고 있음을 보여 준다. 따라서 유추의 심리가 작용한다고 해서 그것이 곧 단어형성의 궁극적인 기제라고 단정하기는 어려운 것이다.

물론 단어형성의 기제로서 '유추'를 부정할 수는 없다. 다음과 같은 다양한 예들은 기존 단어를 바탕으로 한 유추 이외에는 그 형성 과정을 설명할 길이 없다.

> (47) 가. 선풍기를 틀어놓고 자다가 죽게 되는 일까지 생기니까 '殺風機'라고까지 한다.
> 나. 느린 '찐터넷' 못 참아.
> 다. 우리의 스포츠 저널리즘은 '너절리즘'을 넘어 '거덜리즘'에 이르렀다. (이상 이재인 2003)
> 라. 세벌이, 등처가, 농다리, 쉰세대, 텔레르기, 귀찌, 외끌이, 귀설다. (이상 채현식 2003)[86]

그러나 이와 같이 유추의 틀로만 형성되는 단어들도 있지만, 유추의 기반이 없어 규칙으로 생성되는 단어들도 있고, 유추와 규칙이 모두 가능하나 화자에 의해 선택되는 경우도 있을 수 있다. 곧 유추가 규칙의 존재

---

86) 각각 '맞벌이, 공처가, 롱다리, 신세대, 알레르기, 팔찌, 쌍끌이, 낯설다'에서 유추한 단어들이다.

를 온전히 부정할 수 있는 것은 아니다.[87]

유추의 틀이 결국 단어형성규칙의 일면에 해당한다면(김인균 2005 : 56) 근본적으로 유추의 틀이 규칙과 본질적으로 다른 것인가 하는 의문이 제기될 수도 있다. 결론적으로 단어형성의 규칙은 그 존재를 부정하기 어렵다고 본다. 물론 유추 역시 단어형성의 기제로서 충분히 받아들여질 부분이 있다.[88] 그러나 유추가 모든 합성어의 형성을 설명할 수 있는 것은 아니라는 점에서 규칙을 통하여 단어형성이 설명될 가능성은 여전히 존재한다고 할 수 있다.

4. 합성명사

4.1. 통사적 합성명사와 비통사적 합성명사

합성명사는 각 단어의 유형에 따라 그 형성 기제가 다양할 수도 있고 내부적으로 복잡한 양상을 지닐 수도 있다. 이 장에서는 다음과 같은 주제를 중심으로 합성명사의 형성 문제를 고찰해 보기로 한다.

　－그 형성 부문은 어휘부인가 통사부인가?
　－그 형성 과정은 공시적인가 통시적인가?

합성명사가 어휘부에서 형성되는지(그리고 그 기제가 규칙인지 유추인지) 통

---

87) 이재인(2003 : 199)에서도 유추적 형성에도 구성적 통합 관계가 관여한다고 본 점도 이와 같은 맥락이라고 생각된다.
88) 근래 단어형성 기제로서 규칙과 유추를 모두 인정하면서 둘 간의 조화를 모색하는 논의들이 이어지고 있다. 황화상(2010), 채현식(2012) 등 참조. 채현식(2012 : 217)에서는 'X-거리다, X-대다'처럼 매우 생산적인 패턴을 보이는 단어형성의 경우, 유추의 적극적 증거를 댈 수 없다는 점에서 규칙에 의한 형성 가능성을 인정하는 태도를 보이고 있다.

사부에서 형성되는지에 관하여 다양한 견해가 있어 왔다. 이를테면 '현대음악'과 같은 'N+N' 유형에 대해서도 의견이 갈리는 등 복잡한 양상을 보인다.

합성명사의 형성 과정이 공시적인지 통시적인지도 간단하지 않다. 예를 들어 사이시옷 개재 명사라도 '나무ㅅ잎'처럼 중세에 이미 존재하던 것이 있고 '피자ㅅ집'처럼 현대에 생겨난 것도 있다. 중세국어 시기에는 'ㅅ'이 속격 표지로서 통사적 단위였다는 점을 고려하면 '나무ㅅ잎'은 통사적 구성이 시간의 흐름에 따라 단어화하였을 가능성을 배제할 수 없다. 반면에 현대국어에서 'ㅅ'이 통사적 단위가 아니므로 '피자ㅅ집'은 공시적으로 형성된 것이다. 이와 같이 현대국어의 공시태에서는 동일하게 분석되는 단어라고 해도 형성 과정의 시간적 모습은 다를 수 있다.

합성명사의 형성 부문과 관련하여 통사적 합성명사와 비통사적 합성명사의 분류가 주목된다. 그런데 이러한 분류가 합성명사의 형성 부문과 직접적으로 관련되는 것은 아니다. 이를테면 비통사적 합성명사라고 해도 어휘부에서 형성된 것이 있을 수도 있고 통사부에서 형성된 것이 있을 수도 있기 때문이다. 이에 더하여 이 두 부류가 명쾌하게 잘 분류되지 않는다는 점도 문제이다. 다음 분류 예를 보자.[89]

> (48) 가. 덮밥, 곱돌, 접칼, 잔주름, 늦바탕, 옻니, 굳뼈
> 나. 곱슬머리, 삽살개, 물렁뼈, 알뜰주부, 흔들의자
> 다. 뻐꾹새, 살짝곰보
> 라. 냇가, 나뭇잎, 김칫국, 국숫집, 나뭇가지

---

89) 2.1에서 보았듯이 단어 분류의 기준에 따라 합성어의 범주도 달라지므로 이 예들이 모두 합성어인지는 불확실하다. 예를 들어 (48마)의 '귀엣말'류처럼 통사적 구성이 단어화한 것은 형성의 관점에서 보면 합성어가 아니라 통사적 결합어이며(2.1.2. 참조) (49나)의 '늙은이'류 역시 통사적 구성이 단어화한 것이라면 합성어에서 제외될 수도 있다. 그러나 여기에서는 이 문제와는 별개로 일반적으로 합성어로 다루어진 유형을 모두 대상으로 삼고자 한다.

마. 귀엣말, 눈엣가시, 수지엣말, 몸엣것

바. 비켜덩이, 살아생전, 을러방망이, 싸구려판, 묻지마관광

(49) 가. 가마솥, 손발, 할미꽃, 예닐곱

나. 늙은이, 선무당, 지난해, 쥘부채, 들것

다. 지름길, 데림사람, 숨이고기, 듣보기장사, 걸개그림

라. 닭의장, 남의달, 남의나이, 꿩의다리, 도둑놈의갈고리

마. 첫눈, 왼씨름, 갖은떡

바. 해돋이, 연필깎이, 줄넘기, 입막음, 무릎맞춤

위 (48가~바)는 비통사적 합성명사, (49가~바)는 통사적 합성명사로 분류되는 예들이다. 그러나 대응하는 통사적 구성의 존재 여부에 대한 관점의 차이나 언어의 변화가 있을 수 있어 이들의 분류가 꼭 명료한 것은 아니다. 예를 들어 김유범(2011)에서도 지적했듯이 (48다)의 '뻐꾹새'는 부사+명사의 구성이지만 통사적 구성에서도 '바로 옆집'처럼 부사가 명사를 수식하는 것이 가능하기도 하다는 점에서 통사적 합성어로 분류될 수도 있다. (48라, 마)처럼 사이시옷이 게재한 유형도 고어에서는 통사적 구성이 가능했다는 점에서 형성 당시를 기준으로 하면 통사적 합성어로 분류될 수도 있다.[90]

(48라)는 용언의 종결형 혹은 부사형이 명사와 결합한 형식이 통사적 구성으로는 없다는 점에서 비통사적 합성어로 분류된 것이다. 그런데 '비켜, 살아, 을러, 싸구려, 묻지마, 나몰라라' 등이 어근이나 단어로 영범주화하여[91] 후행 요소와 결합한 것으로 이해된다면(4.5. 참조) 문제는 복잡해

---

90) 이 점에서 김유범(2011)은 '콧물, 귀엣말, 뻐꾹새'의 세 유형에 대하여 통사적 합성어일 가능성 여부를 검토하면서, 근본적으로 통사적 합성어와 비통사적 합성어의 구분은 단순히 통사적 틀만을 기준으로 해서는 안 되며 참여한 형태소의 특성과 시간의 흐름을 고려해야 한다는 점을 강조한다.

91) 이 경우 그 요소는 명사(또는 명사성 어근)로 해석된다고 본다. 곧 '비켜덩이' 등은 'N → N(/R)+N'의 규칙을 바탕으로 만들어지는 합성명사이다. 이 용언의 활용형이 명사(또는 명사성 어근)이라는 것은 명사 뒤에 결합하는 접사 '-뱅이'와 결합한 '잘라뱅이, 얻어뱅이'와

진다. 이 선행 성분이 어근이라면 비통사적 합성어이겠지만 단어(즉 명사) 라면 통사적 합성어로 이해될 수도 있는 것이다. 특히 '싸구려판'의 경우 는 '싸구려'가 명사라는 점에서 통사적 합성어일 수 있다.

(49다)는 명사+명사 구성이라는 점에서 통사적 합성어로 분류된 것이 지만 선행 성분이 실재어가 아니라는 점이 문제가 될 수 있다. 즉 이것에 직접적으로 대응하는 통사적 구성이 없다는 점에서 진정한 통사적 합성 어인지 의문이 제기되며 만일 선행 성분의 범주가 어근이라면 더욱 통사 적 합성어일 수 없게 된다.

(49바)는 비록 종합 합성어로 불리지만 합성어인지 아닌지부터 불확실 하다. [[해+돋]+이]의 구조라면 파생어이고 [해+[돋+이]]의 구조라면 합성어이다. 후자의 경우 '돋이'가 실재어가 아니므로 이것이 통사적 합 성명사인지에 있어서 '지름길'류와 유사한 문제가 생긴다.[92]

이와 같이 통사적 합성명사와 비통사적 합성명사는 그 분류 자체가 불 확실한 면이 있다. 통사적 합성명사와 비통사적 합성명사를 분류했다고 해도 각각의 합성명사가 어떤 기제에 따라 형성되었는지는 또 다른 문제 이다. 예를 들어 위 (49마)의 예들만 해도 [첫 눈]$_{NP}$과 같은 통사적 구성 이 잦은 사용을 통하여 단어화하였을 가능성이 높지만, '첫, 왼, 갖은' 등 관형사가 결합한 명사의 생산성이 높다는 점은 어휘부에 'N → 관형사(첫/ 왼/갖은)+N'의 규칙이 있을 가능성도 보여 주고, 나아가 이 관형사들이 접사화해 가는 단계까지도 고려해 볼 수 있다.

이와 같이 합성명사의 형성 부문과 과정은 그 유형 또는 개별 단어에 따라 매우 복잡하고 어려운 문제를 내포하고 있다. 여기에서는 그동안 논

같은 단어로부터 확인된다.

92) 이 유형은 '-이'를 접사, '-기, -음'를 어미라고 본다면 단어의 범주, 형성 기제 등과 관련 하여 문제가 더 복잡해진다. 이에 대한 더 이상의 언급은 생략한다.

쟁의 주요 대상이 되었던 유형을 중심으로 합성명사의 형성 기제에 대하여 살펴보고자 한다.

4.2. 사이시옷 개재 합성명사

사이시옷 개재 합성명사들은 사이시옷이 지닌 특이성 자체만으로도 매우 다양하고 복잡한 논쟁을 불러일으킨 유형이다.

(50) 가. 봄ㅅ비, 가을ㅅ바람 <시간>
　　　나. 산ㅅ돼지, 물ㅅ고기 <장소>
　　　다. 햇빛, 고기ㅅ기름 <(무정체언)소유주/기원>
　　　라. 잠ㅅ자리, 술ㅅ잔 <용도>

합성명사에서 사이시옷은 대체로 위 예처럼 한정−피한정의 관형 구성에서 선행 체언이 시간, 장소, 기원, 용도 등을 나타낼 때 개재한다.[93] 사이시옷의 개재 조건[94]은 합성어의 중요한 주제이겠으나 여기에서는 이 비통사적 합성어들의 형성 부문에만 관심을 두고자 한다.

이 사이시옷 명사의 형성과 관련하여 그것이 어휘부의 절차가 아니라 통사론적 절차라는 논의가 있다. 'ㅅ'이 본래 통사적 구성에 출현하던 것

---

93) '손발, 논밭' 등 병렬 구성, 그리고 관형 구성 중에도 선행 체언이 형상(고추잠자리, 무당벌레), 재료(쌀밥, 보리밥), 수단/방법(불고기, 칼국수), 동격(누이동생), 소유주/기원(노루발, 개고기)을 나타낼 경우는 대체로 사이시옷이 개재하지 않는다. 한편 김창섭(1996)은 사이시옷의 출현이 중세국어의 'ㅅ'의 통사적 속격 구성과 직접적으로 관련된다고 한다. 즉 중세국어에서 속격 구성은 존칭체언과 무정체언은 'ㅅ'으로, 유정체언은 '의/의', 또는 ∅로 구분되어 쓰였는데, 사이시옷은 이러한 문법에 바탕을 둔다는 것이다.
94) 사이시옷의 개재는 특정 명사의 속성에 따라 결정되기도 한다. 예를 들어 '구멍ㅅ가게'는 선행 체언이 형상을 나타내므로 사이시옷을 가질 수 없는 환경인데 '만홧가게, 쌀ㅅ가게, 반찬ㅅ가게' 등처럼 '가게'가 'ㅅ' 전치의 명사로 고착되었기 때문이다. '고깃국, 북엇국, 김칫국' 등도 선행 체언이 <재료>인데 어떤 환경에서 '국'이 'ㅅ' 전치 명사로서의 속성을 갖게 된 것이라고 할 수 있다. 구체적인 내용은 김창섭(1996) 참조.

이라는 점에서 이와 같이 명사구(NP)에 결합하는 가능성은 충분히 고려해 볼 수 있을 것이다. 대표적으로 이남순(1988)은 '길눈'처럼 체언 어간끼리 결합하는 '합성'의 경우 선행 체언이 격을 가질 수 없으나 '어머니의 손길, 어머니 손길'과 같은 연속된 체언으로 구성이 된 '연접'에서는 선행 체언이 격을 가질 수 있다고 한다. 따라서 'ㅅ'이 속격 표지라는 관점에서 '나뭇가지'의 경우는 합성이 아니라 연접이고, 따라서 '나뭇 가지'와 같은 통사적 구성에서 단어화한 것이라는 것이다. 그리고 통사론적 요소인 'ㅅ'의 기능은 후행 체언의 내포를 확대하는 것이라고 한다.

이는 곧 내포를 확대하는 경우에 그리고 그 경우에만 선행 체언에 'ㅅ'을 결합하는 통사론적 절차가 이루어질 것을 기대하게 한다.

(51) 가. 모래Ø집, 벽돌Ø집, 통나무Ø집, 흙담Ø집, 흙벽돌Ø집
　　나. 널ㅅ집, 판자ㅅ집, 돌ㅅ집, 돌담ㅅ집, 토담ㅅ집

그런데 위 (51가)와 마찬가지로 (51나)도 후행 체언의 내포에 아무런 변화가 없는데도 'ㅅ'이 결합하고 있다. 이러한 불규칙한 현상은 통사론적 절차로는 이해하기 어렵다. 따라서 'ㅅ'의 개재를 형태론적 현상으로 이해하고자 한다. 현대국어에서 'ㅅ'이 명사구에 결합할 경우 대부분 비문법적이라는 점도 이를 지지해 준다. 또 'ㅅ'이 비통사적 구성, 즉 한자어 등 어근에 결합하는 경우(이 경우는 'ㅅ'이 격 표지일 수 없다)와 일관되게 설명할 수 있는 장점이 있다.

물론 형태론적 절차라고 해도 사이시옷이 보이는 불규칙성은 여전히 문제로 남는다. 그러나 통사론적 과정에서 'ㅅ'이 불규칙하게 나타나는 것은 설명하기 어렵지만 형태론적 과정에서는 단어형성규칙의 변화에 따라 '수의성'을 얻는 결과로 해석할 여지가 생긴다. 단어형성규칙은 '빌먹

다', '빌어먹다'가 혼재하는 시기가 있었던 것처럼, 규칙의 변화, 혼재가 가능하다고 볼 수 있다.

이와 같이 사이시옷의 개재를 형태론적 절차로 보는 것이 일반적이지만 그 합성명사의 구체적인 형성 원리는 크게 규칙과 유추로 나뉜다.

> (52) 가. $[X]_{N/R}$, $[Y]_N \rightarrow [[[X]_{N/R} (-\wedge)]_{ADN?} [Y]_N]_N$ (김창섭 1996)[95]
> 　　나. 사이시옷이 개재된 명사들은 대부분 단어가 선행 직접성분이나 후행 직접성분이 상수(常數)로 표현된 유추의 틀을 통해 형성된다(송원용 2005 : 139).

(52가)는 사이시옷 개재 명사의 형성 규칙이다. (52나)는 유추의 기제로서, 예를 들어, '양념을 담을 병'을 표현할 어휘의 필요성이 생기면, '간장ㅅ병, 기름ㅅ병, 물ㅅ병, …'과 같은 단어들로부터 'X-ㅅ-병'의 유추 기반이 형성되고, '양념'을 선택함으로써 '양념ㅅ병'이 만들어진다는 것이다.

이 (52나)의 설명과 관련하여 주목할 점은 상수가 존재한다는 것이다. 규칙에 의한 단어형성을 주장하는 김창섭(1996 : 71)에서도 합성명사에서의 사이시옷의 출현은 어떤 유형을 이루는 기존 합성명사들을 모형으로 하여 유추에 의해 결정된다고 하면서, 그 가운데 의미론적 유형으로 '전체-부분, 장소-존재, 시간-존재' 등에서 같은 유형의 것들이 모형을 이룰 가능성을 언급하고 있다.

(52나)의 기제와 관련하여 왜 '간장ㅅ병, 기름ㅅ병, 물ㅅ병, …'류가 활성화되고 '유리병, 사기병, 플라스틱병, …' 등은 활성화되지 않는지 생각해 볼 필요가 있다. 화자가 전자를 유추의 기반으로 선택하는 데는 이들이 [X를 담는]이라는 의미 자질을 지니고 있어서이다. 곧 '재료'가 아닌

---

95) 'ADN?'은 김창섭(1996)에서 그 범주가 불확실함을 나타낸 것이다.

'용도'의 의미적 특성을 지닌 단어들이 활성화되는 것이다.

이와 관련하여 '머릿기름'의 형성 과정을 생각해 보자.

> (53) 가. 고기ㅅ기름, 코ㅅ기름
> 　　　나. 머리ㅅ비누, 머리ㅅ수건

'X-ㅅ-기름'의 유추의 틀을 제공할 만한 형식의 합성어는 (53가) 정도이다. 그러나 이들은 형태적으로는 유추의 기반을 제공할 수 있겠지만 의미적으로는 '기원' 또는 '장소'를 나타낸다는 점에서 '용도'를 지니는 '머릿기름'의 유추의 기반이 되기 어렵다. 이 점에서 '머리-ㅅ-X'의 유추의 틀을 제공하는 (53나)의 예들이 유추의 기반이 될 가능성이 있으나 유추의 기반이 될 집합이 지나치게 작다는 문제가 있다.

물론 유추는 단 하나의 단어를 기반으로도 이루어질 수 있지만 심리 기제라는 특성상 관련 단어 집합의 크기가 작을수록 그리고 저빈도의 단어일수록 유추의 기반이 될 가능성은 낮아질 것은 당연하다. 즉 화자가 '머릿기름'을 만들기 위해 이 소수의 단어로부터 유추한다기보다 '간장ㅅ병, 잠ㅅ자리, 고기ㅅ배, 술ㅅ잔, 물ㅅ그릇, 세수ㅅ비누, 손ㅅ수건, 모기ㅅ불' 등 선행 체언이 [용도]의 의미를 지니는 단어들에 기댄다는 것이 더 합리적인 논리로 보인다.96) 이러한 유추의 모델에서는 상수가 존재할 수 없으므로 유추가 아니다. 이는 곧 의미 기능에 기반한 'N→N+ㅅ+N'의 단어형성규칙이 있을 가능성을 보여 주는 것으로 생각된다.

---

96) '머리ㅅ결, 머리ㅅ그림, 머리ㅅ내, 머리ㅅ돌, 머리ㅅ말, 머리ㅅ수, 머리ㅅ줄' 등 '머리ㅅ'을 공유하는 단어들이 활성화된다고 보기도 어렵다. 선행 체언의 의미가 다르고 '머리그물, 머리기사, 머리댕기, 머리등, 머리말' 등 '머리ㅅ'이 선택되지 않는 단어들도 있기 때문이다.

4.3. 조사 결합 합성명사

합성명사 가운데 조사가 개재된 합성명사들은 조사가 통사적 단위라는 점을 고려하면 통사부에서 형성되었을 가능성이 높다. 실제로 조사는 단어형성규칙의 요소가 될 수 없는 것으로 보인다.

(54) 가. 스승의 날, 국군의 날, 주(主)의 날, 죽음의 글, 사자의 서, 철학자
　　　의 돌, 불의 날
　　나. 꿩의다리, 꿩의밥, 꿩의비름, 범의귀, 도둑놈의갈고리
　　다. 닭의장, 닭의똥, 업의항, 남의눈, 봉의눈, 힘의장, 쇠고기
　　라. 귀엣말, 웃음엣말, 몸엣것, 소금엣밥, 배안엣짓, 한솥엣밥

(54가, 나)처럼 제한된 범위(특히 기념일, 식물명 등) 내에서 현대국어에서 도 생산적이지만 어휘부의 단어형성규칙이 된 것으로는 보이지 않는다. '죽음의 글, 사자의 서, 철학자의 돌' 등과 같은 예들도 굳어진 표현이기 는 하지만 완전한 단어로 여겨지지 않는 것은 이들이 통사적 구성에서 단어화하는 경우들이기 때문일 것이다.

(54다)와 같이 고어에서 상대적으로 활발하던 단어들도 현대국어에서 는 생산적인 단어형성을 보이지 않는 것으로 이해된다. (54라)는 의심할 여지없이 구의 단어화라고 할 수 있다. 현대국어에서는 이러한 통사적 구 가 성립할 수 없다. 형성 단계(중세국어)에서도 이는 통사부에서 통사적 단 위에 조사 'ㅅ'이 결합함으로써 형성된 것일 뿐이다.[97]

---

97) 김유범(2011 : 138-139)에서는 '귀엣말'류의 단어들은 대개 현대국어에 들어와서 만들어졌 다고 하면서, 국어사 자료에서 이 단어들의 구 구성을 찾을 수 없다는 점에서 '명사+엣+ 명사'라는 이전 시대의 통사 구성을 바탕으로 어휘부의 형성 규칙이 생겨났을 가능성을 조 심스럽게 언급하고 있다. 이 경우라면 조사가 어휘부의 단어형성에 참여한다고도 할 수 있 겠으나 분명히 확언하기는 어렵다. 한편 오규환(2008)에서 조사가 결합한 'X+조사' 구성 이 온전한 단어의 자격을 갖는 '조사 결합어'를 제시하고 있는 점도 참조된다.

이 점에서 현대국어에서 조사는 단어형성의 요소가 될 수 없으며 따라서 'N→N+의+N'과 같이 조사가 단어형성의 요소가 되는 단어형성규칙은 상정되기 어렵다. 물론 통사적 단위라도 어휘부에서 형태적 단위로 쓰일 가능성을 전혀 부정할 수 없지만(아래 용언의 관형형 어미 참조) 'N+의+N' 구성의 합성어가 매우 적고, 속격 관계를 갖는 합성어의 경우 'N+N', 'N+ㅅ+N' 구성이 대다수인 점으로 미루어 'N→N+의+N'의 단어형성규칙은 없는 것으로 보고자 한다.[98]

4.4. [[V-음/기/이/개]+N] 합성명사

이 유형의 단어들('지름길, 데림사람, 숨이고기, 듣보기장사, 깎기끌, 걸개그림' 등)은 선행 요소인 'V-음/이/기/개'가 실재하지 않는다는 특징을 지닌다. 대표적으로 'V-음'형을 중심으로 보면 '지름길'과 같은 유형은 [[V-음]+N]의 구조로 분석된다.

이와 같은 유형의 단어들은 어휘부에서 형성되는 것으로 보인다. 우선 선행 성분인 [V-음]은 실재하는 단어가 아니므로 [[V-음]+N]와 같은 구성은 통사부에서 나타날 수 없다. 또 '갈림ㅅ길, 지름ㅅ길, 지름ㅅ대, 누름ㅅ돌, 디딤ㅅ돌, 디딤ㅅ발, 디딤ㅅ쇠, 부름ㅅ자리' 등 일부 단어의 경우 사이시옷이 개재되는 것도 그 형성이 어휘부의 소관임을 보여 준다.

그리고 '박음질, 새김질, 쓰임새, 생김새'와 같은 단어는 'V-음'이 다시 파생의 어기가 되고 있음을 보여 준다. 이는 'V-음'이 어휘부의 단어형성 단위일 가능성을 높여 준다. 또 '갈림길'과 형식상 유사한 'V-음'의

---

98) 일부 'N의'가 굳어져 단어형성 전용요소가 되는 경우는 있을 수 있다. '꿩의다리, 꿩의밥, 꿩의비름' 등에 보이는 '꿩의'는 그럴 가능성이 있어 보인다. 그러나 이 경우에도 단어형성 전용요소 전체가 단어형성규칙의 요소가 된다는 점에서 조사가 독립적인 단어형성규칙의 요소가 되는 경우와 다르다. 즉 '꿩의'와 같은 개별 상수가 단어형성규칙을 이룬다.

통사구와 '명사'의 결합은 통사 구성에서는 나타나기 어려운 유형이다.

(55) 가. [우리 학교] 교가, [어떤 아저씨] 도움
　　　나. *돈(이) 없음 문제, *답(을) 모름 결론, *어제 읽었음 책

(55가)와 같이 명사구와 명사의 결합은 통사부의 전형적인 구성인데 (55나)처럼 '-음' 명사절과 명사의 결합은 잘 허용되지 않는다. 이 점에서 '갈림길'이 통사부의 구조를 바탕으로 형성되었을 가능성은 적다. 이러한 논의가 '-이/기/개'까지 동일하게 적용되는 것은 아니지만 이들이 지닌 유사성을 고려할 때 [[V-음/기/이/개]+N] 합성명사는 어휘부에서 형성된 단어라고 할 수 있다.

이 명사를 생성하는 어휘부의 규칙은 'V-음'의 범주에 따라 결정된다. 만일 'V-음'이 명사라면 그 형성 규칙은 'N→N+N'의 형성 규칙이 될 것이다. 이 경우 해당 명사는 실재하지 않는(그리고 장차 단어가 될 자격이 있는) 것이므로 임시어 또는 잠재어가 된다.

'V-음'이 어근이라는 주장도 있는데 이 경우 '-음'은 어근형성 전용요소이다(채현식 2003나 : 167-168). 그러나 이 'V-음'은 어근이 아닌 단어(즉 명사)로서의 자격에 더 가까워 보인다. 어근이 명사와 결합하는 경우('흔들의자', '부슬비', '물렁살', '비틀걸음', '알뜰주부', '더펄개' 등)는 대체로 사이시옷의 개재 현상이 없는데[99] 이 'V-음'은 명사와 결합할 때 '지름ㅅ길, 누름ㅅ돌, 디딤ㅅ발' 등에서 보았듯이 사이시옷 개재 현상이 활발한 편이고, 어근은 합성명사의 후행 요소가 되는 경우가 없는데 이 요소들은 후행 요소가 되기도 한다('토끼뜀', '무릎맞춤' 등).

'V-음'이 명사라면 '-음'은 명사 파생 접미사이거나(송철의 1992 : 173-

---

99) 사이시옷이 명사에 후치하는 것이라면 품사 자격이 없는 어근의 경우 사이시옷이 후치할 수 없다.

174, 김창섭 1996 : 28) 명사형 어미(시정곤 1998 : 124)가 그 후보가 된다. 후자의 경우에는 '-음'이 통사적 단위이므로 [V-음]은 통사부에서 만들어진 임시어일 수 있다. 그러나 어미가 형태론적 단위로서 단어형성에 참여하는 것이 배제된다고 하기 어려우므로(4.5. 참조) 'V-음'이 어휘부에서 형성될 가능성도 여전히 존재한다.

'[V-음]N'의 '-음'이 어미일 가능성은 아래 예들에서 찾아볼 수 있다. 즉 '-음'은 다음과 같이 '~ 현상'의 표현을 생산적으로 만들어내는데,

> (56) 가. 글자 깨짐 현상, 마우스 포인트 어긋남 현상, 필름지의 비침이나 어긋남 현상, 바다 갈라짐 현상, 자동차 도색 갈라짐 현상
> 나. ^{??}글자 깨졌음 현상, ^{??}글자 크게 깨짐 현상, ^{??}글자가 뒤틀리거나 깨짐 현상

(56가)의 '-음'이 결합한 동사가 선행하는 명사구와 호응한다는 점에서 (그리고 매우 생산적이라는 점에서) 어미이다. 그러면서도 (56나)에서 보듯이 시제, 부사어, 문장 접속 구성 등의 '-음' 구성은 명사와 잘 결합하지 못하는 특성을 보인다. 곧 '~ 현상'은 (56가)와 같이 통사적 구성이면서 명사+명사 단어의 유형에 매우 가까운 경우에 생산적으로 만들어진다는 것을 뜻한다. 즉 '-음'의 어미로서의 기능이 명사절 형성에서 단어형성의 영역으로까지 이어지고 있는 것으로 여겨진다.

이 점에서 '갈림길'류의 'V-음'은 명사형의 어미가 결합한 명사로 이해될 여지가 있다. '갈림길, 돌봄이/돌봄자, 디딤발' 등과 함께 '셔터막 갈림 현상, 디딤 센터, 돌봄 노동자[100]' 등 구 구성의 요소로 참여하는

---

100) "여러 갈림 물들이 모여서 큰 강을 이루어 나가듯이"(http://news.naver.com/main/, 2013. 6. 11.), "디딤센터는 정서·행동 장애 청소년의 치료와 재활을 지원하는 거주형 시설이다." (내일신문, 2013. 3. 8. 17면).

점은 이들이 명사일 때 이해될 수 있다. 곧 임시어에서 점차 실재어로서의 자격을 획득해 나가는 것이다.

이 글에서는 '-음'이 어미로서 단어(임시어) 형성에 참여한 것으로 보고자 한다. 즉 'V+-음'은 어휘부에서 동사 어간과 어미가 결합한 것으로 명사(N)의 자격을 지닌다. 이것이 'N→N+N'의 규칙에 입력이 되어 '갈림길' 류가 형성된다고 보는 것이다.

4.5. '용언의 관형형+명사' 합성명사

국어에서 용언의 어간 또는 활용형이 명사 앞에 놓여 합성명사를 만드는 유형은 다음과 같다.

> (57) 가. 용언 어간 + 명사 (덮밥, 접자, 닿소리, 붉돔, 꺾쇠, …)
>   나. 용언의 종결형/부사형 + 명사 (비켜덩이, 섞어찌개, 살아생전, 을러방망이, 떴다방, 먹자골목, 신기료장수, 야타족, …)
>   다. 용언의 명사형 + 명사 (갈림길, 깎기끌, 누름틀, 울림소리)
>   라. 용언의 관형형 + 명사 (어린이, 앉은저울, 길짐승, 날짐승, 열쇠, 자물쇠, 먹을거리, 밀대, 쥘손, 질통, 디딜방아, 거센소리)

이 가운데 (57가, 나)는 비통사적 합성어이므로 어휘부에서 생성된다. 이 가운데 (57나)의 경우, 선행하는 용언의 활용형은 문장형으로서, 이들은 '어근화' 또는 '단어화'를 겪은 것으로 이해된다(주지연 2008, 오민석 2011).[101] 이는 '얻어뱅이,[102] 잘라뱅이,[103] 꺾어쟁이,[104] 따라쟁이' 등과

---

101) 어근화는 '야타, 신기료, 묻지마'처럼 단독으로 쓰이지 않는 것, 단어화는 '부랴부랴(<-불이야불이야), 싸구려, 와따(<-왔다' 등 단독적 쓰임을 보이는 것이다(주지연 2008). 주지연(2008), 오민석(2011)에서는 이런 유형의 단어로 '몰라박수, 안다박수, 보이네안경, 카더라통신, 막가파, 나가요걸, 하자센터, 묻지마투기, 일하기싫어병, 긁어주(酒), 배째라식, 보라장기, 사자주, 팔자주, 매죄료장수' 등 다양한 예를 제시하고 있다.

같이 파생의 어기가 되기도 하는 점에서 지지된다. (57가)와 같이 단어형
성에 참여하는 '덮-, 접-' 등을 '어근'으로 분석하는 관점(최형용 2006, 강
진식 2000 등)을 따른다면 (57나)의 어근화 예는 (57가)와 동일한 규칙으로,
단어화 예는 'N→N+N'의 규칙에 따르는 것으로 이해될 수 있을 것이
다. (57다) 역시 잠재어가 직접 성분이라는 점에서 어휘부에서 형성된 단
어들로 볼 수 있다(앞의 4.4. 참조).

이 절의 기술 대상은 (57라)이다. 이 '용언의 관형형+명사' 합성어의
형성은 어미가 결합되어 있다는 점에서 주로 통사부의 소관으로 설명되
어 왔다. 이에는 3.3.1에서 기술한 바와 같이 세 가지 관점이 존재한다.
첫째는 통사부에서의 통사 규칙에 의한 공시적 단어형성이고, 둘째는 통
사적 구성의 통시적인 단어화이며, 셋째는 통사적 구성의 공시적인 단어
화이다.

그런데 첫 번째 관점은 이미 3.3.1에서 그 문제점을 기술하였지만 이
유형의 단어에서도 역시 받아들이기 어렵다. 이 과정은 필연적으로 다음
과 같은 핵이동을 요구하게 되는데,

(58) '길짐승'의 형성 : $[_{NP}[_{CP}[_{VP} \emptyset \text{ 기-}_V] \text{ -르}_C] \text{ 짐승}_N]$

어휘적 요소('기-')가 굴절 요소('-르')로 이동하는 것은 굴절 요소의 의
존적인 속성이 견인한다고 하겠지만 '짐승'과 같은 어휘적 요소가 왜 다
른 요소('기-르')를 이끄는지가 분명하지 않다는 문제가 남는다. 결국 이
'기-르'의 '짐승'으로의 핵이동은 '단어이니까' 그래야 한다는 결과적인

---

102) '거지'의 충청방언.
103) 짧게 된 물건.
104) 호미로 파낸 흙을 먼저 파낸 자리에 엎어 덮는 애벌 김매기.

논리일 뿐이다.

두 번째 관점은 통사적 구성인 '용언의 관형형+명사'의 구성이 통시적인 과정을 거쳐 단어화하는 것으로 요약된다.[105] 이는 아래 (59가)와 같이 용언 어간이 시제성을 갖는 경우 통사적 구성일 수밖에 없다는 데서 입증되고(송원용 2005) 보다 일반화되어 '용언의 관형형+명사'는 통사적 구성으로부터 단어화한 것으로 이해되는 것이다.

(59) 가. 산낙지, 산울타리, 늙은이, 젊은이, 묵은밭
    나. 갓난이, 예쁜이, 못난이, 잘난이

그러나 통사적 구성의 단어화는 분명히 존재하지만 이 유형의 모든 단어들이 이와 같이 형성되는지는 의문이 남는다. 당장 시제성을 갖는다고 한 (59가)의 예들조차 불확실하다. '묵은밭'과 '묵밭'이 의미 차이가 없다는 점에서 '묵밭' 역시 시제적 의미를 지닌다고 하면 '묵은밭'의 시제적 의미가 반드시 통사적 구성으로부터 기인한 것이라고 할 수는 없다. 또 '못난이' 역시 '늙은이'와 마찬가지로 시제성을 갖는다고 해야 하는데 이 '못난이'의 '-이'는 의존명사가 아니라 접사일 가능성도 있다. 시정곤 (1998 : 106-108)에 의하면 [+동물명] 접사 '-이'는 호격 조사와의 결합에서 탈락하는 반면 의존명사 '이'는 그렇지 못하다. 그런데 '예쁜이, 못난이' 등은 '예쁜아, 못난아'와 같이 호격 조사와의 결합에서 '이' 탈락 현상을 보인다. 이는 곧 '못난이'가 '못난'에 파생접사 '-이'가 결합한 것임을 보여 준다. '-이'가 어휘부 접사라면 '못난이'는 어휘부에서 형성된 것이고, 따라서 시제성을 갖는다는 것이 곧 통사부의 어형성을 입증하는

---

105) 송원용(2005)에서는 '-ㄹ' 관형형어미가 단어형성에 참여한 경우 '미완료'의 상적 의미가 유지된다는 점에서 통사부 형성을 주장하였다. 그러나 '멜가방(북), 멜대' 등에서 미완료의 상적 의미가 있는지는 불확실해 보인다.

것은 아니다.

모든 '용언의 관형형+명사' 구성이 통시적인 단어화로 설명될 수 없다는 점은 이른바 임시어에서 확인된다(아래 자료의 출처는 국립국어원 '말터'(www.malteo.net)로 정한데로(2011)에서 재인용). 아래 예들은 세 번째 관점인 통사적 구성의 공시적인 단어화를 보여 준다.

> (60) 가. 가는길, 편한바닥, 흐르는길(무빙 워크), 늘찬배달(퀵서비스), 공들인이(엔딩크레디트), 열린집(오픈하우스), 버린글, 빈편지(스팸메일), 든정보(콘텐츠), 이쁜꼴(이모티콘)
> 나. 갖출거리, 챙길거리(머스트 해브), 누빌망(로밍), 쓸거리(콘텐츠)

이 임시어들은 그 속성상 통사적 구성이 단어화하는 시간적 흐름을 상정하기 어렵다. 이들은 특정 개념이나 대상에 대한 명명의 욕구에 의해 화자의 언어 능력을 바탕으로 공시적으로 형성된 단어이다(정한데로 2011 : 218).

위에서 든 세 가지 관점과 달리 '용언의 관형형+명사' 구성의 단어가 어휘부에서 형성될 가능성을 생각해 보자. 논자에 따라 일부 단어에 대해서 어휘부의 유추로 설명하기도 하고,[106] '큰형, 작은아버지'에서처럼 일부 관형형이 접사화한 경우 파생으로 설명하기도 하지만, 이들은 모두 'V-은/는'을 한 단위로 한다는 점에서 관형형 어미가 단어형성에 직접 참여하는 요소로 보는 것은 아니다. 여기에서는 관형형 어미도 어휘부의 단어형성 단위가 된다는 점에 주목하고자 한다.

> (61) 가. 노는꾼,[107] 늙은데기, 어린둥이, 얼근배기,[108] 얼근보,[109] 앉은뱅

---

106) 송원용(2005 : 146)는 '흰담비, 흰피톨'은 통사 구성인 '흰 담비, 흰 피톨'보다 외연이 좁으므로(즉 의미가 같지 않으므로) 통사적 구성의 단어화가 아니라 유추에 의하여 형성되었다고 한다.

이, 젊은네, 허튼뱅이,110) 갓난쟁이, 흰둥이

　나. 멜꾼111), 앉일뱅이, 견딜성, 참을성

　(61가, 나)는 용언의 '-ㄴ, -ㄹ' 관형형, '-아/어' 부사형이 '-꾼, -네, -데기, -둥이, -배기, -보, -뱅이, -쟁이' 등의 접사와 결합한 예이다. 이들 접사가 통사적 접사가 아닌 이상 이러한 결합은 어휘부에서 이루어진다고 보아야 한다. 이는 용언의 활용형이 어휘부의 단어형성 단위가 될 수 있다는 것을 보여 준다. 이들이 다른 성분과 통사적 구성을 이루는 것이 아니므로 그 활용형 자체가 통사부에서 별도로 형성된다고 보아야 할 까닭은 없을 것이다. 이를테면, 접사 '-뱅이'는 어근(절름뱅이, 절뚝뱅이), 용언 어간(떠돌뱅이, 더듬뱅이), '-음' 명사형(느림뱅이, 돌림뱅이), '-ㄴ' 관형사형(앉은뱅이, 허튼뱅이), '-ㄹ' 관형사형(앉일뱅이) 등 다양한 어형과 결합하는데, 이는 어휘부에서 접사 '-뱅이'가 단어를 형성하는 방법이 다양하다는 것을 보인다.112)

　(62) 가. 떠살이[浮遊], 붙어살이[着生], 함께살이[共棲]

　　　 나. 마른살이[乾生], 짠살이113)

　(62가, 나)는 북한어에서 말다듬기의 과정에서 새로 만든 말이다. 순화

---

107) 이웃으로 자주 놀러 다니는 사람(제주방언).

108) '얼금뱅이'의 경남방언.

109) '곰보'의 경북방언.

110) 허랑하고 실속이 없는 사람을 낮잡아 이르는 말.

111) 고싸움놀이에서 고를 메고 싸우는 사람.

112) 이와 유사한 예로서 '솟을문, 갈참'를 더할 수 있을 것이다. '솟을문'은 '문(紋)'이 의존적 어근으로서 통사적 구성을 형성할 수 없다는 점에서 '솟을'이 어휘부의 단위로 결합한 것이 된다. '갈참'은 '고참'에 유추하여 생겨난 단어인데, 단어 내부의 자리를 '가-ㄹ'이라고 하는 용언의 관형형이 채우고 있음을 볼 수 있다. 역시 어미가 어휘부의 단어형성에 참여하는 예라고 할 수 있다.

113) 소금기가 많은 땅에서 삶.

어는 본질적으로 공시적인 단어형성의 과정을 갖는다. 위 단어들은 살아가는 방식이나 그런 특성을 지닌 동식물을 가리키는 'X살이'의 단어들과 연결망을 이룬다고 할 수 있다. 즉 순화의 과정에서 화자는 '하루살이, 겨우살이'(동식물명) 등이나 '감옥살이, 시집살이'(생활 방식) 등을 떠올리고 이와 같은 유형으로 단어를 만든 것이다. 그러나 이것이 '유추'와 같지는 않다. 관련 단어들이 활성화된다는 점에서는 유추와 같으나 실제 단어가 만들어지는 것은 재분석을 바탕으로 한다는 것을 알 수 있다.114) 즉 (62가)는 선행 요소가 용언의 부사형 또는 부사라는 점에서 '살이'의 동사 '살-'이 따로 분석되어 'X+살-'과 같은 형성 과정을 새롭게 거친다는 점을 보여 준다.115) (62나)는 이와 달리 '살이'가 명사에 준하는 한 단위로 고정되고 이에 용언의 관형형이 결합한 것이다.

그런데 어미가 개재되어 있다고 해서 이와 같은 단어형성 과정이 통사부에서 이루어진다고 하기 어렵다. 만일 '떠살-, 붙어살-'이 통사적인 구를 형성한다면 접사 '-이'는 이른바 통사적 접사로 규정해야 하는 부담이 따른다. 또 '마른살이, 짠살이'의 경우 '마른, 짠'이 역시 통사적 구(관형절)을 형성한다면 '살이'는 관형어를 취하는 명사로서의 자격을 지니고 있어야 하는데 이 '살이'가 명사로서의 용법을 갖는다고 하기는 어렵다. <표준국어대사전>에서도 접미사로 처리하고 있는 것은 '살이'가 독립적인 통사원자가 될 수 없다는 특성을 반영된 결과라고 할 수 있다.

따라서 위의 (62가)는 부사형 어미 '-아/어', (62나)는 관형사형 어미 '-은'이 어휘부의 단어형성에 참여한다는 점을 보여 준다. 이는 본질적으

---

114) 이를테면 '사장실' 대신 '사장님실'이라고 하는 것은 '사장-실'로 분석한 다음, '사장' 대신 '사장님'을 '-실'과 결합한 것이라고 할 수 있다.

115) 이러한 단어형성의 방식은 다른 경우에도 확인된다. 예를 들어 '안울림소리'는 '울림소리'가 단어형성의 기반이 되었다고 할 수 있다. 그런데 부정소 '안'은 용언과 결합하기 때문에 '울림소리' 또는 '울림'은 결합 단위가 될 수 없다. 이는 '울림'으로부터 '울리-'가 분석된 후 '안+울리-'가 형성되는 과정이 있다고 해야 한다.

로 어미가 통사부의 단위이기만 한 것이 아니라 단어형성과 관련하여 어휘부의 단위일 수도 있음을 뜻한다.

따라서 용언이 핵 명사를 수식하는 형식의 단어는 '닿소리'처럼 어간+명사의 방식으로도, '울림소리, 고룸소리, 이음소리, 갈이소리'처럼 용언 명사형+명사의 방식으로도, '거센소리, 된소리, 맑은소리, 이은소리'처럼 용언 관형형+명사의 방식으로도 만들어질 수 있다.[116] 이 가운데 특히 용언 관형사형+명사의 경우를 두고 통사부에서 형성된다고 보는 데는 이것이 통사부의 출현 형태와 동일하기 때문이다.[117]

물론 이와 같은 통사적 구성으로부터 단어화를 겪는 통시적인 단어화 과정, 통사적 구성의 공시적 단어화가 있는 것은 사실이다.[118] 그러나 모든 용언의 관형형+명사가 통사적 구성 즉 통사부로터 형성되는 것은 아닐 수 있다. 지금까지의 설명은 어떤 하나의 기제로 설명하려고만 한 느낌이 없지 않다. 그러나 단어형성이 다양한 기제를 통하여 이루어질 수 있다는 것이 언어의 현실에 가까울 것이다. 물론 각 단어의 형성 기제가 무엇인지는 판별하기가 쉽지 않지만 개별 단어에 따라서는 어휘부에서 'N→V+-은/을+N'과 같은 단어형성규칙에 의하여 형성되는 것도 존재하는 것으로 본다.

---

116) 물론 이 방법들 간에는 생산성의 차이가 있다.

117) 국어순화 분야에서 이와 같이 관형형+명사의 순화어에 대하여 '단어'로서의 자격이 부족하다는 지적이 자주 있어 왔다. 이러한 비판 역시 그 형식이 통사적 구성과 동일한 데에 심리적으로 끌렸기 때문이라고 할 것이다.

118) 예를 들어 '갈꺾는소리, 배끄는소리, 풀써는소리' 등은 통사적 구성의 단어화로 여겨진다. 그러나 많은 경우 이를 가려내기는 어렵다. 통사적 구성의 단어화와 어휘부의 단어형성규칙이 동시에 존재하는 이상 어느 쪽으로도 단어가 만들어질 가능성이 있는데 그 실제를 확인하기는 매우 어렵다.

4.6. '명사+명사' 합성명사

'명사―명사'로 구성된 합성명사 역시 어휘부에서의 형성되었다는 주
장과 통사적 구성이 단어화한 결과라는 주장이 대립한다.

(63) 가. 소나기밥, 금반지, 쌀밥, 칼국수
　　 나. 현대음악, 프랑스음식, 개다리
　　 다. 논밭, 마소, 봄가을
　　 라. 교장 선생님, 담임 교사

(63가)와 (63나~라)는 대응하는 통사적 구가 있는지 여부에 따라 분류
되는 것이다. 이러한 합성명사들이 어떻게 형성되었는지에 대하여, 이들
이 이루는 '명사+명사'의 구조가 통사부에서 허용되는 구조라는 점에 근
거하여 이들이 모두 통사부에서 형성되는 것이라는 주장이 있을 수 있다.
그러나 김창섭(1996)에서 논증하듯이 (63가)는 '*소나기의 밥, *금의 반지,
*쌀의 밥, *칼의 국수'처럼 속격 조사 '의'의 삽입이 허용되지 않는, 즉
대응하는 통사적 구가 존재하지 않는다는[119] 점을 근거로 이들이 어휘부
의 단어형성규칙에 따라 형성된 것이라고 할 수 있다. 이에 대해서는 대
부분 일치된 견해를 보인다(김창섭 1996, 채현식 2003나, 송원용 2005, 김인균
2005 등).

(63가)와 달리 (63나~라)는 대응하는 통사적 구가 존재한다. (63나)는
'현대의 음악'처럼 속격조사 '의', (63다)는 '논과 밭'처럼 접속조사 '와',
(63라)는 '교장인 선생님'처럼 서술격조사의 활용형 '인'이 결합한 통사
적 구가 가능하다. 채현식(2003나)는 이들이 통사적 결합임을 다음과 같이

---

119) 이 합성명사들은 선행 요소가 후행 요소의 '형상', '재료', '수단·방법'의 의미이다. 김창
　　 섭(1996 : 28)은 이러한 의미 관계를 표현할 통사적 속격 구성이 국어 문법에서 불가능하
　　 다고 한다.

공백화, 대용화를 통해서도 보이고 있다.

    (64) 가. [현대$_i$ 음악]과 Ø$_i$ 미술 (등)
         나. [현대$_i$ 음악]과 그$_i$ 미술 (등)

    즉 '현대음악'의 일부 요소인 '현대'가 (64가)처럼 공백화되거나 (64나)처럼 대용화되는 것은 '현대음악'이 통사적 구성에 기반하기 때문이라는 것이다. 이러한 점에 근거하여 채현식(2003나), 송원용(2005), 김인균(2005) 등은 이 합성명사들이 통사부에서 형성된 것이라고 한다. 즉 이 합성명사들은 [현대+음악]$_{NP}$, [논+밭]$_{NP}$, [교장+선생님]$_{NP}$ 등처럼 통사적 구성이던 것이 빈번한 사용 등을 통하여 단어화한, 이른바 '통사구성의 단어화'(송원용 2005 : 75)라는 것이다.[120][121] 즉 'N+N' 구성의 합성명사가 'N의 N', 'N과 N', 'N인 N' 등의 통사적 구에 대응될 수 있다면 그 합성명사는 통사부의 명사구([N+N]NP)가 자주 사용되다가 점차적으로(즉 통시적으로) 단어가 되었다는 생각이다.

    이와는 다소 다르게, 어휘부의 합성명사 형성 규칙과 통사적 구성이 단어화되는 기제('구의 단어화')를 모두 인정하는 김창섭(1996)에서는, 대응하는 통사적 구가 가능한 '오리걸음, 들국화, 콩기름' 등은 어느 쪽으로든 형성될 가능성이 있지만 구의 단어화로 설명되어야 할 특별한 이유가 인정되지 않는다면 합성명사 형성 규칙에 의한 것으로 보아야 한다고 한다. 합성명사 형성 규칙이 N$_1$과 N$_2$의 의미 관계와 무관하게 일반화되었

---

120) 송원용(2005 : 75)는 '통사구성의 단어화'란 "실재로 가능한 통사적 구성이 높은 사용 빈도 등으로 인하여 하나의 단어로 어휘부에 등재되는 현상"이라고 정의한다. 즉 단어화는 단어가 아니던 것이 단어가 되는 현상이며, 임시어 등처럼 등재되지 않던 '단어'가 통시적인 과정을 거쳐 단어로 등재되는 현상과는 구별된다(송원용 2005 : 74).

121) 채현식(2003나 : 135)에서 "통사적 구성 N$_1$+N$_2$가 화자에 의해 내포(intension)를 형성하거나(김광해 1982 : 25) 높은 사용빈도를 보이면 통사적 합성명사의 자격을 획득한다"고 한 것도 이와 같은 맥락이다.

기 때문이라는 것이다.

이와 같이 보면, 통사적 구성이 존재하는 [N+N] 합성명사의 경우, 어휘부에서 형성될 가능성이 높다는 견해에서, 대부분 통사부에서 형성된다는 견해로 바뀌어간 셈이다.

사실 통사부에서 형성된 문법단위가 통시적으로 형태화의 길을 걷는 것이 보편적인 현상이라고 해도 송원용(2005) 등의 견해는 지나치게 강력하다는 느낌이 있다. 먼저 다음 (65가)와 같이 통사적 구가 가능한 경우에도 (65나)와 같이 어휘부의 단어형성이 가능하다는 점을 고려할 필요가 있다.

(65) 가. 피아노의 소리, 남포의 불, 조선의 글
     나. 피아노ㅅ소리, 남포ㅅ불, 조선ㅅ글

이는 적어도 '현대음악, 프랑스요리' 등이 대응하는 통사적 구가 가능한 것과 별개로, 어휘부의 합성명사 형성규칙에 따라 형성되었을 가능성을 열어놓고 있는 것이다.

또 단어형성규칙이 아닌 유추를 주장하는 입장에서 볼 경우에도 일괄적인 통사 구성의 단어화는 문제가 제기된다.

(66) 가. 그리스미술, 농민미술, 기독교미술, 원시미술, 민중미술, 서양미술, 한국미술, …
     나. 고딕미술, 광고미술, 추상미술, 미개미술, 분장미술, 생활미술, 석조미술, 실용미술, 설치미술, 전위미술, 응용미술, …

(66가)는 '의'가 삽입된 통사적 구성이 가능하고 (66나)는 불가능한 예들이다. 그런데 (66가)의 합성명사들이 통사적 구의 단어화에 의하여 만

들어졌다면 (66나)의 예들과는 전혀 다른 기제에 의하여 단어가 형성되었다는 이야기가 된다. 그런데 이는 어떤 새로운 개념의 합성명사를 만들고자 할 때 'X미술'의 단어들이 활성화되고 이를 유추의 틀로 삼아 만든다는 유추의 기본 정신과 부합하지 않는 것으로 보인다. 중국의 미술을 뜻하는 단어를 만들고자 할 때 '그리스미술, 서양미술, 한국미술, …'을 유추의 틀로 삼지 않고 '중국(의) 미술'이라는 통사적 구성으로부터 (그것도 통시적으로) 만들어진다고 보아야 할 이유를 이해하기 어렵다.

결국 대응하는 통사적 구가 있다고 해서 '현대음악'류가 반드시 이 통사적 구로부터 생성되었다고 말할 수는 없다. 물론 대응하는 통사적 구가 존재한다면(예를 들어 '현대의 음악', '현대 음악'), 합성명사(즉 '현대음악')가 그 통사적 구로부터 형성되었을 가능성이 있는 것은 사실이지만 그것이 모든 단어가 그렇다는 것을 함의한다고는 할 수 없다.

'N+N'형의 합성명사는 명사+명사의 직접적인 결합으로 만들어질 수 있고, 한편으로 그 명사는 얼마든지 'N의 N, N과 N, N인 N' 유형의 통사적 대응형을 가질 수 있다. 즉 '평일부부, 장롱모피, 바텐더 로봇, 주차장 대학'과 같은 신어(2005년)들은 '평일의 부부, 장롱의 모피, 바텐더인 로봇, 주차장인 대학'과 같은 통사적 구성이 대응되지만 이 구로부터 만들어졌다고는 단언할 수 없다. 대응하는 통사적 구성이 존재하는 경우에도 'N+N' 합성명사는 그와 별개로 'N→N+N'의 단어형성규칙에 의해 생성될 수도 있다.

5. 합성동사

5.1. 통사적 합성동사와 비통사적 합성동사

합성동사 역시 통사적 합성동사와 비통사적 합성동사로 나눌 수 있다. 이들의 형성 기제와 관련하여, 우선 '비통사적 합성동사'는 어휘부에서 형성된다고 할 수 있다.

(67) 가. 감돌다, 감싸다, 걸놓다, 걸메다, 걸앉다, 굶주리다, 내쫓다, 늘줄다, 덮싸다, 돌보다, 듣보다, 들나다, 뛰놀다, 무뜯다, 밀몰다, 받들다, 붙박다, 빌붙다, 뻗디디다, 씻부시다, 어녹다, 얼마르다, 얽매다, 여닫다, 오가다, 오르내리다, 잇달다 (동사＋동사)
　　 나. 낮보다, 밉보다, 설익다, 얕보다, 잗다듬다, 무르녹다 (형용사＋동사)
　　 다. 검붉다, 검누르다, 넓둥글다, 높푸르다, 크넓다 (형용사＋형용사)
　　 라. 짜드락나다, 비롯하다 (불완전어기＋동사)
　　 마. 부질없다, 웅숭깊다 (불완전어기＋형용사)

즉 (67가~마)의 각 예들에서 보듯이, 합성동사의 한 구성 요소인 용언 어간, 불완전어기는 통사부의 단위일 수 없으므로 이들의 결합은 당연히 어휘부에서 이루어질 수밖에 없다.[122] 이 점에서 적어도 비통사적 합성동사의 형성 부문에 대하여는 큰 논란의 여지가 없다.

이와 달리 '통사적 합성동사'는 그 형성 기제와 관련하여 훨씬 복잡한 문제를 지니고 있다. 우선 이들은 단어인지부터 의심받는다.

---

122) 다만, 이 경우에도 '유추'가 형성 기제로 제시될 수 있는데, (65가~다)의 예들은, 특히 '씻부시다, 듣보다, 크넓다'처럼 대등한 요소로 결합한 예들은 그 유추의 틀이 무엇인지 의문이 제기될 수 있다. 이러한 예로는 '깁누비다, 죽살다, 나들다, 긁빗다(이상 동사), 감프르다, 검븕다, 검프르다, 굳세다, 됴쿶다, 굳브르다, 질긔굳다, 흉덕다(이상 형용사)' 등 다양한 중세어의 예(이선영 2006 참조)를 더할 수 있다.

(68) 가. 겁나다, 정들다, 물오르다, 눈맞다, 애타다 / 맛보다, 장난치다, 억
  지부리다, 힘주다 / 마을가다, 앞서다 (명사＋동사)

  나. 갈아입다, 돌아가다, 뛰어넘다, 보내오다, 빌어먹다, 노려보다, 돌
  려주다, 드러나다, 날아가다, 뜯어내다, 쏟아지다, 퍼붓다, (나타
  나다, 쓰러지다,) 파묻다, 굶어죽다, 벗어나다, 피워물다 / 타고나
  다, 넘고처지다, 놀고먹다, 들고나다, 들고볶다, 먹고살다, 밀고나
  가다, 밀고당기다, 사고팔다, 싸고돌다, 안고나서다, 안고지다, 오
  고가다, 울고웃다, 울고짜다, 치고받다, 타고내리다, 주고받다 /
  건너다보다, 메다꽂다, 쳐다보다, 떠다밀다, 올려다보다, 내려다
  보다, 갖다주다, 돌아다보다 (동사＋어미＋동사)

  다. 좋아하다, 예뻐하다, 높아지다, 추워지다 (형용사＋어미＋동사)

  라. 그만두다, 잘살다, 비틀하다 (부사＋동사)

(69) 가. 맛없다, 버릇없다, 꼴사납다, 눈밝다 (명사＋형용사)

  나. 맛나다, 줄기차다, 동안뜨다, 풀죽다, 힘들다 (명사＋동사)

  다. 하고많다, 쓰디쓰다, 자디잘다, 머나멀다 (형용사＋어미＋형용사)

  라. 게을러빠지다, 게을러터지다, 좁아터지다 (형용사＋어미＋동사)

  마. 깎아지르다, 뛰어나다, 빼어나다 (동사＋어미＋동사)

  바. 가만있다, 다시없다, 더하다, 불쑥하다, 어질어질하다 (부사＋형
  용사)

  사. 잘나다, 막되다, 덜되다, 못나다 (부사＋동사)

즉 위 예들에서 보듯이, 통사적 합성동사의 주된 형식인 '동사＋아/어
＋동사' 구성, '명사＋동사' 구성, '부사＋동사' 구성 등은 이미 통사적
구성과 투명하게 대응될 뿐더러, '내적 확장 여부'라는 합성어 판별 기준
에 비추어 볼 때도[123] 조사, 부정소 등이 개입하는 현상으로 인해 단어

---

123) 합성어(단어)와 구의 구별을 위하여 휴지와 연접, 강세, 음운 변화, 구성 성분의 내적 확
  장, 외적 분포류, 구성 성분의 배열 순서, 의미적 융합 관계 등 음운론적, 통사론적, 의미
  론적으로 다양한 판별 기준이 제시되었다(이익섭 1967, 김규선 1970, 서정수 1981/1993,
  1990, 이석주 1987, 1989 등). 다른 기준과 마찬가지로 완전한 기준이라고 할 수는 없으
  나 '내적 확장 여부' 기준에 따르면 이와 같이 다른 성분에 의하여 분리되는 현상은 그것

로서의 자격을 의심받아 온 유형들이다. 따라서 이들이 단어인지부터 확인될 필요가 있다. 또 단어라고 할 경우, 그 대응하는 통사적 구성으로 미루어 볼 때 통사부에서 형성되었을 가능성을 배제할 수 없으므로 이에 대한 논의가 필요하다. 여기에서는 이 통사적 합성동사를 대상으로 두 문제에 대하여 논의하고자 한다.

5.2. '용언+어미+용언' 결합형

5.2.1. 개요

'동사+-아/어+동사', '동사+-고+동사' 구성(이하 'V-어 V' 구성)은 무엇보다도 그 형식이 문장의 접속 구성과 유사하다. 그래서 그 문법단위에 대하여 '문 구성'이라는 주장부터, '중간범주(V′) 구성'(김기혁 1994), '연속동사 구성'(Lee 1992), '단어'에 이르기까지 다양한 의견이 제기됐다.

'문 구성'으로 보는 견해는 그 형식적 동일성 때문이다. '-아/어, -고' 등이 결합한 'V-어 V'의 형식은 아래 (70가)와 같은 접속문 구성과 다를 바 없으며, 특히 합성동사라면 단어로서 비분리성을 보여야 하는데 (70나)와 같이 복수 접미사, 조사 등에 의하여 분리되는 것은 이들이 단어가 아니라는 점을 보여 준다는 것이다.

(70) 가. 그가 뛰어, (집으로) 갔다.
　　 나. 왜 그렇게 뛰어들(/를/만/도)가느냐?

그러나 접속문 구성은 '뛰어, 가다'의 분리적 동작을 나타내지만 합성동사는 '단일한 움직임'을 나타내듯이(최현배 1975 : 282) 양자의 의미적 차

　　이 단어(합성어)가 아닐 가능성은 강하게 보인다.

이가 분명하고, 조사 등에 의한 분리 현상도 쉽게 단정할 수 있는 문제가 아니어서(5.3.3. 참조) 문 구성이라는 견해는 인정받기 어렵다.

'중간범주'로 보는 견해는 이들이 문 구성은 아니지만 완전히 단어에 이른 것도 아니라는 것이다. 김기혁(1994)의 요점은 두 동사의 결합에서 '돌아가다[死]'처럼 예측할 수 없는 의미를 지닌 것은 단어이지만, '돌아가다[廻]'처럼 의미를 예측할 수 있는 것은 형태적, 통사적 특성을 모두 지닌 구성 즉 중간범주라는 것이다. 그러나 예측할 수 없는 의미를 지닌 것만 합성어라고 한다면 '오가다, 씻가시다, 듣보다' 등처럼 합성어가 분명한데도 그 의미가 예측되는 것을 설명하기 어렵다는 문제가 있다.124)

'연속동사'(serial verb)로 보는 관점은 Lee(1992), 남미혜(1996) 등에서 보인다. 연속동사는 두 개의 동사가 목적어 등 논항을 공유하는 연결체이다.125) 중간범주가 두 동사가 한 단위가 되어 논항을 갖는 것이라면, 연속동사는 'V-어 V'의 동사들이 각각 독립한 채로 주어, 목적어 등 논항을 공유하는 구성이다. '깎아먹다'를 예로 들면 다음과 같다.

---

124) 또 '얻어먹다'의 경우 '남에게 음식을 빌어서 먹다'는 그 의미가 거의 예측되고, '남에게 좋지 아니한 말을 듣다'는 예측되기 어려운데, 이와 같이 같은 형태이면서 의미의 예측성에서 다른 경우에 후자의 경우에만 단어라고 할 것인지도 의문이다.

125) Baker(1988)은 'Kofi naki Amba kiri'(Kofi hit Amba kill)과 같은 Sranan어의 예를 제시한다. 이 문장에서 'naki(때리다)'와 'kiri(죽이다)'는 각각 별개의 동사이면서 하나의 목적어 'Amba'를 공유하고 있다는 것이다. Baker(1988)은 이와 같이 두 개의 동사가 하나의 목적어를 공유하는 것은 두 개의 핵을 가진 하나의 최대투사로서 이러한 동사들의 연결체를 연속동사라고 부른다.

(71) 가.

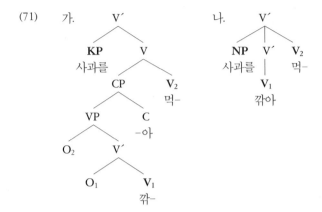

(71가)는 남미혜(1996)에서 제시된 것으로 '깎아'가 부사절을 형성한 경우이다. 일종의 문 구성이라고 할 수 있다. 그러면서도 이 부사절과 동사 '먹-'이 결합하여 V 범주를 이루어 목적어 논항을 취한다는 점에서 '동사'(즉 연속동사) 구성으로 본 것이다. 그러나 이는 다음과 같은 경험적 사실에서 받아들이기 어렵다. 즉 아래 (72나)에서 보듯이 일반적인 부사절은 내부의 부사어가 문장 끝으로 올 수 없는데 (73나)에서 보듯이 '깎아먹다' 구성은 그렇지 않은 것이다. 이 점에서 부사절 분석은 성립할 수 없다(이정훈 2006 : 136-137).

(72) 가. 철수가 사과를 천천히 깎아먹었다.
　　　나. 철수가 사과를 깎아먹었다, 천천히.

(73) 가. 철수는 [CP 영이가 천천히 사과를 깎아] 답답했다.
　　　나. *철수는 [CP 영이가 사과를 깎아] 답답했다, 천천히.

(71나)는 Lee(1992)에서 제시된 것으로, '깎아'를 절이 아니라 동사 범주로만 본 것이다. 그러나 이 경우도 '두들겨맞다'와 같이 두 동사의 논

항(즉 주어)이 다른 경우를 설명하지 못하는 문제가 있다. '두들기-'의 주어와 '맞-'의 주어는 동일하지 않으므로 '주어를 공유하는' 연속동사의 개념을 적용할 수 없는 것이다(허철구 1998).[126] 이 점에서 'V-어 V'를 연속동사라고 하기에는 어려움이 있다.

이들이 '단어'라는 점은 여러 가지로 확인된다. 무엇보다도 이들은 아래 예처럼 접사 파생의 어기가 될 수 있다.

(74) 가. 되들어가다, 되일어서다, 되받아넘기다, 되살아나다, 되잡아넣다,
　　　되젊어가다(북), 덧드러나다, 덧얽어매다(북), 맞바라보다
　　나. 갈아들이다, 굽어보이다, 달아매이다(북), 둘러싸이다, 맞바라보
　　　이다, 모아들이다, 바라보이다, 번갈아들이다, 가라앉히다, 갈아
　　　입히다, 걸어앉히다, 구어박히다, 꿇어앉히다, 늘어앉히다, 둘러
　　　막히다, 들어맞히다, 들어앉히다, 따라잡히다, 잡아먹히다, 쥐어
　　　박히다, 틀어박히다, 휘어박히다, 그러안기다, 뜯어맡기다(북), 쥐
　　　어뜯기다, 잡아끌리다, 짊어지우다

(74가)는 접두사가 결합한 예이다. 접두사의 목록은 '되-'에 편중되는 등 분포가 매우 제약되기는 하지만, 이들은 *되들다, *되일다, *되받다, *되살다, *되잡다, *되젊다, *덧들다, *덧얽다, *맞바라다'가 없으므로 'V-어 V' 전체에 접사가 결합한 것으로 보아야 한다. '되-, 맞-, 덧-'에 의한 파생은 단어 이하를 어기로 하므로 '들어가다, 일어서다, 받아넘기다, 살아나다, 잡아넣다, 드러나다, 얽어매다, 바라보다'는 단어가 된다.

(74나)는 피사동의 접미사가 결합한 예이다. 이 파생은 두 가지의 가능성이 있다. 하나는 '걸어앉다, 들어맞다, 뜯어맡다, 짊어지다, 갈아입다,

---

126) 이 점은 Baker(1989)에서 드는 'Fémi tì Akin subú.'(Fémi push Akin fall)과 같은 Yoruba어에서도 나타난다. 이 예문에서 'tì'(밀다)의 주어는 Fémi, 'subú'(떨어지다)의 주어는 Akin이다. 즉 두 동사는 주어를 공유하는 것이 아니다.

모아들다' 등이 실재하므로 그 전체가 파생의 어기가 된다는 입장이다. 이 경우 'V-어 V'는 단어가 된다. 둘째는 이들이 단어라는 것은 입증된 것이 아니므로 '앉히다, 맞히다, 맡기다, 지우다, 입히다, 들이다' 등 단일어를 어기로 한 파생어가 각각 '걸어-, 들어-, 뜯어맡-, 짊어-, 갈아-, 모아-'와 결합하였다는 입장이다. 그러나 '맞바라보이다'와 같이 접두사와 접미사가 모두 결합한 예는 전자의 입장에 무게를 실어 준다. 이 단어는 '맞-바라보이다' 또는 '맞바라보-이다'로 분석될 수 있는데[127] 어느 경우이든 '바라보다'가 단어임을 보여 준다. 즉 전자와 같이 분석하는 것은 '바라보이다'가 '맞-' 파생의 어기이므로 단어이며(따라서 '바라보다'도 단어가 되며), 후자와 같이 분석하는 것 역시 '바라보다'가 '맞-'의 어기이므로 단어가 된다.

　두 번째로 이들은 전체가 부사어의 수식을 받는다는 점이다.

　　(75) 가. 그가 다시 살아났다.
　　　　나. 사람들이 부지런히 오고간다.
　　　　다. *노루가 오랫동안 굶어죽었다.

　　(76) 가. 그가 공을 꽉 잡아, 던졌다.
　　　　나. 색이 앵두처럼 붉고, 희다.
　　　　다. 노루가 오랫동안 굶어, 죽었다.

　(75가, 나)의 부사어 '다시, 부지런히'는 '살아나-, 오고가-' 전체를 꾸미지, '살아-, 오고-'만을 수식하는 것으로 해석되지 않는다. (75다)가 비문인 것은 '오랫동안'이 '굶어죽-' 전체를 수식하는데, 그 경우 의미 충돌이 일어나기 때문이다. 이러한 수식 관계는 '굶어죽-'이 한 단위로서

---

127) <표준국어대사전>에서는 '맞바라보-이다'로 분석하여 '맞바라보다'의 피동형으로 풀이한다. 북한의 <조선말대사전>도 마찬가지다.

피수식어가 된다는 점을 잘 보여 준다. 이와 달리 접속문 구성은 선행 성분만 수식이 가능하다. (76가, 나)는 부사어 '꽉, 앵두처럼'이 '잡아, 붉고'만 수식하며, (76다)가 성립하는 것도 '오랫동안'이 '굵어'만 수식하기 때문이다.

세 번째로 이들이 다양한 의미 분화 또는 전이를 겪는 현상 역시 이들이 단어임을 지지해 준다. 다음 예를 보자.

> (77) 들어서다 .
> ① 밖에서 안쪽으로 옮겨 서다.
> ② 어떤 상태나 시기가 시작되다.
> ③ 어떤 곳에 자리 잡고 서다.
> ④ 정부나 왕조, 기관 따위가 처음으로 세워지다.
> ⑤ 아이가 배 속에 생기다.
> ⑥ 대들어서 버티고 서다.

통사적 구성도 '손을 잡다, 배가 아프다' 등처럼 합성적인 의미와 더불어 관용적인 의미가 있을 수도 있지만, '들어서다'와 같이 다양하게 의미가 분화되는 경우는 생각하기 어렵다. 또 ①, ②의 의미로는 주어 외 '에', '으로', '을'의 논항을, ③은 '에' 논항을, ④는 주어만, ⑤, ⑥은 '에/에게' 논항을 취하는 등 다양한 문형을 형성하는 점도 통사적 구성이라면 생각하기 어렵다. 이상의 근거를 통해 이들이 합성어임이 확인된다.

5.2.2. 통사부 형성론

앞에서 보았듯이 'V-어 V' 동사는 통사적 구성과 유사하다. 따라서 이 합성동사의 형성을 접속 또는 내포의 통사적 구성으로부터 변형을 통하여 설명하는 관점이 있다(남기심 1970, 김기혁 1981, 1994). 이는 'V→V+-아/어+V'와 같은 어휘부의 단어형성규칙을 부정하는 입장이라고 할 수 있다.

이 유형의 합성동사들이 문장 구성으로부터 형성되었다고 보는 전통적인 관점에는 크게 두 가지 정도의 배경이 있어 보인다. 하나는 합성동사의 형태가 문장 구성과 동일하다는 것이고, 하나는 어미가 통사적 단위라는 것이다.

'V-어 V' 합성동사가 문장 구성으로부터 형성되었다고 보는 관점도 공시적 과정과 통시적 과정으로 나뉜다. 다음은 공시적으로 통사 구조로부터 합성동사를 도출해 내는 설명이다.

(78) 남기심(1970)
　가. [나는 고기를 잡았다] [나는 고기를 먹었다] (문장의 접속)
　나. 나는 [[고기를 잡았다] [고기를 먹었다]] (임자말 합일)
　다. 나는 고기를 [[잡아] [먹었다]] (부림말 합일)
　라. 나는 고기를 잡아먹었다. (합성동사 형성)

(79) 김기혁(1981)
　가. 순경이 도둑을 잡아 순경이 부산에 갔다. (문장의 접속)
　나. 순경이 부산에 [순경이 도둑을 잡아] 갔다. (절 삽입)
　다. 순경이 부산에 [도둑을 잡아] 갔다. (동일 명사구 생략)
　라. 순경이 부산에 도둑을 잡아 갔다. (동사 합성어 형성)
　마. 순경이 부산에 도둑을 잡아갔다. (합성동사 형성)

김기혁(1994)은 이와 같이 문 접속으로부터 합성동사가 형성되는 기제에 더하여 새로운 의미의 합성동사로 발달하는 과정까지 제시한다. 그 견해를 요약하면 다음과 같다.

(80) 떼어(서)먹다 → 떼어먹다1 → 떼어먹다2 → 속여먹다

'떼어먹다'는 '떼어(서) 먹다'의 문장 접속에서 형성되는데, 형태적 합성동사(떼어먹다1 : 과자를 ~)와 의미적 합성동사(떼어먹다2 : 돈을 ~)로 나뉜다. 형태적 합성동사는 그 의미가 통사적 구성과 잘 구별되지 않지만 의미적 합성동사는 통사적 구성과 구별되는 새로운 의미를 지닌다. 그리고 통사적 구조로 환원될 수 없는 '속여먹다'는 문장 접속이 아니라 '떼어먹다'와 같은 다른 동사로부터 유추하여 생성되었다는 것이다. 이러한 관점에서는 'V-어 V' 동사는 문장 접속의 통사적 구조에서 만들어지거나 이미 만들어진 동사에 유추하여 만들어진다.

어휘부에서 규칙에 의하여 합성동사가 형성된다는 것을 부정하는 관점은 최형용(2003)에서도 이어진다.[128] 최형용(2003 : 34)에서는 조사나 어미는 문법적 단어로서 구 이상을 적용 영역으로 삼는 존재이므로 이들이 결합하여 형성된 단어는 파생어나 합성어일 수 없으며 '통사적 결합어'라고 한다. 이는 '공짜로, 갈수록'처럼 체언과 용언에 조사, 어미가 결합된 유형뿐만 아니라 '갈고닦다, 살펴보다' 등 'V-어 V'류도 포함한다.

그러나 어미의 경우는 앞에서 '용언 관형형+N' 유형을 통해 보았듯이 통사부에서도 단어 층위에 결합하는 것도 가능하므로 어휘부에서 단어형성의 단위로 쓰이는 것이 본질적으로 금지되는 것은 아니다. 즉 어미가 통사 단위라는 점에 근거하여 'V-어 V'를 통사적 결합어로 단정짓는 데는 보다 신중할 필요가 있다(자세한 내용은 5.2.3. 참조).

이정훈(2006)은 'V-어 V'가 통사적 구성으로서의 속성과 단어형성규칙으로서의 속성을 동시에 지닌다는 점을 포착하고자 한 논의이다.

---

128) 다만 이 관점은 통사부의 공시적 규칙(변형)이 아니라 통사적 구성으로부터 통시적인 흐름에 따라 단어형성을 설명한다는 차이점이 있다.

(81)

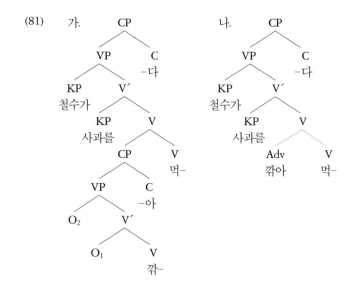

즉 (81가)와 같은 기저구조에서 화자가 '먹-'의 부사절 CP를 X^0 범주로 어휘화하는 범주통용129)의 통사적 기제를 통하여 '깎아'는 (81나)와 같이 부사(Adv)로 범주가 바뀌어 '깎아먹-'의 동사를 형성한다는 것이다. 이는 이들이 단어로 기능하면서도 다음과 같이 '-기' 반복구문에서 일부만 나타나는 특성을 설명할 수 있다는 장점을 지닌다.

(82) 철수가 사과를 깎아먹었다.
　　가. 철수가 사과를 깎아먹기는 깎아 먹었다.
　　나. 철수가 사과를 깎아먹기는　　　 먹었다. (이정훈 2006 : 134)

(81나)에서 점선으로 표시하였듯이 통사부에서 범주통용으로 형성된 합성동사는 그 내부구조가 통사부에서 투명하여 이와 같이 일부만 반복

---

129) 이정훈(2006)의 '범주통용'은 다음과 같다. "서로 모순되는 요구나 어휘화의 요구가 있을 때 'CP→X'를 적용한다. X의 범주는 CP의 분포에 적합하게 결정한다."

되는 현상이 나타날 수 있다는 것이다.

그런데 이 경우 한두 가지 의문이 남는다. 통사적 규칙 연산에 의한 것이라면 '-어서'가 결합한 경우에도 범주통용이 가능할 것으로 예측되는데 `*깎아서먹다, *뛰어서넘다, *잡아서먹다` 등 예측과 달리 왜 'V-어서 V' 합성동사가 없는지에 대한 설명이 필요하다. '-어서'는 합성동사 형성에 참여할 수 없다는 제약이 작용한다면 이것이 순수히 통사부 규칙이 아니라 (규칙이든 유추든) 어휘부의 작용일 가능성이 높아 보인다.

아래와 같이 선행 동사가 필수적 논항을 갖는 경우는 범주통용에 의한 합성동사 형성이 불가능하다는 점도 주목할 필요가 있다.

(83) 벽에 기대앉다, 나무에 기대서다, 언덕에 올라가다

이러한 구성에서 `*벽에기대(어), *나무에기대(어), *언덕에올라`와 같은 부사(Adv)는 생각하기 어려우므로 범주통용이 일어날 수 없고 따라서 이들은 통사적 구성을 유지한다고 해야 한다. 그러나 '벽에 잠깐 기대앉다, 나무에 오래 기대서다, 언덕에 안 올라가다' 등에서 부사어의 수식 영역이 후행 성분('앉다', '서다', '가다')까지 미치는 데서 '기대앉다, 기대서다, 올라가다' 등이 한 단위 즉 합성동사라는 점이 확인된다. 따라서 적어도 범주통용의 기제를 바탕으로 'V-아 V'의 형성을 설명하는 것은 재고의 여지가 있어 보인다.

그러나 범주통용은 통시적인 과정으로는 이해될 수 있다. 화자가 (81가)와 같은 통사 구조에서 '깎아'와 '먹다'를 한 단위로 인식하는 단계를 거쳐 '깎아먹다'를 하나의 단어로 수용하는 과정을 거칠 수 있다. 이 점에서 범주통용은 공시적인 통사 규칙이라기보다는 통시적인 재분석의 과정으로 재해석될 수 있을 것이다. 이 경우에는 애초의 'V1'의 논항이 합

성동사의 논항으로 남아 있는 이유를 설명하는 것이 어렵지 않다. 그러한 논항의 존재 여부와 무관하게 재분석에 의하여 'V1'과 'V2'의 결합이 가능하기 때문이고, V1의 논항은 [V1-어 V2]$_V$ 전체의 논항으로 이어질 수 있기 때문이다.[130]

'V-어 V' 합성동사가 문장으로부터 통시적 과정을 거쳐 생성되는 점은 부인하기 어렵다. 그러나 그렇다고 해서 모두 문장으로부터 만들어지는 것은 아니다. 접속 구조를 상정하기 어려운 합성동사들도 존재하는데[131] 이들은 어휘부에서의 형성 과정을 설명해야 할 문제가 남는다. 통사부 형성론과 어휘부 형성론은 이 점에서 대립하게 된다.

5.2.3. 어휘부 형성론

가. 규칙의 존재

합성동사 가운데는 어휘부에서 형성된다고 보아야 할 것들이 있다. 예를 들어 김창섭(1996)은 '내려가다, 내려꽂다, 내려디디다, 내려보내다' 등은 단어형성 전용요소인 '내려'가 결합하여, '껴안다, 껴입다' 등은 '*끼어안다, *끼어입다'에서 음운이 축약되어 형성되었다고 한다.

또 '빌어먹다, 들어붓다, 퍼붓다' 등은 타동사에서 자동사로의 변화에 의하여, '넘겨받다, 물려받다' 등은 '넘겨주다, 물려주다'로부터 유추하여

---

130) '-기' 반복 구문의 생략 현상이 다음과 같이 이른바 어근분리(또는 어기분리)의 현상과 일치하는 점을 주목할 필요가 있다. 1음절 어기인 경우 아래 (가)처럼 '-기' 반복 구문에서 생략 현상이 나타나기 어려운데, 이는 (나)에서 어기가 분리되지 못하는 현상과 평행한 것이다. 이 점에서 '-기' 반복 구문에서 일부분만 나타나는 것은 어근분리와 관련된 현상일 가능성도 있다.
　　가. "떠오르기는 올랐다, "깨물기는 물었다, "나가기는 갔다.
　　나. *떠{들/는/도}올랐다, *깨{들/는/도}물었다, *나{들/는/도}갔다.
131) '갈겨먹다, 놀아먹다, 부려먹다' 등. 김기혁(1981, 1994)는 이를 '유추'를 통하여, 김창섭(1996)은 '규칙'을 통하여 형성 과정을 설명한다. 이들은 모두 어휘부의 기제이며, 따라서 통사부의 접속 구조를 상정하는 것은 아니다.

'주다' 대신 '받다'를 대체하는132) 방식으로 형성되었다고 한다.133)

이 단어들은 'V-어'가 한 단위로 고정되어 있거나, 기존의 단어를 기반으로 형성된다는 점에서 'V-어 V'류 단어의 본질적인 예는 아니다. 근본적인 질문은 'V, -어, V'가 각각 참여하는 합성동사 형성 규칙이 있는가 하는 점이다.

이 규칙의 존재를 적극적으로 주장한 것은 김창섭(1981, 1996, 1997나)의 일련의 논저이다. 여기에서는 모든 합성동사들을 통사부에서 형성된 것으로 보는 관점의 문제점이자, 어휘부에 합성동사 형성 규칙이 있다는 주장의 근거로 네 가지를 제시하고 있는데, 여전히 이를 대신할 만한 논거를 찾기 어려우므로 여기에서 다시 한 번 이를 환기해 보고자 한다.

첫째, 실제 동작의 순서와는 반대 어순의 'V1-어 V2'가 있다. '깨(어)물다, 캐(어)묻다, 달아매다, 건너뛰다, 차오르다, 떠오르다' 등은 시간적으로 뒤에 오는 동작이 V1로 표현되어 있다. 통사적 구성이라면 동작의 시간에 따라 '물어서 깨다, 뛰어서 건너다, …' 등으로 나타나야 한다.134)

둘째, 신어나 임시어가 새로운 개념이 생겨남과 동시에 만들어진다면 구로부터 잦은 사용에 의한 단어화를 생각하기 어렵다는 점이다. 예를 들

---

132) 즉 '넘겨, 물려'의 주체와 '받다'의 주체는 다르기 때문에 두 동사의 직접적인 결합에 의하여 형성되었다고 할 수 없다. 그래서 이들은 '넘겨주다, 물려주다'를 기반으로 성분을 대체하는 방식으로 이루어졌다고 설명된다. 이와 같이 형성되는 단어들은 종종 보인다. 예를 들어 개화기의 '잡혀보내다'라는 동사(설혹 잘못훈 칙망이 잇더리도 관찰스의 죄칙이지 죄엽논 셔긔와 슌검은 못 <u>잡혀보닉겟노라</u>고 ᄒ엿다니···<독립신문, 1898.7.8. 3면>)는 피동사+타동사의 구성으로 일반적으로 국어 합성동사에서 허용되지 않는다(*잡혀먹다' 등). 따라서 이 예 역시 '잡혀가다/잡혀오다'에서 '가다/오다'를 '보내다'로 대체함으로써 형성된 것으로 설명해야 한다. 자동사+타동사의 결합인 '띠나보내다'도 같은 예이다.

133) '놓아먹다'(보살피는 사람이 없이 제멋대로 자라다)와 같은 예는 그 의미로 볼 때 '놓아먹이다'가 먼저 생성되었을 가능성이 높다. 따라서 이는 '놓아먹이다'로부터 역형성에 의해 형성되었다고 할 수도 있고, '넘겨받다'처럼 성분 대체에 의하여 형성되었다고 할 수도 있다.

134) 동사 어간과 어간이 결합한 형태로 중세국어의 '긋누르다'도 이와 같이 시간적 계기로 이루어져 있지 않다. 적어도 이는 어휘부에서는 시간적 계기와 다른 순서의 단어형성이 이루어질 수 있음을 보인다.

어 신어 '쳐넣다'의 경우 '쳐(서) 넣다'와 같은 구성이 합성어보다 먼저 생겼다고 보기 어렵고, '밀어깎다'와 같은 임시어는 즉시적으로 사용되고 사라진다는 점에서 구로부터 단어화한 것이라고 할 수 없다. 나아가 통사적 구성이라면 '쳐서 넣다, 밀어서 깎다'와 같이 '-서'가 결합한 구성이 훨씬 많이 쓰인다는 점에서도 '쳐 넣다, 밀어 깎다'의 구로부터 만들어졌다고 보기 어렵다.

(84) 가. 철수가 컴퓨터에 원고를 쳐넣는다.
　　　나. 우리 대패는 밀어깎는 대패였단다.

셋째, 일반적으로 '하다' 동사는 합성동사에 참여하지 못하는데(걸어가다/*보행해가다, 날아가다/*비행해가다 등), '가다/오다' 등 일부 단어형성 전용요소135)와는 매우 생산적으로 단어를 만들어낸다(부탁해오다, 제안해오다 등). 이는 '가다/오다'가 생산적으로 합성동사를 만들어내는 어휘부 규칙이 있다고 할 때 잘 설명된다.

넷째, 격자질의 계승과 관련하여 통사적 구성으로 환원되기 어려운 합성동사들이 있다. 예를 들어 '파묻다'가 접속구성에서 발달한 것이라면 아래 (85가, 나)의 문장을 거쳐 유도되어야 하는데, '파다'의 목적어가 생략된 (85나)가 비문이므로 이러한 유도 과정이 성립할 수 없고, 따라서 접속구성으로부터 형성되었다고 볼 수 없다.

(85) 가. 김칫독을, 땅을 파(서), 묻었다.
　　　나. *김칫독을, 파(서), 묻었다.
　　　다. 김칫독을 파묻었다.

---

135) 이 '가다/오다'는 주어를 가지는 기본적인 의미를 잃고 화자에 대한 방향성만을 나타낸다. '그 책은 철수가 통신판매를 통해 사갔다.'에서 철수가 장소 이동을 한 것은 아니다(김창섭 1996 : 96).

김창섭(1996)의 이러한 근거가 어휘부의 단어형성규칙을 확증해 준다고
는 말하기 어렵다. 이를테면 최형용(2006)에서는 첫 번째 근거에 대하여
'비가 들이치지 않게 문을 닫고(서) 나가거라'와 같이 통사적 구성도 계
기적 시간과 어긋나는 구성이 있다는 점을 지적하고 있다. 또 합성동사에
대응하는 통사적 구성이 접속이 아니라 내포 구성으로서 '물이 [e 차] 오
르다', '아이가 사탕을 [e e 깨어] 물다'와 같다면, 선행 동사는 후행 동
사의 '방식'으로 이해될 수도 있을 것이다.136) 둘째 근거에 있어서도 구
로부터의 통시적 과정이 아니라 이정훈(2006)처럼 공시적인 통사 규칙을
통해 설명될 가능성 역시 여전히 존재한다. 셋째 근거의 경우도 '제안해
오다' 류가 합성동사가 아니라 '본용언＋보조용언'일 가능성이 높다는 점
에서도 문제가 될 수 있다.

그러나 이러한 의문에도 불구하고 김창섭(1981, 1996)이 어휘부의 단어
형성규칙의 개연성을 강하게 보여 주는 것을 부인하기도 어렵다. 이 글에
서는 다양한 접속어미가 있는데도 '-어', '-고' 등 제한적인 어미의 경우
에만 합성동사 형성에 참여한다는 점, 거의 동일한 의미적 기능을 지니는
'-어'아 '-어서'의 구성에서 후자의 경우가 통사적 구성에서 더 높은 빈
도로 쓰이는데도 '*V-어서 V' 합성동사는 존재하지 않는 점, 김창섭
(1981, 1996)의 격자질 계승의 문제에서 보듯이 통사부 형성의 관점에서는
합성동사의 논항 관계를 설명하는 데 어려움이 생기기도 한다는 점, 'V-
어 V' 동사들의 분석을 통해 규칙이 생겨날 수 있다는 개연성 등을 고려
하여 'V→V＋어＋V'의 단어형성규칙이 어휘부에 존재하는 것으로 보기
로 한다.

---

136) "철수가 [e 물건을 찾아서] 헤매다."에서 '물건을 찾아서'는 헤맨 결과가 아니라 방식을
뜻한다. 통사적 구성에서도 이와 같이 방식의 의미로는 계기적 시간과는 달라 보이는 구
성이 성립할 수 있다.

나. 규칙과 어미

'V→V+어+V' 규칙이 존재한다면 이 규칙 내의 '-어'가 무엇인지가 문제될 수 있다. 일반적으로 어미는 통사부의 단위로 이해되기 때문이다. 그래서 분석의 관점에서 이와 같이 문장에서는 어미로 기능하면서도 단어 내부에 존재하는 요소에 대하여 접사로 규정하는 관점이 있어 왔다. 이를테면 김인택(2003)에서는 '고린내, 단감, 뜬눈, 볼품, 쥘손, 참을성' 등 'V+{은, 는, 을}+N', 'V+{아/어, 고}+V'에 대하여 어휘부137)에서 형성된다고 보면서도, 이들은 어미가 아니라 접사(관형사화 접사 및 부사화 접사)라고 한다.138)

그러나 '-은, -는, -을' 등을 관형사화 접사라고 할 경우, 이들 간의 기능 차이가 무엇인지, '-을'의 경우 왜 후행명사에 된소리 현상이 일어나는지, 시제적 의미 차이는 왜 나타나는지 등 어미와 기본적으로 동일한 형태・음운・의미적 속성을 보이는 이유를 설명하기 어렵다. 어미와 형태・음운・의미적 속성을 공유한다는 점을 중시한다면 이들은 어미일 뿐이다.

김인택(2003 : 7)에서는 어미는 통사적 단위이므로 단어에 나타나는 '-은, -는, -을', '-아/어, -고' 등이 어미일 수 없다고 하지만, 어미가 통사 단위라고 해도 X^0 성분에도 결합할 수 있다는 점을 주목할 필요가 있다.

---

137) 김인택(2003)의 용어로는 '형태부'이다. 김인택(2003)에서는 단어의 저장소인 어휘부와 생성 장소로서의 형태부를 분리하였다.

138) 김인택(2003)에서 제시하는 근거는 어미는 통사부 단위라는 점, 'V+{은, 는, 을}+명사' 구성에서 'V+{은, 는, 을}'이 통사적 구성과 달리 서술성이 없다는 점, 'V+{아/어, 고}+V' 구성은 통사적 구성에서는 일반적으로 병렬 관계를 갖는 점과 차이가 난다는 점 등이다. 한편 최규수・서민정(2008)에서도 '춤, 젊은이, 잡아가다' 등을 통시적 형성으로 보면서도 공시적 관점에서 '-음, -은, -아/어' 등은 어휘부의 요소로서 굴곡접사의 파생접사화로 설명될 수 있다고 한다.

(86) 가. 철수가 신문과 밥을 읽고 먹었다.

나.

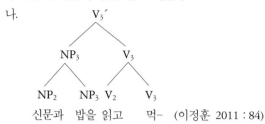

신문과 밥을 읽고 먹- (이정훈 2011 : 84)

(87) 가. 착하디 착하다, 답답하디 답답한, 깨끗하디 깨끗했음 등.
　　나. 그는 매우 착하디 착하다.
　　다. *그는 착하디 매우 착하다.

(86가)의 문장에서 '읽고 먹-'은 (86나)에서 보듯이 통사부에서 [V V]ᵥ를 이루고 NP '신문과 밥을'은 부가된 구조를 이룬다.[139] 이는 '-고'가 통사부에서 핵 단위와 결합하는 양상을 잘 보여 준다.

(87가)에서 보듯이 '-디'는 형용사와 형용사를 연결해 주는 기능을 하면서 통사적 구성을 이룬다.[140] 이는 어미이며 용언과 용언을 직접 결합해 주는 기능이 있다. 즉 [V-디 V]ᵥ의 통사 구조를 지닌다. 이 점은 (87나)와 같이 부사어의 수식이 후행 용언을 포괄하는 데서 확인된다.[141] 만일 이것이 절 혹은 동사구(VP)의 접속이라면 (87다)와 같이 부사가 후행 용언만 수식하는 구조가 가능해야 할 것이나 그렇지 않다. '-디'를 파생 접사로 볼 수도 없다. '착하다, 깨끗하다' 등 현대국어의 'X하다' 즉 '하

---

139) 이정훈(2011)에서는 핵과 핵(NP₃, V₃)이 술어-논항 관계를 이루고, 같은 관계가 부기어와 부가어(NP₂, V₂) 사이에도 성립한다고 한다. 이는 구조적 관계로써 문장의 의미 해석을 포착하는 의의를 지닌다.

140) 유사한 기능의 어미로 '-나'가 있다. 그런데 이 어미는 '-디'와 달리 '머나멀다, 크나크다, 기나길다, 하나하다(옛)' 등 일부에 보일 뿐 현대국어에서 생산성이 매우 약화된 것으로 보인다.

141) '매우 [착하디 착하다]'는 성립하는 반면 *'[매우 착하디] 착하다'는 성립하지 않는 것으로 보인다.

다' 동사는 접미 파생의 어기가 되는 일이 거의 없다.[142] 따라서 '-디'의 경우에만 'X하-'를 어기로 하는 파생이 이루어진다고 보기는 어렵다.

이와 같은 논의를 통하여 알 수 있는 것은 우선 어미가 통사부에서도 핵 범주와 결합할 수 있다는 점이다.[143] '-고', '-디'의 일부 어미의 예일지라도 어미가 통사부 단위라고 해도 반드시 XP와만 결합해야 하는 것은 아니라는 점을 확인해 준다. 두 번째로 이와 같이 어미가 X⁰ 범주를 선택하는 속성이 있다면 어휘부의 단위가 될 가능성도 있다는 점이다.

이는 곧 'V→V+{-아/어, -고}+V'와 같은 단어형성규칙이 있다고 할 때, 이 규칙의 '-아/어, -고'가 어미가 아니어야 할 이유는 없다는 것이다.[144] 이러한 논의는 'N→V+{-은, -는, -을}+N'의 규칙에도 적용될 수 있다. 이 규칙에서도 '-은, -는, -을'은 어미이다. 규칙이 통사적 구성의 분석으로부터 도출, 발전된다고 가정한다면, 어휘부 내의 요소로서 통사부의 단위와 동일한(또는 매우 가까운) 형태·통사·의미적 특성을 보이는 것은 역시 동일하게 어미로 파악하는 것이 문법 기술에 타당하다.

이 점은 언어 유형론의 관점에서도 지지받을 수 있을 것으로 보인다. 인구어의 경우 굴절은 파생에 후행한다는 분리형태론(split morphology)의 가정과 달리 굴절 형태가 파생의 어기가 되는 경우가 흔히 나타난다(Booij 1994, 2002 / 유시택 2006 재인용).[145][146] 유시택(2006 : 278)에서는 이러한 인

---

142) '-기'의 경우 '말하기', '곱하기, 제곱하기' 등 일부 학술 용어에서 보인다. 더욱이 이 경우 '-기'가 접사인지도 불분명하며 '-음'과 더불어 어미일 가능성이 높아 보인다.

143) 최형용(2003나, 2007, 2009)에서는 '통사적 결합어'('공짜로, 갈수록' 등)의 개념을 바탕으로, 조사와 어미도 단어의 내부 요소가 되는, 즉 단어형성에 참여하는 경우가 있다고 한다. 이 글에서 어미가 단어형성의 요소가 된다고 하는 것은 이와는 다르다. 최형용(2003나 등)은 통사적 구성이 조사, 어미가 개재된 채 단어화한 경우를 뜻하지만 이 글의 내용은 이와는 별개로 일부 어미가 어휘부의 공시적인 단어형성규칙의 요소로 작용한다는 것이다.

144) '-디'도 규칙의 요소인지는 불분명하다. '차디차다, 쓰디쓰다, 짜디짜다, 다디달다' 등 합성동사가 어휘부의 형성 규칙에 의한 것인지, 구의 단어화인지는 단언하기 어렵다.

145) 다음은 네덜란드 어와 독일어의 예들이다.

구어 현상과 마찬가지로, 언어 유형이 전혀 다른 국어의 경우도 '탈것, 들것, 앉은키, 늙으신네, 어린이, 지은이' 등의 예는 합성어 내부에 굴절 형태를 허락하는 언어임을 주장하고 있다. 이는 적어도 국어의 굴절 접사, 곧 어미가 어휘부에서 합성어 내부에 참여하는 요소일 수 있다는 점을 보여 준다.[147)]

5.3. '체언+동사' 결합형

5.3.1. 개요

'체언+동사' 유형의 동사는 다음과 같은 것이 있다.

(88) 가. 목적어-타동사 관계

겁내다, 공들이다, 노래부르다 눈뜨다, 눈물짓다, 더위먹다, 등지

가. 과거 분사 :   gesloten '닫힌'   gesloten-heit '닫힘'
                befugt '권한 있는'   un-geachtet '권한 없는'
나. 비교급 :   beter '더 좋은'   ver-beter '개선하다'
                besser '더 좋은'   ver-besser+(n) '개선하다'
다. 복수 명사 :   boeken '책들'   boeken-achtig '책 같은'
                Soldaten '군인들'   Soldaten-tum '군대 조직'

146) 굴절형이 합성이나 파생의 내부에 나타나는지에 대해서는 인구어 문법론에서도 의견이 같지 않다. 일례로 Haspelmath(2002)는 합성명사에 참여하는 요소들이 굴절 요소를 갖지 않는 어간(stem)이라고 한다. 예를 들어 독일어 합성명사의 선행 요소에 나타나는 복수형의 '-s, -en' 등을 문장에 나타나는 굴절 요소가 아니라 의미론적 공 접미사(즉 단순한 연결소)로 간주한다. 이와 달리 이 독일어의 복수형 요소를 굴절 요소로 보는 견해들에 대해서는 Booij(2002), 유시택(2006)을 참조할 수 있다.

147) 시정곤(2008)은 단어형성의 차원과 분석/등재의 차원을 구분하자는 제안을 하고 있다. 즉 어근/접사는 분석과 등재 차원의 개념이며, 단어형성 차원에서는 단어형성에 참여하는 요소인 '참여소'와 그 가운데 고정적으로 참여하는 '고정소'의 개념이 필요하다고 한다. 이는 어휘부에 '어근'으로 등재되어 있는 '거품'이 '거품목욕'과 같은 단어형성에서 '참여소'가 되고, 나아가 '거품비누, 거품치약, 거품샤워, …' 등 '고정소'로 발전하고, 분석/등재 차원에서 '접사'로 분석될 수 있다는 의미이다. 이러한 관점에서 보면 단어형성에 참여하는 '어미'가 '접사'인지는 논외의 문제가 될 것이다. 이는 단지 분석/등재의 문제가 된다.

　　　　다 맛들이다, 맛보다, 매맞다, 머리얹다, 목매다, 본받다, 불때다,
　　　　빛내다, 손떼다, 액떼우다, 오줌싸다, 이름짓다, 입맞추다, 주름잡
　　　　다, 춤추다, 코골다, 편짜다, 헤엄치다, 흠잡다 등
　　　나. 주어－능격동사 관계
　　　　ㄱ. 값싸다, 귀아프다, 낯익다, 눈부시다, 뜻있다, 멋없다, 배다르
　　　　　다, 손부끄럽다, 손크다, 입바르다, 힘세다 등
　　　　ㄴ. 겁나다, 공들다, 금가다, 기막히다, 눈맞다, 눈물지다, 동트다,
　　　　　목마르다, 살찌다, 샘솟다, 얼빠지다, 정들다, 풀죽다 등
　　　다. 부사어－동사 관계
　　　　거울삼다, 남다르다, 눈설다, 번개같다 등 (고광주 2002 참조)

　(89) 가. 타동사
　　　　공부하다, 자랑하다, 생각하다, 존경하다, 정리하다 등
　　　나. 자동사
　　　　가담하다, 감동하다, 여행하다, 참석하다, 등교하다 등

　　‘하다’ 동사의 경우 ‘하다’가 접미사라면 파생어이므로 ‘NV’ 형 동사
와 다른 부류겠으나 이것이 합성어이든 파생어인지를 떠나 그 단어가 보
이는 문법적 양상이 ‘NV’ 동사와 유사하여 그 형성 기제와 관련하여 함
께 논의될 필요가 있다.

　　이들 단어의 형성에 대하여 어휘부 형성의 관점과 통사부 형성의 관점
으로 나누어 볼 수 있다. 어휘부 형성의 관점은 이 단어들이 어휘부에서
결합하여 형성되었다는 것이다. 이 관점은 대체로 다음과 같은 근거로 부
정되어 왔다.

　(90) 가. ‘주어－타동사’ 관계나 ‘주어－행위자성 자동사(비능격동사)’ 관
　　　　계의 합성동사가 존재하지 않는 이유를 설명할 수 없다. 즉 이들
　　　　이 제약되는 것은 통사적 원리에 따르는 것이므로 어휘부의 형
　　　　성 이론으로는 설명할 수 없다(고광주 2002, 함희진 2008).

나. 특히 'X하다'의 경우 '을/를' 등으로 분리되는 현상을 보이는데, 이는 어휘 통합성 가설(Lexical Integrity Hypothesis)[148]에 어긋난다. 즉 어휘부에서 형성된 단어는 통사부에서 분리될 수 없다(김의수 2006, 박소영 2012).

즉 (89가~다)에서 보듯이 NV 합성동사는 특정한 통사적 관계의 단어들이 없다. (90가)에서 말하듯이 주어-타동사, 주어-행위자성 자동사의 결합이 없다면 이는 우연의 결과가 아니다. 통사적 관계에 따른 결과이며 따라서 이 단어들이 어휘부에서 형성되었다고 할 수 없다는 것이다.

(90나)는 단어라면 통사부에서 분리될 수 없다는 것이다. 그런데 '하다' 동사들은 아래에서 보듯이 다른 요소에 의한 분리 현상을 보인다.[149]

(91) 가. 철수가 수학을 공부{를}하였다.
　　　나. 그는 사태를 관망{만}한다.
　　　다. 사람들이 교통 사고를 구경{들}한다.
　　　라. 영희는 책상을 정리{만}한다.

임홍빈(1979나)에서는 이러한 현상에 대하여 '공부하다'의 단어에서 어근 '공부'가 분리된 것으로 이해한다. 그런데 (90나)의 견해는 단어가 비분리성을 지니므로 이러한 설명은 받아들일 수 없다는 논리이다.

통사부의 형성 관점은 이러한 점을 바탕으로 논항과 동사가 맺는 문법 관계, 분리 현상 등은 통사부에서 잘 포착할 수 있다는 데 근거한 주장이다. 이들은 통사적 구성에서 명사포합(Noun Incorporation) 또는 핵이동의

---

148) 어휘 통합성 가설은 "통사 규칙들은 단어의 내부 성분에 대하여 언급할 수 없다." (Chomsky 1970)는 규칙이다. 이를테면 '먼 [학굣길]'에서 '먼'이 단어의 내부 성분인 '학교'를 수식할 수는 없다.
149) 이는 '하다' 동사가 아닌 다른 NV 동사들도 마찬가지다. '정{들/안}들다, 힘{들/안}내다'와 같이 다른 요소가 개재되는(즉 분리되는) 현상을 보이기도 하기 때문이다.

기제를 통하여 동사로 형성된다는 것이다. 이러한 논의는 (89)의 '하다' 동사에서 더 분명하게 이루어질 수 있으므로 이를 중심으로 고찰해 보기로 한다.[150]

'하다' 동사는 그 어기('공부', '연구')가 [+서술성]을 지니기도 하여 문제가 더 복잡하다. 그동안 'X하다'의 범주에 대하여 단어가 아닌 통사적 구성이라는 논의들이 다양하게 전개되어 왔다.

(92) 가. [철수가 [철수가 [국어$_{NP}$ 공부$_V$]$_{VP}$]s 하-]
　　　나. [철수가 [수학$_{NP}$ [공부$_{NP}$ 하-]$_{VP(V')}$]$_{VP}$]
　　　다. [철수가 [[수학$_{NP}$ 공부$_N$]$_{NP}$ 하-]$_{VP}$]

(92가)처럼 '공부'가 동사 범주로서 내포문을 구성하거나(김영희 1986, Ahn 1991),[151] (92나)처럼 '공부 하-'가 동사구[152]로서 이중목적어 구성을 만들거나(박병수 1981, 고재설 1987, 고광주 2002, 김의수 2006), (92다)처럼 '수학 공부'가 명사구 범주를 형성하는(김귀화 1988/1994, Choi 1991, 시정곤 1994) 구조들은 'X하다'가 단어가 아니라 통사적 구성이라는 관점에서 나온 것이다.[153]

고영근·구본관(2008 : 290)에서 이들을 둘 이상의 어절이 모여 하나의

---

150) 'X하다' 등 '하다'의 형태론적 특성에 대하여는 김창섭(2008)의 Ⅲ부 "'하다'의 형태론과 그 너머"에 수록된 다양한 논문들을 참고할 수 있다.

151) '공부'의 범주가 V일 수 없다는 점에 대해서는 김의수(2006) 등 참조.

152) 논자에 따라서는 차이가 있다. 고재설(1987)의 경우 이 범주는 VP가 아니라 V'이다. 여기에서는 개략적인 통사 구조면에서 '공부$_{NP}$ 하-'가 다시 목적어를 취하는 이중목적어 구조임을 보인 것이다.

153) 시정곤(1994)에서 주장하듯이 'X하-'가 통사부에서 형성된 증거의 하나로 높은 생산성을 지닌다는 점에서 이러한 통사 구조는 제약 없이 수용될 수 있어야 한다. 참고로, '하다' 동사는 *'명연기하-, *'호기록하-, *'대성공하-' 등에서 보듯이 접두사가 결합한 X와는 단어가 잘 형성되지 않고, '嗔心, 혐의 *'嗔心하다, ?'혐의하다'처럼 이전에 활발하게 쓰이던 'X후-'에서 X만 현대국어에 남고 'X하-'는 더 이상 생성되지 않는 경우 등은 'X하다'가 생산성에 제약이 있음을 보여 준다. X가 존재함에도 '하다' 동사가 만들어지지 않는 것은 이것이 통사적 구성이 아님을 방증한다.

서술어를 이룸('공부하다'는 조사 '을/를'이 삭제된 것이라고 한다) '합성 서술어'
라고 하는 것이나, 남기심(2001 : 167)에서 서술성 명사와 기능동사가 결합
한 '연합 서술어'라고 하는 것 역시 (92나)처럼 통사적 구성으로 보는 입
장이다. 대체로 이 논의들은 '수학 공부를 하다', '수학을 공부하다', '수
학을 공부를 하다'를 하나의 기저구조로부터 도출하고자 한다.

어휘부 형성론과 통사부 형성론의 두 가지 관점은 각각 장점도 있지만
아직 그 어느 쪽도 충분히 입증되었다고 보기는 어렵다. 이 글에서는 통
사부 형성론이 위 단어들이 지니는 여러 가지 문법적 특성에 대한 설명
력을 지니지만 어휘부 형성론 역시 그 의의를 배제할 수 없다는 관점에
서 기술한다.

5.3.2. 통사부 형성론

먼저 통사론 형성론이 지니는 설명력의 한계에 대하여 주목하기로 한
다. 통사부 형성론에서는 (91가~라)와 같은 분리 현상과 관련하여 '하다'
동사를 두 가지 관점에서 바라볼 수 있다.

> (93) 가. '명사-하다'는 어휘부에 등재되지 않는다.
>   나. '명사-하다'는 어휘부에 등재된다. 그러나 통사부에서 형성된 것
>   은 그 경계가 보이고 따라서 분리될 수 있다.

첫 번째 관점은 규칙적인 단어형성 기제이므로 어휘부에 등재될 필요
없이 매번 통사부에서 생성된다는 것이다. 이선희·조은(1994)처럼 아예
통사부의 연산 결과도 단어가 아니라 단어의 연속체일 뿐이라고 하는 것
은 더 강한 입장이라고 할 수 있다. 그러나 이러한 관점은 '하다' 동사가
파생의 어기가 되는 것을 먼저 설명해 내야 한다. 적은 예이기는 하지만
다음과 같이 '하다' 동사가 파생의 어기가 되는 일이 주목된다.

(94) 가. ᄉᆞ랑ᄒᆞ다, 感動ᄒᆞ다, 怒ᄒᆞ다, 愛樂ᄒᆞ다, 恭敬ᄒᆞ다

　　　나. 되생각하다, 되차지하다

(94가)처럼 '하다' 동사가 형용사 파생을 겪는 중세어의 예들(이기문 1972 : 151)은 이것이 단어임을 보여 준다(김창섭 1997가 : 252, 허철구 1998 : 11).[154] (94나)의 경우 '되-'는 용언에 붙는 접사이므로 '생각하-, 차지하-'에 결합한 것으로 보아야 한다.[155] '되-'를 통사적 접사로 보지 않는 한 역시 '생각하-, 차지하-'는 어휘부의 단위 즉 단어이어야 한다(허철구 2000).[156]

또 'X + 하다'가 통사적 연산을 통해 형성된다면 통사부의 특성상 'X'가 적절한 자격(동사성 명사)을 갖추면 매우 생산적으로 형성될 것으로 예측된다. 그러나 이는 '*전염하다'에서 보듯이 사실과 다르다. 이러한 점은 '하다' 동사가 어휘부에 등재되지 않고 매번 통사적 연산을 통해 형성되는지 의문을 갖게 한다.

둘째 관점은 다음과 같이 N-V-Suf의 경우도 동일하게 통사부에서 형성되었다고 해야 하는데(즉 N과 V 사이의 제약이 NV 합성동사와 동일하므로) 이들은 분리될 수 없다.

(95) *해가돋이, *구두를닦이

---

154) '降服히다' 등 사동접사가 결합한 경우 그 구조가 [[降服ᄒ]이]라면 동일한 증거가 된다.

155) 실제 '*되생각, *되차지'와 같은 명사는 존재하지 않는다. <표준국어대사전>은 '되생각, 되차지'를 '되생각하다, 되차지하다'의 어근으로 풀이하고 있으나, '되-'의 결합 특성을 고려할 때 이는 의문스럽다.

156) 이러한 예들은 그 수가 적다고 하여 소홀히 다루어질 수 없다. '하다' 동사를 통사적 구성으로 보는 데는 이들이 분리성을 갖는다는 것이 크게 작용하는데, (85가, 나)와 같이 단어로서의 특성을 강하게 보이는 '하다' 동사 역시 '영화를 사랑{을/들/안}하다, 친절함에 감동{을/들/안}하다, 친구를 생각{을/들/안}하다, 상금을 차지{를/들/안}하다'와 같이 분리 현상을 보이는 것이다. 이는 곧 조사, 복수 접미사, 부정소 등에 의한 분리 현상이 단어로서의 자격을 부정하는 검증 기준이 되기 어렵다는 본질적인 의문을 제기한다.

이 점에서 통사부에서 형성된 단어는 통사적 연산에서 분리될 수 있다는 것은 근거가 모호한 주장일 뿐이다. 특히 이 관점은 '깨끗을 하다, 깨끗 안 하다, 촐랑도 거리다/대다, 촐랑들 거리니?/대니?, 촐랑만 거려/대 봐라, 다정도 스럽다, 별쭝도 스럽다' 등 전형적인 어근분리 현상으로 인식되어 온[157) 예들을 설명해야 하는 부담이 남는다. 이 경우 '-하다, -거리다/대다, -스럽다'가 통사적 접사가 아닌 이상 어휘부에서 형성되어야 하는데 '왜 이들이 분리되는가'는 이 관점, 나아가 통사부 형성론 전체의 과제로 남는다.

이 '-거리다/대다'의 문제를 좀 더 고찰해 보자. 시정곤(1998 : 319)는 '꿈틀{만/도/들}거린다, 더듬{만/도/들}거린다, 헐떡{만/도/들}거린다' 등 분리되는 현상을 설명하기 위하여 '그들은 [NP[말]NP[더듬]N]NP 거리V]VP ㄴ다'와 같은 기저구조를 상정하고 핵이동을 통하여 '더듬거리다'의 형성을 설명한다. 그리고 '그는 말을 {자꾸} 더듬거린다'와 같이 부사의 수식이 가능한 이유는 '더듬'이 [+N, +V] 자질을 갖기 때문이라고 한다.

이는 곧 '꿈틀거리다, 더듬거리다, 헐떡거리다' 등 'X거리다(대다)'류는 어휘부에 등재되지 않고 '꿈틀, 더듬, 헐떡'이 등재된다는 것을 의미한다. 즉 'X거리다'는 높은 규칙성으로 인하여 단어로서 기억되지 않는다는 것이다.[158) 그러나 이들이 어휘부에 등재되지 않고 발화 때마다 새로 (통사

---

157) 이병근(1986 : 400), 송철의(1992 : 191-192 재인용) 참조.
158) 복합어의 어휘부 등재와 관련하여, 음운・형태・의미론적으로 불투명하거가 생산성을 잃은 단어들을 제외하고는 모두 등재된다는 최소 등재 입장(김성규 1987, 정원수 1992 등), 임시어를 제외한 모든 실재어는 저장된다는 완전 등재 입장(구본관 1990, 송철의 1992, 채현식 1994, 박진호 1994, 송원용 1998 등), 단일어화된 단어들과 약간 생산적인 패턴을 보이는 단어들은 저장되지만 생산성이 높은 단어들은 저장되지 않는다는 절충적 입장(조남호 1988, Aronoff 1976)으로 나뉜다(채현식 2003나 : 13, 이 책 4장). 최소 등재 입장, 절충적 입장에 따르면 'X거리다/대다'류는 등재되지 않아야 한다. 여기에서는 각 입장의 타당성 여부를 떠나 'X거리다/대다'류의 경우 어휘부에 등재되어 있지 않고, 즉 연산에 따라 그때그때 생성된다고 해서는 설명될 수 없다는 점을 강조하고자 한다.

부에서) 만들어진다고 보기는 어렵다.

(96) 가. *부스거리다/부스대다, *비비거리다/비비대다, *어기거리다/어기대
다, *으스거리다/으스대다(이상 채현식 2003나 : 36), *울릉거리다/
울릉대다, 거듬거리다/*거듬대다, 깡거리다[159]/*깡대다
나. ① *개굴대다/*개굴거리다, *맹꽁대다/*맹꽁거리다, *맴맴대다/*맴
맴거리다(이상 채현식 2003나 : 44), *뻐꾹대다/*뻐꾹거리다,
*히힝대다/*히힝거리다, *어흥대다/*어흥거리다, *기럭대다/*기
럭거리다, *깟깟대다/*깟깟거리다
② *아하하대다/*아하하거리다, *어허허대다/*어허허거리다, *이
히히대다/*이히히거리다
③ *비거걱대다/*비거걱거리다, *쟁쟁대다/*쟁쟁거리다, *따릉대
다/*따릉거리다
다. *펄펄대다/*펄펄거리다, *조르르대다/*조르르거리다
라. *모락대다/*모락거리다, 쫄깃대다/*쫄깃거리다, *곱슬대다/*곱슬
거리다(이상 시정곤 1998 : 232)

즉 (96가)에서 보듯이 '-대다'와 '-거리다' 중 어느 하나만 존재하는
경우는 통사부의 규칙적인 연산(나아가 어휘부라고 해도 즉시적인 연산)에 의
하여 만들어진다고 해서는 설명될 수 없다. 또 (96나)는 소리를 나타내는
말들이다. 동물이 내는 소리의 (96나①)은 '깍깍대다/거리다, 꿀꿀대다/거
리다, 멍멍대다/거리다, 삐약대다/거리다, 야옹대다/거리다, 으르렁대다/거
리다' 등에, 웃음소리의 (96나②)는 '허허대다/거리다, 깔깔대다/거리다,
까르르대다/거리다' 등에, 사물의 소리 (96나③)은 '버거덕대다/거리다,
보도독대다/거리다,[160] 땅땅대다/거리다, 빵빵대다/거리다' 등에 비추어

---

159) '싸우다'의 은어.
160) '비거걱'은 나무나 딱딱한 물건이 서로 닿으면서 쏠릴 때 거칠고 조금 느리게 나는 소리,
'비거덕'은 크고 단단한 물건이 서로 닿아서 갈릴 때 나는 소리, '보도독'은 단단하고 질
기거나 반드러운 물건을 야무지게 비비거나 문지르는 소리.

볼 때 모두 성립할 듯하나, 실제로는 존재하지 않는 단어들이다. 이는 'X 대다/거리다'가 어휘부에 등재되지 않는다는 통사부 형성론으로는 설명할 수 없다. 특히 '*따릉대다/*따릉거리다'는 북한어에는 존재하는 단어인데, 이와 같이 남북한 언어의 차이 역시 통사부 형성론으로는 설명하기 어렵다.

사물의 움직임 따위를 나타내는 (96다)의 경우에도, 통사부 형성이라면 '펑펑대다/거리다, 주르륵대다/거리다'에 비추어 성립해야 할 것인데[161] 역시 존재하지 않는다. (96라)는 상태성만을 띠는 의태어로서, 이 유형은 '-대다/거리다'가 결합하지 않는다(시정곤 1998 : 232). 그런데도 '곱슬대다/ 거리다'처럼 실제로 쓰는 예가 있어[162] 이러한 규칙적인 제약으로 설명할 수 없는 문제점도 보인다. 이상의 예들은 모두 'X거리다(대다)'가 어휘부에 등재되지 않고서는 설명될 수 없는 경우들이다.

한편 '꿈틀, 더듬, 헐떡'이 [+N, +V] 자질이어서 (즉 +V에 견인되어) 부사의 수식이 가능하다면 (+N 자질에 견인되어) 관형어의 수식 역시 가능할 것으로 예측된다. 그런데 실제로는 '*그는 말을 심한 더듬거린다'에서 보듯 그렇지 않다. 이는 곧 통사부에서는 'X거리다(대다)'의 형성을 설명하기 어려우며 이들이 어휘부 등재 단위라고 할 경우에만 설명될 수 있음을 보여 준다. 이것은 'X대다/스럽다'가 'X{만/도/들}대다/스럽다'로 나타나는 것이 어휘부 등재 단어 'X대다/스럽다'가 통사부에서 분리되는 현상임을 말해 준다.

---

161) 눈이 펄펄/펑펑 내리다, 물이 조르르/주르륵 흘렀다. '조르르'는 가는 물줄기 따위가 빠르게 흘러내리는 소리 또는 그 모양.

162) '곱슬대다/거리다'는 사전에 등재되어 있지 않지만, 실제로 자주 쓰이는 단어이다. 다음은 인터넷 게시판의 예들이다.
　　가. 워낙 털이 곱슬거리다 보니 서로 엉킬 수 있답니다.
　　나. 머리가 곱슬거리다를 영어로 어떻게 하나요?
　　다. 파마를 한 것같이 곱슬거리다 쫙 펴져요.

통사부 형성론은 이 접미사 결합형과 마찬가지로 근본적으로 통사적 구성의 대응형이 없는 경우를 설명하기 어렵다.

(97) 가. 골몰{을/들/은/도}하다, 이룩{을/들/은/도}하다, 몰두{를/들/은/도} 하다

나. 깨끗{들/은/도}하다, 행복{들/은/도}하다

다. 안 행복하다, *행복 안 하다, 행복은 안 하다 (함희진 2008)

(97가)는 X 성분이 어근이라는 점에서 [NP 하-]$_{VP}$의 동사구를 형성할 수 없다. (97나) 역시 '*깨끗을 하다, *행복을 하다'와 같이 'NP을' 명사구를 실현하지 못한다는 점에서 동사구를 형성할 수 없다고 보아야 한다. 그럼에도 (97가, 나)는 모두 분리 현상을 보인다.

이들이 분리 현상을 보인다는 점에 근거하여 통사부 형성으로 볼 수 있을 것인가? 이 구성이 통사적 구성이라면 [행복 하-]$_{VP}$ 구조에서 '행복'은 '하다'의 논항이라고 해야 한다. 앞에서 언급했듯이 이 논항이 대격을 받는 논항일 수는 없으므로(*행복을 하다) 그 자격이 모호해지는데, 논항으로서의 성격을 규정할 수 없다면 동사구 구성을 이룬다고 볼 수 없다. 이 점에서 '하다' 동사를 통사부 형성으로 보는 대다수의 견해에서도 '을/를'에 의해 분리되지 않는 형용사 'X하다'는 어휘부에서 형성된 것으로 본다(고광주 2002 등).

그런데 함희진(2006)에서는 (97나, 다)와 같은 예를 바탕으로 '행복하다'는 보조사에 의해서는 분리되므로 어휘부에서 형성되었다고 볼 수 없다고 주장한다. 즉 '행복하다, 불행하다, 허무하다, 부족하다, 고독하다, 용맹하다' 등은 통사부에서 형성되었는데, '*행복을 하다, *행복 안 하다'처럼 격조사 '을/를'과 부정어 '안'에 의하여 분리되지 않는 것은 선행어가 상태성 술어명사(행복, 불행, 허무 등)로서 '하다'로부터의 자립격(dafault case) 할당을 거부하는 속성을 지녔기 때문이라고 한다.163) 그러나 다음과 같이 구조격은 받아들이면서 자립격은 받아들이지 않는다는 것이 이론내적으로 어떻게 입증될 수 있을지 의문이다.

(98) 행복을 찾다, 불행을 겪다, 고독을 즐기다, 용맹을 과시하다

결국 '-스럽다'류, (97가, 나)의 '행복하다'류처럼 통사적 구성을 상정할 수 없는데도 분리 현상을 보이는 예들은 통사부 형성론에서 설명할 수 없다. 이것은 분리 현상이 통사적 구성과 직결되어 설명될 문제가 아니라는 점을 뜻한다.

통사부 형성론자들은 일정한 환경이 주어지면 통사부에서 일정한 통사규칙에 의하여 '명사＋동사' 합성동사가 생산적으로 만들어질 수 있다고 한다(고광주 2002 : 265). 이는 '눈물짓다, 한숨짓다, 반대하다, 찬성하다'류의 동사들이 '밥 먹다'가 보이는 것과 동일한 통사 구조로부터 도출된다는 주장이다.

(99) 가. 밥먹고 학교가야지. (고광주 2002)
    나. 비오니까 철수는 우산가지고 학교가라. (함희진 2006)

그러나 이 동사들이 통사적 구성과 동일한 형식의 기저구조를 갖는다면 통사 현상에서 동일한 양상을 보일 것이 예측되지만, 아래에서 보듯이 이는 사실이 아니다.

(100) 가. 놀지 말고 [학교나 도서관]가거라.

---

163) 이는 김의수(2006)에서 'X하다' 즉 '하다' 동사의 경우 '하다'는 경동사로서, 이 경우 명사구 'X'에는 자립격(default case)이 주어진다는 이론을 수용한 결과이다. '자립격'(혹은 내재격, 본유격)은 특정한 격 허가자 없이 주어지는 격이다.

나. 우리 [드라마나 영화]보자.

다. *그 사연을 듣고 [눈물과 한숨]지었다.

라. *그 안건에 [반대나 찬성]해라

즉 '눈물짓다, 한숨짓다, 반대하다, 찬성하다' 등은 접속 구성에서 [NP V]의 통사 구성과는 전혀 다른 결과를 보인다.164) 이는 이 단어들이 단순히 통사적 구성으로 설명될 수 있는 존재가 아님을 뜻한다.

통사부 형성론에서는 다음과 같이 X 성분이 부가어이거나 어근인 경우를 설명할 수 없다(아래 예는 최형용 2006 인용).

(101) 가. 가위눌리다, 거울삼다, 겹깔다, 겹놓다, 곁묻다, 곁붙이다, 곱놓다, 곱먹다, 공얻다, 귀담다, 남부끄럽다, 눈살피다, 목석같다, 벌쐬다, 불타다, 손더듬다, 손쉽다, 앞나서다, 자랑삼다, 힘겹다

나. 가뭇없다, 거추없다, 귀성없다, 느닷없다, 드리없다, 뜬금없다, 부질없다, 사날없다, 상없다, 서슴없다, 속절없다, 어주리없다, 여들없다, 연득없다, 오줄없다, 쩍말없다, 하염없다

이와 같이 선행 명사 성분이 부가어인 경우는 명사포합이나 핵이동으로 설명할 수 없으므로165) 통사부 형성론의 문제가 된다. 최형용(2006)에서도 이러한 경우를 문제삼아 어휘부 형성론을 주장했고, 통사부 형성론을 주장하는 함희진(2008)에서도 이들에 대해서는 어휘부 형성을 인정한다. 이와 같이 통사부 형성론의 각 견해는 나름대로의 문제점을 안고 있다고 생각된다.166)

---

164) 이에 대하여 접속어 중 선행 요소인 '눈물, 찬성'의 핵이동이 금지되어 그렇다고 설명할 수는 없다. '학교, 드라마'도 마찬가지이기 때문이다.

165) 이를테면 핵이동은 그 흔적이 고유지배(ECP : Chomsky 1986 : 17)되어야 하는데 동사로부터 고유지배되는 유일한 위치는 보충어 자리이다. 따라서 부가어 위치는 ECP(공범주 원리)를 어기므로 핵이동이 일어날 수 없다. 그러므로 NV 합성동사의 통사부 형성은 N이 부가어 위치에 있는 경우에는 일어날 수 없다(고광주 2002).

5.3.3. 어휘부 형성론

'하다' 동사의 형성과 관련하여 통사부 형성론은 다음과 같은 통사적 구성 예를 근거로 어휘부 형성론을 부정한다.

(102) 가. 그 가수는 팬들의 열렬한 박수 속에 화려한 등장을 했다. (고재
　　　　설 1987)
　　　나. 기차가 도착을 빨리 했다. (고광주 2002)

그러나 [등장을 하다], [도착을 하다]의 통사 구성이 있다고 해서 '등장하다', '도착하다'가 단어가 아니라고 단정할 수는 없다. 통사 구성과 별개로 단어가 존재할 가능성도 얼마든지 있기 때문이다. 오히려 '*철학자는 상식을 깊은 연구를 한다.'(임홍빈 1979나)에서와 같이 둘 이상의 '을/를' 성분이 올 경우에는 관형어의 수식이 불가능하고, 박소영(2012)에서 보이듯 다음과 같이 수식 양상에서 통사적 구성과 다른 양상을 보이는 점을 주목할 필요가 있다.

(103) 가. *철수가 그 일에 (*지나친/지나치게) 반대하였다.
　　　나. 철수가 (*그 일에의/그 일에) 반대하였다. (이상 박소영 2012)

그러나 박소영(2012)는 통사부 형성론, 어휘부 형성론을 모두 부정하는 입장인데, 어휘부 형성론의 반증으로 제시한 다음 예문 (104가)는 문제가 있다.

---

166) 박소영(2012)는 분산형태론의 관점에서 '[TP 철수가 [vP 철수 그 제안을 찬성]하-였다]'와 같은 통사적 분석을 제시한다. 즉 행위성 명사 '찬성'은 통사부에서 동사구(vP)를 투사하는데 이로써 목적어를 허가하는 온전한 술어가 될 수 있다. 그러면 '하-'는 단지 음성형 식부에서 시제-굴절 요소를 지지하기 위하여 삽입되는 허사적 요소라는 것이다. 이 개별적인 현상에 대한 구체적인 논의를 떠나 3.3.2에서 논의한 분산형태론의 설명력이라는 본 질적이 문제와 관련된다고 보아 구체적인 논의는 생략한다. 박소영(2012)에 대한 반론적 논의는 최기용(2012) 참조.

(104) 가. 그 버스는 7시에 출발 그리고 9시에 도착한다. (박소영 2012)
　　　나. 날씨는 화창, (그리고) 바람은 시원하다.
　　　다. 그녀는 깨끗, 단정한 모습이다.

　이는 '하다'의 생략으로 볼 수 있다. (104나, 다)에서 보듯이 어휘부에
서 생성되었다고 해야 할 '화창하다, 깨끗하다'의 경우도 마찬가지 양상
을 보이기 때문이다.

　이러한 점은 '하다' 동사가 통사적 구성으로 환원되는 것이 아니라, 어
휘부에 등재된 단어일 가능성을 보여 준다. 만일 어휘부에 단어로 등재되
어 있다면, 앞서 (91가~라)와 같은 문법 현상으로부터 '하다' 동사를 설
명하는 것이 아니라, '하다' 동사로부터 (91가~라)의 문법 현상을 설명해
야 한다. 그것은 어근 분리(임홍빈 1979, 2007 : 698-759)의 현상일 수도 있
고, 더 나아가 통사 구조로의 재구조화(임홍빈 2007 : 746)일 수도 있다. 예
를 들어, 남기심(2001 : 167)에서 제시하는 다음과 같이 다양한 부사가 개
재하는 예문은,

(106) 가. 민주당도 선거대책위원회를 구성을 아직 안 했다.
　　　나. 신입생은 기숙사에 입사를 내일 합니다.
　　　다. 그 사람이 과장으로 승진을 언제 했어?

　'구성하다, 입사하다, 승진하다'의 단어를 화자가 '[구성을 하다]$_{VP}$, [입
사를 하다]$_{VP}$, [승진을 하다]$_{VP}$'의 통사적 구성으로 재구조화한 결과로 볼
수 있다. 단어형성규칙이 단어를 분석할 수 있는 선험적인 능력이 인간에
게 있음으로써 가능하다(송철의 1992 : 89-90)고 본다면 그 능력은 단어의
내부 경계가 화자에게 인식될 수 있음을 뜻한다. 특히 화자가 통사적 대
응형을 기반으로 단어의 내부 경계를 분명하게 인식하고 그 결과가 어기

의 분리로 나타난다면(허철구 2001) 이는 통사적 구성으로 재구조화되는 데까지 나아갈 수 있을 것이다.[167] 이는 곧 'X를 하다' 등의 통사적 구성과는 별개로 단어 '하다' 동사가 존재할 수 있음을 뜻한다.

이러한 경계 인식은 해당 단어가 통사부에서 형성되었기 때문이라고 할 수는 없을 것이다. 앞에서도 언급했듯이 '깨끗을 하다, 깨끗 안 하다, 촐랑도 거리다/대다, 촐랑들 거리니?/대니?, 촐랑만 거려/대 봐라, 다정도 스럽다, 별쭝도 스럽다' 등 어휘부에서 형성되었다고 보아야 할 단어들도 동일한 분리 현상을 보이기 때문이다.

따라서 '정들다, 겁내다, 맛보다, 앞서다' 등의 'N+V'의 예들도 분리 현상이 나타난다는[168] 점만을 근거로 통사적 구성이라고 하기 어렵다. 특히 '하다' 동사의 경우 앞서 (92가~다)와 같은 통사적 구성을 상정하는 것은 (그 범주를 V로 모든 N으로 보든) X가 [+서술성]이라는 점을 기반으로 하는 것인데, '정, 겁, 맛, 앞' 등은 그러한 의미 자질을 내포하고 있지 않다. 무엇보다도 다음과 같은 예문에서,

> (106) 가. 우리는 그 아이와 정들었다/정{이}들었다.
> 나. 그는 개를 겁낸다/겁{을}낸다.
> 다. 나는 음식을 맛보았다/맛{을}보았다.
> 라. 그는 철수를 앞섰다.

'정들다, 겁내다, 맛보다, 앞서다'가 '들다, 내다, 보다, 서다'가 독립적인 서술어인 경우 지니지 않던 새로운 논항, 즉 '그 아이와, 개를, 음식을, 철수를'를 갖고 있다는 점이 주목되어야 할 것이다. (106가, 나, 다)의

---

167) 이 경우 분리된 각 성분이 문장의 다른 성분과 새로운 통사적 관계를 형성하지는 않는다. 이 점에서 어근 분리의 현상이 어휘 통합성 가설을 어긴다고 말하기 어렵다.
168) 예를 들어, "어머니가 음식을 맛을 보신다, 그는 실패를 겁 안 낸다" 등.

경우 조사, 부정소 등이 개재될 수 있는데, 이러한 새로운 논항의 존재는 그러한 분리 현상과 무관하게 이들이 본질적으로 단어임을 입증하는 것이다.

이 유형의 합성동사에 대하여 통사적 구성에서 조사가 생략되어 형성된 것으로 보는 보편적인 관점이 있다. 다음 인용 예를 보자.

> (107) ('힘들다, 빛나다, 겁나다, 동트다, 멍들다'는) '힘이 들다, 빛이 나다, 겁이 나다, 동이 트다, 멍이 들다'란 절에서 <u>주격조사가 소거되어 형성된</u> 것이다. 이런 유형의 합성동사에는 이 밖에도 '정들다, 길들다, 끝나다' 등 많은 예를 들 수 있다. … ('본받다, 힘쓰다, 등지다, 선보다, 자리잡다'는) '목적어+서술어'의 구성으로 된 형성법이다. '본을 받다, 힘을 쓰다, 등을 지다, 선을 보다, 자리를 잡다'란 구에서 <u>목적격조사가 소거되어 만들어졌다.</u> 이 밖에도 '욕보다, 힘입다, 배곯다' 등 수많은 예가 있다. … ('앞서다, 뒤서다, 마을가다, 거울삼다, 벗삼다'는) '부사어+서술어'의 구성 형태인데 <u>부사격조사의 소거를 거쳐 형성된</u> 것으로 생각된다. ('앞서다, 뒤서다, 마을가다'는) '앞에 서다, 뒤에 서다, 마을에 가다'란 구에서 처소의 부사격조사 '에'가 소거되었다. '거울삼다'는 '거울로 삼다'에서 도구의 부사격조사 '로'가, '벗삼다'는 '벗으로 삼다'에서 자격의 부사격조사 '으로'가 각각 떨어졌다(이상 남기심·고영근 2011 : 219, 밑줄 필자).

이러한 설명에서 "'체언+조사+동사'의 통사적 대응형을 지니는 '체언+동사' 유형의 동사는 조사의 생략을 거쳐 만들어졌다"는 기본 관점을 확인할 수 있다. 이런 견해에 대하여 다음의 물음을 제기할 수 있다.

> (108) 가. 조사의 생략이라고 할 때 그 절차는 공시적인가 통시적인가?
> 나. 모든 '체언+동사'의 합성어에 그러한 형성 절차가 유효한가?

이 두 가지 의문으로부터 논의를 풀어가 보기로 하자. 결론적으로, '체언+동사' 합성동사의 형성 기제는 이와 같이 단순하지도, 모든 단어가 획일적이지도 않다는 것이다. 우선 (108가)의 물음과 관련하여, 조사의 생략은 공시적일 수 없다. 조사 생략이 공시적 절차라면 이는 통사부에서 통사 규칙에 의하여 단어가 형성되는 것인데, 아래 (109) 구조의 '빛이 나다'에서 조사 '이'의 생략, N '빛'의 핵이동을 통한 통사부에서의 단어 형성으로 보기는 어렵다는 것이다.

(109)

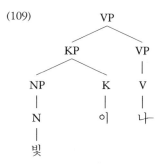

이런 통사적 절차는 과잉 생성의 문제, '부사어+동사'(앞서다, 뒤서다, 거울삼다)에 대하여 형성 기제를 밝힐 수 없다는 문제, 격조사가 핵인데도 생략된다는 문제, '두말없다, 어림없다, 턱없다' 등 'X도 없다'로 대응하는 경우처럼 보조사가 생략된다고 해야 하는 문제 등에 대하여 제대로 설명할 수 없다(최형용 2003, 2006). 이 점에서 조사의 생략을 통해 '체언+동사'의 합성동사가 형성되는 경우가 있다고 해도 그 과정은 통시적인 것이어야 한다.

(108나)의 물음과 관련하여, 통시적인 형성 과정과는 별개로 '체언+동사'를 형성하는 단어형성규칙이 존재한다고 답할 수 있다. 최형용(2003나)는 (109)의 구조로부터의 단어형성 즉 조사의 생략과 핵이동에 따른 단

어형성의 견해를 부정하고 체언과 용언의 직접적인 결합을 주장한 것이다. 즉 '빛나다'라면 '빛이 나다'에서 조사 '이'의 생략이 아니라 '빛'과 '나다'의 직접적인 결합으로 보는 것이다. 앞에서 언급했듯이 이 견해에는 조사가 핵이며 따라서 핵인 조사가 삭제될 수 없다는 이론적 배경이 깔려 있다. 이에 따라 NV 합성동사는 통사부가 아니라 어휘부에서 형성된다.169)

이 점은 '하다' 동사류도 마찬가지라고 할 수 있다. 이 유형의 동사도 어휘부의 단어형성규칙 역시 존재한다.

> (110) 골몰하다, 이룩하다, 자처(自處)하다, 필적하다, 몰두하다, 엄습하다
> (이상 현대국어), 限死ᄒ다, 自得ᄒ다, 接主人ᄒ다(이상 한불ᄌ뎐), 一
> 定ᄒ다(15세기), …

즉 위 예들처럼 어근과 결합하는 경우는 통사적 구성이 불가능하므로 어휘부에서 'N→N+하-'와 같은 규칙으로 형성되었다고 해야 한다. 물론 '정하다, 당하다, 망하다, …' 등은 이러한 규칙의 존재를 분명히 보여주지만, 위 (110)과 같이 'X{를}하다, X{안}하다' 등과 같은 분리 현상을 보이는 경우도 동일한 단어형성규칙에 따른다는 것이다.170) 이상과 같은 논의를 통하여 'NV'형 합성동사를 형성하는 'V→N+V'의 어휘부 규칙을 가정할 수 있다.171)

---

169) 다만 어휘부 형성이라고 해도 최형용(2003)에서 주장하는 단어형성의 기제는 규칙이 아니라 유추이다. 우리의 관점으로는 'V→N+V'의 규칙이다.

170) 이와 같이 보면 '정하다, 당하다, 망하다' 등이 분리되지 않는 것은 단어형성 원리의 차이가 아니라 '당, 정, 망' 등이 1음절 어근이라는 특성에 기인한 결과일 수 있다. 2음절 이상 어근은 명사로서 인식될 가능성이 크고 이러한 인식이 어근의 분리 현상으로 이어졌을 것이다.

171) 이러한 규칙의 존재와 별개로 'N→N+조사+V'와 같이 조사가 참여하는 단어형성규칙이 있는지 물을 수 있다. 결론적으로 그러한 규칙은 없다고 판단된다. 그러한 유형의 단어는 '간살부리다, 영이돌다, 알로까다' 등 세 단어에 불과하며(김계곤 1971/1996 : 460,

이러한 'NV'동사의 형성 규칙과 관련하여 통사부 형성론에서 제기한 문제, 즉 어휘부 형성론은 (91가) '주어-타동사' 관계나 '주어-행위자성 자동사(비능격동사)' 관계의 합성동사가 존재하지 않는 이유를 설명할 수 없다는 점을 재고할 필요가 있다. 먼저 인식해야 할 점은 통사부 형성론에서 기술하는 N과 V의 통사 관계, 즉 '주어-타동사' 관계나 '주어-행위자성 자동사(비능격동사)' 관계가 없다는 통사적 제약성이 있다고 해서 그것이 곧 통사부에서 형성되었다는 증거가 될 수는 없다는 점이다. 즉 통사부 형성론에서 지적한 사실은 그러한 통사 관계를 '기술'한 것일 뿐, 왜 그러한 결합이 허용되지 않는가 대하여 '설명'한 것은 아니라는 점을 분명히 할 필요가 있다.

이러한 제약은 의미론적인 면에서 찾아야 할 것으로 보인다. 그 시도는 최형용(2006)에서 볼 수 있다. 이 논문에서는 Tomlin(1986)의 '동사-목적어 결합성의 원리'(The Principle of Verb-Object Bonding), 즉 타동사와 목적어는 주어와의 응집력보다는 동사와의 응집력이 통사적, 의미론적으로 더 크다는 원리에 따라, 주어가 아닌 목적어가 동사의 의미상의 빈칸을 채우는172) 데 우선순위를 받는다고 설명한다.

조민정(2013)은 'N1사냥', 'N1낚시'류 합성어의 논항 선택 관계를 논의하면서, '매사냥'의 경우 언어 사용자들이 '매'를 도구보다는 대상으로 먼저 인식하는데, 이 역시 서술어의 논항 구조에서 도구가 대상보다 응집

---

486), '가이없다' 정도를 더 추가하더라도 지극히 미미한 수준이다. 따라서 적어도 합성용언의 경우 조사가 개재된 단어형성규칙의 존재를 인정하기 어렵다. 특히 '귀설다, 남부끄럽다, 성화같다, 거울삼다, 겉어물다'와 같이 '에, 에게, 와, 로, 만' 등 다양한 문법적 격 관계나 의미적 관계를 갖는 경우에도 조사의 개재를 볼 수 없다는 점에서 조사가 개재되는 단어형성규칙은 형성되지 못한 것으로 보인다.

172) 최형용(2003, 2006)은 NV 동사가 어휘부에서 직접적인 결합을 통해서 형성된다고 보는데, 그 기제는 용언 핵이 함수자(functor)로서 자신의 의미상의 빈자리를 논항(argument)으로 채워 단일한 의미를 나타낸다고 한다.

력이 낮다는 (그 결과 서술어의 논항 구조에서 대상보다 위계성이 낮다는) Tomlin(1986)이 주장을 바탕으로 설명한다.173) 이는 곧 '매사냥'은 ① '매를 사냥' > ②'매로 사냥' > ③'매가 사냥'의 순으로 의미 해석의 가능성이 낮아질 것이다.

이러한 논의를 바탕으로 한다면, 예를 들어 가상의 NV 동사 '*딸보내-' 는 ①'딸을 보내다' > ②'딸에게 보내다' > ③'딸이 보내다'의 순으로 의미 해석의 가능성이 낮아진다. 이와 같이 행위주-동사의 의미는 우선순위에서 밀리기 때문에 합성어로 형성될 가능성이 매우 낮아지게 된다. 'N-V-Suf' 명사의 경우에도, 예를 들어 '토끼가 먹을 음식'이라는 의미의 명사를 형성하는 것을 가정하면, '[[토끼-먹]이]'의 구조로는 만들어질 수 없게 된다. 우선순위에서 낮은 '토끼가 먹-'의 의미 해석은 거의 고려될 수 없기 때문이다. 따라서 이 경우에는 명사 '토끼'와 '먹이'를 결합하는 규칙(N→N+N)에 의해 '[[토끼][먹이]]'가 만들어지게 된다. NV 동사에서 보이는 논항 관계의 제약 양상이 이와 같이 의미론적으로 설명될 가능성이 있다면 어휘부 형성론의 입장 역시 유지될 수 있다.

5.3.4. 통사적 구성으로부터의 단어화

어휘부의 단어형성 기제와 별도로 통사적 구성으로부터 통시적으로 단어화하는 과정 역시 인정된다. 우선 '가이없다'처럼 조사가 개재되어 있는 경우는 당연히 통사부로부터 형성된 경우이다.174)

최형용(2003, 2006)은 '체언+동사' 유형에 대하여 조사의 생략에 따른

---

173) 조민정(2013)은 따라서 투명한 의미 구조를 지니는 'N1(대상)사냥'은 구구조로 실현되고 (고래사냥, 곰나냥, 노루사냥, 맷돼지사냥 등), 구구조에서 의미 해석이 불가능한 'N1(도구)사냥'은 합성어로 처리된다(매사냥, 노루사냥, 덫사냥 등)고 한다.

174) 명사 '가(<깇)'의 주격조사로 '가'가 아닌 '이'가 결합된 것은 과거 어형이 굳어진 것임을 보여 준다.

형성 기제를 부정하고 체언과 용언의 직접적인 결합을 강조하였지만, 모든 '체언+동사'의 합성동사가 그러한 것은 아니다.

공시적 절차로서 조사의 생략은 허용될 수 없지만 통시적인 과정에서는 통사적 구성에서 조사의 생략 표현이 가능하고 그 생략된 표현이 빈번한 쓰임을 통해 단어화한 것이라고 볼 여지가 있다. 이러한 형성 과정을 보여 주는 다음과 같은 예를 살펴보자.

(111) 힘들다, 힘차다, 숨차다, 알차다

(112) 가. 손잡다, 꽃피우다, 애타다
    나. 미역국을 먹다, 손이 크다
    다. 나비치다, 비루먹다, 물먹다, 값싸다,

(111)의 '힘들다'류는 'V→N+V'의 규칙으로는 형용사가 된 결과를 설명할 수 없다. 이는 '힘이 들다'의 통사적 구성이 형용사적 의미 특성을 얻게 되는 단계가 있고, 이로부터 단어화가 진행되면서 형용사로서의 소성을 확보했다고 보아야 한다.

이러한 설명의 가능성은 다음과 같은 구성에서 엿볼 수 있다. '흥겨워 하다, 안타까워 하다, 더워 하다, *놀아 하다, *찡그려 하다, *얼어 하다' 등에서 보듯이 '[X-어] 하다' 구성에서, X 자리에 형용사는 올 수 있지만 동사는 오지 못한다. 그런데 다음과 같이 동사구가 오는 경우가 있다.

(113) 가. 시부모가 며느리를 [마음에 들어] 한다.
    나. 그가 무척 [힘이 들어] 한다.
    나. 말이 매우 [숨이 차] 한다.

'마음에 들다, 힘이 들다, 숨이 차다' 등은 주어의 '상태'를 나타내는,

즉 형식적으로는 동사적이나 의미적으로 형용사적인 구성들이다. 이는
곧 '[-어] 하다' 구성에서 괄호 자리에 상태적 의미를 지닌 성분이 온다
는 뜻이다.[175) '힘들다'가 동사가 아닌 형용사로 단어화하는 것은 이와
같이 상태적 의미 속성을 지닌 통사 구성 '힘이 들다'를 전제로 할 때 설
명될 수 있다.

두 번째 근거는 관용구에서 찾아볼 수 있다. 관용구 가운데 'NP V'[176)
의 유형에서 NP에 조사가 결합하는 양상을 보면 다음과 같다.

(114) 가. 조사가 반드시 결합하는   예 감투를 벗다
       나. 조사가 결합되지 않는   예 거름발 나다
       다. 조사 결합이 수의적인   예 감투(를) 쓰다

(114가)처럼 조사가 반드시 결합하는 관용구는 (114나)처럼 조사가 결
합하지 않은 경우에 비하여 절대 다수를 차지한다.[177) 이를 비추어 본다
면 조사 결합이 수의적인 관용구들은 조사가 없던 어형에 조사가 새로
개입된 것이 아니라, 조사가 결합한 통사구에서 수의적으로 조사가 생략
된 것으로 보아야 한다. 이는 곧 '손잡다'와 같이 관용적 의미를 지니는
합성어는 '손을 잡다'와 같은 통사적 구성에서 조사의 생략을 거쳐 통시
적으로 형성되었음을 뜻한다. 이것이 '손을 잡다'처럼 통사적 구성일 때
도 그 관용적 의미를 유지하는 것은 이 합성어가 통사적 구성으로부터
조사의 생략을 거쳐 단어화했기 때문이다.

---

175) 가와사키(2011)에서는 중세국어의 '-어 ㅎ-' 구문에 있어 '-ㅎ-'는 일종의 존재사와 같은
    역할을 하며, '어떤 상태/마음으로 존재함'을 나타낸다고 한다.
176) NP는 수식어 없이 단일한 N이 그대로 NP로 확장된 경우, V는 '-다'형을 취하는 경우만
    한정하였다.
177) <표준국어대사전> 등재 관용구 중 'ㄱ'항을 대상으로 할 때, 조사(보조사는 제외)가 결합
    한 예는 160항, 결합하지 않은 항은 10개이다. 조사가 수의적으로 결합하는 항목은 314개
    이다.

'하다' 동사 역시 동일한 면을 보인다. '하다' 동사의 형성 기제에 대하여 '[NP 하-]$_{VP}$' 통사 구성이 빈번한 사용을 통해 단어화하였다는 주장이 있는데(정원수 1992[178], 박진호 1994), 이것이 전적으로 수용되기는 어려워도 다음과 같이 X가 [−서술성]을 지니는 경우에는 유력해 보인다.

(115) 나무하다, 밥하다, 벗하다, 사이하다, 이웃하다, 양치하다 등

이처럼 'X를 하-'와 같은 통사적 구성이 역사적 쓰임을 통해 점점 긴밀한 관계로 변하여 마침내 형태화하는 과정은 언어보편적인 현상일 뿐더러 국어의 다양한 유형에서 발견되는 현상이다(이지양 1993 참조).

다만 '체언+조사+동사'의 통사구 대응형이 있다고 해도 합성어 가운데는 조사의 생략을 통해서 형성되었다고 보기 어려운 경우도 있다. 다음 예는 최형용(2003)에서 제시한 것이다.

(116) 앞서다, 뒤서다, 거울삼다, 모기물리다, 눈살피다 등.

위 예는 최형용(2003)에서 통사부에서 핵이동에 의하여 단어를 형성하는 이론에 대하여 문제점을 제기하였던 것이다. 이는 통사부에서 공시적인 핵이동에 의한 단어형성뿐만 아니라 통시적인 단어형성의 기제에 대해서도 의문을 제기한다. 통시적으로 '명사−동사'의 관계가 긴밀해져서 단어가 되기 위해서는 조사의 비실현(생략)이 필수적인데 이 '에, 으로' 등은 부정격 조사가 아니라시 통사적 구성에서 생략될 수 없다.[179] 최형용

---

178) 정원수(1992)에서는 '공부를 하다'(구 구조) → '공부(를) 하다'(구와 단어의 중간 구조) → '공부하다'(단어 구조)로 발전한다고 한다. 특히 부정격의 실현으로 '공부 하다'가 부정격의 개념이 약해지면서 단어로 인식된다고 함으로써 그 동기를 설명하고 있다.

179) 이른바 부정격이라고 하는 주격, 목적격, 속격조사를 제외하고는 정격조사인 부사격 조사('으로', '에' 등) 등은 생략되기 어렵다.

(2003 : 59)에서는 이 단어들에 대하여 동사의 의미론적 논항만이 실현되어 새로운 단어를 형성한 것으로 본다.

이상과 같은 논의는 '체언+동사' 합성어가 어휘부의 단어형성규칙에 의해서도, 통사적 구성으로부터 단어화되는 방식에 의해서도 만들어진다는 것을 의미한다.180) '하다' 동사도 마찬가지여서 '공부하다'는 'N → N+V'의 규칙에 의해서, 또는 '[NP공부를] 하다'와 같은 구성에서 단어화하여 형성되었을 수 있다. 이 점에서 앞서 (107)을 다음과 같이 재기술할 수 있을 것이다.

> (117) 가. '빛나다' 등 주어+서술어 구성은 '빛이 나다'에서 통시적으로
> 주격조사가 소거되어 형성되었을 수도 있고, 공시적으로 '빛'과
> '나다'의 직접적인 결합으로 형성되었을 수도 있다.
> 나. '본받다' 등 목적어+서술어 구성은 '본을 받다'에서 통시적으
> 로 목적격조사가 소거되어 형성되었을 수도 있고, '본'과 '받다'
> 의 직접적인 결합으로 형성되었을 수도 있다.
> 다. '앞서다' 등 부사어+서술어 구성은 '앞'과 '서다'의 직접적인
> 결합에 의하여 형성되었다.

물론 단어에 따라서 형성 과정이 보다 분명한 경우도 있지만, 적지 않은 합성동사들은 이를 구별해 내기는 어렵다고 본다. 그러나 합성동사를 형성해 내는 이와 같이 다양한 기제를 확인하는 것 역시 문법 기술에서 의의를 지닐 것이다.

---

180) 예를 들어 '금가다, 목숨걸다, 발끊다, 손놓다, 농사짓다, 맛있다, 힘들다, 재미나다' 등은 단어형성규칙에 의해서도, 통사적 구성으로부터 단어화하였을 가능성이 공존한다.

6. 결론

이 글은 합성어에 대한 개괄적인 이해를 목표로 하면서도 특히 그 형성 기제에 중점을 두어 기술한 것이다. 그래서 합성어의 개념, 유형 등 기본적 사항부터 기존 논의를 소개하는 한편, 단어형성의 여러 관점들을 합성어의 유형에 따라 살펴보았다.

2장에서는 합성어의 개념과 유형을 고찰하면서, 분석과 형성의 관점에 따른 개념 설정의 차이점과 문제점을 살펴보았으며, 합성어의 유형 역시 의미적, 형태적, 통사적 기준에 따라 분류해 보고 그 문제점과 일부 대안을 제시해 보았다.

3장에서는 합성어의 형성 원리를 기술하였다. 이는 합성어에 국한되는 것이 아니라 단어 전반에 걸치는 것이지만, 특히 합성어가 통사부와 밀접한 관련성을 보인다는 점에서 다양한 단어형성의 이론을 소개할 수 있도록 집중하였다. 생성형태론, 심리언어학, 분산형태론 등의 관점을 살펴보는 한편 기본적으로 어휘부의 규칙이 존재한다는 입장에서 각 이론을 비판적으로 고찰하는 태도를 취하였다. 그러나 각 이론이 지닌 강점과 설명력은 유효하므로 지속적인 논의가 필요할 것이다.

4장과 5장에서는 합성명사와 합성동사를 중심으로 그 형성 기제에 대하여 기술하였다. 각각의 경우 '하다' 동사를 비롯한 'NV' 동사, 'V-어 V' 동사들이 단어임을 확인하고, 이들이 통사부에서 형성된다는 관점, 그리고 어휘부에서 유추에 의하여 형성된다는 관점 등을 비판적인 시각에서 고찰하였다. 그 과정에서 이 글은 기본적으로 이 합성어들이 어휘부의 규칙에 의하여 형성될 가능성이 부정될 수 없다는 점을 강조하는 태도를 견지하였다. 그리고 이로부터 '-은, -는, -을' 등 관형형 어미, '-아/어, -고' 등 연결어미 등 일부 어미는 어휘부의 단어형성 단위로서 참여한다는 점을 제안해 보았다.

그러나 결과적으로 이 글은 합성어에 대한 객관적이며 포괄적인 소개도, 관련 주제에 대한 의미 있는 논의도 제대로 이루어내지 못하였다. 더욱이 합성어에 관련된 폭넓은 주제를 제대로 아우르지 못했다는 한계도 지니게 되었다. 합성어의 해석, 구성 성분 간의 의미 관계 등에 대한 논의도 이루어지지 못했으며,181) 이른바 첩어에 대하여도 특별한 언급을 하지 못했고, 어원면에서도 한자어 합성어, 외래어 합성어 등에 대해서도 별다른 기술을 하지 못하였다.182)

또 이 글에서는 단어의 주요 유형의 하나인 이른바 절단어(혹은 절단형), 혼효어 등에 대하여도 전혀 언급하지 못하였다. 전형적인 합성어로 분류되는 단어들을 대상으로 살펴보다 보니 이 유형에 관심을 돌리지 못했으나, 오늘날 국어의 사용 양상을 고려하면 이들 역시 중요하게 다루어져야 할 것이다.183) 이러한 논의가 진행되는 과정에 따라 합성어의 범주는 더 커지고 논의의 폭도 넓어지리라 본다.

---

181) 단어의 해석과 관련하여 의미 관계로부터 단어형성의 과정을 설명하는 황화상(2001)이 참고된다. 박철주(2006)은 먹을거리 합성어를 자료로 하여 합성명사의 구성 요소들이 맺는 다양한 의미 관계를, 최형강(2012)는 '떼'가 합성어들에서 선후행의 결합관계에 따라 보이는 여러 의미기능을 제시하고 있어 참고된다. 합성어의 구성 요소들이 형성, 해석 등에서 보이는 의미 관계에 대한 연구로 신희삼(2007), 송현주(2010) 등이 있고, 합성어 내부 성분들의 의미 대립 관계에 대하여 고재설(1996)이 참고된다.

182) 한자어 조어법에 대해서는 김규철(1997), 노명희(2005) 등이, 외래어의 조어법에 대해서는 노명희(2009)를 참조할 수 있다.

183) 이은섭(2007)에서는 '얼짱, 겨털, 노른자, 즐컴, 비번, 썩소, 민증'과 같은 단어들에 나타나는 '얼, 겨, 자, 즐, 컴, 비, 번, 썩, 소, 민, 증' 등을 의사 어근(단어형성 과정에서 어근이라고 보기 힘든 형식들이 어근의 기능을 수행하는 단위)으로 규정하고, 해당 단어들을 합성어로 분류한 바 있다.

‖ 참고문헌

가와사키(2011), ""어기설"과 중세한국어 동사활용", 형태론 13-2, 245-265.

강진식(2000), "한국어의 단어형성 연구 : 'X+동사+접사'의 3항 구조를 중심으로", 한국언어문학 44, 503-519.

고광주(2002), "'명사+동사'형 합성동사의 형성 원리", 우리어문연구 19, 253-278.

고영근(1989), 국어 형태론 연구, 서울대학교 출판부.

고영근·구본관(2008), 우리말 문법론, 집문당.

고재설(1987), 국어의 합성동사에 대한 연구, 석사학위논문, 서강대학교.

고재설(1992), "'구두닦이'형 합성명사에 대하여", 서강어문 8, 17-46.

고재설(1994), 국어 단어 형성에서의 형태·통사 원리에 대한 연구, 박사학위논문, 서강대학교.

고재설(1996), "합성어의 내부 구성과 의미 대립 관계 : 형태론의 입장에서 본 의미 대립", 국어학 28, 187-218.

고창수(1992), "국어의 통사적 어형성", 국어학 22, 259-269.

구본관(1998), 15세기 국어 파생법에 대한 연구, 태학사.

국립국어원(2013), 표준국어대사전(http://stdweb2.korean.go.kr/main.jsp).

김계곤(1971), "풀이씨의 합성법", 논문집(인천교대) 5, 73-100, [김계곤(1996), 현대 국어의 조어법 연구, 박이정.]에 재수록.

김계곤(1996), 현대 국어의 조어법 연구, 박이정.

김광해(1982), "복합명사의 신생과 어휘화 과정에 대하여", 국어국문학 88, 5-29.

김귀화(1994), 국어의 격 연구, 한국문화사.

김규선(1970), "국어 복합어에 대한 연구 : 구와 복합어 구분의 기준 설정을 위한", 어문학 23, 93-123.

김규철(1997), "한자어 단어 형성에 대하여", 국어학 29, 261-308.

김기혁(1981), 국어 동사합성어의 생성적 연구, 석사학위논문, 연세대학교.

김기혁(1994), "문장 접속의 통어적 구성과 합성동사의 생성", 국어학 24, 403-465.

김동식(1994), "복합명사를 찾아서", 국어학 24, 385-401.

김명광(2004), 국어 접사 '-음', '-기'에 의한 단어 형성 연구, 박사학위논문, 서강대학교.

김영희(1986), "복합명사구, 복합동사구, 그리고 겹목적어", 한글 193, 47-78.

김완진·이병근(1979), 문법, 박영사.

김용하(2007), ""에", "에게", "께"의 교체와 분포 형태론", 언어과학연구 43, 71-112.

김유범(2011), "통사성과 합성어의 유형 변화", 한국어학 53, 119-143.

김의수(2006), 한국어의 격과 의미역, 태학사.

김인균(1995), 국어 파생어에 대한 형태·통사론적 연구, 석사학위논문, 서강대학교.

김인균(2003), "관형 명사구의 구조와 의미 관계", 국어학 41, 197-223.

김인균(2005), 국어의 명사 문법 I, 역락.

김인택(2003), "동사 어근 구성 합성어 형성의 특징 : V+{은, 는, 을}+N, V+아+V 형을 중심으로", 한민족어문학 43, 1-18.

김일병(2000), 국어 합성어 연구, 역락.

김진형(1995), "우리말의 동사성 합성어", 음성음운형태론연구 1, 79-89.

김창섭(1981), "현대국어의 복합동사 연구", 석사학위논문, 서울대학교.

김창섭(1996), 국어의 단어형성과 단어구조 연구, 태학사.

김창섭(1997가), "'하다' 동사 형성의 몇 문제", 관악어문연구 22, 247-267.

김창섭(1997나), "합성법의 변화", 국어사 연구(국어사연구회 편), 태학사, 815-840, [김창섭(2008), 한국어 형태론 연구, 태학사.]에 재수록.

김창섭(2005), "소구(小句)의 설정을 위하여", 우리말 연구 서른아홉 마당(임홍빈 외 38인 공저), 태학사, 109-127, [김창섭(2008), 한국어 형태론 연구, 태학사.]에 재수록.

김창섭(2008), 한국어 형태론 연구, 태학사.

김혜미(2011), "국어 종합 합성어 형성 원리 연구 : 신어 분석을 기반으로", 문창어문 논집 48, 81-111.

나은미(2007), "합성어 구성 성분의 의미 결합 양상 : 합성명사를 중심으로", 한성어 문학 26, 19-43.

남기심(1970), "이음씨끝 "-아"를 매개로 한 겹씨의 움직씨 형성에 대하여", 한글 146, 311-318.

남기심(2001), 현대국어 통사론, 태학사.

남기심·고영근(2011), 표준국어문법론(제3판), 탑출판사.

남미혜(1996), 국어의 연속 동사 구성 연구, 박사학위논문, 서울대학교.

노명희(2005), 현대국어 한자어의 단어구조 연구, 태학사.

노명희(2009), "외래어 단어형성", 국어국문학 153, 5-29.

박병수(1981), "On the Double Object Construction in Korean", 언어 6-1, 91-113.

박소영(2011), "한국어 종합 합성어의 통사구조와 형태-통사론의 접면", 생성문법연 구 21, 685-706.

박소영(2012), "'행위성 명사+이다' 구문의 통사론적 분석", 생성문법연구 22-2, 391-416.

박소영·김혜미(2012), "한국어 통합합성어 형성 원리 재고 : 신어 통합합성어 분석을 중심으로", 언어학 64, 77-108.

박양규(1987), "'보내오다'류의 유표적 복합동사들", 국어학 16, 459-486.

박진호(1994), 통사적 결합 관계와 논항 구조, 석사학위논문, 서울대학교.

박진호(1999), "형태론의 제자리 찾기 : 인접학문과의 관계를 중심으로", 형태론 1-2, 319-340.

박철주(2006), "먹을거리 합성어의 내면 의미에 대한 연구", 우리말글 36, 21-49.

사회과학출판사 편집부(1992), 조선말대사전(1, 2), 사회과학출판사.

서정목(1984), "의문사와 WH-보문자의 호응", 국어학 13, 33-64.

서정목(1993), "한국어의 구절 구조와 엑스-바 이론", 언어 18-2, 395-435.

서정수(1975), 동사 '하-'의 문법, 형설출판사.

서정수(1981/1993), "합성어에 관한 문제", 한글 173 · 174, 367-400, [이병근 외 2인 편(1993), 형태, 태학사.]에 수정보완 재수록.

서정수(1996), 국어 문법(수정 증보판), 한양대학교 출판원.

성광수(1974), "국어 주어 및 목적어의 중출현상에 대하여", 문법연구 1, 209-235.

성광수(1981), "타동성 목적어와 중목적어", 어문논집(고려대) 22, 115-127.

성광수(2001), 국어의 단어형성과 의미해석, 월인.

송원용(2000), "현대국어 임시어의 형태론", 형태론 2-1, 1-16.

송원용(2005), 국어 어휘부와 단어 형성, 태학사.

송원용(2007), "국어의 단어형성체계 재론", 진단학보 104, 105-126.

송철의(1992), 국어의 파생어 형성 연구, 탑출판사.

송철의(2001), "국어의 형태론적 특질", 배달말 28, 1-28.

송현주(2010), "한국어 합성어에 나타난 동기화 양상", 한글 289, 125-150.

시정곤(1992), "통사론의 형태 정보와 핵 이동", 국어학 22, 299-324.

시정곤(1994), "'X를 하다'와 'X하다'의 상관성", 국어학 24, 231-258.

시정곤(1998), 국어의 단어 형성 원리(수정판), 한국문화사.

시정곤(1999). "규칙은 과연 필요 없는가?", 형태론 1-2, 261-283.

시정곤(2008), "국어 형태론에서 단어형성 전용요소의 설정에 대한 타당성 연구", 한국어학 38, 83-107.

신희삼(2007), "합성어 기능에 따른 합성명사의 형성 원리", 한국어 의미학 22, 141-163.

심재기(1982), 국어 어휘론, 집문당.

안희돈(1994), "배분 형태론과 결합현상", 학술지(건국대) 38, 9-23.

양명희(1998), 현대국어 대용어에 대한 연구, 태학사.

양영희(1994), "합성어의 하위 분류", 한국언어문학 33, 47-65.

양정석(1995), 국어 동사의 의미 분석과 연결이론, 박이정.

양정호(2008), "단어 형성 과정 기술의 몇 문제 : 구본관(1998)을 중심으로", 형태론

10-2, 421-435.

연재훈(1986), 한국어 '동사성명사 합성어'(verbal noun compound)의 조어법과 의미 연구, 석사학위논문, 서울대학교.

연재훈(2001), "이른바 '고기잡이'류 종합 합성어의 단어형성에 대한 문제", 형태론 3-2, 333-343.

연재훈(2003), "종합 합성어에서 접미사 처리 문제와 논항 분석 문제 재론", 형태론 5-1, 123-131.

오규환(2008), 현대 국어 조사 결합형의 단어화에 대한 연구, 석사학위논문, 서울대학교.

오민석(2011), "문장형 단어형성요소의 형성과 특성 : 용언 어간과 종결어미 결합형을 대상으로", 민족문화논총 48, 239-264.

유시택(2006), "합성어와 파생어 내부에 나타나는 굴절형태 : 독일어의 경우", 독일문학 99, 271-288.

이광호(2005), "연결망과 단어형성", 국어학 46, 125-145.

이기문(1972/1998), 국어사개설(신정판), 태학사.

이남순(1988), 국어의 부정격과 격표지 생략, 탑출판사.

이병근(1986), "국어사전과 파생어", 어학연구 22-3, 389-408.

이석주(1987), "의미론적 접근에 의한 국어 복합어와 구의 변별기준", 논문집(한성대) 11, 1-28.

이석주(1989), 국어 형태론, 한샘출판사.

이선영(2006), 국어 어간복합어 연구, 태학사.

이선희·조은(1994), "통사부의 핵이동에 대하여", 우리말글연구 1, 237-263.

이양혜(2003), "'-X기/이'류 형태소의 접사 기능 연구", 한글 261, 67-95.

이영길(2000), "합성어 통사상 연구", 현대영미어문학 18-1, 69-90.

이은섭(2007), "형식이 삭감된 단위의 형태론적 정체성", 형태론 9-1, 93-113.

이익섭(1965), "국어 복합명사의 IC분석", 국어국문학 30, 121-129.

이익섭(1967), "복합명사의 엑센트 고찰", 학술원 논문집 6, 131-146.

이익섭(1975), "국어 조어론의 몇 문제", 동양학(단국대) 5, 155-165, [이병근 외 2인 편(1993), 형태, 태학사.]에 재수록.

이익섭·임홍빈(1983), 국어문법론, 학연사.

이익섭·채완(1999), 국어문법론강의, 학연사.

이재인(1993), 국어 파생접미사에 대한 연구, 박사학위논문, 서강대학교.

이재인(2003), "임시어에 나타나는 형태론적 특성", 시학과언어학 6, 191-206.

이정훈(2006), "'V-어V' 합성동사 형성 규칙과 범주통용", 어문학 91, 129-161.

이정훈(2011), "접속의 순서와 구조 그리고 의미 해석", 어문학 113, 73-99.

이주행(1981), "국어의 복합어에 대한 고찰", 국어국문학 86, 391-425.

이지양(1993), 국어의 융합현상과 융합형식, 박사학위논문, 서울대학교.

이현희(1994), 中世國語 構文硏究, 신구문화사.

이호승(2001), "단어형성과정의 공시성과 통시성", 형태론 3-1, 113-119.

이호승(2003), "단어형성법의 분류기준에 대하여", 어문학 85, 85-110.

이희승(1955), 국어학개설, 민중서관.

임동훈(1991), "격조사는 핵인가", 주시경학보 8, 119-129.

임홍빈(1979가), "을/를 조사의 의미와 기능", 한국학논총(국민대) 2, 91-130.

임홍빈(1979나), "용언의 어근분리 현상에 대하여", 언어 4-2, 55-76.

임홍빈(1982), "기술보다는 설명을 중시하는 형태론의 기능 정립을 위하여", 한국학
       보 26, 일지사, 168-192.

임홍빈(1989), "통사적 파생에 대하여", 어학연구 25-1, 167-196.

임홍빈(1998), 국어문법의 심층(2) : 명사구와 조사구의 문법, 태학사.

임홍빈(2007), 한국어의 주제와 통사 분석, 서울대학교출판부.

전상범(1995), 형태론, 한신문화사.

정원수(1992), 국어의 단어 형성론, 한신문화사.

정인기(2009), "분산형태론과 영어", 영어학 9-2, 303-326.

정한데로(2010), "문법 차원의 등재에 대한 연구", 형태론 12-1, 1-22.

정한데로(2011), "임시어의 형성과 등재 : '통사론적 구성의 단어화'를 중심으로", 한
       국어학 52, 211-241.

조민정(2013), "핵 명사의 논항 선택과 생산성 결정 요인", 한국어 의미학 40, 111-
       139.

조성식(1990), 영어학 사전, 신아사.

주시경(1910), 국어문법, [김민수・하동호・고영근(공편)(1986), 역대한국문법대계 ①
       11, 탑출판사, 1-47.]에 재수록.

주지연(2008), "발화문의 어휘화와 사전 기술", 한국사전학 11, 175-195.

채완(1986/1993), "국어 반복어의 구성방식", 형태, 태학사, 305-327, [채완(1986), 국
       어 어순의 연구, 탑출판사.]에서 발췌.

채현식(2003가), "대치에 의한 단어형성", 형태론 5-1, 1-21.

채현식(2003나), 유추에 의한 복합명사 형성 연구, 태학사.

채현식(2012), "계열관계에 기반한 단어 분석과 단어 형성", 형태론 14-2, 208-232.

최규수(2007), "복합어의 어기와 조어법 체계에 대하여", 한글 277, 133-156.

최규수・서민정(2008), "조어법과 통사론의 관계에 대하여", 한글 279, 61-87.

최기용(2012), "'행위성 명사+이다' 구문에 대한 반 분산형태론적 분석", 생성문법
       연구 22-3, 579-593.

최명옥(2007), "한국어 형태론의 문제점과 그 대안", 서강인문논총 22, 19-52.

최현배(1937/1971), 우리말본, 정음사.

최형강(2012), "'떼' 합성어의 의미기능과 결합관계", 한국어 의미학 37, 267-289.

최형용(2003), 국어 단어의 형태와 통사, 태학사.

최형용(2006), "합성어 형성과 어순", 국어국문학 143, 235-272.

최형용(2007), "한국어 형태론의 유형론 : 하스펠마트(2002), Understanding Morphology 를 중심으로", 형태론 9-2, 375-401.

최형용(2009), "한국어 형태론의 유형론적 보편성과 특수성", 형태론 11-2, 425-438.

한정한(1993), "'하-'의 조응적 특성과 통사 정보", 국어학 23, 215-238.

한정한(2011), "통사 단위 단어", 유현경 외 6인(2011), 한국어 통사론의 현상과 이론, 태학사, 13-69.

함희진(2008), "'N+V'형 합성동사의 형성 원리를 다시 생각함", 한말연구학회 학술 발표논문집, 113-125.

허웅(1975), 우리 옛말본 : 15세기 국어 형태론, 샘문화사.

허철구(1998), 국어의 합성동사 형성과 어기분리, 박사학위논문, 서강대학교.

허철구(2000), "'하-'의 형태론적 성격에 대한 토론", 형태론 2-2, 323-332.

허철구(2001), "국어의 어기분리 현상과 경계 인식", 배달말 28, 57-91.

황화상(2001), 국어 형태 단위의 의미와 단어 형성, 월인.

황화상(2002), "국어 합성 동사의 의미", 한국어학 15, 307-324.

황화상(2010), "단어형성 기제로서의 규칙에 대하여", 국어학 58, 61-91.

Ahn, H. D.(1991), *Light Verbs, VP-Movement, Negation and Clausal Architecture in Korean and English*, University of Wisconsin-Madison.

Aronoff, M.(1976), *Word Formation in Generative Grammar*, MIT Press.

Baker, M.(1988), *Incorporatin*, The University of Chicago Press.

Bauer, L.(1983), *English Word-formation*, Cambridge University Press.

Block, B. & G. L. Trager(1942), *Outline of Linguistic Analysis*, Linguistic Society of America.

Bloomfield, L.(1935), *Language*, George Allen & Unwin.

Booij, G.(1994), "Against Split Morphology", *Yearbook of Morphology* 1993, 27-50.

Booij, G.(2002), *The Morphology of Dutch*, Oxford University Press.

Choi, K. Y.(1991), *A Theory of Syntactic X0-Subcategorization*, University of Washington.

Chomsky, N.(1970), "Remarks on nominalization", In Jacobs, R. & P. Rosenbaum (eds.), *Reading in English Transformational Grammar*, Blaisdell, 184-221.

Chomsky, N.(1981), *Lectures on Government and Binding*, Foris. [이홍배 역(1987), 지 배결속 이론, 한신문화사.]

Chomsky, N.(1986), *Barriers*, The MIT Press.

Di Sciullo, A. & E. Williams(1987), *On the Definition of Word*, The MIT Press.

Gleason, H. A.(1955), *An Introduction to Desciption Linguistics*, Holt, Linehart and Winston.

Halle, M.(1973), "Prolegomena to a Theory of Word Formation", *Linguistic Inquiry* 4-1, 3-16.

Harley, H. & R. Noyer(1998), "Lisensing in the non-lexicalist lexicon : nominalization, Vocabulary Items and the Encyclopedia", *MIT Working Papers in Linguistics* 32, 119-137.

Haspelmath, M.(2002), *Understanding Morphology*, Arnold.

Hockett, C. F.(1958), *A Course in Modern Linguistics*, Macmillan.

Jensen, J. T.(1989), *Morphology-Word Structure in the Generative Grammar*, Benjamin. [한영목·정원수·류현미 역(1994), 형태론, 태학사.]

Katamba, F.(1993), *Morphology*, Macmillan Press Limited. [김경란·김진형 역(1995), 형태론, 한신문화사.]

Lee, S. H.(1992), *The Syntax and Semantics of Serial Verb Constructions*, Ph. D. Dissertation, University of Washington.

Lees, R. B.(1960), *The Grammar of English Nominalization*, Mouton.

Marantz, A.(1997), "No escape from syntax", *Upenn Working Papers in Linguistics* 4-2, 201-225.

Marchand, H.(1969), *The Categories and Types of Present-day English Word-formation : A Synchronic-Diachronic Approach*, 2nd ed, Beck.

Mithun, M.(1984), "The Evolution of Noun Incorporation", *Language* 60, 847-895.

Nida, E. A.(1946), *Morphology : The Descriptive Analyis of Words*, The University of Michigan Press.

Scalise, S.(1984), *Generative Grammar*, Foris.

Selkirk, E. O.(1982), *The Syntax of Words*, MIT Press.

Spencer, N. J.(1991), *Morphological Theory*, Cambridge University Press.

Tomlin, R. S.(1986), *Basic Word Order : Functional principles*, Croom Helm.

제4장 **어휘부와 등재***

정한데로

1. 서론

문법 연구에서 어휘부에 관한 관심이 본격화된 것은 언어 연구의 유구한 역사를 고려할 때 비교적 최근의 일이다. 화자가 머릿속에 기억하는 단위가 무엇인지, 또 이들이 어떠한 기준에 따라 선택되어 저장되는지에 관한 문제는 단어나 문장의 형성 원리에 대한 탐구 못지않게 최근 언어학 연구에서 중요하게 다루어져야 할 주제로 주목받고 있다.[1]

그러나 어휘부의 역할과 해당 범위 등에 관한 입장은 여전히 연구자마다 상이한 양상을 보이고 있기에, 어휘부의 개념과 그 외연을 간명하고 통일된 방식으로 기술하는 일은 쉽지 않아 보인다. 그럼에도 불구하고 다

---

* 이 글은 '어휘부'와 '등재'에 관한 기본 개념과 기존의 다양한 입장들을 개괄적으로 소개하는 데에 목적이 있다. 이에 관해서는 정한데로(2014 : 제2장, 제3장)에서 정리된 바 있는데, 이 글의 성격과 취지를 고려하여 정한데로(2014)를 토대로 내용을 구성하고 부분적으로 추가 사항을 덧붙이기로 한다.

1) '2012년 국어학회 겨울학술대회'의 공동토론회가 '어휘부'를 주제로 한 점도 이러한 최근의 분위기를 보여준다. <국어학> 66집에 관련 논문이 수록되어 있어 이를 참고할 수 있다. 발표한 글의 제목과 필자는 다음과 같다. '어휘부란 무엇인가(채현식), 어휘부와 국어음운론(김현), 어휘부와 형태론(최형용), 어휘부와 통사론(김의수), 어휘부와 의미론(박철우)'

양한 접근을 활용하여 어휘부의 '실체'에 접근하고자 하는 시도가 지속적으로 진행되고 있다. 최근에는 심리언어학적인 방법을 활용한 심리어휘부(mental lexicon) 연구가 부상하면서, 일찍이 생성문법을 중심으로 본격화되었던 이론어휘부(theorical lexicon)의 의의와 한계를 조명하는 논의가 이어지고 있다(채현식 2003, 2007, 송원용 2002, 2005가, 안소진 2011, 2012 등 참고). 이러한 흐름 속에서 두 어휘부 모형 간의 상관관계를 바탕으로 이론어휘부와 심리어휘부의 간격을 좁혀 보고자 하는 연구자들의 노력은 어휘부의 실체를 밝혀 나가는 데 큰 역할을 하고 있다.

이 장에서는 문법 연구에서 어휘부와 등재가 차지하는 위치를 조명하는 데 목적을 두고, 어휘부의 역할과 범위, 그리고 등재의 개념과 단위 등을 세부적으로 살펴본다. 특히, 어휘부 모형에 관한 종래의 연구를 검토하면서 연구자 간의 차이점을 확인하고 어휘부의 개념과 등재 단위에 관해 정리하고자 한다.

이에 어휘부 및 등재 연구에서 중점적으로 논쟁이 되었던 사항을 토대로 논의를 진행한다. 첫째는 어휘부 모형에 관한 탐색이다. 문법 모형 내에 어휘부를 어떻게 배치할 것인지, 어휘부가 다른 문법 부문과 어떠한 관계를 지니는지 도식화한 선행 연구를 검토한다. 국외 생성형태론의 대표적인 논의를 기점으로 국내 단어형성론 연구에서 어휘부 모형이 어떠한 흐름으로 연구되어 왔는지 정리하고, 이때 각 모형의 어휘부가 지니는 외연에 관해서도 유형별로 분류하고자 한다. 둘째, 등재 단위와 기준에 관해 살펴본다. 어휘부 등재 단위와 관련하여서는 그간 단어를 중심으로 한 논의가 주를 이루었다. 특히 규칙적으로 결합하는 복합어가 과연 어휘부에 등재되어 있는가에 대한 상이한 입장 차이가 주목을 받았는데, 이 역시 이 글에서 관심 있게 논의할 사항이다.

이상의 두 가지 논점에 초점을 맞추어 제2절에서는 어휘부의 범위와 각 모형을, 제3절에서는 등재의 개념과 단위 등에 관한 논의를 진행한다. 이 글의 목적과 성격에 걸맞게 선행 연구를 전반적으로 개괄하면서 각 입장의 주요 특징들을 밝히는 방식으로 소개하고자 한다. 한국어 형태론에서 어휘부와 등재에 관한 연구는 여전히 여러 지점에서 활발한 논쟁의 무대 위에 있다. 따라서 이 글 안에서 여러 물음에 관한 명쾌한 답을 찾기는 어려울 것이다. 다만 종래의 연구 업적을 돌이켜 보고 새로운 질문을 던져보는 일만으로도 후배 학자로서 얻은 소중한 배움의 기회가 아닐까 한다.

2. 어휘부

2.1. 어휘부의 역할과 범위

문법이라는 체계적 원리가 화자의 언어로 실현되기 위해 우선적으로 필요한 대상은 무엇일까? 다소 거칠게나마 이에 대한 답을 헤아려 본다면, 실제 인간이 사용하는 구체적인 언어 단위가 아닐까 한다. 인간이 내재한 문법이 아무리 고도화되고 세련된 방식으로 질서 정연하게 구성되어 있다고 하더라도, 실제 단어나 문장을 통해 그것이 발현되지 않는다면 원리는 불필요하고 공허한 도식에 불과할 것이다. 따라서 문법에 적용될 실제 언어 단위의 존재는 필수 불가결한 요소이다. 그렇다면 자연스레 제기되는 궁금증은 과연 이들 언어 단위가 어디에 분포하는가 하는 점이다.

의심의 여지없이 우리는 언어 단위를 기억한다. 특히 일련의 규칙적인 패턴으로 설명할 수 없는 대상은 연산 없이 '통째로' 기억해 버린다. 그리고 언어 연구에서 이러한 기억의 절차는 보통 어휘부에서 담당하는 것으로 논의된다. 어휘부에 목록화된 단위들이 규칙과 같은 형성 원리에 적용됨으로써 실제 우리가 쓰는 다수의 단어와 문장을 형성해 내는 것이다. 이렇게 볼 때, 어휘부의 가장 핵심적인 역할은 단연 '저장'의 기능이라 할 수 있다. 그렇다면 종래의 연구에서는 어휘부의 역할이 어떠한 방식으로 논의되어 왔을까?

어휘부(lexicon)에 관한 언급은 일찍이 Bloomfield(1933)에서 관찰된다. 하지만 이때의 어휘부는 문법의 한 부속물(appendix)로서 형태소와 불규칙한 대상의 목록 정도로 파악되었다는 점에서 그 외연이 넓지 않다.[2] 이후, 어휘부가 언어 연구의 주변에서 중심부로 인정받기 시작한 것은 생성문법 연구가 본격화되면서이다. 그러나 생성문법 내에서도 초기의 어휘부는 무질서한 어휘 형식소(lexical formative)의 목록에 불과하였다(Chomsky 1965). 음운론적 변별 자질과 명세된 통사론적 자질의 쌍으로 형성된 어휘 항목(lexical entry)과 잉여 규칙 등으로 구성된 초기 어휘부는 문법의 기저부(base) 내에 포함되어 있으면서 변형을 통해 단어를 형성하는 식으로 이해되었다. 가령 음성적 형식을 결정하는 자질이 명세된 'destroy', 'refuse'가 어휘부에 들어있어 명사화 변형(nominalization transformation)을 통해 해당 파생어, 'destruction', 'refusal'이 형성된다는 시각이다.

이후, Chomsky(1970)을 계기로 문법 내 어휘부의 위치와 그 기능은 대폭 조정된다. 주지하듯이 Chomsky(1970)은 초기 변형생성문법에서 배제되었던 독자적인 형태부(morphological component)를 위한 이론적 자리를 마련한 연구로서 큰 의의를 지닌다(Scalise 1984 : 20). 어휘 규칙(lexical rule)과 같은 변형을 통해 단어형성을 설명하고자 한 시도(Lees 1960 등)와 달리, 변형을 통해 다루어졌던 파생명사의 형성까지도 모두 'lexicon'에서 처리

---

2) 성광수(1993 : 127-132)에 따르면, 보다 앞선 시기의 Sweet(1891, 1955)에서는 문법과는 무관하게 독립 단어들의 집합을 사전(dictionary or lexicon)으로 이해하였다. 이때의 'lexicon'은 'dictionary'와 동일시되었다. 하지만 Bloomfield(1933)은 'lexicon'과 'dictionary'를 구분하고 있는 점에서 차이가 있다.

하게 됨으로써 어휘부가 단어형성을 위한 부문으로서의 지위를 명확히 하게 되었다. 불규칙한 대상의 저장소 정도로 인식되었던 이전 시기의 어휘부 개념과 비교한다면 이는 커다란 변화가 아닐 수 없다.

단어형성에 관한 '생성형태론(generative morphology)' 연구의 시작은 Halle (1973)에서 본격화된다. 이후에 제시될 몇 가지 문법 모형을 살피면서 이들 모형 내에서 어휘부가 차지하는 역할을 중점적으로 살펴보기로 한다.

(1) Halle(1973 : 8)

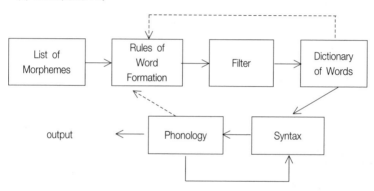

주지하듯이 Halle(1973)은 통사부로부터 독립된 단어형성의 절차, 즉 형태부의 위상이 강조된 초기 연구이다. Halle(1973 : 8)은 위 모형에서 형태소 목록(a list of morphemes), 단어형성규칙(rules of word formation), 여과 장치(filter)의 세 부문(component)을 가리켜 형태부(morphology)로 명명한다. 주목할 사항은 단어형성을 담당하는 '형태부'와 문장 형성을 담당하는 '통사부'(syntax) 사이에 '사전(dictionary of words)'을 배치함으로써 어휘 삽입 과정을 도식화하였다는 점이다. 이때의 사전은 앞서 언급한 어휘부에 대응된다. 단어형성을 위한 '형태부'라는 부문이 독자적으로 존재하며, 사전은 통사부와도 직접적으로 연결되어 저장의 역할만을 담당하는 것이다.[3)]

그렇다면 Halle(1973)과 달리 단어 기반 형태론의 입장에 있는 Aronoff (1976)은 어떠한 단어형성 모형을 제시하였을까? Aronoff(1976)에서 직접적으로 어휘부 모형을 표현한 도식은 확인할 수 없지만 Scalise(1984)에서 제시된 아래 그림들을 통해 간접적으로 Aronoff(1976)의 입장을 확인해 볼 수 있다.

(2) The organisation of the lexical component (I) - Scalise(1984 : 43)

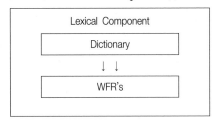

Aronoff(1976 : 22)은 단어형성규칙(WFR)으로 형성된 단어가 일회용규칙 (once-only rule)을 통해 사전(dictionary)에 저장될 수 있다고 보았다. (2)는 사전의 단위가 단어형성규칙으로 입력되는 양상을 도식화한 것이다. 여기서 주목되는 사항은 (2)의 모형이 'lexical component'로 명명되었다는 점이다. 사실상 Aronoff(1976)에서는 (2)에 쓰인 'lexical component'의 용어를 별도로 사용하고 있지 않다는 점에서 이는 Aronoff(1976)의 관점을 정리하면서 Scalise(1984)에서 도입된 것으로 볼 수 있는데, 이때 'lexical component'는 형성 부문인 WFR's에 더하여 저장 부문인 'dictionary'까지 포함한다. 이러한 점에서 본다면, (2)의 'lexical component'는 (1)의

---

3) 따라서 Halle(1973)의 어휘부 모형 내에는 2개의 저장 부문이 있다. 형태소를 저장하는 '형태소 목록'과 규칙의 출력물인 단어를 저장하는 '사전'이 그것이다. 두 개의 저장 부문을 배치한 Halle(1973)의 모형은, 이후 연구자들의 입장에 따라 저장 공간의 수를 줄이는 방향으로 전개된다(Carstairs-McCarthy 1992 : 25-26 참고). Lieber(1981)은 형태소 목록을, Aronoff (1976)은 사전만을 취한 대표적인 입장이다. Di Sciullo & Williams(1987)은 혼합된(mixed) 입장에서 형태소와 단어의 저장을 모두 인정한다.

Halle(1973) 모형 내 형태부와 그 외연이 같지 않으며, Halle(1973)의 형태
부와 사전을 합한 구성과 동일한 것으로 볼 수 있다.

여기서 용어 사용과 관련하여 다소 혼란스러운 문제가 발생한다. Scalise
(1984)의 번역서인 전상범 역(1987 : 57)에서 (2)의 'lexical component'가
'어휘부'로 번역된 것인데, 이러한 번역의 결과가 이후 국내 형태론 연구
에 미친 영향이 적지 않다고 판단된다.[4] 사전(dictionary)에 대응되는 수준
에서 저장만을 담당하는 '좁은 의미의 어휘부'에 더하여, 사전과 단어형
성규칙을 모두 포함한 '넓은 의미의 어휘부'가 '어휘부'라는 하나의 용어
로 혼재되어 쓰이기 시작한 것이다. 특히 국내 형태론 연구에서의 초기
어휘부 연구는 후자의 관점에서 '어휘 부문(lexical component)'으로서의 '넓
은 의미의 어휘부'가 중점적으로 쓰이기 시작하였다(구본관 1990, 시정곤
1998, 황화상 2001 등).

분명한 것은 Aronoff(1976) 내에서 쓰고 있는 'lexicon'의 개념이 단어형
성규칙을 포함한 (2)의 'lexical component'가 아니며, 'lexicon'은 저장 공
간인 'dictionary'에 대응하는 의미로 쓰이고 있다는 사실이다. Aronoff
(1976 : 18)에서 기술한 바와 같이 Halle(1973)과 같은 모형이 2개의 'lexicon'
(a list of morphemes와 word lexicon)을 지니고 있다고 본 점이 이를 뒷받침한다.

요컨대, Scalise(1984)의 단어형성은 저장 부문인 'dictionary(사전)'와 형
성 부문인 'morphological component(형태 부문)'로 구성된 'lexical component
(어휘 부문)'에서 진행된다. 이때 'dictionary'는 Halle(1973)의 'dictionary'와
Aronoff(1976)의 'lexicon'에 대응하며, 'morphological component'는 Halle
(1973)의 'morphology', Aronoff(1976)의 'Word Formation Rule(단어형성규

---

4) 이는 최형용(2013가)에서 주목된 것으로, 어휘부의 외연을 어떻게 설정할 것인가 하는 문제
   와 관련하여 다소 혼란스럽게 전개되어온 그간의 연구 흐름을 고려할 때 우리에게 시사하
   는 바가 적지 않다.

칙’과 일치한다. 이상의 논의를 다음의 표와 같이 정리할 수 있다.

(3) 단어의 형성 부문과 저장 부문에 관한 입장

	단어형성 부문	단어 저장 부문
Halle(1973)	morphology	dictionary
Aronoff(1976)	Word Formation Rule	dictionary, lexicon
Scalise(1984)	morphological component	dictionary

연구자에 따라서 단어 저장 부문을 지시하는 용어로 ‘dictionary’와 ‘lexicon’을 함께 쓰고 있다는 사실이 관찰된다. 특히, ‘dictionary’와 ‘lexicon’이 단어형성과 관련한 ‘morphology, Word Formation Rule’을 포함하지 않는다는 점을 강조하고자 한다. 즉, 단어의 저장만이 관여하는 공간으로 한정하여 ‘lexicon’을 쓰고 있는 것이다. 반면, 마지막 Scalise(1984)는 ‘morphological component’와 ‘dictionary’를 더하여 ‘lexical component(어휘 부문)’로 파악하였다.

일단 이 글에서는 Halle(1973), Aronoff(1976)과 유사한 입장에서, 단어 형성 부문으로서 ‘형태부(morphology)’를, 단어 저장 부문으로서 ‘어휘부(lexicon)’을 활용하고자 한다. 특히 ‘어휘부’ 개념의 외연과 관련하여 ‘어휘 부문(lexical component)’과의 차이를 분명하게 인식할 필요가 있다. 다음 절에서는 그간 한국어 형태론의 대표적인 문법 모형을 검토하면서 이들 논의의 어휘부를 비교해 보기로 한다.

2.2. 문법 모형과 어휘부

앞서 언급한 바와 같이, 최형용(2013가)에서는 국내 단어형성론 내 ‘어휘부’ 개념의 외연을 검토하면서 ‘어휘 부문’으로서의 어휘부와 ‘저장 장소'로서의 어휘부를 구분하고 두 입장의 관련성을 조명하였다. 이 글도 최형용(2013가)의 구분을 시작점으로 삼아 논의를 진행하고자 한다. (4가) 와 (4나)의 구분이 이에 해당한다.

  (4) 가. '어휘 부문'으로서의 어휘부
      나. '저장 부문'으로서의 어휘부
      다. '형성 부문'으로서의 형태부, '저장 부문'으로서의 어휘부

  (4가)와 (4나)에 더하여, 우리는 '저장 부문'으로서의 어휘부와 함께 '형성 부문'으로서의 형태부를 주장한 국내 연구를 추가적으로 검토할 것이다. 이러한 (4다)의 시각은 앞서 제시한 Halle(1973)의 입장에 가장 근접해 있는 것으로 판단되지만, 국내 연구에서는 (4다)의 입장이 크게 주목받지 못한 듯하다.[5]

  한편, 어휘부에 저장된 언어 단위가 무엇인가 하는 점 역시 이전 논의들을 검토하면서 주목해야 할 문제이다. 몇몇 선행 연구를 살펴볼 때, 기억의 대상이라고 판단되는 언어 단위는 보통 어휘부 등재 단위로 흔히 받아들여져 왔다. 가령 단어보다 큰 단위라 할지라도 '미역국을 먹다'와 같은 숙어 표현(idiomatic expression)이나, '백지장도 맞들면 낫다'와 같은 속담, 나아가 '질문을 던지다'와 같은 연어구성(collocation)도 화자의 머릿속에 저장된 대상으로 분류된다(구본관 1990, 박진호 1994, 채현식 1994, 시정곤 1998 등). 그러나 어휘부와 관련한 종래의 연구는 주로 단어를 중심으로 전개되어 오다 보니, 단어보다 큰 이들 구성이 어떠한 방식으로 어휘부에 분포할 것인가에 대한 물음에 대해서는 구체적으로 논의하지 못한 한계가 있다. 기억의 대상인 등재소이면서 동시에 여전히 통사적 속성을 지니

---

5) 정한데로(2014)는 (4다)의 입장에서 어휘부 모형을 제안하였다. 후술할 (16)의 모형 참고.

고 있는 이들 단위의 이중적인 특성을 밝혀야 하는 어려움으로 인해, 연어구성이나 숙어 표현의 등재 방식에 관해서는 간단한 언급만이 확인될 뿐이다. 물론 이 글 안에서 그 대안을 제시하기는 어렵다. 다만 통사론적 구성의 등재 단위와 관련하여 기존 논의에서 보완되어야 할 부분에 대해 논점 위주로 살펴 보고자 한다.

2.2.1. '어휘 부문'으로서의 어휘부

어휘부 모형에 관한 국내 단어형성론의 초기 연구로는 구본관(1990)이 대표적이다. 구본관(1990)의 어휘부는 형성과 저장을 모두 관장한다는 점에서 '어휘 부문'을 지시한다. 이는 (3)에서 제시한 논의 가운데 Scalise (1984)에서만 확인되는 'morphological component+dictionary'로서의 'lexical component'를 '어휘부(lexicon)'로 이해한 것이다.

(5) 구본관(1990 : 38)의 어휘부

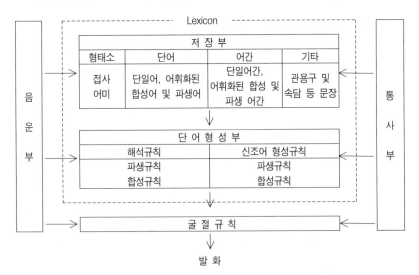

앞의 어휘부는 크게 저장부와 단어형성부로 구성되는데 저장부에는 형태소와 단어 등이 포함되며, 단어형성부는 새로운 단어형성을 위한 형성규칙과 단어의 의미해석에 관여하는 해석규칙으로 구성된다. 그리고 약어휘론가설의 입장에서 굴절은 어휘부 밖에서 처리한다. 어휘부(lexicon)를 둘러싼 음운부, 통사부와의 관계도 확인되는데, 이들 부문으로부터의 화살표 방향을 볼 때 이들 부문도 어휘부와 직접적인 관계에 있는 것으로 해석할 수 있다.[6]

구본관(1990)은 이른바 규칙적인 복합어도 어휘부에 등재하는 완전 등재의 입장에 있다. 그러나 위 모형에 이러한 입장이 반영되어 있지는 않다. 이를 위해서는 Halle(1973)식의 회송 장치를 마련하여 단어형성부의 결과가 어떠한 방식으로 다시 저장부에 등재되는지에 대해 보완될 필요가 있다.

주목할 사항은 관용구 및 속담 등의 문장도 어휘부 내 저장부에 형태소, 단어와 함께 등재된다는 점이다. 통사부로부터의 화살표가 통사론적 단위도 저장부로 입력될 수 있음을 의미하는 것이라면 이는 어휘부 내 저장부와 통사부의 관계가 포착되는 지점이 될 것이다.[7] 그러나 위 모형을 수용한다면 몇 가지 문제를 고려하지 않을 수 없다. 첫째, 이들 관용구와 속담 등이 화살표의 방향대로 다시 단어형성부의 입력 대상이 되는 것인지 의문이다. 관용구를 포함해 형태소, 단어 등이 모두 단어형성부로 이동되고 있기 때문이다. 둘째, 어휘 부문으로서의 어휘부 내에서 이들 통사론적 단위를 다루는 것이 적절한 것인지 등에 대한 고려도 필요하다. 위 모형에서 통사론적 구성의 대상이 직접 '발화'로 이어지는 통로가 제

---

6) 실제 구본관(1990)에서 이와 관련한 구체적인 기술이 확인되지 않는다. 이에 각각의 화살표 가 의미하는 바에 대해서는 명확히 알기 어렵다.

7) 그러나 아래 부분의 화살표 즉, '통사부→단어형성부', '통사부→굴절규칙'까지 그 방향의 의미를 부여한다면 설명되어야 할 사항이 추가적으로 발생한다. 따라서 첫 번째 화살표가 '통사부→저장부'의 과정을 의미하는 것인지는 확실하지 않다.

시되어 있지 않은 점은 저장 부문이 굳이 어휘 부문 내에 한정될 필요가 있는가 하는 근본적인 물음을 남긴다. 이러한 양상은 구본관(1990)뿐만 아니라 종래의 어휘부 모형 다수가 안고 있는 문제점으로 보인다. 이를 극복하기 위해서는 결국 통사론적 구성을 한 등재 단위의 입력과 출력에 관한 독립적인 방안이 마련되어야 한다.8)

(6) 구본관(1998 : 34)의 어휘부

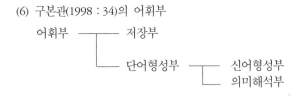

구본관(1998) 모형은 구본관(1990)의 기본 틀을 그대로 유지한다. 각 하위 구성 요소의 기능 역시 이전과 크게 다르지 않은데, 어휘 부문으로서의 어휘부 내에 저장을 담당할 저장부와 형성을 담당할 단어형성부가 공존한다. 새로운 단어를 만드는 신어형성부와 이미 만들어진 단어의 구조를 분석하는 의미해석부로 구성된 단어형성부는 새로운 단어를 만들고, 어휘의 구조를 분석하는 두 가지 역할을 동시에 담당한다.9) 파생어를 중심으로 한 연구라는 점에서 통사 단위의 저장부 등재에 관한 직접적인 언급은 확인되지 않는다. 구본관(1990)과 같은 방식으로 관용구 및 속담 등을 어휘부 내 저장부에 등재한다면 이들이 단어형성부와 어떠한 관계에 있는지에 대해 논의되어야 할 것이다.

---

8) 단어형성부로부터 출력된 대상의 등재 방향도 모형에서 확인되지는 않는다. 어휘부의 잉여적 속성과 규칙적인 파생어의 등재를 주장하는 구본관(1990)의 입장을 고려한다면 단어형성부의 결과물도 저장부로 다시 등재될 것이다.

9) 형성 기제로서의 규칙과 분석 기제로서의 규칙, 이 두 가지 속성은 단어형성에 관한 선행 연구에서 지속적으로 언급되어 왔다. Aronoff(1976 : 31)은 이를 잉여 규칙(redundancy rule)으로 파악하였으며, Haspelmath(2002 : 41)에서는 이를 형태론적 규칙(morphological rule)의 기술적 역할(descriptive role)로 소개한 바 있다.

(7) 시정곤(1998 : 64)의 어휘부

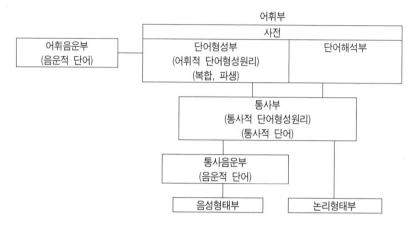

시정곤(1998)의 모형은 몇 가지 면에서 구본관(1990, 1998)과 유사한 특징을 보인다. 일단 형성과 저장의 기능을 하는 어휘 부문으로서의 어휘부를 상정하며, 그 내부에 저장을 담당하는 사전, 새로운 단어를 만드는 단어형성부, 이미 존재하는 단어의 의미해석과 구조를 검색하는 단어해석부로 구성되어 있다는 점에서 유사하다. 다만, 통사부에서 형성된 통사적 단어, 어휘음운부 및 통사음운부에서 처리되는 음운적 단어에 관한 논의가 추가된 점은 구본관(1990, 1998)과 상이하다.

(7)의 사전은 단어형성부나 단어해석부에 입력되는 어휘항목의 집합으로, 어근, 접사, 단어, 관용어, 관용구, 속담이 저장된다. 시정곤(1998)도 관용구와 속담 등이 사전에 등재된다고 보면서, 저장 공간을 어휘부 내에 배치한 점이 확인된다. 그러나 이 역시 어휘 부문 내에 통사론적 구성의 저장을 동시에 처리하고 있다는 점에서 재고의 여지가 있다. 이러한 점에서 구본관(1990)과 마찬가지로 이들 단위의 통사부로부터의 입력이나 통사부로의 출력에 관한 설명이 필요할 것이다.

(8) 시정곤(2001 : 170)의 '어휘부의 기본 구조'

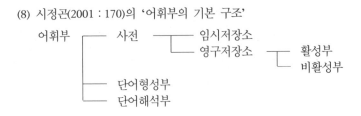

시정곤(2001)은 시정곤(1998)의 어휘부 기본 틀을 유지하되, 사전 내에 임시저장소와 영구저장소를 구성하고 영구저장소 내에는 활성부와 비활성부를 배치함으로써 사전의 구조를 보다 세밀화하였다. 영구저장소의 등재 단위로는 어근, 접사, 단일어, 파생어, 합성어,10) 연어, 관용어, 속담 등이 포함되는데, 시정곤(2001)도 시정곤(1998)과 마찬가지로 어휘부 내에서 연어, 관용어, 속담 등이 처리되고 있음이 관찰된다.

한편, 황화상(2001)의 어휘부도 어휘 부문의 개념으로 쓰이고 있다는 점에서 구본관(1990), 시정곤(1998) 등과 함께 묶일 수 있다.

(9) 황화상(2001 : 70)의 '어휘부의 구성과 문법적 위치'

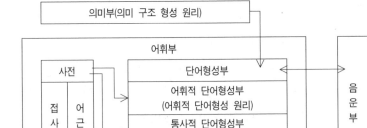

---

10) 시정곤(2001)에서는 '복합어'로 기술하고 있으나, 이 글의 용어에 맞게 '합성어'로 수정한 것이다.

황화상(2001)은 의미 구조에서 형태 구조로의 방향을 띤 단어형성 연구라는 점에서 주목된다. 이에 따라 그 모형도 의미부의 의미 구조 형성 원리에서 시작한다. 어휘부는 사전과 단어형성부로 구성되는데, 단어형성부 내에 해석을 위한 장치를 따로 마련하지 않았다는 점에서는 구본관(1990), 시정곤(1998) 등과 차이가 있다. 사전은 접사와 어근으로 구성되며, 어휘적 단어형성부로부터의 회송 장치(loop)를 통해 복합어도 사전에 등재한다.

특징적인 점은 단어형성부 내에서 어휘적 단어와 통사적 단어를 모두 형성한다는 점인데, 전자는 형성 이후 사전에 입력되어 표제어로 등재되는 반면, 통사적 단어는 통사부에 입력된다는 차이가 있다. 사전에 등재된 단위로 관용어, 속담 등을 다룬 기술은 확인되지 않는다는 점에서 어휘부 내에서 이들 통사론적 단위를 처리한 구본관(1990), 시정곤(1998)과 차이가 있다. 단어형성과 직접적으로 관련된 단위가 아니므로 논의에서 배제한 것으로 판단되지만, 만약 관용어와 속담 등도 등재 단위로 인정한다면 이들을 어휘부 내 사전에 저장할 것인지 아니면 어휘부 밖에 따로 저장 부문을 설정할 것인지에 대한 논의도 필요할 것이다.11)

지금까지 살펴본 구본관(1990, 1998), 시정곤(1998, 2001), 황화상(2001)에서는 Scalise(1984)와 같은 방식으로 어휘 부문(lexical component)으로서의 어휘부 내에 사전과 단어형성부를 두고 저장과 형성의 두 과정을 어휘부 안에서 모두 처리하였다. 그러나 구본관(1990), 시정곤(1998) 등처럼 관용어, 속담 등을 어휘부 내 사전에서 처리할 것이라면 이들 단위와 통사부의 관계, 단위의 입력과 출력 과정 등을 위한 설명이나 장치가 마련되어

---

11) 황화상(2011)에서는 관용어를 어휘부 등재 단위로 처리한 바 있다. 모형에 대한 구체적인 설명은 없으나, 이들을 어휘부 등재 단위로 파악한다면 관용어를 사전에 등재하는 것인지 등 추가적인 설명이 필요하다.

야 한다.

2.2.2. '저장 부문'으로서의 어휘부

지금까지의 '어휘 부문'으로서의 어휘부와 달리, '저장 부문'으로서의 어휘부에 접근한 논의도 차례로 검토해 보자. 대표적인 연구로 박진호 (1994)를 들 수 있는데, 아래와 같이 어휘부 내에 두 개의 목록을 설정한 점이 특징적이다. 하나는 통사원자들의 목록으로 (10)의 표층어휘부에 해당하는 것이며, 다른 하나는 통사원자가 아닌 형태소들의 목록으로서 심층어휘부에 대응한다.

    (10) 박진호(1994 : 18-19)

        어휘부 ┬── 표층어휘부

              └── 심층어휘부

박진호(1994)는 통사부에 가시적인 대상(통사원자)을 표층어휘부에, 통사부에서 직접적으로 참조할 수 없는 대상(접사, 어근)을 심층어휘부에 배치함으로써 이들을 구분한다. 심층어휘부의 형태소는 다수의 통사원자 사이의 연결을 통해 인식되는 단위로 보아 혼자서 독립적인 존재 근거를 갖지 못한다고 보았다. 통사원자나 형태소 외의 관용어나 속담의 등재에 관한 본격적인 입장은 확인되지 않는다.

통사원자보다 큰 단위에 대한 언급은 박진호(1999 : 333-334)에서 살펴볼 수 있다. 숙어는 일반적인 통사 구성과 다를 바 없지만, 의미론적 합성성이 충족되지 못한다는 점에서 그 전체 의미가 어휘부에서 명시되어야 한다고 보았다. 즉, 이들은 통사원자는 아니나 어휘부 등재 단위에는 포함된다는 입장이다. 그렇다면 이들은 어디에 등재되는 것일까? 통사원자를 위한 표층어휘부, 통사원자가 아닌 형태소를 위한 심층어휘부 외에 또 다른 공간이 필요한 것인지 설명되어야 한다. 이와 관련하여 박진호(2003 : 375-376)에서는 단어와 관용표현은 어휘부에 저장하지만, 속담이나 격언은 어휘부에 저장되는 것이 아니라 백과사전적 지식을 저장하는 다른 곳에 저장된다고 언급해 주목을 끈다. 전자는 사용(use)되는 것이 일반적인 용법이지만, 후자는 언급(mention) 내지 인용(quotation)되는 것이 일반적이기 때문에 이를 구분해야 한다는 입장이다. 이에 더하여, 관용표현이 통사원자와 함께 표층어휘부에 저장되는 것인지 등에 대한 설명도 필요할 것이다.

    (11) 채현식(1994 : 84)의 어휘부

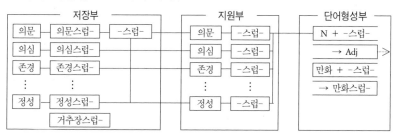

    채현식(1994)의 어휘부(lexicon)는 저장부(main lexicon), 지원부(back-up information), 단어형성부(lexical tool-kit)의 셋으로 구성된다. 이는 일견 구본관(1990, 1998)의 구성과 유사해 보인다.12) 하지만 채현식(1994)에서 저장부를 '좁은 의미에서의 어휘부'(2, 6쪽), 'main lexicon'(83쪽)으로 기술하고 있는 점이 주목된다. 단어를 기억하고 저장하는 부문인 저장부에 어휘부

---

12) 실제로 송원용(2005가 : 37 각주 6)는 채현식(1994)의 지원부와 단어형성부가 어휘부 내에 배치된 것을 구본관(1990)의 영향인 것으로 파악하였으며, 최형용(2013가)에서도 채현식(1994)의 어휘부를 '어휘 부문으로서의 lexicon'으로 분류하여 구본관(1990, 1998)과 함께 묶어 제시한 바 있다.

전체의 초점이 맞춰져 있기 때문이다. 본론 기술에 있어서도 어휘부를 저
장 공간인 저장부의 개념으로 쓰며(3쪽 각주 3 참조), 머리 속의 사전(mental
lexicon)으로 파악(4쪽)하고 있다는 점은 채현식(1994)를 구본관(1990) 등과
함께 묶어 논의하기 어렵게 한다.[13)

등재 단위에 있어서는 앞서 제시한 다수의 연구와 마찬가지로 단어보
다 큰 단위인 특정한 구나 문장도 포함한다(채현식 1994 : 10). 여기에 더하
여, 용언의 활용형까지도 어휘부 내 등재소로 제시한 점이 특징적이다.[14)
특정한 구나 문장의 저장 위치에 관한 구체적인 언급은 없으나 만약 이
들을 저장부에 등재한다면 이들 통사론적 구성 역시 어휘부 내에서 처리
되어야 하며, 통사부로부터 어휘부 내 저장부로 입력된 과정에 관한 설명
도 필요할 듯하다. 또한 만약 활용형의 형성을 통사부의 작용으로 파악한
다면, 등재된 용언의 활용형이 통사부로부터 어휘부로 향하는 과정도 고
민해 볼 수 있다.

이후, 채현식(2003 : 63)에서의 어휘부 내 단어 연결망은 다음과 같이 제
시된다.

---

13) 채현식(1994)의 제5장에서는 앞부분과 달리 다시 넓은 의미로서의 어휘부 개념을 쓰고 있
   어, 논의 전반적으로 용어 사용에 혼란의 여지가 있다.
14) 한편, 정한데로(2012)는 규칙적인 굴절형(조사·어미 복합형태)의 경우도 빈도와 같은 언어
   수행 차원에서 충분히 등재의 대상이 될 수 있다고 파악한 논의이다. 불규칙 굴절형을 중
   심으로 논의한 채현식(1994)와 비교할 때, 보다 등재의 역할을 강조한 태도로 볼 수 있다.

(12) 채현식(2003 : 63)의 '접미사 '-보'에 의한 파생어들의 연결망 조직'

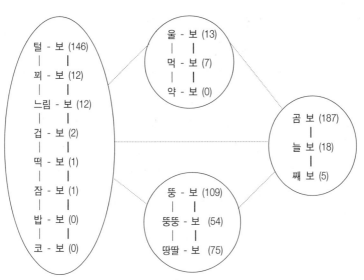

채현식(2003)은 박진호(1994)와 같이 단어형성을 위한 장치를 어휘부 내에 따로 마련하지 않았다는 점에서 표면적으로 채현식(1994)와 큰 차이가 있다. 어휘부의 본질이 저장(storage)에 있지만, 저장된 단어들이 새로운 단어를 형성하는 바탕을 이룬다고 본다(채현식 2003 : 28-29). (12)와 같이 어휘부를 구성하는 등재소 간의 연결망 조직을 통해 추상화된 유추적 틀(analogical schema)로 단어를 형성한다는 입장이다. 특히 출현빈도(token frequency)에 따라 활성화된 단위 간에 연결이 강화될 수 있으며, 유형 빈도(type frequency)를 통해 묶음을 이루는 계열체가 강화된다(채현식 2003 : 65).

(12)의 [X-보] 파생어 예가 이러한 연결망과 강화 작용을 보여준다. 형태적 층위에서 어기(명사, 동사 어간, 어근)의 유형에 따라 계열체를 형성하고, 굵은 실선의 계열체 중심축(-보) 사이의 강도 높은 연결이 확인된

다. 비교적 강도가 약한 계열체와 계열체는 점선으로 표시된다. 관용 표현이나 연어도 어휘부 등재 단위로 파악하고 있으나(채현식 2003 : 49-51), 어휘부 내 이들 조직과 연결망에 관한 별개의 논의는 확인되지 않는다.

한편, 채현식(2007)에 이르면 어휘부를 하나의 복잡계(complex system)로 보아 '창발(emergence)'과 '자기조직화(self-organization)'의 개념을 바탕으로 단어의 형성과 저장을 설명하고자 하는 시도가 전개된다. 용례를 기반으로 하여 어휘부의 규칙성이 '틀(schema)'로 포착되고 틀로부터 단어가 형성되는데, 이때의 틀은 저장된 단어들로부터 창발된다고 보는 것이다. 따라서 채현식(2007)의 어휘부 내에는 틀을 창발하기 위한 단어만이 실재할 뿐이다.

(13) 송원용(1998 : 19)의 '어휘부 모형'

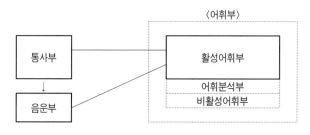

송원용(1998)의 어휘부 역시 저장 부문으로서의 주된 역할을 담당한다. 전체 구성은 박진호(1994)와 마찬가지로 이중 구조를 지닌다. '활성어휘부'는 음운부·통사부와 직접 연결되는 단어가 저장되는 반면, '비활성어휘부'에는 단어들 사이에서 분석되어 인식되는 접사가 저장된다. 이 둘 사이에서 매개 역할을 하는 '어휘분석부'는 접사를 확인하고 형태론적 복합 구성의 내적 구조를 확인하는 기능을 담당한다. 구나 문장도 등재소로 인정하고 있으나(20쪽 각주 20), 이들의 어휘부 내 분포에 대한 언급은 없다.

송원용(2005가)에서는 송원용(1998)에서의 '어휘분석부'를 없애고, 표층 어휘부와 심층어휘부로만 구성된 어휘부-유추 모형이 제안된다. 이에 전반적으로 박진호(1994)의 어휘부와 상당히 유사해진 결과를 보여준다. 송원용(1998)의 '활성어휘부'와 '비활성어휘부'는 각각 '표층어휘부'와 '심 층어휘부'에 대응된다.

(14) 송원용(2005가 : 44)의 '어휘부-유추 모형의 어휘부'

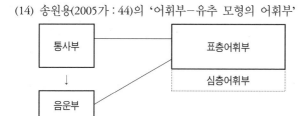

특히 주목할 만한 부분은 어휘부 등재 단어(단일어, 모든 복합어, 통사구성 고유명사)뿐만 아니라, 어휘부 등재 통사 구성(관용 표현, 연어 등)도 표층어 휘부에 저장되어 있음을 명시적으로 밝히고 있다는 점이다.[15] 후자의 경 우도 통사부에 가시적이라는 판단에 따라 표층어휘부에 배치한 것으로 보이는데, 이들 통사론적 구성이 어떠한 방식으로 어휘부 체계 내에 저장 되는지, 또 이들 구성과 통사부의 관계가 단어와 통사부의 관계와 동일한 것인지 등 추가적인 설명도 필요할 듯하다.

지금까지 살펴본 박진호(1994), 채현식(1994, 2003, 2007), 송원용(1998, 2005가)는 저장 부문으로서의 어휘부 역할에 초점을 둔 연구라는 공통점 이 있다. 단어형성을 위한 독자적인 공간을 따로 마련하지 않고, 어휘부

---

15) 송원용(2005가 : 44)의 "표층 어휘부에는 모든 등재소가 저장된다."라는 기술은 심층 어휘 부에 저장된다고 한 접사는 등재소로 보지 않는다는 것인지 독자로 하여금 혼란을 줄 여 지가 있다.

내 등재소 간의 어휘적 관련성을 바탕으로 한 연결망을 활용하여 단어를 형성한다는 점 역시 유사하다.[16] 특히, 채현식(1999, 2003가, 2003나), 송원용(1998, 2002, 2005가)의 주요 단어형성 기제는 계열 관계를 활용한 유추적 틀이다.

2.2.3. '형성 부문'으로서의 형태부, '저장 부문'으로서의 어휘부

저장 부문으로서의 어휘부를 인정(박진호 1994 등)하면서도, 그와 동시에 단어형성을 위한 공간을 상정(구본관 1990 등)하고 있는 모형이 있어 주목된다.[17]

(15) 김인균(1999 : 43)의 '사전(lexicon) 및 형태부(morphology) 모델'

사전(lexicon)			
어사군(X^0)	접사군(X^{-1}/X^0)		어사(소)구(X^1)
명사 [+N, −V]	파생접사(X^{-1})	교착접사(X^0)	
동사 [−N, +V]	접두사	체언구접사	
관형사 [+N, +V]	접미사	용언구접사	
부사 [−N, −V]			
//			
형태부(morphology) − 어사형성부			

김인균(1999)는 'lexicon'을 '사전'으로 번역하고 있으나 이는 시정곤(1998) 등의 어휘 부문으로서의 어휘부 내 '사전'과는 또 다른 것으로, 형성을 위한 형태부와 독립된 위치에 사전이 분포한다는 점에서 구본관(1990) 등과 큰 차이가 있다.[18] 저장 부문인 사전에는 어사군(X^0)(=단어),

---

16) 채현식(1994)만은 단어형성부가 모형 내에서 포착되므로 제외된다.
17) 어휘부의 기본적인 역할을 '저장'으로 파악하고 있다는 점에서 채현식(2003), 송원용(2005
    가)와 동일한 입장이다. 한편, 단어형성을 위한 부문을 적극적으로 설정한 점에서 구본관
    (1990) 등과 동일하다.
18) 김인균(1999 : 29 각주 1)에서 밝히고 있듯이 'lexicon'을 '사전(辭典)'으로 번역한 것은 그

접사군(X^{-1}/X^0), 어사(소)구(X^1)(=관용구 등)가 포함되며, 형태부는 사전과 별개로 '어사+어사', '어사+파생접사' 결합과 같은 형성 부문의 기능을 한다. 두 부문 사이의 빗금은 사전과 형태부가 상호의존적임을 의미한다. 그리고 이러한 입장은 김인균(2005)로 이어진다.

앞에서 제시한 (3)을 참고한다면, (15)의 모형은 형성 및 저장 부문을 완벽히 분리하고 'lexicon' 내에서 형성을 다루지 않는다는 점에서 Scalise (1984)의 'lexical component'로서의 어휘부보다는 Halle(1973), Aronoff (1976)의 모형에 더 가까운 것으로 판단된다.

단어보다 큰 단위(어사(소)구)가 사전에 포함되어 있는 점은 이미 많은 논의에서도 언급된 바 있다. 하지만 단어형성을 담당하는 형태부 밖에 사전이 분리된 부문으로 존재한다는 점은, 등재 가능한 통사론적 단위의 형성과 저장이 형태부와 별개의 경로로 전개될 수 있음을 보여준다는 점에서 의미가 있다고 판단된다. 이는 구본관(1990), 시정곤(1998) 등과의 차이가 발견되는 지점이다. 다만 빗금으로 표시된 형태부와의 상호보완성은 보다 구체화될 수 있을 것이다. 위 모형에 통사부도 추가된다면 어사(소)구는 통사부와 상호보완성을 지니게 될 것이다.

등재 가능성의 여부로 단순히 형태론과 통사론을 이분화하는 접근이 아니라 형태론적 단위와 통사론적 단위가 모두 등재 대상이 될 수 있다고 보는 시각에 선다면, 결국 등재를 위한 저장 부문의 위치는 형태부뿐만 아니라 통사부와의 상호작용까지 고려해야 할 것이다. 이러한 관점에 선 대표적인 입장이 바로 정한데로(2014)이다.

구성 단위들의 용어와의 통일성을 고려한 것이다. 김인균(1999)는 'lexeme'을 '어사(語辭)'로, 'affix'를 '접사(接辭)'로, 'idiom'을 '어사(소)구(語辭(小)句)'로 번역함으로써 구성 단위와 구성 부문에 관한 용어에 있어서 '辭'의 개념을 연결하고 있다.

(16) 정한데로(2014 : 60)의 "어휘부－형태부/통사부' 모형'

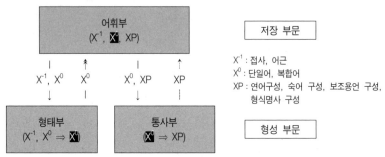

어휘부
(X⁻¹, $\mathbf{X}^0$, XP)

저장 부문

X⁻¹ : 접사, 어근
X⁰ : 단일어, 복합어
XP : 연어구성, 숙어 구성, 보조용언 구성,
    형식명사 구성

X⁻¹, X⁰   X⁰   X⁰, XP   XP

형태부
(X⁻¹, X⁰ ⇒ $\mathbf{X}^0$)

통사부
($\mathbf{X}^0$ ⇒ XP)

형성 부문

(16)의 모형은 크게 형성 부문인 형태부와 통사부, 저장 부문인 어휘부로 구성된다. 형성 부문으로서의 형태부와 저장 부문으로서의 어휘부가 독립된 상태를 유지한다는 점에서 이는 (1)의 Halle(1973), (15)의 김인균(1999)와 가까운 입장이다. 형태부는 단어형성(X^{-1}, X^0 ⇒ X^0)을, 통사부는 문장 형성(X^0 ⇒ XP)을 관장한다. 형태부의 목표가 X^{-1}, X^0를 사용하여 X^0를 도출(⇒)하는 것이라면, 통사부의 목표는 X^0를 사용하여 XP를 도출(⇒)하는 것으로 평행하다. 그리고 단어와 문장 형성에 필요한 입력 단위(X^{-1}, X^0, XP)는 어휘부로부터 각각 제공된다. 어휘부, 형태부, 통사부 내의 각 단위가 그 과정을 보여준다.

한편, 형태부와 통사부의 결과는 다시 어휘부로 입력될 수도 있다. 형태부의 결과물(X^0)이 적극적으로(↑) 어휘부에 등재되는 반면, 통사부의 결과물(XP)은 등재에 소극적이다(↑). (16)의 서로 다른 화살표는 이러한 단위 간의 상이한 양상을 보여준다.

이러한 모형에서는 단어형성의 결과와 문장 형성의 결과를 모두 어휘부에서 처리할 수 있다는 장점이 있다.[19] 그리고 어휘부 내에 저장된 단

---

19) 김의수(2013)의 입장처럼 저장을 담당하는 부분을 '저장부'로 명명하는 것이 더 명시적일 수 있으나, 일단 이 글에서는 기존 표현 방식에 따라 저장 부문을 위한 용어로 '어휘부'를 쓰기로 한다.

위별로 각각 형태부와 통사부라는 형성 부문에 입력되어 새로운 결과물
을 도출해 낼 수 있게 될 것이다. 기본적으로 단어와 문장의 두 형성 과
정을 평행하게 파악할 때 설명 가능한 모형이다.

2.3. 어휘부 조직

어휘부 내부의 조직은 어떻게 구성될 것인가? 이에 대해서는 어휘부
등재소들이 음운론·형태론·의미론 등 다양한 정보를 바탕으로 어휘적
관련성(lexical relatedness)을 지니며 연결망(network)을 이룬 채 저장되어 있
다고 보는 것이 일반적이다. 어휘적 관련성의 문제는 Jackendoff(1975),
Bybee(1985, 1988) 등을 통해 논의되기 시작하였으며, 특히 이러한 접근은
인간의 인지적 언어 능력에 관심을 둔 심리언어학 연구를 중심으로 활발
히 이루어졌다.

이러한 흐름은 국내 형태론 연구에도 적지 않은 영향을 가져왔다. 박
진호(1994, 1999)를 시작으로 한 구본관(1998), 송원용(1998, 2002, 2005가),
채현식(1999, 2003, 2007), 이광호(2005), 나은미(2009), 안소진(2011) 등은 어
휘부 내 연결망을 중심으로 단어형성을 논의하면서 어휘부 연구의 중요
성을 강조하였는데, 이는 인지적 접근을 활용한 한국어 단어형성론을 본
격화하였다는 점에서 그 의의를 찾을 수 있다. 이들 연구의 영향으로 한
국어 형태론의 연구 영역과 접근 방식도 다양한 가능성을 모색하게 되었
으며, 특히 어휘부는 형태론의 주요한 연구 분야의 하나로 주목받게 되었
다.[20] 저장 부문으로서의 수동적인 역할만을 어휘부(또는 사전)에 부여함
으로써 어휘부 조직이나 등재 단위의 연결 문제에 대한 관심보다는 단어

---

20) 이에 박진호(1999)에서는 "어휘부(lexicon)에 대한 연구"라는 뜻으로 '어휘부학(lexiconoloy)'
의 용어를 제안하기도 하였다.

형성 원리에 천착했던 종래의 (생성형태론 방식의) 접근과 비교할 때, 이른바 '인지형태론'(송원용 2002 참고)에 이르러서는 단어형성의 문제까지도 어휘부가 주도적인 위치에서 영향력을 행사하게 되었기 때문이다. 가령 채현식(2003, 2007), 송원용(1998, 2005가) 등에서는 단어형성을 위한 공간이 따로 설정되지 않으며, 어휘부가 저장과 동시에 형성의 기능까지 함께 담당한다.

그렇다면 단어형성을 위한 부문을 별도로 설정한 연구에서는 어휘부 조직에 관해 어떠한 입장을 보여 왔는가? Aronoff(1976)의 잉여 규칙(redundancy rule)이나 Jackendoff(1975)의 완전명시항목이론(full entry hypothesis)은 단어(등재소) 내적 구조 및 외적 관계에 대한 당시의 관심을 간접적으로 보여 준다. 그러나 '생성'이라는 당시의 연구 분위기에 따라 형성 원리에 관심이 집중됨으로써 이들의 배열 및 관련성에 대한 연구는 본격화되지 못하였다.

국내 연구로는 시정곤(1999, 2001) 등이 참고되는데, '단어형성규칙'을 상정하는 관점에서도 단어들이 어휘적 관련성을 맺고 어휘부에 저장되어 있다고 가정한다는 점에서는 인지형태론의 시각과 크게 다르지 않다. 어휘부 내 등재소 간의 연결망을 인정하는 것이다. 본 연구도 어휘부 내 단위들 간의 어휘적 관련성을 바탕으로 한 긴밀한 연결망이 실재한다고 보는 입장에 있다. 다만 단어형성과 저장의 문제를 구분하여, 등재소의 연결망 조직은 저장의 차원에서 수용하고자 한다.

어휘부 연결망과 관련한 기존 연구를 살펴보자. 채현식(2003 : 51-65)은 (12)의 어휘부 내 단어 연결망을 통해 이들이 고립적으로 분포하는 것이 아니며, 음운론·형태론·통사론·의미론의 다양한 층위에서 연결되어 어휘적 관련성을 바탕으로 조직된다는 점을 강조하였다. 시정곤(2001)의 입장도 이와 크게 다르지 않다.[21]

(17) 시정곤(2001: 178)의 '등재소의 연결망'

시정곤(2001)은 등재소가 정돈된 체계 속에 배치되며, 서로 비슷한 것들끼리 모여 하나의 무리를 형성한다고 가정한다. 크게 4가지 무리(의미군, 품사군, 소리군, 구조군)로 (17)처럼 이들이 긴밀하게 연결되어 있다고 보았다. 각각의 무리는 그 내부에 하위범주를 지니며, 한 등재소는 하나의 무리에만 속하는 것이 아니라 다양한 무리에 동시에 속하게 된다.

등재소 연결과 관련하여 우리가 주목하는 사항은 시정곤(2001)이 의미적 유사성에 초점을 맞추고 있다는 점이다. (12)에서 채현식(2003)의 [X-보] 파생어는 형태론적 기준으로 어기의 속성에 따라 배열된 반면, 시정곤(2001)은 의미적 유사성이 형태적 유사성에 우선하여 등재소 연결을 이룬다고 파악한다. 가령 채현식(2003)에 따르면 '먹보'가 동일한 계열체에 속해 있는 '울보, 약보'와 긴밀하게 연결되어 있을 것이나, 시정곤(2001)의 의미적 유사성에 기초하면 '먹보'는 '밥보, 떡보'와 함께 연상되기 쉽다는 입장이다.

---

21) 편의상 채현식(2003)으로 기술하였지만, 채현식(2003)은 채현식(2000)의 출판물이므로 시정곤(2001)은 채현식(2003=2000) 이후의 논의이다.

[X-보] 파생어의 연결 관계를 논의한 나은미(2009)의 (18)도 주목된다.

(18) 나은미(2009 : 62)의 '파생어 'X-보'의 연결 관계'

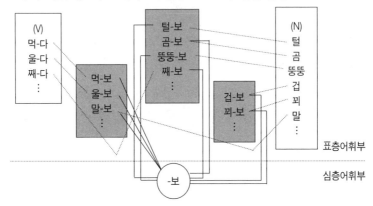

나은미(2009)는 단어 연결 방식에 의해 만들어진 추상물인 '패턴 (pattern)' 개념을 중심으로, 품사 패턴과 의미 패턴을 통해 어휘부 등재소 의 관계를 논의한다.[22] 품사 패턴은 채현식(2003)의 형태적 유사성에 기 반한 연결 관계에, 의미 패턴은 시정곤(2001)의 의미적 유사성에 기반한 연결 관계에 대응될 수 있을 듯하다. (18)에서 확인되는 사항은 나은미 (2009)도 [X-보] 파생어 연결 관계를 의미 패턴을 중심으로 논의하고 있 어 결국 시정곤(2001)과 유사한 접근을 하고 있다는 점이다.

---

22) 나은미(2009 : 50 각주 26)는 Bybee(1988)의 틀(Schema) 개념이 '의미적 속성'에 기반하고 있다는 점에 주목하여 '틀'이 아닌, '패턴'이라는 용어를 쓰고 있다. '품사 패턴', '의미 패 턴'과 같이 '패턴'을 중립적인 차원의 용어로 쓰기 때문이다.

(19) 정한데로(2014 : 42)의 '[X-꾼] 복합어의 연결망'

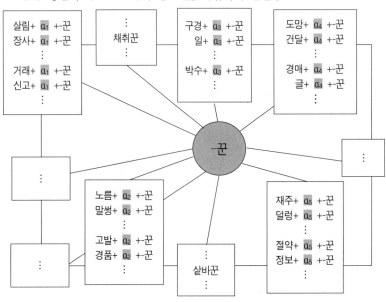

정한데로(2014)는 위와 같이 [X-꾼] 복합어의 어휘부 내 조직을 상정한다. 이때 주목되는 것은 이들 복합어의 긴밀한 관계가 계열체 내의 의미적 연결, 즉 α ($\alpha_1 \sim \alpha_5$)를 중심으로 구성되어 있다는 점이다.[23] 이는 의미 구조 또는 의미 패턴을 중심으로 [X-보] 복합어의 연결 관계를 강조한 시정곤(2001), 나은미(2009)와 유사한 접근에서 [X-꾼] 복합어의 어휘부 조직을 상정한 것이다. 기존의 사전 등재어뿐만 아니라 새롭게 만들어진 신어(거래꾼, 고발꾼, 박수꾼, 경매꾼, 절약꾼)도 기존 단어와 동일한 유형의 α 를 중심으로 구성될 수 있다. 한편, '채취꾼, 삶바꾼'처럼 새로운 패턴의 시작이 창조될 수도 있는데, 이는 어휘부 내 단어들의 어휘적 관련성만으로는 설명되기 어려운 예라는 점에서 통합관계에 기반한 '결합'에 의해 형성된 단어로 보아야 한다.

---

23) α 에 대한 구체적인 논의는 3.1.2에서 후술할 것이다.

3. 등재

3.1. 등재의 개념과 유형

3.1.1. 등재의 개념과 조건

앞서 언급한 바와 같이 등재는 기억되는 언어 단위에 관한 탐구라는 점에서 명확한 판별 기준을 설정하는 일이 쉽지 않다. 이에 따라 최근에는 심리언어학적 실험 방법을 활용하여 피실험자의 반응 속도를 통한 등재 연구가 다양한 연구 성과를 보이고 있으며, 한국어 형태론 연구에서도 이러한 업적을 확인할 수 있다(송원용 2005나, 2005다, 2009, 2011가, 2011나, 안소진 2011). 그러나 정한데로(2014)에서 논의한 바와 같이, 이상의 실험적인 방법으로 등재에 관한 연구가 심화될수록 "과연 등재가 문법의 연구 대상인가?"와 같은 근본적인 물음에 직면하게 된다. 일찍이 Di Sciullo & Williams(1987)에서 언급된 것처럼 등재를 문법의 영역 밖의 대상으로 처리해 버리는 결과에 도달하게 되는 것이다. 일단 이 글은 심리언어학적 방법론이 지닌 가치를 충분히 인정하면서도, 최대한 문법적 차원에서, 즉 언어 내적인 차원에서 등재에 접근하고자 한다. 따라서 화자의 기억에 관한 문제보다는 언어 대상이 지닌 등재의 조건을 밝히는 차원에서 그 개념에 관해 천착해 보고자 한다.

한국어 형태론에서 1990년대 이후 어휘부에 관한 연구가 활기를 띠기 시작하면서 언어 단위의 등재에 관한 관심이 높아진 것은 사실이지만, 정작 등재소 설정 기준에 관한 본격적인 연구는 그리 많지 않은 듯하다. 이 글에서는 그중 채현식(2003), 시정곤(2004), 정한데로(2009, 2010가, 2014)를 중점적으로 살펴보고자 한다.[24]

---

24) 심리언어학적 차원에서 인지 실험을 통해 어휘부를 연구한 논의는 송원용(2005나, 2005다,

채현식(2003 : 31-45)에서는 복합어 등재와 관련한 아래의 두 가지 조건
이 제시되었다.

(20) 가. 어떤 복합어가 단일어화되거나 생산성을 잃으면 등재되기에 충
분하다. <등재의 충분조건(1)>
나. 저지 현상을 보이는 유형의 단어들은 등재되기에 충분하다. <등
재의 충분조건(2)>

(20가)에서 보듯이, 통시적인 변화를 이유로 구성성분 간의 공시적인
결합을 인정하기 어려운 어휘화(lexicalization, 채현식(2003)의 '단일어화')의 예
는 의심의 여지없이 어휘부에 등재되어야 하는 대상이다. 가령 '더위, 마
중, 노름'은 각각 음운론적·형태론적·의미론적 어휘화를 겪은 단어들로
서(송철의 1992 참고) 등재 단위임이 분명하다.

한편, (20나)의 조건과 관련하여 '바람막이/*바람막개, 옷걸이/*옷걸개,
재떨이/*재떨개', '*등긁이/등긁개, *밑씻이/밑씻개, *실감이/실감개' 등 동
일한 의미의 파생어가 저지(blocking)되는 현상이 근거로 제시된다. 이러한
예를 볼 때, 복합어가 어휘부에 완전등재되어 있다고 보아야 한다는 것이
다. 그러나 시정곤(2004 : 190)에서 비판적으로 논의한 바와 같이 '꿈지럭
거리-/꿈지럭대-, 머뭇거리-/머뭇대-, 빌빌거리-/빌빌대-' 등의 단어는
그 의미가 동일함에도 불구하고 저지되지 않는다. 물론 채현식(2003)의 저
지 현상이 등재를 위한 필요조건은 아니므로 [X-거리-/-대-] 파생어가
(20나)를 거스르는 것은 아니지만, 그렇다면 접사 '-이'와 '-개'의 관계

2009, 2011가, 2011나), 안소진(2011) 등 참고. 안소진(2012)는 이론적 접근에 치우쳤던 종
래의 어휘부 연구를 비판적으로 검토하며 실제적 차원의 실험 연구가 어휘부 연구에서 필
수적임을 강조한다. 이는 등재라는 연구 대상이 지닌 속성을 고려할 때 어휘부 연구에 있
어서 시사하는 바가 적지 않다. 다만 이 글에서 이들을 모두 다루는 것은 필자의 능력 밖
이며, 또 이 글의 목적과도 어긋난다고 판단하여 여기에서는 실험적 방법을 활용한 논의는
다루지 않는다. 문법적 차원에서 접근한 연구를 중심으로 논의를 진행할 것이다.

가 접사 '-거리-'와 '-대-'의 관계와는 또 어떠한 점에서 차이를 보이는 지에 대해서도 추가적인 설명이 필요할 것이다.25)

이에 비해 시정곤(2004)는 보다 체계적인 등재소 설정 기준을 제시하고 자 하였다. 시정곤(2004 : 204-210)는 형태 결합의 유표/무표 기준 4가지를 제시하고, 유표적 결과를 보이는 형태 결합의 제약을 통해 등재소의 기준 을 논의하였다.

(21) 형태 결합의 제약
　　형태 결합의 투명성과 예측성을 방해하는 모든 행위는 제약이다.

(22) 제약의 종류
　　가. 분포적 제약 : 자유로운 결합을 방해한다.
　　나. 형태적 제약 : 결합시에 형태가 달라진다.
　　다. 의미적 제약 : 결합후에 전체 의미가 달라진다.
　　라. 음운적 제약 : 결합후에 원래 형태의 소리가 달라진다.

시정곤(2004)에 따르면, (22)의 제약에 대해 형태 결합의 투명성과 예측 성이 방해되면 그 단위는 유표성을 띠므로 등재의 대상이 된다. 채현식 (2003)의 충분조건과는 달리, 제약 유형에 따라 필수적으로 적용되어야 하 는 필요조건으로서의 속성을 띤다고 할 수 있다.

이때 (22나, 다, 라)는 일견 채현식(2003)의 (20가) 조건과도 동일하게 판단될 수 있을지 모른다. 다시 말해, 어휘화한 결과는 반드시 등재소이

---

25) 정한데로(2009, 2010가)는 접미사 '-거리-, -대-'를 파생과정에 α가 부가되지 않는 유형 으로 파악한 바 있다. 이들 접사와 선행 어기의 의미만으로 투명하게 의미가 해석되기 때 문에 이들 접미사가 참여한 파생어는 등재할 필요가 없다고 본 것이다. Aronoff(1976)에서 제시된 [X-ness] 구성과 같다. 다만 이들 접미사가 참여한 구성도 높은 빈도로 쓰이면 수행 차원에서 등재될 가능성이 열려 있다. 이에 대해서는 따로 후술할 것이다. 이러한 시각에 서 접미사 '-거리-, -대-'는 일반적인 파생접미사 '-이, -개'와 다른 유형의 접사로 구분 하였다.

어야 한다는 것과 동일하게 해석될 수 있는 것이다. 그러나 (22나, 다, 라)는 공시적 형성 직후의 변이까지도 포함한 논의라는 점에서 분명 (20 가)와는 차이가 있다. 오히려 시정곤(2004)에서는 '결합시'와 '결합후'의 표현에서도 확인되듯이, 결합 과정에서의 '공시적 변이'와 결합 과정 이후의 '통시적 변화'가 명확히 구분되지 않았다는 점에서 그 한계가 확인된다. 이에 비하면, 정한데로(2009, 2010가)는 공시적 수준의 변이와 통시적 수준의 변화가 지니는 차이를 보다 세밀화하여 등재 문제를 논의하고자 하였다.

정한데로(2009, 2010가, 2014)는 '정합성'과 '합성성'의 두 가지 속성을 기준으로 삼아, 공시적 결합 과정상의 특이성을 '정합성의 결여', 통시적 변화로 인한 특이성을 '합성성의 결여'의 측면에서 접근하였다. 특히 다음과 같은 함수로 등재 여부의 차이를 명시화하고자 하였다.[26]

(23) 함수 관계와 정합성·합성성 양상

	함수 관계	합성성	정합성		등재 여부
가	$f(A, B) = A + B$		+		비등재
나	$f(A, B) = A + B + \boxed{\alpha}$	+	–		등재
다	$f(A, B) \neq A + B (+ \boxed{\alpha})$	–			등재

구성성분 A와 B의 결합을 통해 복합어 $f(A, B)$가 형성된다고 볼 때에 함수 관계가 성립하지 않는 (23다)는 공시적인 설명이 어려운, 즉 불투명한 구성에 해당하는 어휘화의 예로 판단된다. 이는 [-합성성]의 속성으로 분류된다. 반면, (23가, 나)는 함수 관계가 성립하는, 즉 합성성(compositiona-lity)을 지니는 복합어의 위상을 지닌다.[27] 이들은 $\boxed{\alpha}$라는 결합상의 특이

---

26) (23)에 제시된 $\boxed{\alpha}$에 관한 구체적인 설명은 3.1.2에서 마련될 것이다.

27) Cruse(2000)에서 제시한 합성성의 원리(principle of compositionality)는 다음과 같다(밑줄 필자).

성 여부에 따라 다시 둘로 나뉠 수 있다. A와 B의 두 구성성분만으로 해
당 의미가 투명하게 해석된다면 [+정합성]의 투명한 구성이지만, 구성성
분의 의미가 관여하기는 하나 이들만으로 완전한 의미 해석이 불가능한
경우는 반투명한 구성으로 보아 [−정합성]으로 분류하는 것이다.28)

이때 [−합성성]의 구성은 물론 [−정합성]의 구성도 등재의 대상이 된
다. 일단 채현식(2003)이 제시한 (20가)의 충분조건은 [−합성성]과 관련할
것이다. 한편, 시정곤(2004)가 제시한 (22나, 다, 라)의 제약은 미묘하게
공시적 기준과 통시적 기준이 섞여 있는 듯한데, 이를 (23)과 같은 기준
에 따라 보다 세분화한다면 그 속성이 더 명확히 드러날 것이다.

한편, 정한데로(2014)는 정한데로(2009, 2010가)에서 주장한 α 정보를
중심으로 아래와 같이 언어 내적 차원의 등재 개념을 정리하였다.

> (24) 등재의 개념
> 등재는 언어 단위(linguistic unit)의 어휘부 내 고정화(fixation) 작용,
> 또는 그 작용의 결과이다.

초기 단어형성 과정에 부가된 추가적인 정보로서, 아울러 화자의 발화
와 청자의 이해 과정에 필요한 정보로서 α 는 개별 언어 단위의 어휘내
항(lexical entry)에 필수 정보로 저장되어 있어야 한다고 본 것이다. 언어
단위의 어휘부 내 고정화 과정을 등재로 파악함으로써 비단 복합어뿐만

문법적으로 복합적인 형태의 의미는 그것의 문법적 구성성분들이 지닌 의미들의 <u>합성적
함수(compositional function)</u>이다.

Cruse(2000)에서 밑줄 친 '합성적 함수'로 합성성을 파악하고 있는 것과 마찬가지로 우리도
'함수 관계의 성립 여부'를 기준으로 합성성을 판단할 것이다. 따라서 ' α '의 여부는 '함
수 내에 상수가 존재하는가'의 차이일 뿐, 합성성을 판단하는 기준은 아니다. 결국 (23가,
나) 모두 등호가 성립하므로 합성적인 구성에 해당하는 것이며, 반면 (23다)는 비합성적인
예에 해당한다.
28) (23)의 각 예에 관한 설명은 3.2.2에서 후술할 것이다.

아니라, 연어구성이나 숙어 구성 및 보조용언 구성 등처럼 화자가 기억하여 발화할 법한 통사론적 구성까지도 (24)의 단일한 기준을 통해 설명하고자 한 시도이다. 이에 더하여, 정한데로(2014)에서는 형성 차원의 접근과 함께 변화 차원에서도 등재라는 과정의 의의를 포착하고자 하였다.

(25) 등재의 문법적 위치
    가. 형성의 '도착점'
    나. 변화의 '출발점'

등재의 과정이 형성의 끝 지점에, 그리고 변화의 시작 지점에 위치한다고 봄으로써 '형성→등재→변화'의 3단계를 제시하고, 언어에 관한 형성 연구와 변화 연구의 중간 지점에 고정화 단계로서의 '등재'를 주장하였다. 특히 변화 현상은 반드시 과정 이전의 고정적 단위를 전제해야 한다는 점에서 등재가 필수적이라고 보았다.

단어형성이 애초의 명명 동기에서 시작하여 이를 형성한 개인의 어휘부를 거쳐 사회적 승인에 이르기까지의 전체 과정을 밟는다고 본다면, 초기 화자의 어휘부 및 언어 공동체의 공인어 집합은 대다수의 임시어가 지향하는 지점이다.[29] "단어의 삶" 속에서 단어가 지닌 1차 목표는 언어 공동체 내에서 각자 고정화된 단위(등재소)로서의 지위를 확보함으로써 인간의 언어생활 내에서 지속적으로 쓰이는 것이다. 이렇게 본다면, 등재는 단어형성이 도달하고자 하는 목표의 '도착점'이라 할 수 있다.

한편, 변화의 측면에서 등재는 '출발점'이다. 주지하는 바와 같이, 변화라는 현상은 과정 전후의 양상을 대조함으로써 둘 간의 차이가 체계적으로 확인될 때 그 존재가 인정된다. 예컨대, 'A에서 B로의 변화'를 상정하

---

29) '공인어(institutionalized word)'는 특정 언어 공동체 내 다른 화자들로부터 승인을 획득한 단어를 가리킨다(Bauer 1983 : 48).

기 위해서는 당연히 A 상태에 관한 정확한 관찰과 함께 A와 B 간의 차
이를 분석함으로써 변화의 결과를 도출해 낼 수 있다. 만약 A가 존재하
지 않거나 고정된 상태에 놓여 있지 않다면 아무리 B를 관찰한들 해당
현상을 변화로 해석해 내기 어렵다. 이를 언어 변화에 대입한다면, 곧 언
어 단위의 변화에도 A와 같은 고정화된 상태가 반드시 필요하다는 사실
이 확인된다. 즉, 등재라는 고정화 작용은 단어 변화의 바탕이 되는 '출
발점'에 위치해 있다.

3.1.2. 등재의 유형

정한데로(2010가 : 4)에서는 종래의 어휘부 및 등재에 관한 연구를 검토
하면서 '형성 차원'과 '수행 차원'적 접근이라는 두 가지 큰 흐름을 분류
하여 제시한 바 있다. 전자는 언어 내적 등재, 후자는 언어 외적 등재에
해당한다.[30)]

> (26) 정한데로(2010가)의 '등재 개념에 따른 입장 구분'[31)]
>   가. 형성 차원의 등재 : 김성규(1987), 정원수(1990), 하치근(1992) ;
>   송철의(1992), 시정곤(1998)
>   나. 수행 차원의 등재 : 구본관(1990, 1998) ; 박진호(1994, 1999), 송
>   원용(1998, 2005가) ; 채현식(1994, 2003)
>   다. 형성 차원의 등재와 수행 차원의 등재 : 시정곤(2001, 2004)

(26가)는 구성성분의 공시적인 생산성을 기준으로 등재소를 분류하거
나, 일회용규칙과 유사한 접근에서 형성 직후의 복합어 등재를 인정한

---

30) 정한데로(2009, 2010가)는 이 두 가지 유형의 등재 가운데, '형성 차원의 등재, 언어 내적
차원의 등재'를 '문법 차원의 등재'로 파악하였다.
31) 이 3가지 유형은 그 입장에 따라서 세부적으로 하위분류가 가능하다. 구체적인 사항은 정
한데로(2010가)를 참고하라.

다.32) 한편 (26나)는 어휘부의 잉여적 속성 및 화자의 심리적 실재성에 보다 초점을 두어 복합어 등재를 주장한다. 이상의 두 입장과 달리 (26다)는 형성 차원과 수행 차원을 모두 고려한 입장이다. 시정곤(2001)은 임시저장소와 영구저장소를 구분하고 일단 형성된 단어는 임시어의 지위에 있지만 그것이 '화자, 시간적 흐름, 빈도'에 따라 영구저장소에 등재된다고 파악한다. 첫 번째 과정이 형성 차원에서 임시저장소에 저장된 것이라면, 임시저장소에서 영구저장소로의 과정은 수행 차원의 접근과 관련된다. 시간적 흐름을 전제하고 높은 빈도의 영향을 고려한 것은 분명 언어 외적인 접근이라 할 수 있다.

(21), (22)에서 제시한 시정곤(2004)의 형태 결합의 제약 등은 형성 차원의 등재와 관련한 것으로 볼 수 있을 것이다. 그러나 형성과 수행의 두 차원을 놓고 구체적인 자료를 바탕으로 한 통합적인 설명까지는 확장되지 못한 아쉬움이 있다. 정한데로(2009, 2010가)에서는 시정곤(2001, 2004)와 마찬가지로 형성과 수행의 두 가지 측면을 모두 고려하여 등재의 유형을 살피고 두 측면을 모두 등재 조건으로 인정하여 이를 형식화하고자 하였다. 여기에서 관련 자료를 일부 소개해 보고자 한다.

(24)처럼 특정 언어 단위의 어휘부 내 고정화 작용을 등재로 이해한다면, 그 과정에 항상 α 와 같은 정보가 전제되는 것일까?

(27) 가. 달관(達觀)스럽-(1), 신성(神聖)스럽-(1), 혼동(混同)스럽-(1), 천박(淺薄)스럽-(1)
　　　나. 소녀(少女)스럽-(0), 남성(男性)스럽-(0), 시골스럽-(0), 짐승스럽-(1)

(27가, 나)의 [X+-스럽-] 파생형용사는 각각 [추상명사+-스럽-], [구

---

32) 일단 형성된 복합어는 화자의 어휘부에 등재된다고 파악하는 것이다.

체명사+-스럽-] 구성의 예로서, 모두 국립국어연구원(2002)에서 비교적 낮은 빈도로 측정된 것들이다. 정한데로(2009 : 4)는 (27가, 나)의 파생어가 각 어기의 속성에 따라 등재에 있어서 서로 다른 지위를 갖는다고 보았는데, 전자의 [추상명사(X)+-스럽-] 파생어는 접사 '-스럽-'에 의해 'X한 데가 있-'으로 비교적 의미가 투명하게 해석(송철의 1992 : 204 참고)되는데 반해, 후자의 [구체명사(X)+-스럽-] 파생어는 어기와 관련하여 연상되는 어떤 속성이나 특징 혹은 비유적 의미가 전체 파생어의 의미를 결정(송철의 1992 : 202-203 참고)한다고 파악한 것이다. 예컨대, (27가)의 '달관스럽-'은 '달관한(=사소한 사물이나 일에 얽매이지 않고 세속을 벗어나 활달한 식견이나 인생관에 이른) 데가 있-' 정도의 의미를 지니지만, 이와 달리 (27나)의 '시골스럽-'은 '시골의 풋풋한 느낌이 있-', '시골의 세련됨이 없이 어수룩한 데가 있-', '시골의 마음 편안하고 포근한 데가 있-'처럼 속성에 따라 다양한 의미 해석이 가능하다는 관점이다. 따라서 '시골스럽-'은 화자가 어떠한 명명 동기와 발화 맥락에서 단어를 형성하였느냐에 따라서 다양한 의미 가운데 하나로 결정되어 쓰일 수 있다.

(27가)와 (27나)의 이러한 상이한 의미론적 특징은 (28)과 같은 함수 결과로 형식화될 수 있다. 여기서 α로 표시한 성분은 직접적으로 복합어를 구성하는 성분 외에, 단어형성 과정에 부가된 추가적인 속성((27)의 경우는 '의미론적 정보')이다.

> (28) 가. (27가) : f(A, B) = A + B
> 나. (27나) : f(A, B) = A + B + α

(28)의 두 함수에서 확인되는 α의 유무는 곧 (27가)와 (27나)의 파생어가 등재의 측면에서 상이하게 해석될 가능성이 있다는 것을 의미한다.

즉, (28나)는 단어형성 현장에서 어기의 다양한 속성 가운데 특정한 하나의 의미가 α로 도입되어 복합어 전체의 의미를 결정하는 반면, (28가)는 그러한 추가적인 정보의 부가 없이 비교적 투명하게 복합어 전체의 의미가 구성되는 것이다. 그렇다면 일단 (27나)는 특정한 의미로 고정된 하나의 언어 단위로 어휘부 내에 등재될 것이다. 이는 '언어 내적 등재' 또는 '형성 차원의 등재'에 해당한다.

그렇다면 (28가)처럼 α 없이 투명하게 해석 가능한 복합어는 등재되지 않는다고 보아야 하는가? 이와 관련하여 우리는 아래의 예도 함께 검토하고자 한다.

(29) 가. 자랑스럽-(83), 조심(操心)스럽-(70), 고통(苦痛)스럽-(54), 혼란(混亂)스럽-(14)
　　　나. 촌(村)스럽-(16), 여성(女性)스럽-(8), 신령(神靈)스럽-(6), 바보스럽-(4)

(29)는 (27)과 비교할 때 상대적으로 높은 빈도를 보이는 [X+-스럽-] 파생형용사의 예로서, (29가, 나)는 (27가, 나)와 마찬가지로 각각 추상명사와 구체명사를 어기로 취한 것이다. 따라서 (29)의 복합어도 (28)과 같은 방식의 함수로 나타낼 수 있다.

(30) 가. (29가) : f(A, B) = A + B
　　　나. (29나) : f(A, B) = A + B + α

(29나)는 구체명사 어기의 특정한 속성을 복합어 의미의 일부로 포함함으로써 고정화된 의미로 쓰일 가능성이 높다. 하지만 추상명사 어기의 (29가)는 (30가)에서 보듯 α가 부가되지 않으므로 언어 내적 차원에서 등재될 필요는 없다. 그렇다면 (29가)의 '자랑스럽-, 조심스럽-' 등의 단

어가 화자의 어휘부에 등재될 필요 없이 발화 순간마다 공시적인 단어형
성 과정을 거친다는 것일까? 우리는 실제 언어 현실과 화자의 언어 사용
을 고려할 때, (29가)의 복합어도 하나의 단위로 어휘부에 저장되어 있다
고 본다. (30나)처럼 α 를 포함한 구성은 아니더라도 특정 구성이 실제
수행 과정에서 높은 빈도로 쓰이거나, 언어 외적 이유로 높은 어휘 강도
(lexical strength)를 확보하면 이 역시 어휘부에 고정될 수 있다고 보는 것
이다(Bybee 1985, 1988 ; 채현식 1994, 2003 등 참고). 정한데로(2009, 2010가)는
이러한 등재를 가리켜 '언어 외적 등재', '수행 차원의 등재'라 부른 바
있다.

　정리하자면, 1차적으로는 α 에 근거한 언어 내적 기준(형성 차원의 등재
기준)에 따라 등재 대상을 분류할 수 있으며, 2차적으로는 빈도 등의 어휘
강도에 근거한 언어 외적 기준(수행 차원의 등재 기준)을 통해 등재 대상이
분류된다. 등재에 관한 체계 분류는 Hohenhaus(2005 : 353)에서도 확인된
다. 전자가 언어 능력(linguistic competence), 이상화(idealization)된 등재와, 후
자가 언어 수행(linguistic performance), 사회학적(sociological), 심리학적(psychological)
등재와 관련한다고 본 Hohenhaus(2005)의 입장은 정한데로(2009, 2010가)
의 두 가지 등재 기준과 동일한 관점으로 해석된다.

3.2. 등재의 단위

3.2.1. 복합어 등재 단위에 관한 입장들

　주지하듯이 단어형성의 기본 단위가 무엇인가에 대한 입장에 따라서
형태론은 크게 형태소 기반 형태론(morpheme-based morphology)과 단어 기
반 형태론(word-based morphology)으로 구분된다. 형성 단위에 관한 입장만
큼이나 어휘부에 어떠한 단위를 등재할 것인가에 대한 시각 역시 연구자

마다 상이한 양상을 보인다. 여기에서 우리가 관심 갖는 것은 등재 단위에 관한 문제이지만 이들 단위가 형성 단위와 어떠한 상관관계를 지니는지 함께 살피기 위하여 형성 단위에 관한 논의부터 먼저 간략히 살피기로 한다.

대표적인 국외 연구를 중심으로 형성 단위에 관한 입장을 정리해 보자. 형성 단위 기준으로는 아래 세 가지 모형이 있다. 종래의 대표적인 두 입장에 더하여 형태소와 단어를 모두 형성의 기본 단위로 인정하는 절충적 모형이 가능하다.

(31) 형성 단위에 관한 세 입장

　가. 형태소 기반 모형 : 단어형성 원리에 적용되는 기본 단위는 형태소이다.

　나. 절충적 모형 : 단어형성 원리에 적용되는 기본 단위는 형태소와 단어이다.

　다. 단어 기반 모형 : 단어형성 원리에 적용되는 기본 단위는 단어이다.

Halle(1973)은 단어형성규칙의 입력 단위로 형태소뿐 아니라 단어도 포함한다. 앞에서 강조하였듯이 Halle(1973)에서는 모형 내 점선으로 표시된 'Dictionary of Words ⋯→ Rules of Word Formation'의 회송 장치(loop)에 따라 이미 사전에 저장된 단어도 다시 규칙의 적용을 받을 수 있었다. 따라서 Halle(1973)의 형성 단위로는 형태소와 단어가 모두 해당된다. 이에 우리는 형성 원리에 도입되는 입력 단위를 기준으로 Halle(1973)을 '절충적 모형'으로 분류하고자 한다. 물론 Halle(1973)에서 형태소는 형태소 목록으로부터, 단어는 사전으로부터 도출된다는 점에서 입력 양상에 있어서는 차이가 있다.

대표적인 단어 기반 형태론 연구인 Aronoff(1976)은 각 접사를 해당 규칙에 포함하므로 형성의 입력 단위와 어휘부 입력 단위는 단어로만 한정된다. 아울러 Jackendoff(1975 : 655)에서는 어휘부 내 단어와 단어 사이의 어휘적 관련성을 바탕으로 한 잉여 규칙으로 생산적인 접사가 파악되므로 형태소를 독자적인 형성 단위로 보기 어렵다. Booij(2010)도 형성 단위와 등재 단위로 단어만을 인정하는데, 형성 방식에 있어서 틀(schema)을 활용한다는 점은 일견 Jackendoff(1975)의 잉여 규칙과 유사하다. 따라서 이들 세 연구는 '단어 기반 모형'으로 분류할 수 있을 것이다.

비교적 최근 연구인 Haspelmath & Sims(2010)은 어휘부 등재 단위로 단어뿐 아니라 형태소도 인정하며, 형성 단위에 있어서도 단어와 함께 형태소를 포함한다. 다만, 형태소를 어근이나 접사로 제한하지 않고 형태소로 인식 가능한 형태론적 패턴(morphological pattern)으로 접근한 점은 특징적이다(Haspelmath & Sims 2010 : 70-71). 단어가 중심이 되기는 하지만, 결국 형성 과정의 형태소와 단어를 모두 인정하는 '절충적 모형'에 해당한다.

한편, Lieber(1981 : 35-38, 47-48)은 영구 어휘부(permanent lexicon) 내 어휘 항목으로서 자립 형태소(어간)와 의존 형태소(접사)만을 인정하고, 문맥자유 다시쓰기 규칙(context-free rewriting rule)인 2분지(binary branching) 어휘 구조 규칙(lexical structure rule)을 통해 단어를 형성한다. 구조의 종단 교점(terminal node)에 형태소를 삽입하는 이 방식은 문장 형성과 유사한 방식으로 단어를 형성하는 것이다. 이와 비슷한 시기의 Selkirk(1982 : 3-9)도 문맥자유 규칙인 단어 구조 규칙(word structure rule)을 통해 단어를 형성한다는 점에서 유사한 입장에 있다.[33] 이들은 형태소 기반 모형으로 분류될 것이다.

---

33) Selkirk(1982)에서는 어휘 부문(lexical component, 넓은 의미의 lexicon) 내에 단어의 목록인 사전(dictionary, 좁은 의미의 lexicon), 의존 형태소의 목록, 문맥 자유 규칙인 단어 구조 규칙(word structure rule)을 상정한다. 이른바 확장된 사전(extended dictionary)에는 단어와 의존 형태소가 등재된다.

(32) 국외 단어형성론의 형성 단위와 모형

		형성 단위	모형
가	Lieber(1981), Selkirk(1982)	형태소	형태소 기반
	Halle(1973)	형태소, 단어	절충적
	Aronoff(1976)	단어	단어 기반
나	Jackendoff(1975)	단어	단어 기반
	Haspelmath & Sims(2010)	(형태소)[34] 단어	절충적
	Booij(2010)	단어	단어 기반

지금까지 논의한 국외 단어형성론의 형성 단위를 정리하며 이 글의 기
준에 맞춰 유형을 분류해 보자. 일단 크게 두 부류로 구분이 가능하다.
(32가)는 형성 과정 내의 도출을 인정하는 입장인 반면 (32나)는 도출 과
정을 인정하지 않는다. 먼저, Lieber(1981)과 Selkirk(1982)는 단어형성 과정
에 어간, 접사 등의 형태소가 직접 구조 규칙에 참여하므로 형태소 기반
모형으로 분류된다.[35] 한편, Halle(1973)은 형태소 목록 내 형태소뿐 아니
라 사전에 등재된 복합어도 단어형성규칙의 입력물이 될 수 있다는 점에
서 절충적 모형으로 분류한다. Haspelmath & Sims(2010)도 절충적 모형
으로 분류되었는데, 단어틀을 중심으로 하면서도 형태소 결합 패턴을 수
용하는 입장에 있다. 끝으로, 단어 기반 모형으로는 Jackendoff(1975),
Aronoff(1976), Booij(2010)이 해당된다. 물론 세부적인 단어형성 방식에 있

---

34) Haspelmath & Sims(2010 : 70-73)은 단어형성 과정에 단어와 형태소(형태론적 패턴)가 모두
　참여한다고 보는 입장에 있으므로 이 글의 기준에 따라 절충적 모형으로 분류하였다. 다만
　'절충적 단어형 어휘부(moderate word-form lexicon)'의 입장에서 형태소(형태론적 패턴)보다
　는 단어에 더 무게가 있기에 형태소는 괄호 안에 표기하였다. 이는 후술할 정원수(1992)와
　는 반대되는 양상의 입장이다.
35) Lieber(1981)은 어휘 구조의 종단 교점에 형태소가 직접 삽입되므로 형태소 기반 모형이 분
　명해 보이나, Selkirk(1982 : 49-50)는 단일어와 합성어를 함께 X^0 층위에 두고 [[pickpocket]-
　hood], [[runaway]-hood] 등의 복합어 형성을 상정하고 있다는 점에서 다시 검토될 필요도
　있다. 그러나 만약 Lieber(1981)과 동일한 방식으로 먼저 마련된 구조의 종단 교점에 각 형
　태소가 삽입되는 방식이라면 형태소 기반 모형으로 보는 데에 큰 무리가 없다.

어서는 '잉여 규칙', '1접사 1규칙', '틀'로 각기 다른 모습이다.

(32)에서 어떠한 단위가 단어형성 원리의 입력 또는 적용 대상이 되느냐에 따라서 세 유형이 모두 관찰된다. 특히 그중에서도 절충적 입장으로 분류된 Halle(1973)과 Haspelmath & Sims(2010)이 관심을 끈다. 형태소 기반과 단어 기반의 엄밀한 두 입장이 아닌, 절충적 위치에서 형태소와 단어를 모두 형성의 적용 단위로 파악하는 것이다.

이와 동일한 방식으로 등재 단위에 관한 국외 논의를 살펴보자. 형성 단위를 기준으로 3가지 모형을 정리한 (31)과 같이 등재 단위에 관한 기준도 설정해 볼 수 있다.

(33) 등재 단위에 관한 세 입장
　　가. 최소 등재 입장 : 기본 단위만 저장한다. 공시적으로 형성 가능한 단위는 연산을 통해 필요할 때마다 형성한다.
　　나. 절충적 입장 : 기본 단위를 저장하며, 기본 단위로부터 형성된 단위도 저장할 수 있다. 형성된 단위 가운데 저장되지 않는 것도 있다.
　　다. 완전 등재 입장 : 기본 단위 및 형성된 모든 언어 단위를 저장한다. 저장 단위의 잉여성을 인정한다.

(33)의 세 입장은 결국 단어형성 원리가 적용된 결과물을 등재하는지의 여부에 따라 결정된다. 가령 형태소 기반 모형에서도 형성의 결과물인 복합어를 모두 어휘부에 등재한다면 완전 등재 입장이 가능하며, 단어 기반 모형에서도 공시적으로 형성된 복합어를 어휘부에 등재하지 않는다면 최소 등재의 입장에 해당될 것이다. 위 기준에 따라 몇 가지 논의를 검토해 보자.[36)]

---

36) 단어보다 큰 단위인 관용표현이나 속담의 등재 여부는 논외로 한다. 그리고 어휘화 (lexicalization)를 거쳐 공시적인 형성을 설명할 수 없는 '불규칙한 복합어'도 논의의 편의

앞서 언급한 대로 Halle(1973)은 형태소를 단어형성규칙에 도입한 후 그 결과물인 복합어를 사전에 저장한다는 점에서 복합어의 등재를 인정한다. 실재하지 않는 단어는 여과장치를 통해 제약을 두기는 하였으나,[37] 이미 형성되어 쓰이고 있는 복합어에 대해서는 사전에 모두 등재된 것으로 파악한 점에서 볼 때 (33다)의 기준에 따라 '완전 등재 입장'으로 분류한다. Jackendoff(1975)와 Booij(2010)은 단어 기반 모형이라는 점에서는 Halle(1973)과 차이가 있으나, 복합어를 등재 단위로 파악한다는 점에서 역시 완전 등재 입장에 있다고 판단된다.

Aronoff(1976)은 형성의 기본 단위로 단어만을 인정한다는 점에서 Halle(1973)과 차이가 있지만 복합어를 어휘부에 등재한다는 점에서는 Halle(1973)과 유사하다. Aronoff(1976 : 22)은 일회용규칙을 통해 한번 만들어진 복합어는 등재된다고 보았다. 다만 '-ness'와 같이 매우 생산적인 접미사가 결합한 단어는 등재되지 않는다고 하여 예외를 두었다. 그렇다면 Aronoff(1976)은 (33나)의 '절충적 입장'에 해당할 것이다. Haspelmath & Sims(2010)도 '절충적 입장'에 포함된다. 'in-, sane, -ly'의 세 형태소로 구성된 'insanely'에 대하여 'insane', '-ly'를 등재소로 보기 때문이다 (Haspelmath & Sims 2010 : 74). 복합어 'insane'과 형태소 '-ly'가 어휘부에 저장되어 있으며, 공시적인 결합을 통해서 'insanely'가 형성된다고 보는데, 이러한 시각은 'insanely'의 저빈도 양상, 'sane'과 'insane'의 상대 빈

상 따로 언급하지 않는다. '불규칙한 복합어'는 일반적으로 이견의 여지없이 등재 단위로 인정되는 듯하다. 한편, 경우에 따라서는 단일어를 별도로 표시하지 않고, 형태소 내에 포함하는 방식으로 정리할 것이다. 만약 단어보다 작은 단위의 형태소 '접사, 어근'만을 지시하고자 할 경우에는 추가적으로 언급할 것이다.

37) 이때 '실재하지 않는 단어'는 사회적으로 승인된 단어가 아닌 것을 의미한다. 그러나 이는 미시적 층위(단어형성)와 거시적 층위(사회적 승인)의 혼란으로 인한 잘못된 접근일 수 있다. 종래의 '랑그로서의 실재어'에 대한 반성과 함께 '파롤로서의 실재어'인 임시어의 단어형성론적 중요성을 강조한 이상욱(2007)을 참고할 수 있다. 정한데로(2013가)도 참고된다.

도 결과 등에 따른 것이다.

Lieber(1981)은 영구 어휘부에 자립 형태소(어간)와 의존 형태소(접사)만을 저장하므로 (33가)의 '최소 등재 입장'에 해당된다. 복합어는 따로 등재하지 않으며 어휘 구조 규칙을 통해 형성한다. 한편, Selkirk(1982)는 형성 단위를 기준으로 Lieber(1981)과 같은 부류에 포함되었지만 등재 단위에 따른 유형 분류에 있어서는 차이가 확인된다. 둘 이상의 형태소로 형성된 단어(multimorphemic word)도 사전에 등재하고, 잉여 규칙과 적형성 조건(well-formedness condition)을 통해 이들 단어의 내적 구조를 확인한다는 점에서 복합어의 사전 등재도 인정하는 것으로 판단되기 때문이다(Selkirk 1982 : 11). 그렇다면 등재 단위에 있어서 Selkirk(1982)는 Halle(1973)과 유사한 입장에 있는 것이다.[38]

(34) 국외 단어형성론의 등재 단위와 입장

		등재 단위	등재 입장
가	Lieber(1981)	형태소	최소 등재
	Halle(1973), Selkirk(1982)	형태소, 복합어	완전 등재
	Aronoff(1976)	단일어, 복합어 일부	절충적
나	Jackendoff(1975)	단일어, 복합어	완전 등재
	Haspelmath & Sims(2010)	(형태소) 단일어, 복합어 일부	절충적
	Booij(2010)	단일어, 복합어	완전 등재

지금까지의 논의를 (33)의 기준에 따라 (34)로 정리하였다. 이 역시 형성 과정 내 도출의 인정 여부에 따라 (34가)와 (34나)로 구분하였다. Lieber(1981)은 최소 등재 입장, Aronoff(1976), Haspelmath & Sims(2010)은

---

38) Selkirk(1982)의 확장된 사전(extended dictionary)에는 단어와 의존 형태소가 함께 등재된다. 형태소와 단어의 저장 공간을 따로 구분한 Halle(1973)과는 차이가 있다.

절충적 입장, Halle(1973), Jackendoff(1975), Selkirk(1982), Booij(2010)은 완전 등재 입장으로 분류된다. 이 중에서 Halle(1973)과 Selkirk(1982)를 완전 등재 입장으로 분류한 것은 다소 생소한 처리일 수 있다. 하지만 [X-ness] 복합어와 같이 특정한 형식은 어휘부에 등재하지 않는다고 본 Aronoff(1976)와 달리, 등재에 관한 특정한 제약이 설정되지 않았다는 점에서 일단 Halle(1973)과 Selkirk(1982)를 완전 등재로 분류하였다.

형성 단위와 등재 단위를 살피면서, 몇 가지 경우를 통해 (31)의 기준에 따른 부류 설정과 (33) 기준에 따른 부류 설정에 차이가 있을 수 있다는 점이 드러났다. 이는 '형성에 참여하는 단위가 무엇인가?'의 물음과 '어휘부에 등재되는 대상이 무엇인가?' 하는 물음이 서로 다른 차원의 문제임을 시사하는 듯하다.

(35) 단어형성 · 등재의 층위

(가)

형성 단위	모형
형태소 단어	형태소 기반 모형 절충적 모형 단어 기반 모형

(나)

등재 단위	등재 입장
형태소(단일어 포함) 복합어	최소 등재 절충적 등재 완전 등재

(35가)의 세 가지 모형과 (35나)의 세 가지 등재 입장이 가능하다. 만약 (35가)와 (35나)를 분리된 절차로 파악한다면 총 9가지의 가능성이 존재한다. 가령 단어를 형성의 기본 단위로 삼더라도 등재 차원에서는 논리적으로 최소 등재, 절충적 등재, 완전 등재가 모두 가능한 것이다. 예컨대, 우리가 절충적 모형으로 분류한 대표적인 단어 기반 형태론의 Aronoff(1976)도 만약 일회용규칙의 속성을 인정하지 않는다면 복합어 등재를 인정하지 않는 최소 등재의 입장에 속할 것이다. 한편, Aronoff(1976)이 '-ness'와 같이 생산적인 구성의 접사도 일회용규칙을 적용받는다고 하였

다면 이는 완전 등재 입장에 해당할 것이다. 즉, 형성 단위와 등재 단위는 분리된 별개의 과정임을 보여준다.

앞서 살펴본 형성 단위와 등재 단위, 그리고 각 모형과 입장을 아래와 같이 정리해 보자.

(36) 국외 단어형성론의 형성 단위와 등재 단위 비교

		형성 단위	형태론 모형	등재 단위	등재 입장
가	Lieber(1981)	형태소	형태소 기반	형태소	최소 등재
	Selkirk(1982)	형태소	형태소 기반	형태소, 복합어	완전 등재
	Halle(1973)	형태소, 단어	절충적	형태소, 복합어	완전 등재
	Aronoff(1976)	단어	단어 기반	단일어, 복합어 일부	절충적
나	Jackendoff(1975)	단어	단어 기반	단일어, 복합어	완전 등재
	H&S(2010)	(형태소) 단어	절충적	(형태소) 단일어, 복합어 일부	절충적
	Booij(2010)	단어	단어 기반	단일어, 복합어	완전 등재

위 표를 통해서 우리는 두 가지 중요한 사실을 확인할 수 있다. 첫째, 형성의 기본 단위라면 반드시 등재 단위에 포함된다는 사실이다. 즉, 형태소와 복합어를 모두 등재 단위로 인정하면서 단어형성 과정에 형태소를 배제하거나, 반대로 단어(단일어, 복합어)만 어휘부에 등재하고 형성 과정에 형태소와 단어를 모두 입력하는 방식은 확인되지 않는다. 전자의 경우는 형태소 등재의 필요성을 의심하게 하고, 후자의 경우에는 형성 과정에 참여하는 형태소가 저장 공간에 실재하지 않으므로 실현 불가능하다. 이렇듯 형성의 단위와 등재의 단위를 함께 고려하는 것은 지극히 당연한 결과이다.

둘째, 형태론 모형과 등재 입장이 일정하게 대응되지는 않는다. 즉, 단어 기반 모형 중에서도 절충적 입장과 완전 등재 입장이 상존하며, 형성

의 절충적 모형 중에서도 등재에 있어서는 절충적 입장과 완전 등재가 가능하다. 이는 형성과 등재의 두 과정이 구분 가능한 연구 대상이며, 각각의 기준에 의거해 그 유형이 설정될 수 있다는 것을 의미한다. 이렇게 볼 때, 형성에 참여할 기본 단위가 무엇인가의 문제와 형성의 결과물을 어떠한 방식으로 저장할 것인가의 문제는 별개의 차원에서 접근되어야 할 것이다.

그렇다면 단어의 등재 단위와 관련하여 국내 단어형성론 연구는 어떻게 진행되어 왔을까? 이와 관련해서는 채현식(2003)의 분류가 가장 널리 받아들여져 온 듯하다. 다음에 제시된 채현식(2003 : 31)의 분류를 검토하면서 앞서 살핀 기준들과의 관계를 확인해 보기로 하자(밑줄은 필자 추가).

(37) 가. 최소 등재 입장 : 내적 구조가 음운·형태·의미론적으로 불투명한 단어들(단일어화[39]된 단어들)과 생산성을 잃은 단어들을 제외하고는, 모든 복합어는 연산(computation)에 의해 필요할 때마다 생성된다(김성규 1987 : 13, 정원수 1992 : 14).
　　나. 완전 등재 입장 : <u>임시어를 제외한</u> 모든 실재어는 저장되어 있다(구본관 1990: 40, 송철의 1992 : 90-91, 채현식 1994 : 48, 박진호 1994 : 17, 송원용 1998 : 17-19).
　　다. 절충적 입장 : 단일어화된 단어들과, 약간 생산적인 패턴을 보이는 단어들은 저장된다. 그러나 생산성이 높은 패턴을 보이는 단어들은 연산에 의해 그때그때 생성된다(조남호 1998 : 14, Aronoff 1976).

등재와 관련한 유형 분류는 '어휘부에 등재되는 단위가 무엇인가?'에 관한 물음을 기준으로 한다. 그중에서도 등재 단위와 관련하여 주목할 지

---

39) 이때의 '단일어화'는 Bauer(1983)의 '어휘화(lexicalization)' 개념에 해당한다. 둘 이상의 구성성분이 결합하였으나 통시상의 이유로 그 내부 경계가 불분명해져 공시적인 형성을 인정하기 어려운 경우에 해당한다.

점은 '형성 원리의 결과물이 등재되는가?' 하는 것이다. 다시 말해, 공시적으로 형성 가능한 복합어의 등재 여부가 유형 분류의 판단 기준이다. 가령 Haspelmath & Sims(2010)에서 소개된 '형태소 어휘부'는 형태소나 이른바 불규칙한 복합어만 어휘부에 최소한으로 등재하고, '단어형 어휘부'는 단일어와 함께 공시적으로 형성 가능한 복합어까지 잉여적으로 등재한다.[40]

채현식(2003 : 29-30), 송원용(2005가 : 15-16)에서는 (37가)를 형태소 기반 모형으로, (37나)와 (37다)를 단어 기반 모형과 관련지어 설명한다. 이에 대하여 정한데로(2014)에서는 다음의 두 가지 사항에 대하여 의문을 제기한 바 있다.

첫째, (37나), (37다)를 단어 기반 형태론의 한 부류로 보는 것이 적절한지 검토되어야 한다. 형성 단위와 등재 단위의 문제를 구분해야 한다고 보는 시각에서는 단어 기반 형태론도 최소 등재의 입장이 가능하다. 단어 형성의 기본 단위가 단어라고 하더라도, 형성 과정의 결과물인 복합어를 등재하지 않는다면 이 역시 최소 등재의 입장으로 분류되어야 하기 때문이다. 앞서 언급한 대로 대표적인 단어 기반 형태론 모형을 취하는 Aronoff(1976)이 일회용규칙을 인정하지 않았다면, 이는 최소 등재의 입장에 해당할 것이다.

둘째, (37나)의 완전 등재 입장에서 임시어를 제외하는 것이 타당한지에 대한 검토가 필요하다. 만약 특정한 복합 구성은 등재되지 않는다는 부가 조건이 붙는다면, 이는 높은 생산성을 보이는 [X-ness] 파생어를 등재 대상에서 제외하였던 Aronoff(1976)과 마찬가지로 절충적 입장으로 분

---

40) Haspelmath & Sims(2010 : 48)에서는 형태소 기반 모형의 한계로 역형성 등의 문제를 제시하고 있으나 사실상 이는 형태소 기반 모형이 아닌, 최소 등재 입장이 지닌 문제점으로 보아야 할 것이다. 단어 기반 모형의 입장에서도 최소 등재의 입장에 서면 역형성의 문제는 동일하게 발생한다. 형성 단위와 등재 단위 구분의 필요성을 실감하게 하는 대목이다.

류하는 것이 바람직할 것이다.

> (38) 가. The most productive classes never have to be listed(Aronoff 1976 :
>   45).
>   나. '反옐친'은 통사원자이긴 하되 어휘부에 등재되지는 않는 통사원
>   자라고 할 수 있다. 이들을 임시 통사원자라고 부르기로 하자(박
>   진호 1994 : 11).
>   다. 임시어란 통사적 원리를 지키지 않는 형태론적 구성이나, 그 결
>   합이 매우 생산적이어서 어휘부에 저장되지는 않는 단어를 말한
>   다(송원용 2005가 : 227).

(38가)에 해당하는 예로 Aronoff(1976)이 제시한 [X-ness] 구성의 단어
는 매우 생산적으로 형성되며, [X-ity] 구성의 단어와 비교할 때 음운론
적·형태론적·의미론적 정합성이 완벽하게 유지되므로 어휘부에 등재할
필요가 없다. 이때 정합성이 유지되는 양상은 (38나)의 임시 통사원자(反
옐친, 親러시아)에서도 그대로 관찰된다. 그리고 생산성이 높아 등재될 필
요가 없다는 점은 (38다)의 임시어(홍길동님)와 상통하는 지점이다.[41][42]

채현식(2003)을 검토하면서 제기된 이상의 문제의식을 바탕으로, 이 글
에서는 (33)의 설정 기준을 바탕으로 국내 형태론 연구를 새로이 분류해
보고자 한다.

---

41) (23)에서 살펴본 바와 같이, 정한데로(2009, 2010가)에서는 단어형성 과정에 부가되는 α
  를 중심으로 단어의 유형을 구분하였다. 정한데로(2009, 2010가)는 그 가운데 (23가)처럼
  α 가 포함되지 않은 구성을 Aronoff(1976)의 [X-ness] 구성, 박진호(1994)의 임시 통사원자,
  송원용(2005가)의 임시어와 동일한 대상으로 이해하였다.
42) 박진호(1994)의 임시 통사원자와 송원용(2005가)의 임시어에 대한 보다 구체적인 논의는
  3.2.2에서 후술될 것이다.

(39) 국내 단어형성론의 등재 단위 비교[43]

		등재 단위	등재 입장
가	김성규(1987)	형태소	최소 등재
	정원수(1992)	형태소	최소 등재
	구본관(1990, 1998)	형태소, 복합어	완전 등재
	송철의(1992)	형태소, 복합어	완전 등재
	시정곤(2001)	형태소, 복합어 일부	절충적
	황화상(2001)	형태소, 복합어	완전 등재
	정한데로(2009, 2010가)	형태소, 복합어 일부	절충적
나	박진호(1994)	형태소(접사, 어근) / 단일어, 복합어 일부	절충적
	송원용(1998, 2005가)	형태소(접사, 어근) / 단일어, 복합어 일부	절충적
	채현식(1994, 2003)	형태소, 복합어	완전 등재
	채현식(2007)	단일어, 복합어	완전 등재

위의 각 입장은 크게 단어형성을 위한 입력 단위를 활용해 결과물을 도출해 내는 시각의 부류와 도출 과정을 전제하지 않고 어휘부 내 단어들 간의 어휘적 관련성을 중심에 둔 부류로 나뉠 수 있다. 전자의 입장은 (39가)로, 후자는 (39나)로 먼저 구분되었다.

일단 김성규(1987)에서는 형태소가 등재의 기본 단위이다. 규칙적으로 형성 가능한 복합어는 어휘부에 등재하지 않는다는 기본 입장에 있기 때문이다. 정원수(1992)도 등재에 있어서 단일어, 어근, 접사, 어휘화한 복합어 등만을 사전에 저장한다는 점에서 김성규(1987)과 동일하다. 이 두 입장은 최소 등재로 분류한다.[44]

---

43) 박진호(1994)와 송원용(1998, 2005가)의 '빗금(/)'은 심층 어휘부와 표층 어휘부를 구분한 것이다.

44) "국어의 파생어 형성은 '형태소 어기 가설'을 원칙으로 하면서 '단어 어기 가설'이 성립된다고 하겠다." (정원수 1992 : 25)

"어휘부(lexicon)의 이른바 사전(dictionary)을 구성하는 요소로 지칭되는 형식소들은 ① 단일

절충적 입장으로는 박진호(1994), 송원용(1998, 2005가), 시정곤(2001), 정한데로(2009, 2010가)가 확인된다. 앞서 언급한 바와 같이 박진호(1994)의 임시 통사원자, 송원용(1998, 2005가)의 임시어는 분명 어휘부에 등재되지 않는 단위로 분류되었으므로 완전 등재의 입장에 맞지 않은 대상으로 판단된다. 따라서 이 글에서 세운 (33)의 기준에 따르면 박진호(1994), 송원용(1998, 2005가)는 절충적 입장으로 분류된다. 시정곤(2001 : 172)에서는 새로 형성된 파생어가 '대체로' 사전에 등재된다고 보았는데, 생산성이 아주 높거나 음운론적 · 형태론적 · 의미론적 투명성이 분명한 것은 그때그때 형성될 가능성을 배제할 수 없기 때문으로 보았다. 이에 우리의 기준에서는 일단 절충적 입장으로 판단하였다.45) 끝으로, 복합어 형성 과정상의 α 를 기준으로 단어의 등재 여부를 분류한 정한데로(2009, 2010가)는 α 에 따른 절충적인 입장에 해당한다.

선행 연구 가운데 완전 등재로 분류된 예도 적지 않다. 송철의(1992 : 90-91)는 일단 규칙에 의해 형성된 파생어가 문장과 달리 어휘부에 저장된다고 보았다는 점에서 Aronoff(1976)과 유사하다. 한편, 구본관(1990), 채현식(1994, 2003) 등에서는 어휘부의 잉여적 속성 강조하며 어휘부 내 연결망을 통해 등재소 간의 관련성을 포착하고자 하였다. 송원용(2005가 : 16)는 채현식(2003)이 제시한 (37)의 분류를 기초로 "국어에 대한 단어형성론 논의가 대부분 단어 어기 가설을 채택하고 있을 뿐 아니라 완전 등재의 입장에 속한다."라고 보았지만, 우리의 기준에 따르면 절충적 입장으로 분류해야 할 논의도 적지 않았다.

어(simple word), ② 어간(stem), ③ 어근(root), ④ 접사(affix) ― 파생 접두사, 파생접미사, 굴절접미사 ― 들이라 할 수 있으며 이외에 어휘화된 복합어와 파생어들이 포함된다." (정원수 1992 : 14)

45) 박진호(1994), 송원용(1998, 2005가) 등 절충적 입장과 관련한 사항은 3.2.2에서 따로 후술할 것이다.

3.2.2. 등재 단어와 비등재 단어

복합어 등재와 관련하여 제시된 (33)의 세 가지 입장을 대상으로, 가장 우선적으로 해결해야 할 과제는 등재되는 단어와 그렇지 않은 단어의 경계를 분명히 하는 것이다. 이러한 물음을 해소하기 위한 방안은 절충적 입장의 논의에서부터 시작될 수 있으리라 판단된다. 절충적 입장이 어떠한 근거를 바탕으로 일부 단어만을 등재 단위로 삼았는지 그 기준을 명확히 한다면, 해당 기준을 기점으로 최소 등재와 완전 등재에서 고려하지 않았던 부분들이 보다 명시적으로 드러날 수 있을 것이다.

여기에서는 비등재 단어에 관해 언급한 박진호(1994), 송원용(2000, 2005 가)를 중심으로 몇 가지 사항을 검토하면서 등재 단위와 비등재 단위의 기준 마련을 위한 기초적인 논의를 시작하고자 한다.

(40) 反옐친, 親러시아, 對보스니아

(40)은 박진호(1994 : 11-12)에서 등재되지 않는 '임시 통사원자'로 제시된 예이다. 새로운 단어의 형성은 곧 문법의 변화를 이끄는 통시적 과정이라는 기본 입장에 있음에도 불구하고, (40)의 단어는 등재되지 않는 공시적 문법의 일부로 보고 있어 일반적인 단어형성 과정과 구분되는 점이 특징적이다. 그러나 이들 임시 통사원자가 일반적인 단어형성 과정과 어떠한 점에서 구분되는지 명확한 기준이 제시되지 않은 것은 아쉬움으로 남는다. '한문적인 결합 원리'에 따라 생산적으로 만들어진다는 간략한 언급만 있을 뿐이다.

한편, 송원용(2000 : 4, 2005가 : 227)에서는 박진호(1994)의 임시 통사원자에 상당하는 '임시어' 설정 기준이 비교적 자세하게 마련된다.

(41) 임시어의 세 가지 조건

    가. 그 결합이 통사적 원리를 따르지 않아야 한다.

    나. 매우 생산적으로 만들어질 수 있어야 한다.

    다. 형성과 동시에 어휘부에 저장되지 않는다.

송원용(2005가) 역시 임시어 형성은 화자의 심리적 어휘부에 새로운 단위를 등재하는 과정이 아니므로 본질적으로 공시적인 것으로 판단한다. 이상의 기준에 따라 송원용(2000, 2005가)에서 제시한 임시어의 예는 다음과 같다.

(42) 가. 사람들(-들), 홍길동님(-님), 길동이(-이)

    나. 對북한, 脫코소보, 親밀로셰비치, …

    다. 미국領, 김소월流, 서울行, …

(42가)의 고유어 접미사 '-들, -님, -이'뿐만 아니라, (42나)의 한자어 접두사 '對-, 脫-, 親-'과 (42다)의 한자어 접미사 '-領, -流, -行'도 임시어를 형성하는 접사로 분류된다. (42)의 복합어는 어휘부에 등재될 필요 없는 공시태상의 단어형성의 결과이다.

그러나 박진호(1994), 송원용(2000, 2005가)에서 등재되지 않는 대상으로 분류한 복합어 구성과 비교할 때, 아래 예들은 임시 통사원자 또는 임시어의 형태를 하고 있음에도 불구하고 어휘부에 충분히 등재될 수 있을 것으로 판단된다.

(43) 가. 반민주(反民主), 반정부(反政府)

    나. 친서민(親庶民) 親나치

    다. 대국민(對國民), 對테러

(44) 가. 우리들,[46] 태지님,[47] 인순이

　나. 對북한,48) 脫냉전, 親나치

　다. 교황領, 서양流, 감옥行

　(43), (44)는 종이 사전에 등재되어 있는 단어, 또는 비교적 높은 빈도로 쓰이고 있는 단어들이다. 이들은 빈도와 같은 언어 외적 측면에서 어느 정도 등재어의 지위에 있는 것으로 볼 수 있지 않은가 한다. (43)은 박진호(1994)의 (40) 예에 대응하는 단어를 제시한 것인데, '반민주 정권, 반정부 시위, 친서민 정책, 친나치 세력, 대국민 약속, 대테러 훈련' 등의 구 구성에서 볼 수 있듯이 이들 복합어는 비교적 높은 쓰임을 보인다.49)

　한편, (44)는 송원용(2000, 2005가)의 (42)와 관련하여 상대적으로 높은 출현빈도를 보이는 예이다. 일부 단어는 <표준국어대사전>(이하 <표준>)

---

46) '우리들'은 <고려대>에 등재된 표제어이다. (뜻풀이 : 말하는 이가 자기와 자기의 주위에 있는 사람들이나 자기가 속한 단체의 사람들을 아울러 가리키는 말)

47) 서태지 팬 카페(http://cafe.daum.net/seo)에서 '태지님'을 검색해 보면, 1000건 이상의 게시글이 확인된다. 적어도 이들 언어 공동체 내에서는 '태지+님' 복합어가 하나의 등재어로 쓰이고 있는 것으로 해석할 수 있을 것이다. 인명의 경우도 [N+-님] 구성이 어휘부에 등재될 수 있음을 보여주는 예이다.

48) '대북한'은 <고려대>에 등재된 표제어이다. (뜻풀이 : 일부 명사 앞에서 관형어로 쓰여, '북한에 대한' 또는 '북한을 상대로 하는'의 뜻을 나타내는 말)

49) '반민주', '반정부', '친서민', '친나치', '대국민', '대테러' 관련 예를 제시하면 아래와 같다.

① 반민주	반민주 테러 <동아일보 2009.3.2.>, 반민주 정권 <미디어오늘 2008.9.24.>, 반민주 정당 <국민일보 2007.1.11.>, 반민주 독재 <MBN 2007.1.11.> 등
② 반정부	반정부 시위 <SBS 2013.12.5.>, 반정부 투쟁 <OBS 2013.12.4.>, 반정부 선동 <KBS 2013.11.28.>, 반정부 지도자 <한국일보 2013.11.27.> 등
③ 친서민	친서민 정책 <한겨레 2013.11.21.>, 친서민 공약 <시사인 2013.11.18.>, 친서민 체제 <연합뉴스 2011.7.13.>, 친서민 행보 <경인일보 2011.5.24.> 등
④ 친나치	친나치 세력 <주간경향 2013.10.23.>, 친나치 논란 <머니투데이 2013.5.21.>, 친나치 인사 <한겨레 21 2012.8.20.>, 친나치 발언 <연합뉴스 2007.1.9.> 등
⑤ 대국민	대국민 약속 <서울경제 2013.12.4.>, 대국민 캠페인 <쿠키뉴스 2013.12.2.>, 대국민 사과문 <연합뉴스 2013.11.27.>, 대국민 슬로건 <파이낸셜뉴스 2013.11.21.> 등
⑥ 대테러	대테러 분야 <아시아경제 2013.12.5.>, 대테러 업무 <연합뉴스 2013.11.30.>, 대테러 훈련 <연합뉴스 2013.11.16.>, 대테러 대비 <데일리안 2013.11.5.> 등

과 <고려대한국어대사전>(이하 <고려대>)의 표제어이기도 하다. 특히, <고려대>는 실제 말뭉치 자료 내 출현빈도를 근거로 표제어를 선정하였다는 점이 주목되는데, '우리들, 대북한'은 <표준>에는 없지만 <고려대>에 등재되어 있어 이는 이들 단어의 출현빈도를 간접적으로 드러내는 결과가 아닌가 한다. 한편, '탈냉전, 교황령, 감옥행'은 <표준> 등재어이기도 하다. 이렇듯 박진호(1994)의 임시 통사원자, 송원용(2000, 2005가)의 임시어 구성의 형식도 출현빈도의 영향으로 충분히 심리어휘부에 저장될 가능성이 있다.

(45) 親日, 反美

이러한 측면에서 박진호(1994 : 12)에서는 (45)의 단어가 언중의 동의를 얻어(즉, 규약화되어) 어휘부에 등재되는 현상이 존재한다고 보았다. 어휘부 등재의 문제를 '언중의 승인'과 연결하여 설명한 점이 주목되는데, 이는 (43), (44)의 복합어가 출현빈도에 따라 '개별 화자'의 어휘부 등재될 수 있다고 파악한 이 글의 입장과 다소 차이가 있다. 송원용(1998, 2002, 2005가)에서 논의한 바와 같이 개별 단어의 어휘부 등재는 사회적 수준의 승인과는 별개의 문제로 처리되어야 하기 때문이다. 이러한 점에 주목한다면 규약화보다는 출현빈도에 의한 수행 차원의 요건이 (43), (44) 복합어의 등재 가능성을 논의하는 데 보다 중요한 기준이 될 것이다. 또한 (45)의 '日', '美'는 자립적인 수준의 단어가 아니기 때문에 이를 (40)의 예와 직접적으로 대조하는 것은 적절하지 않은 듯하다.

한편, 송원용(2005가 : 277 각주 285)에서도 (43), (44) 유형의 단어가 표층어휘부에 등재될 가능성에 대해서 언급하고는 있으나, 이들이 본격적으로 다루지지는 않았다. 송원용(2005가)에서의 임시어가 '공시적으로 형성되지만 등재되지 않는 단위'이라는 점에서, 이들이 어디에 분포해 있다가 높은 출현빈도를 통해 표층어휘부에 자리 잡게 되는지에 관한 보충 설명이 필요할 것으로 보인다.

앞서 3.1.2에서 언급한 등재의 두 유형을 활용하여 이상의 등재 단위에 관한 설명을 뒷받침해 보고자 한다.

(46) '언어 내적 등재 기준'과 '언어 외적 등재 기준'의 체계

		언어 내적 등재 기준	
		① f(A, B) = A + B	② f(A, B) = A + B + α
언어 외적 등재 기준	가. 저빈도	비등재	등재
	나. 고빈도	등재	등재

(46)의 표는 정한데로(2010가 : 6)에서 제시된 것으로서 앞서 분류한 언어 내적 등재와 언어 외적 등재의 두 측면에서 총 4가지 가능성을 보인 것이다(3.1.1의 (23) 참고). 1차적으로, α 를 포함한 비정합적인 구성((46)의 ②)은 언어 내적 등재 기준에 따라 등재되어야 하는 대상으로 분류된다. 특정 단어가 α 정보를 포함하여 어휘부에 저장되어 있을 때에 비로소 그 단어의 의미가 제대로 해석될 수 있기 때문이다. 단어를 안다는 것은 단지 그것의 의미와 발음만을 아는 것이 아니라, 그 단어가 쓰인 맥락을 아는 것이기 때문이다(Taylor 2012 : 281).

다음으로, α 를 포함하지 않은 정합적인 구성(①)의 일부도 등재의 대상이 될 수 있다. 이는 빈도 등 어휘 강도에 따른 언어 외적 등재에 해당한다. (46①나)와 같이 고빈도로 쓰이는 단어는 정합적인 구성이라 하더라도 등재의 대상이 된다.

종래의 연구와 비교해 본다면, '최소 등재' 입장은 α 에 대한 주목 없이 (46②)의 등재성을 고려하지 않고 (46)의 ①과 ②를 모두 비등재로 파

악하였다. 그러나 단어 내 α 는 실제 그 쓰임을 위해 필수적으로 기억되어야 하는 정보이다. 반면, '완전 등재' 입장은 저빈도의 경우일지라도 모두 등재로 파악하므로 (46①가)의 비등재성을 고려하지 않고, (46)의 ①과 ②가 모두 등재된 것으로 이해하였다.

우리가 절충적 입장으로 분류한 박진호(1994), 송원용(2005가)의 임시 통사원자와 임시어는 일단 (46①)에 해당하는 대상으로 판단된다. 다만 이들 논의에서는 등재 단위와 비등재 단위가 언어 내적으로 어떠한 속성적 차이를 지니는지에 대해서는 구체화되지 못하였다.

끝으로 정한데로(2009, 2010가)에서 제시한 (23)과 (46)의 기준을 바탕으로 하여, (33)의 등재에 관한 3가지 입장 차이를 비교하면서 논의를 마무리하고자 한다. 고유어 복합어 '잔소리꾼'과 한자어 복합어 '비합리성'의 자료를 대상으로 그 차이를 확인할 수 있다. (47)은 세 입장에 따른 등재 단위를 정리한 것이다.

(47) '잔소리꾼'과 '비합리성'의 등재

	[[잔-소리]-꾼] 등재	[[비-합리]-성] 등재
최소 등재	잔-, -꾼, 소리	비-, -성, 합리
절충적	잔-, -꾼, 소리, 잔소리, 잔소리꾼	비-, -성, 합리
완전 등재	잔-, -꾼, 소리, 잔소리, 잔소리꾼	비-, -성, 합리, 비합리, 비합리성

(47)의 표에서 '최소 등재'와 '완전 등재'는 '잔소리꾼'과 '비합리성'의 상황이 다르지 않다. 최소 등재는 공시적으로 분리 가능한 형태소를 최대한 분석한 후에 공시적인 연산을 거쳐 복합어를 형성하는 한편, 완전 등재는 이들의 잉여적 속성을 인정하고 최대 단위까지 무조건적으로 어휘부에 등재한다는 점에서 '잔소리꾼'과 '비합리성'이 동일한 모습이다. 그

러나 절충적 입장은 두 대상이 상이한 모습을 보인다. '잔소리꾼'의 경우 복합어 '잔소리'와 '잔소리꾼'이 모두 등재된다고 보는 반면, '비합리성' 은 복합어의 등재를 상정하지 않았다. 즉, '잔소리꾼'은 완전 등재와 같 은 입장에, '비합리성'은 최소 등재와 같은 입장에 서 있는 것이다. 이러 한 차이는 무엇을 근거로 하는 것일까?

'잔소리꾼'과 '비합리성'은 겉보기에 유사한 복합어일지 모르나, (23)의 [정합성] 기준을 놓고 본다면 그 내부 속성에서는 차이가 있다. 고유어인 '잔소리꾼'은 일단 '잔소리'와 '잔소리꾼'의 형성 과정에 각각 상황 맥락 이 부가되어야 할 것으로 보인다.[50) '쓸데없이 자질구레한 말을 늘어놓 다'의 '잔소리' 의미는 '가늘고 작은' 또는 '자질구레한'의 '잔-'과 '소리' 의 결합만으로 전체 의미가 충실하게 드러나지 않는다. '소리'가 지시하 는 의미는 사람의 말뿐만 아니라 동물의 소리나 물체가 부딪히는 소리 모두에 해당할 것인데, '잔소리'는 '말'과 같은 한정된 범위만을 지시하 는바 초기 형성 현장의 맥락이 α 로서 반드시 부가되어야 한다. 또한 동 일한 맥락에서, '잔소리꾼'에서도 구성성분 '잔소리'와 '-꾼'의 의미 외에 포착되는 α 의 의미를 발견할 수 있다. '~이 많은', '~을 대신 해주는', '~을 직업으로 하는' 등의 다양한 가능성 가운데 '잔소리를 많이 하는 사람'의 의미가 초기 형성 현장에서 고정화되었기 때문이다.[51)

반면 한자어 '비합리성'은 박진호(1994)의 (40)의 예, 송원용(2005가)의 (42)의 예와 마찬가지로 그 등재성을 의심하게 한다. 구성 전체의 의미가 구성성분 외의 요소를 필요로 하지 않는 투명한 구성이라는 점에서 (출 현빈도가 높지 않은 경우,) '비합리성'은 등재될 필요 없는 구성에 해당

---

50) 형성의 측면에서 보면 사실상 '잔소리'는 현시점에 공시적으로 형성된 단어는 아니므로 [잔-+소리]의 도식은 정확한 표현이 아닐 수 있다. 그러나 일단 여기에서는 접사 '잔-'을 인정하고 공시적 결합 과정상의 맥락 부여 과정을 상정한다.

51) '잔소리꾼'의 <표준> 뜻풀이는 '필요 이상으로 듣기 싫게 꾸짖거나 참견하는 사람'이다.

한다. (46①가)의 해당 유형인 것이다. 따라서 '비합리성'은 언어 내적 수준에서는 등재의 대상이 되지 않는다. 다만 수행 차원에서 높은 출현빈도에 따라 하나의 단위로 화자의 어휘부에 저장될 가능성은 열려 있다. (46①가) 수준에 있던 언어 단위가 어휘 강도의 영향을 입어 (46①나)의 위상에 진입할 수 있는 것이다.

4. 결론

지금까지 '어휘부'와 '등재'의 두 주제에 관해 논의하였다. 구체적으로는 먼저 어휘부의 역할과 범위를 밝히고, 종래의 문법 연구에서 어휘부가 어떠한 방식에서 연구되어 왔는지를 기술하면서 '어휘부', '형태부' 등 관련 용어의 개념을 정리하였다. 아울러 어휘부를 구성하는 성분들, 즉 등재소의 연결 관계를 고려한 어휘부 조직도 함께 언급하였다.

이에 더하여, '등재'의 개념과 유형을 체계화하는 작업도 이루어졌다. 1차적으로 문법적 차원에서 등재가 어떻게 접근되어야 할지를 밝히고, 형성 차원의 등재와 수행 차원의 등재의 두 유형을 분리함으로써 종래의 등재 연구를 종합적으로 정리하고자 하였다. 이는 문법적 대상으로서의 등재 연구와 심리적 대상으로서의 등재 연구의 균형적 태도를 취하는 이 글의 기본 입장을 보여주는 것이다. 한편, 복합어를 중심으로 등재 단위에 관한 기존 연구를 정리하면서 채현식(2003)을 중심으로 논의되어 온 등재 단위에 관한 선행 연구를 비판적으로 검토하였다. 우리는 정한데로(2014)와 같이, 형성 단위와 등재 단위가 독립적인 기준에 따라 체계화되어야 한다는 입장을 취하였다. 끝으로 박진호(1994), 송원용(2000, 2005가)에서 언급된 비등재 단위(임시 통사원자, 임시어)에 관해서도 살펴보았다.

앞서 언급한 바와 같이 어휘부와 등재에 관한 연구는 그 대상을 어떻게 한정할 것인지, 또 어떠한 방법론을 기초로 접근할 것인지에 따라서 역동적인 방식으로 진행될 수 있다. 이러한 이유로, 연구자의 기본 태도와 신념에 지나치게 기대어 '이론'과 '실제'의 두 측면이 서로 소통하지 못하는 한계가 나타날 가능성도 배제하기 어렵다. 그러나 한편으로는 폭넓은 관점에 기반한 연구 방법을 통해 어휘부와 등재에 관한 탐구가 지속적으로 전개될 수 있다는 가능성을 보여준다고도 할 수 있다. 특히 심리언어학, 사회언어학 등 인접 학문 분야와의 협력을 활용한 어휘부 연구의 가능성을 보여준 박진호(1999), 시정곤(2001), 송원용(2002, 2005나, 2005다, 2009, 2011가, 2011나), 안소진(2011, 2012) 등은 어휘부와 등재 연구의 방향에 시사하는 바가 크다.

‖ 참고문헌

구본관(1990), 경주방언 피동형에 대한 연구, 석사학위논문, 서울대학교.

구본관(1998), 15세기 국어 파생법에 대한 연구, 태학사.

국립국어연구원(2002), 현대 국어 사용 빈도 조사, 국립국어연구원.

김명광(2004), 국어 접사 '-음', '-기'에 의한 단어 형성 연구, 박사학위논문, 서강대학교.

김민국(2009), 접미사에 의한 공시적 단어형성 연구 : 통사적 구성과 형태적 구성의 경계를 중심으로, 석사학위논문, 연세대학교.

김성규(1987), 어휘소 설정과 음운현상, 석사학위논문, 서울대학교.

김인균(1999), "국어의 사전(LEXICON)과 형태부(MORPHOLOGY)", 서강어문 15, 29-56.

김인균(2005), 국어의 명사 문법 I, 역락.

김의수(2013), "어휘부와 통사론", 국어학 66, 415-443.

나은미(2009), 연결주의 관점에서 본 어휘부와 단어 형성, 박이정.

박진호(1994), 통사적 결합 관계와 논항구조, 석사학위논문, 서울대학교.

박진호(1999), "형태론의 제자리 찾기", 형태론 1-2, 319-340.

박진호(2003), "관용표현의 통사론과 의미론", 국어학 41, 361-379.

성광수(1993), "어휘부의 형태 통사론적 접근", 어문논집(안암어문학회) 32-1, 127-153.

송원용(1998), 활용형의 단어 형성 참여 방식에 대한 연구, 석사학위논문, 서울대학교.

송원용(2000), "현대국어 임시어의 형태론", 형태론 2-1, 1-16.

송원용(2002), "인지 형태론의 과제와 전망", 한국어학 16, 65-87.

송원용(2005가), 국어 어휘부와 단어 형성, 태학사.

송원용(2005나), "다중 어휘부 구조 가설의 실험심리학적 검증", 형태론 7-2, 257-276.

송원용(2005다), "신어(新語)의 어휘부 등재(登載) 시점 연구 : 어휘 지식 유무 검사를 통한 검증", 국어학 46, 97-123.

송원용(2009), "국어 선어말어미의 심리적 실재성 검증", 어문학 104, 83-102.

송원용(2010), "형태론 연구의 쟁점과 전망", 한국어학 48, 1-44.

송원용(2011가), "한자계 어근 분류 방식의 심리적 실재성", 형태론 13-2, 225-244.

송원용(2011나), "불규칙적 고유어 어근의 심리적 실재성", 국어국문학 159, 5-30.

송철의(1985), "파생어형성에 있어서 어기의 의미와 파생어의 의미", 진단학보 60, 193-211.

송철의(1992), 국어의 파생어형성 연구, 태학사.

시정곤(1998), 국어의 단어형성 원리(수정판), 한국문화사.

시정곤(1999), "규칙은 과연 필요 없는가", 형태론 1-2, 261-283.

시정곤(2001), "국어의 어휘부 사전에 대한 연구", 언어연구 17-1, 163-184.

시정곤(2004), "등재소 설정 기준에 대한 연구", 한국어학 22, 185-214.

안소진(2011), 심리어휘부에 기반한 한자어 연구, 박사학위논문, 서울대학교.

안소진(2012), "어휘부 등재 논의의 경향과 쟁점", 형태론 14-1, 1-23.

이광호(2005), "연결망과 단어형성", 국어학 46, 125-145.

이상욱(2004), '-음', '-기' 명사형의 단어화에 대한 연구, 석사학위논문, 서울대학교.

이상욱(2007), "임시어의 위상 정립을 위한 소고", 형태론 9-1, 47-67.

전상범(1995), 형태론, 한신문화사.

정원수(1990), "국어 어휘부와 통사론의 통시적 상관성", 어문연구(충남대) 20, 366-387.

정원수(1992), 국어의 단어 형성론, 한신문화사.

정한데로(2009), 국어 복합어의 등재와 어휘화 연구, 석사학위논문, 서강대학교.

정한데로(2010가), "문법 차원의 등재에 대한 연구", 형태론 12-1, 1-22.

정한데로(2010나), "복합어 분석에 의한 단어의 변화", 어문연구 147, 101-131.

정한데로(2012), "조사 어미 복합형태의 등재와 변화", 언어와 정보 사회 18, 101-131.

정한데로(2013가), "임시어의 실재성 확립을 위하여", 어문연구 157, 119-149.

정한데로(2013나), "명명 과제(naming task)를 기반으로 한 임시어의 형태론 : 도구 명사를 중심으로", 국어학 68, 367-404.

정한데로(2014), 국어 등재소의 형성과 변화 연구, 박사학위논문, 서강대학교.

조남호(1998), 현대국어의 파생접미사 연구 : 생산력이 높은 접미사를 중심으로, 석사학위논문, 서울대학교.

채현식(1994), 국어 어휘부의 등재소에 관한 연구, 석사학위논문, 서울대학교.

채현식(1999), 조어론의 규칙과 표시, ≪형태론≫ 1-1, 25-42.

채현식(2000), 유추에 의한 복합명사 형성 연구, 박사학위논문, 서울대학교.

채현식(2003), 유추에 의한 복합명사 형성 연구, 태학사.

채현식(2007), "어휘부의 자기조직화", 한국언어문학 63, 129-145.

채현식(2013), "어휘부란 무엇인가", 국어학 66, 307-333.

최형용(2003), 국어 단어의 형태와 통사, 태학사.

최형용(2013가), "어휘부와 형태론", 국어학 66, 361-413.

최형용(2013나), "구성 형태론은 가능한가", 형태론 15-1, 82-114.

하치근(1992), "파생법에서 어휘화한 단어의 처리 문제", 우리말연구 2, 33-57.

황화상(2001), 국어 형태 단위의 의미와 단어 형성, 월인.

황화상(2011), "관용어의 문법 범주와 범주 특성", 언어와 정보 사회 15, 27-51.

Aronoff, M.(1976), *Word formation in Generative Grammar*, The MIT Press.

Bauer, L.(1983), *English Word-formation*, Cambridge University Press.

Bloomfield, L.(1933), *Language*, Holt.

Booij, G. E.(2010), *Construction Morphology*, Oxford University Press.

Bybee, J. L.(1985), *Morphology : a Study of the relation between Meaning and Form*, Benjamins.

Bybee, J. L.(1988), "Morphology as lexical organization", In Hammond, M. & Noonan, M.(eds.), *Theoretical Morphology*, Academic Press, 119-141.

Bybee, J.(1995), "Regular morphology and the lexicon", *Language and Cognitive Processes* 10, 425-455.

Carstairs-McCarthy, A.(1992), *Current Morphology*, Routledge.

Chomsky, N.(1965), *Aspects of the Theory of Syntax*, MIT Press.

Chomsky, N.(1970), "Remarks on nominalization", In Jacobs, R. & P. Rosenbaum (eds.), *Reading in English Transformational Grammar*, Blaisdell, 184-221.

Cruse, D. A.(2000), Meaning in Language, Oxford University Press. [임지룡·김동환 역(2002), 언어의 의미, 태학사.]

Di Sciullo, A-M. & Williams, E.(1987), *On the Definition of Word*, The MIT Press.

Halle, M.(1973), "Prolegomena to a theory of word-formation", *Linguistic Inquiry* 4-1, 3-16.

Haspelmath, M.(2002), *Understanding Morphology*, Oxford University Press.

Haspelmath, M. & Sims, A. D.(2010), *Understanding Morphology*, 2nd edition, Oxford University Press.

Jackendoff, R.(1975), "Morphological and semantic regularities in the lexicon", *Language* 51, 639-671.

Lees, R.(1960), *The Grammar of English Nominalizations*, Mouton.

Lieber, R.(1981), *On the Organization of the lexicon*, Indiana University Linguistics Club.

Scalise, S.(1984), *Generative Morphology*, Foris, Dordrecht. [전상범 역(1987), 생성형태론, 한신문화사.]

Selkirk, E. O.(1982), *The Syntax of Words*, The MIT Press.

Spencer, A.(1991), *Morphology Theory : an Introduction to Morphology in Generative Grammar*, Blackwell. [전상범 외 역(1994), 형태론, 한신문화사.]

Sweet, H.(1891), *A New English Grammar*, 2 vols, Oxford University Press.

Sweet, H.(1955), *English Grammar*, Clarendon Press.

Taylor, J. R.(2012), *The Mental Corpus*, Oxford University Press.

제5장 '연결어미+하다' 구성의 문법범주와 등재*

한 명 주

1. 서론

이 글은 '연결어미+하다' 구성을 대상으로 구성 전체가 '한 단위'임을 보여주고 그 문법적 특징들을 밝히는 것을 목적으로 한다. 나아가 국어의 문법을 기술하는 문법단위로서 '구성'을 제시하고 그것의 어휘부 등재 가능성을 검토해 볼 것이다. 이 글에서 논의하려는 대상은 연결어미와 형식용언 '하다'의 결합형으로 개별 구성성분에 대한 이해만으로는 그 구성의 전체 모습을 포착하기 어려운 면이 있다.

    (1) 가. 비가 오면 소풍을 가지 않는다.
        나. 소풍을 갔<u>으면 한다</u>.

(1가)에서 '-(으)면'은 종속접속절에서 '조건'이나 '가정'의 의미를 부과하게 된다. 한편 (1나)의 '-(으)면 하다'에서 '하다'는 그 실질 의미가

---

* 이 글은 한명주(2014)의 내용을 다듬고 이를 토대로 '연결어미+하다' 구성의 어휘부 등재와 관련된 내용을 추가하였다.

없고 선행동사 '가다'와 결합하여 서술어의 구실을 하게 하는 기능을 담당한다고 볼 수 있다. 이러한 양자에 대한 개별적인 논의만으로는 (1나)의 '-(으)면 하다'가 '주어 또는 화자'의 '희망'을 나타낸다는 것을 포착할 수 없다.[1]

(1나)와 같은 현상에 대하여 지금까지의 논의에서는 주로 '하다'의 본질을 밝히려는 관점에서 연구된 논의와 의존구문의 관점에서 연구로 나뉜다. 전자는 최현배(1937)에서는 구성에 참여하는 '하다'를 보조용언으로 파악한 논의와, 동일한 대상에 대하여 서정수(1975)에서는 '하다'를 선행 요소에 실질적인 서술 의미가 없을 경우에 특정한 의미의 추상적 서술어

---

1) 이 글에서 제시한 '연결어미+하다' 구성에 대한 <표준국어대사전>의 기술은 획일적이지 않다. '하다'와의 결합을 아예 고려하지 않고 기술하거나 '하다'와 함께 쓰이는 예문을 제시하지만 그에 대한 명시적 기술 없이 연결어미가 단독으로의 쓰임과 '하다'가 결합한 구성으로의 쓰임을 혼용하여 기술하기도 한다. 이러한 상황은 국어에서 '구성'에 대한 이해의 부족에서 온 결과가 아닐까 한다. <표준국어대사전>의 '-으면' 항목에 대한 기술을 제시하면 다음과 같다.

'-(으)면'
「어미」
(('ㄹ'을 제외한 받침 있는 용언의 어간이나 어미 '-었-', '-겠-' 뒤에 붙어))
「1」 불확실하거나 아직 이루어지지 아니한 사실을 가정하여 말할 때 쓰는 연결 어미.
　　예 내일 날씨가 좋으면 소풍을 가겠다./정원에 사과나무를 심으면 잘 자랄까?
「2」 일반적으로 분명한 사실을 어떤 일에 대한 조건으로 말할 때 쓰는 연결 어미.
　　예 상한 음식을 먹으면 배탈이 난다./산이 높으면 골이 깊다.
「3」 ((주로 '-었-' 뒤에 붙어))현실과 다른 사실을 가정하여 나타내는 연결 어미. 현실이 그렇게 되기를 희망하거나 그렇지 않음을 애석해하는 뜻을 나타낸다.
　　예 이제 집에 갔으면 좋겠다./돈이 많으면 너를 도와줄 텐데./기차가 제시간에 왔으면 우리가 지각하지 않았을 텐데./음식이 많았으면 배불리 먹었을 텐데.
「4」 뒤의 사실이 실현되기 위한 단순한 근거 따위를 나타내거나 수시로 반복되는 상황에서 그 조건을 말할 때 쓰는 연결 어미.
　　예 책만 읽으면 존다.
　　　　　　　　　　　　　　　　　　　　　　　　　　　　　　<표준국어대사전>

<표준국어대사전>의 '-(으)면' 항목에서 이 글의 관심은 3번 항목으로 '희망'하거나 '애석해하는' 뜻으로 풀이된다. 그러나 이와 같은 해석은 문장 전체의 의미이거나 후행 서술어 '좋다'와 함께 쓰일 때의 의미일 뿐 연결어미 '-(으)면'의 의미라고 파악하기에는 무리가 따른다. 이러한 점은 국어 문법에서 '구성' 전체에 대한 인식의 부족에서 나온 결과라고 본다.

를 대신하는 기능을 갖는다 하여 대동사로 본 논의가 있다. 후자의 논의
에서는 이들 대상에 대하여 의존구문의 관점에서 구성이 쓰인 문장의 구
조를 밝히려는 연구가 진행되었다(권재일 1985, 김영희 1993, 최재희 1996, 김
기혁 1995, 최웅환 1998 등).[2] 기존의 연구는 공통적으로 연결어미와 '하다'
를 분리하여 설명하거나 '선행용언＋연결어미＋하다'를 한데 묶어 설명하
는 결과를 가져왔다.[3] 그러나 (1나)와 같은 예문을 설명하기 위해서는 연
결어미와 '하다'를 한 단위로 보고 연구해야 한다. 뿐만 아니라 선행용언
과 '연결어미＋하다' 구성은 별개의 단위로 문법 안에서 독립적으로 설명
해야 한다고 판단한다. 왜냐하면 전자는 명제의 서술어로 쓰인 어휘요소
이고 후자는 문장 안에서 양태를 나타내는 문법요소이기 때문이다. 즉 (1
나)에서 '가다'와 '-(으)면 하다'가 문장 전체에서 비록 의존 관계를 맺으
면서 하나의 서술어를 담당한다 할지라도 각각 실현되는 문법이 다르기
때문에 이들은 각각 독립된 단위로 설명되어야 한다.

이 글에서는 '연결어미＋하다' 구성의 구조를 단문 구조와 내포문을
갖는 복합문 구조를 모두 상정할 수 있다고 본다. 전자의 경우 문장에서
양태의 의미를 나타내는 문법범주로서의 기능을 문장 구조에서 더 여실
히 보여주고 후자의 경우 동일한 기능을 하나 구조를 기술하는 관점에서
는 확연히 드러나지 않는 흥미로운 대상이다.

이러한 이유로 이 글은 '연결어미＋하다'를 보다 면밀히 고찰하기 위
해 '구성'이라는 단위를 설정하고 국어에서 그것이 문법단위로서 기능함
을 살펴볼 것이다. 자세한 논의는 2.1절에서 다루도록 한다.

개별 목록은 이은경(2000 : 16)에서 제시한 연결어미 목록 중에서 형식
용언 '하다'가 결합하여 서술어 기능을 하는 경우이다.[4] 목록 선정의 첫

---

2) 자세한 내용은 2.2절에서 다루도록 한다.
3) '연결어미＋하다' 구성과 관련된 기존 논의는 대한 2.2절 참조.

째 기준이 '하다'의 후행 여부인 것은 연결어미에 형식용언 '하다'가 결합하는 경우에만 특별히 그 문법적 지위가 달라지기 때문이다.

목록 선정의 두 번째 기준은 의미적 차원이다. 일반적인 언어 현상에서 여러 요소가 결합된 덩어리의 의미는 그 구성성분들의 의미와 관련이 있기 마련이다.5) 그러나 '연결어미+하다' 구성의 경우 개별 구성성분들이 갖지 않는 새로운 의미를 나타낸다.6)

이상의 논의를 통하여 이 글에서 다루는 목록과 대표적인 예문을 보이면 다음과 같다.

(2) '연결어미+하다' 구성의 목록
    -(으)면 하다, -(으)려고 하다, -어야 하다, -고자 하다, -게 하다, -도록 하다

(2)´ 가. 철수는 집에 갔으면 한다.
    나. 철수는 집에 가려고 한다.
    다. 너는 10까지 집에 가야 한다.
    라. 철수는 영희를 아내로 삼고자 한다.
    마. 건강을 위해 운동을 하게 하다.
    바. 10까지 모이도록 한다.

이 글은 '연결어미+하다'의 구성적 특징에 초점을 두고, 2장에서는 '연결어미+하다'와 관련된 논의를 다루는데, 먼저 구성의 이론적 배경과

---

4) 이은경(2000 : 16)의 연결어미 목록을 제시하면 다음과 같다.
   '-고, -어서, -고서, -(으)면, -(으)ㄴ데, -지만, -(으)니(까), -(으)면서, -다가, -어도, -(으)려고, -(으)러, -어야, -든지, -거나, -(으)며, -자, -자마자, -느라고, -기에, -(으)나, -거든, -고자, -게, -도록, -(으)므로, -더라도, -(으)ㄴ들, -(으)되'(이상 29개)
5) Cruse(2000 : 3장)의 의미의 합성성과 관용표현의 의미해석 참고.
6) 정한데로(2014)에서는 일부 형식명사 구성, 보조용언 구성 등의 어휘부 등재 여부에 대해 논의하면서 구성의 의미 특성을 등재의 중요한 요인으로 들고 있다.

이들 구성과의 관련성을 포착한다. 그리고 '연결어미＋하다'를 구성의 측면에서 다룬 기존 논의를 살펴보도록 할 것이다. 다음으로 '연결어미＋하다' 구성의 비분리적 특징을 점검함으로써 이들 구성의 단위성을 확인해 볼 것이다. 3장에서는 이들 구성과 국어의 다른 문법범주와의 비교를 통해 문법적 지위를 확인할 것이다. 4장에서는 어휘부의 등재 단위로서 '연결어미＋하다'의 가능성을 탐색해 볼 것이다. 이러한 연구는 국어에서 둘 이상의 단위가 결합한 구조가 한 단위를 이루어 기능하는 형식명사 구성, 연결어미 구성, 보조용언 구성 반복 어미 구성 등을 설명하는 데 합리적인 기술 방법을 제시할 수 있을 것이다.

2. '연결어미＋하다' 구성(construction)에 대한 기본 논의

2.1. 국어에서 '구성(construction)'이란?

'연결어미＋하다' 구성을 온전히 이해하기 위해서는 먼저 '구성'에 대한 이해가 선행되어야 한다. 국어 연구에서 구성이라 명명해 온 것의 가장 대표적인 대상은 형식명사 구성, 연결어미 구성, 반복 구성, 보조용언 구성 등이 그것이다.

> (3) 가. 집안분위기를…한번 바꿔보는 것도 기분전환상 좋을 듯하다. <세종>
> 나. 원칙은 고수되어야 한다 <세종>
> 다. 나이는 스물이 되거나 말았거나 하였는데 … <세종>
> 라. 그럭 저럭 하루 해는 저물어 간다 <세종>

(3)은 공통적으로 둘 이상의 요소가 결합하여 한 단위로 기능하는 대

상들이다. (3가)는 '관형형 어미(-ㄹ)+형식명사(듯)+형식용언(하다)'의 구
성으로 '추측'을 (3나)는 '연결어미(-어야)+하다' 구성으로 '당위'의 양태
의미를 나타낸다. 그리고 (3다)는 '연결어미 반복(-거나~-거나)+하다'의
구성에서 연결어미의 '-거나'의 '나열'의미를 상실하고 전체 구성이 '불
확실성(추측)'이라는 새로운 의미를 나타낸다. 또한 (3라)는 '연결어미(-어)+
보조용언(가다)'가 '상(aspect)'의 기능을 담당한다.

위의 예들은 공통적으로 형식과 의미가 하나의 쌍을 이루고 문법적 기
능을 담당한다는 특징을 가진다. 이러한 점에서 위의 현상은 구성
(construction)의 관점에서 다뤄야 하는 필요성이 제기된다. 구성(construction)
에 대한 이론적 배경은 구문문법(Construction Gramma) 이론의 전반에서 찾
을 수 있는데 구문문법은 1970년대 후반 인지의미론의 발달과 함께 급속
도로 발전하였다. Lakoff(1987)에서는 전체 구성의 의미는 부분의 의미의
합이라는 생각을 부정하고, 구문 그 자체가 스스로 의미를 가지고 있다고
주장하였다. 이러한 생각은 "There 구문"에서 전체의 의미가 부분의 의
미의 합으로 도출되지 않는다는 것을 지적하고, There 구문의 독특한 문
법적 속성은 구문의 화용적 기능 때문에 나타나는 것이라고 주장하였다.
또한 주요 구문의 변이형들은 주요 구문의 형식-의미 쌍의 확장으로 이
해될 수 있다고 하였다. 이와 관련하여 Goldberg(1995 : 4)에서 구문의 정
의를 다음과 같이 내리고 있음을 주목할 필요가 있다.

(4) Goldberg(1995 : 4) 구문의 정의
: C가 형식과 의미의 짝(F$_i$, S$_i$)이고 그 F$_i$의 어떠한 양상과 또는 S$_i$의 어
떤 양상이 C의 성분이나 이미 확립된 어떤 다른 구문으로부터 엄밀하
게 예측할 수 없는 경우, C를 구문이라고 한다(손영숙・정주리 역
2004 : 24).[7]

---

7) C is CONSTRUCTION iff C is a form-meaning pair ⟨Fi, Si⟩ such that some aspect of F or

공통적으로 구문문법의 이러한 관점에서는 내부 구조의 복잡성과는 상관없이 형식과 의미의 짝은 모두 구문으로 간주된다. 그렇기 때문에 구, 관용어, 단어, 형태소 등이 모두 구문으로 볼 수 있다.

그러나 이 글에서 바라보는 구성의 외연은 구문문법가들이 언급한 것보다 더 좁은 의미로 사용한다. '구성'이 형식과 의미의 짝이 예측되지 않는 경우, 즉 비합성적인 경우라는 점은 일치하지만 두 개 이상의 구성성분으로 이루어졌으며, 그 구성성분들 사이의 공기관계가 매우 제한적이라는 점에서는 구별된다. 이러한 맥락에서 구성에 형태소나 단일어, 일반적인 통사적 구 등은 제외된다. 또한 구성이 가지는 의미의 비합성성은 구문문법가들의 형식(F_i)과 의미(S_i)의 짝이 갖는 비합성성뿐 아니라 구성 내부에 존재하는 구성성분들 간에도 그대로 적용된다. 결과적으로 구성이란 형식과 의미의 짝(F_i, S_i)인데 이때의 형식(F_i)은 두 개 이상의 구성성분으로 이루어져 있으며($F_i(A, B...)$), 각 구성성분들의 의미의 합은 전체 구성의 의미와 비합성적 관계를 가진다. 나아가 그 F_i의 어떠한 양상과 또는 S_i의 어떤 양상이 구성(construction)의 성분이나 이미 확립된 어떤 다른 구성으로부터 엄밀하게 예측할 수 없다.[8]

지금까지 살펴본 국어의 구성의 정의를 위의 예문 (3)을 통해 확인해 보자. 첫째, 구성성분이 '연결어미'와 '형식용언'으로 둘 이상이라는 것이 확인된다. 둘째, 해당 연결어미 목록 이외의 다른 연결어미가 올 수 없다

---

some aspect of S is strictly predictable from C's component parts or from other previously established construction. /Goldberg(1995 : 4)

8) 한편 국어에서는 'construction'을 구문과 구성으로 혼재하여 부른 것 같다. 전자는 이들 단위가 쓰인 문장을 중심으로 하여 사용되었으며 후자는 구성 그 자체에 관심을 갖는 입장에서 사용된 듯하다. 이 글에서는 후자의 입장을 취한다. 한편 최형용(2013나 : 83)에서는 'construction'을 '구문'으로 번역하는 것은 단어보다 더 큰 문장 단위에 붙었던 것과 관련이 된다고 하면서 단어도 'construction'이라고 간주하는 입장에서 구성이라는 용어를 사용한다고 밝히고 있다.

든지 또는 제시한 목록 안에서 연결어미들 간의 교체가 불가능하다. 즉
구성성분들 간의 공기관계는 매우 제한적인 양상을 보인다.9) 셋째, 전체
구성은 개별 구성성분의 의미의 합으로 예측되지 않는 새로운 양태의미
를 나타낸다. 이러한 현상을 바탕으로 국어에서 구성을 정의하면 다음과
같다.

> (5) 구성(Construction)의 정의
> 가. 둘 이상의 구성성분이 결합한다.
> 나. 구성성분 간의 공기 관계가 매우 제한적이다.
> 다. 전체 구성의 의미는 구성성분의 의미로 예측되지 않는 새로운 의
> 미를 창출한다.

한편 (3)의 예문에서 보이는 구성들이 둘 이상의 구성성분이 결합하여
한 단위로 기능한다는 것은 이들이 국어 화자에게 이미 하나의 문법요소
로 인식된다고 보는 것이 타당할 것이다. 이러한 점은 '연결어미+하다'
구성을 등재의 관점에서도 살펴볼 수 있게 한다. Di Sciullo & Williams
(1987 : 14)는 등재성의 위계를 설정하면서 "특정한 일부의 구가 등재된다"
고 언급하였으며, 정한데로(2014)에서도 구성이 특정의미(문맥의미 α)를 획
득한 경우 등재의 대상이 되는데 일부 통사적 구성이 여기에 속한다고
보았다. 이러한 관점은 (3)의 예문에서 보이는 구성들이 단위성을 획득하
였으며 곧 등재의 단위로 볼 수 있음을 시사한다. 자세한 내용은 4장에

---

9) 구성성분 간의 공기 관계가 매우 제한적이라는 측면에서 이들은 연어와도 관련이 있을 듯하
다. 임근석(2005가 : 290~295)에서는 연어를 어휘적 연어와 문법적 연어로 분류한 후 후자
의 특징을 구체적으로 언급하고 있다. 첫째, 어휘소의 특성을 많이 상실한 구성성분은 연어
핵이 되며 연어변은 문법소가 오거나 어휘소의 특성을 많이 상실한 요소가 온다. 둘째, 구성
요소 간의 강한 인접성을 갖는다. 셋째, 연어핵이 연어변을 어휘소 차원에서 선택한다고 할
때 선택가능한 후보의 집합은 닫혀있다. 넷째, 구성 전체가 하나의 문법소적 기능을 하는데
이때 연어변에 의해 연어핵의 문법적 기능이 제한되는 경우도 있다 등이다. 이러한 문법적
연어는 이 글의 '구성'의 관점에서도 해석할 수 있는 가능성을 시사한다.

서 논의한다.

위와 같은 내용을 토대로 '구성'은 문법 체계 안에서 어떻게 기술되어
야 하는가? 이 현상에 대해 기술하는 방법은 두 가지가 될 것이다. 첫째,
조건의 연결어미 '-(으)면'의 특수한 경우로 형식용언 '하다'와 결합할
경우 '희망'의 양태 의미를 갖는다고 기술하는 방법이다. 둘째, 연결어미
에 형식용언 '하다'가 결합하는 경우 '구성'이라는 지위를 부여하고 구성
전체가 한 단위로서 문법적으로 서술기능을 보완하며 이때 새로운 양태
의미를 나타내는 문법단위가 된다고 기술하는 방법이다.10)

우리는 후자의 방법을 택하는 것이 문법 기술에 있어서 효율적이라고
판단한다. 왜냐하면 이러한 현상은 연결어미 구성뿐 아니라 형식명사 구
성, 반복어미 구성, 보조용언 구성 등 속하는 부류가 다양하기 때문이다.
이들의 공통점을 포착하면 분석적 접근보다는 한 단위로 설정하고 종합
적으로 문법을 기술하는 것이 더 효과적이라고 판단한다. (3)의 구성들을
해석하기 위해 그때마다 '듯', '-거나', '하다', '가다' 항목에 대한 예외
적인 현상으로 기술한다면 문법 기술은 번잡함을 피할 수 없게 될 뿐만
아니라 구성 전체의 문법적·의미적 기능을 포착하기 어렵게 된다.

2.2. '연결어미+하다' 구성 기존 논의 검토

우리가 관심을 가지는 '연결어미+하다' 구성과 관련한 기존 논의는
'하다'의 본질을 밝히려는 관점에서 연구된 논의와 의존 구성의 관점에
서 이들 구성이 쓰인 문장의 구조를 밝히려는 연구로 크게 분류된다.

---

10) 이 글에서 제시한 목록의 공통적인 현상은 연결어미에 형식용언 '하다'가 결합했을 때 연
결어미는 더 이상 연결어미 본유의 기능과 의미를 상실하고 전체 단위가 새로운 문법적
기능과 의미를 나타내는 것이 특징이다.

먼저 최현배(1937)에서는 구성에 참여하는 '하다'를 보조용언으로 파악한다.[11] 동일한 대상에 대하여 서정수(1975)에서는 '하다'를 선행 요소에 실질적인 서술 의미가 없을 경우에 특정한 의미의 추상적 서술어를 대신하는 기능을 갖는다 하여 대동사로 본다. 그리고 '동사(형용사)+연결어미+하다'의 특수한 의미는 구문론적 문맥에서 예견되는 것으로 구문구조에서 '하다'가 대신하는 의미라고 파악하였다. 먼저 최현배(1937)에서의 보조동사라는 용어는 '하다'가 선행하는 동사를 의미적으로 보조한다는 개념으로 사용되었을 뿐 선행하는 연결어미와 함께 전체 구조체가 한 덩어리로 문법적 역할을 한다는 의미는 아니며, 서정수(1975)에서 지적하듯이 '하다'라는 하나의 형태가 이질적인 다양한 의미를 나타낸다는 사실에서 일반적이지 않다. 또한 서정수(1975)에서 '너는 이 책을 읽어야 한다'의 '하다'가 '된다, 마땅하다, 좋다' 등의 추상적 의미를 대신한다고 하였는데 '하다'를 제외한 '너는 이 책을 읽어야'와 언급한 추상적 의미와의 관련성을 찾기 어렵다는 점에서 문제가 된다.

다음으로 의존 구성을 대상으로 그 구조를 밝힌 논의는 권재일(1985), 김영희(1993), 김기혁(1995), 최재희(1996), 최웅환(1998) 등을 들 수 있다.[12] 권재일(1985)는 상위문이 하위문을 관할하는 방식에 따라 복합문의 유형을 체계화하는데 '연결어미+하다'에 대해 상위문이 하위문을 직접 관할하는 복합문 구성, 즉 '내포문 구성'으로 본 바 있다. '연결어미+하다'

---

11) 최현배(1937)에서는 '하다'가 부정 보조 동사, 부정 보조 형용사, 추측 보조 형용사, 가식 보조 동사, 가치 보조 형용사, 과기 보조 동사, 시인적 대용조동사, 시인 보조 형용사, 당위 보조 동사, 사동 보조 동사로 세분화하고 있다.
12) '연결어미+하다'를 우언적 구성으로 다루기도 하는데 우언적 구성이란 명칭은 통사적 구성이라는 측면에서 '연결어미+하다' 구성과 범주적으로 동일할지는 모르겠으나 '구성'을 문법적인 한 단위로 정의하는 데는 미진한 면이 있다. 우언적 구성(또는 통사적 구성)은 융합의 정도가 가장 약하며 의미적 상관성이 매우 약한 것을 특징으로 하며(Bybee 1985), 고영근(1988, 2004)에서 우설적 표현(periphrastic, 迂說的)이 보조적 연결어미와 보조 동사의 결합을 일컫는 용어이며 국어의 동작상은 우설적인 표현이 지배적이라고 본 바 있다.

구성은 동사구 내포문 구조에 해당되는데 형식용언 '하다'가 하위문 동
사에 의존적이기 때문에 통사론적 구성으로 보기보다는 형태론적 구성의
특별한 것으로 보고 그 구성을 하나의 성분으로 볼 수 있다고 주장한다
(권재일 1985 : 29).[13]

김기혁(1995 : 295)는 (3라)와 같은 보조용언 구성에 대해 중간범주의 존
재에 대한 설정의 필요성을 언급하면서 이를 나타내는 X′를 세우는 것이
문법 설명에 합리적임을 주장하였다.[14][15] 김기혁(1995)의 논의는 구성의
존재에 대한 필요성을 제시했다는 점에서 주목할 만하다. 그러나 용어 선
택에 있어서는 "문법단위의 측면에서 어휘인 단어와 '구'의 중간 단위를
나타내는 '단어구'(?), 또는 '낱말 이은말'(?)이나 또는 새로운 용어에 대
한 문법단위의 규정이 필요하다."라고 언급할 뿐 정확한 용어를 제시하

---

13) 권재일(1985)에서는 '연결어미＋하다'에 대하여 단문으로 해석하면서도 복합문 전체 체계
    의 기술을 유지하기 위해 복합문 구성으로 처리하고 있다. 그 예로 '-(으)면'을 내포문 어
    미와 접속문 어미로 구분하고 비록하고 그것이 통사 구조는 구분되지만 그 의미 특성을
    같은 것으로 본 것(1985 : 38) 역시 동일한 관점으로 해석할 수 있다. 한편 권재일(1985)는
    '이다'와 함께 '하다'를 의존동사로 처리하고 자립동사와 같은 범주에 두면서 다음의 이유
    를 든다. 첫째, 서술어를 형성하고, 둘째, 활용의 기능을 가지며, 셋째, 어미 결합의 제약이
    같다는 것이다. 즉 자립동사나 의존동사가 동일한 문법 기능을 수행한다는 점에서 하나의
    범주, '동사'로 통합하여 일관된 설명을 하고 있다. 이러한 태도는 논의의 목적이 복합문
    전체 체계의 기술에 있다는 사실에서 비롯된다.
14) 중간범주로서 X′설정에 대한 논의는 김기혁(1985)를 참고하였으며 김기혁(1995)에서 재확
    인할 수 있다.
15) 김기혁(1995 : 294)에서 부사어가 수식하는 보조용언 구성 '빨리 꺼내 보아라'를 제시하면
    서 부사어가 본동사만을 수식하는 구조는 국어에 존재하지 않으며 (?)범주가 VP라면 VP아
    래에는 수의적이지만 부사어의 범주 Adv가 실현될 자리가 있어야 하므로 VP와는 다른 범
    주로서 V′를 세우는 것이 문법 설명에 합리적임을 논하였다. 그 구조를 아래에 제시한다.

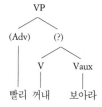

지 않고 있다. 또한 보조 용언 구성에서 보조용언과 선행용언을 자매항으로 본다는 점에서 그 구조를 납득하기 어렵다. 더욱이 '연결어미+하다' 구성이 문법범주를 실현하는 단위라는 우리의 관점은 김기혁(1995)의 논의를 받아들이기 어렵게 만든다.

김영희(1993)에서는 의존동사 구문이 복합동사 구문과는 달리 주체존대의 선어말어미 '-시-'가 상위문 동사나 하위문 동사에 올 수 있다는 사실이나, 상위문이나 하위문의 동사가 개별적으로 대용사 되기 등의 통사론적 양상을 보이는 것을 증거로 의존동사 구문을 하위문이 상위문에 내포된 복합문구조로 파악하고 있다.16)17) 그 결과 하위문의 목적어나 명사구 보충어는 하위문 동사에 의해 투사된 명사항이라고 보고 아울러 하위문 동사가 그 앞의 성분들과 일차적으로 직접구성을 한다고 본다.18) 이러한 구조는 김기혁(1995)에서 제시한 X´(V´)설이 안고 있는 문제점을 해결할 수 있게 된다. '연결어미+하다' 구성도 이와 같은 관점에서 내포문 구조를 갖는 복합문으로 보는 견해는 일견 타당한 부분이 인정된다. 최재희(1996)에서도 이러한 구성을 내포화 구문으로 보고 의존 동사 '하다'를 상위문의 동사로 파악한다. 그리고 이러한 의존동사는 하위문 명제에 대해 양상(mood) 표시 기능을 수행한다고 보았다.

마지막으로 최웅환(1998)에서는 보조용언 구성에 대해 한 단위로서의

---

16) '의존동사 구문'은 김영희(1993)의 용어를 그대로 살려 적은 것이다.
17) 김영희(1993)에서 의존동사 구문이 통사적 구성이라고 보는 증거에 대한 예문은 다음과 같다.
   (1) 가. 어머님께서 그 걸 드셔 버리셨어. (김영희 1993 : (67ㄱ))
      나. 할아버지께서도 연애를 하셔 보셨나? (67ㄷ)
   (2) 가. 맏이도 불을 꺼 버렸고 막내도 그래 버렸다. (71ㄱ)
      나. *선수도 뛰어가고 코치도 그래간다. (75ㄱ)

   (1)의 예문은 의존동사 구문에서 '-시-'의 결합이 상위절 동사와 하위절 동사 모두 올 수 있다는 것을 보여주고 (2)의 예문은 (가)는 의존동사 구문에서 일부 대용현상을 보이지만 (나)에서 복합동사 구문에서는 그것이 불가능함을 보인다.
18) 고양이가 생선을 먹어 버렸다 (김영희 1993 : 185)

가능성을 제시한 바 있다. 특히 용언이 둘 이상 실현된 문장이라면 당연히 복합문구조로 보아야 하나 그렇게 보기 어려운 예로 보조용언 구성을 들고 있다. 더불어 '하다'를 서술어의 확장으로 보고 단문으로 해석을 시도하고 있다. 이러한 관점은 최웅환(1998 : 102-103 각주 5, 6)에서도 밝히고 있듯이 보조용언 구성에 대한 분석이 양립하는 것은 이들의 복합적 성격에 기인하며 결국 기능중심 시각이냐, 구조기술 중심 시각이냐에 따라 나뉜다고 언급하고 있다.

이상의 논의를 종합하자면 공통적으로 주목한 현상은 '연결어미+하다' 구성이 첫째, 단문인가 복합문인가로 귀결된다. 물론 국어에서 이들 구성이 참여한 문장의 구조를 파악하는 것은 중요한 문제임이 분명하다. 그러나 '연결어미+하다' 구성에 초점을 맞추었을 때 단문이냐 복합문이냐의 문제를 밝히는 것은 '연결어미+하다' 구성의 문법범주로서의 기능을 제대로 이해하지 못하는 결과를 가져오게 된다.19)

그렇기 때문에 이 글에서는 전체 문장에서 이들의 구조가 단문인가 복합문인가에 대한 질문의 답으로 둘 다의 가능성을 모두 열어둘 것이다.

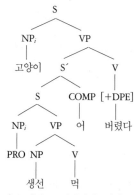

19) 물론 임홍빈(1995)의 논의대로 '연결어미+하다' 구성에 대해 일괄적으로 복합문으로 설정하고 동일주어 삭제로 설명할 수도 있을 것이다. 그러나 이러한 관점은 결국 다시 연결어미와 형식용언 '하다'를 분리하여 바라볼 수밖에 없게 된다.

이 글에서는 '연결어미+하다' 구성이 단문과 복합문으로 실현되는데 전자는 한 단위로 양태를 실현하는 문법범주로서의 기능이 더 확연히 드러나는 반면, 후자는 그 구조를 가시적으로 보여주기는 어렵지만 일단은 단문과 동일하게 양태를 나타내는 문법적 기능을 하는 것으로 간주한다.[20) 앞서 언급했던 최웅환(1998)의 논의대로 기능주의적 관점에서 '연결어미+하다' 구성을 한 단위의 문법요소로 보고자 한다.

2.3. '연결어미+하다' 구성의 비분리성

구성은 문법 기술의 한 단위이며 이러한 특징은 구성의 문법적 특징을 통해 입증된다. 이 절에서는 문장 성분의 첨가, 대용의 대상, 부사어의 수식이나 부정의 범위, 분열문 구성 확인 등의 방법을 통해 구성의 비분리적 특징을 살펴보겠다. 이러한 검증법은 보조용언 구성의 판별을 논하는 검증법으로 유의미하게 다뤄진 바 있다(김기혁 1995, 김영희 1993, 손세모돌 1996 등).

2.3.1. 문장 성분의 첨가

이 절에서는 '연결어미+하다' 구성 내부에 다른 문장성분을 삽입하여 구성 전체가 분리되지 않는 한 단위임을 보일 것이다. 연결어미가 단독으로 쓰였을 때와 비교하여 보이도록 한다.[21)

20) 이러한 처리는 한편으로 '연결어미+하다' 구성이 형태론적인 특성과 통사론적인 특성을 모두 가지는 데서 기인하는 것이므로 단문과 복합문적 특징을 모두 포괄하는 구조를 마련하는 것은 앞으로의 연구가 더 필요함을 여실히 보여준다.

21) 임홍빈·장소원(1995 : 301)에서는 보조용언 구성에서 보조사 '서'나 기타의 다른 어휘 요소가 나타날 수 없다는 점에 대해 '비개재성 조건'이라는 이름을 붙이고 있다. 이 검증법은 보조동사 구성과 동사 연속 구성을 구별하는 데 유의미하다.

(6) 가. 철수는 집에 가면 진짜 손부터 씻는다.

　　가´. *철수는 집에 갔으면 진짜 한다.

　　나. 철수는 집에 가려고 진짜 책가방을 챙겼다.

　　나´. *철수는 집에 가려고 진짜 한다.

　　다. 물이 깊어야 진짜 고기가 산다.

　　다´. *너는 10까지 집에 와야 진짜 한다.

　　라. 철수는 영희를 아내로 삼고자 진짜 혼신의 힘을 다했다.

　　라´. *철수는 영희를 아내로 삼고자 진짜 한다.

　　마. 밖을 내다보게 진짜 창문을 열어라.

　　마´. *건강을 위해 운동을 하게 진짜 해라.

　　바. 나무가 잘 자라도록 진짜 거름을 주었다.

　　바´. *10시까지 모이도록 진짜 한다.

　(6)의 예문은 (가~바)는 접속문에, (가´~바´)는 '연결어미＋하다' 구성의 내부에 '진짜'를 결합한 문장이다. 국어에서 부사는 비교적 문장의 자유로운 위치에 올 수 있는데, (가~바)에서 연결어미 다음에 양태부사가 오는 것은 이러한 현상을 잘 보여준다. 이와 달리 위의 예문 (가´~바´)가 공통적으로 구성의 내부에 양태부사가 삽입되었을 경우 비문이 된다. 왜냐하면 '-(으)면 하다, -(으)려고 하다, -어야 하다, -고자 하다, -게 하다, -도록 하다'가 문장에서 하나의 구조로 인식되어 문법적 기능을 하며 하나의 의미를 나타내는바 양태부사가 이들 구성의 내부에 들어올 수 없기 때문이다. 만약 (가´~바´)의 예문이 정문으로 받아들여진다면 그때의 '하-'는 형식용언이 아닌 동작성 의존동사로 파악되며 이 글의 논의와는 관련되시 않는다(최재희 1996).22)

---

22) 양태부사가 구성의 내부에 삽입되었을 경우 '하다'의 의미가 형식용언의 쓰임과 다른 것은 양태부사에 의해 문장 내부에 휴지(pause)가 만들어지는 것을 의미한다. 구성 내부에 부사 수식의 범위와 관련하여 김기혁(1995 : 426-430)에서는 보조용언의 경우 양태부사의 수식 범위가 구성 전체에 올 수도 있고 선행동사에만 올 수도 있는데 이 경우 문장은 중의성을 띠게 된다. 한편 전자의 경우 형태적 구성으로 볼 수 있고 반면 후자는 통사적 구성으로

한편 부사 삽입은 수식 범위를 결정하게 되는데 (6)에서 개별 구성성분만은 부사 수식의 범위에 들 수 없고 '연결어미+하다' 구성 전체가 부사의 수식 범위 안에 있음을 확인할 수 있다. 이러한 현상은 이 글의 대상이 한 단위이며 나아가 문법단위의 하나임을 확인하게 한다.

2.3.2. 부정의 범위

다음 (7)은 '연결어미+하다' 구성이 쓰인 문장에서 부정표현 '안'과 '-지 않다'의 분포 양상을 보여준다.

> (7) 가. 밥을 안 먹었으면 한다./먹지 않았으면 한다./먹었으면 하지 않는다.
> 가´. *밥을 먹었으면 안 한다.
> 나. 밥을 안 먹으려 한다./먹지 않으려 한다./먹으려 하지 않는다.
> 나´. ?밥을 먹으려 안 한다.
> 다. 밥을 안 먹어야 한다./먹지 않아야 한다./먹어야 하지 않는다.
> 다´. *밥을 먹어야 안 한다.
> 라. 밥을 안 먹고자 한다./먹지 않고자 한다./먹고자 하지 않는다.
> 라´. ?밥을 먹고자 안 한다.
> 마. 밥을 안 먹게 한다./먹지 않게 한다./먹게 하지 않는다.
> 마´. ?밥을 먹게 안 한다.
> 바. 밥을 안 먹도록 한다./먹지 않도록 한다./먹도록 하지 않는다.
> 바´. ?밥을 먹도록 안 한다.

(7)에서 (가~바)는 단형부정과 장형부정의 예문들인데 전체 문장은 자연스럽다. 즉 단형부정이든 장형부정이든 '연결어미+하다' 구성 전체는 분리되지 않는다.[23] 그러나 각각 (가´~바´)의 예문들은 단형부정 표현

처리한 바 있다.

23) (7가)의 예에서 '부정의 영역에 대한 해석은 '먹-'을 포함하여 '먹었으면 하-'까지도 가능하다고 본다. 또한 장형 부정 표현 '-지 않다'가 구성에 후행하는 경우, 1차적으로 '연결어미+하다' 구성의 양태 의미에 대한 부정으로 해석되고 이 역시도 해석에 따라 부정의 영

'안'이 구성의 내부에 분포하는데 그 해석에 있어서 흥미로운 차이를 보여준다. (가´)의 '-(으)면 하다'와 (다´)의 '-어야 하다'는 그 부정표현이 부자연스러운 반면 (나´, 라´, 마´, 바´)의 구성들은 의미해석이 어느 정도 가능해 보인다. 이에 대해 최재희(1996)에서는 부정사 '안'이 형식용언 '하다'만을 부정의 영역으로 가질 수 있다고 보고 이때의 '하다'는 동작성 의존동사라고 언급하였다. 이 글에서는 이러한 현상이 '하다'를 형식용언으로 파악하지 않고 선행하는 동사의 의미를 받는 대용의 의미(동작성 의존동사)로 해석했기 때문으로 본다. 결과적으로 (나´, 라´, 마´, 바´)의 예들은 부정의 '안'이 구성 내부에 오면서 부정의 범위가 '하다'만을 그 영역으로 하기 때문에 구성이 지닌 양태의 의미는 실질적으로 나타낼 수 없다.

2.3.3. 대용 현상

이 절에서는 구성 전체 대용과 구성성분 개별 대용을 통해서 구성이 비분리적 단위임을 보여줄 것이다. (8)에서 보듯이 일반적으로 통사적 구성은 두 동사의 개별 대용과 전체 대용이 모두 가능하다.

(8) 철수가 지갑을 두고 떠났다.
   → 영희도 지갑을 그러고 떠났다.
   → 영희도 지갑을 두고 그랬다.
   → 영희도 그랬다.

그러나 '연결어미+하다' 구성은 아래 (9)에서 보듯이 전체 대용만 가능할 뿐 개별 대용은 불가능하다.[24] 이러한 점은 '연결어미+하다' 구성

역은 고정적이지 않다고 본다. 더불어 '먹-'만이 부정의 영역이라고 하더라도 그것이 구성의 비분리성을 훼손하는 것은 아니다.

의 비분리적인 측면, 즉 문장에서 전체가 한 단위로 기능한다는 점을 시사한다. 3장에서 각각의 개별 의미를 고려하겠지만 이들 구성은 공통적으로 문장에서 양태 범주로 해석된다.

(9) 가. 바나나를 먹었으면 한다.
  → *물도 먹었으면 그래.
  → *물도 그래 해.
  → 물도 그래.
 나. 김밥을 먹으려고 한다.
  → *라면도 먹으려고 그래.
  → *라면도 그래 해.
  → 라면도 그래.
 다. 공부를 해야 한다.
  → *연애도 해야 그래.
  → *연애도 그래 해.
  → 연애도 그래.
 라. 영희를 친구로 삼고자 한다.
  → *순희도 삼고자 그래.
  → *순희도 그래 해.
  → 순희도 그래.
 마. 밥을 먹게 한다.
  → *약도 먹게 그래.
  → *약도 그래 해.
  → 약도 그래.
 바. 약을 먹도록 한다.
  → *밥도 먹도록 그래.

---

24) 이 글에서 대용의 대상은 내포동사를 제외한 연결어미와 형식용언이다. "물도 그랬으면 해"의 경우 '연결어미+하다' 구성의 전체가 유지된 채 내포문 동사 '먹-'에 대한 대용 표현으로 이 글의 논의 대상이 아니다. 보조용언 구성의 경우 본용언과 보조용언의 개별 대용 현상에 대해 다루지만(예문 8) 이 글은 연결어미와 형식용언의 개별 대용 여부 검증을 통해 구성의 비분리성을 보이는 것이 목적이다.

→*밥도 그래 해.

→ 밥도 그래.

2.3.4. 분열문 구성

'연결어미+하다' 구성에서 '연결어미'와 '하다'는 비분리적인 의존 관계를 맺고 있기 때문에 분열문 구성에 있어서 각 구성성분은 개별적으로 일부가 그 초점의 자리에 올 수 없다.

(10) 가. 철수가 약을 먹었으면 한다.

→*철수가 하는 것은 약을 먹었으면이다.

나. 철수가 약을 먹으려고 한다.

→*철수가 하는 것은 약을 먹으려고이다.

다. 철수가 약을 먹어야 한다.

→*철수가 하는 것은 약을 먹어야이다.

라. 철수가 약을 먹고자 한다.

→*철수가 하는 것은 약을 먹고자이다.

마. 철수가 약을 먹게 한다.

→*철수가 하는 것은 약을 먹게이다.

바. 철수가 약을 먹도록 한다.

→*철수가 하는 것은 약을 먹도록이다.

지금까지 살펴본 바에 의하면 '연결어미+하다' 구성은 문장에서 비분리적인 단위로 기능한다. 구성성분 간에 비분리적 특성은 구성의 한 특징이라고 할 수 있다. 이를 통해 '연결어미+하다'는 구성으로서 문법 실현의 단위가 됨을 보여준다. 국어에서 문법 실현 단위를 자립적 요소와 비자립적 요소로 구분하면 구성은 후자에 속한다.25) (10)은 문법단위의 체계 안에서 구성의 위치를 확인하기 위한 개괄적인 표이다.

---

25) 문법 실현단위의 다양성에 대해서는 Bybee(1985), 권재일(1994 : 4장) 등을 참고할 수 있다.

(11) 문법단위 체계 (어미 중심)
　┌ 형태소 층위
　└ 구성 층위　　　　　－ 연결어미 구성
　　　　　　　　　　　－ 형식명사 구성
　　　　　　　　　　　－ 반복 구성
　　　　　　　　　　　－ 보조용언 구성

3. '연결어미+하다' 구성의 문법적 특징

국어의 문법 형태소는 접사와 조사, 그리고 어미로 나뉘는데 어미는 문말에 위치하느냐 그렇지 않느냐에 따라 어말어미, 선어말어미로 분류된다. 구성을 문법범주로 인정하는 관점에서 우리가 관심을 갖고 있는 것은 선어말어미와 구성과의 관련성이다. 문장에서 구성의 실현 양상이 시제, 높임, 양태 등의 문법형태소와 동일하고 둘 이상의 형태소의 결합이라는 외현만 다르다면 전자를 형태소, 후자를 구성이라는 명칭으로 구분하고 선어말어미와 구성을 동시에 문법단위로 볼 수 있다. 이러한 기술을 통해 효과적인 국어 문법의 체계를 확립할 수 있게 된다.

이에 대한 논의는 권재일(1985)에서 이미 언급하고 있는데 국어의 문법 범주를 설정할 때 어미의 특성에 대한 정밀한 분석을 토대로 이루어져야 하며 이어 복합문 구성을 통해 어미가 문법범주의 실현에 관여하고 있음을 밝히고 있다. 논의에 따르면 어미의 문법 체계는 복합문 구성 관여 여부를 기준으로 복합문 구성에 관여하는 어미와 문법범주를 실현하는 어미로 나뉘며 전자를 문장 구성론, 후자를 문법 범주론으로 체계화하고 있다. 권재일(1994)에서는 전통적인 문법범주와 포괄적인 문법범주를 구분하고 후자는 문법관념을 실현하는 모든 범주는 문법범주에 포함된다고 하였다. 그 예로 사동표현의 파생의 방법('-히-')과 통사론적 구성에 의한 방법('-게 하-') 둘 다 가능한데 이들을 문법범주로 보고 있다. 이러한 관점은 이 글의 구성을 문법범주로 포함시키는 관점과 일치한다.

이 장에서는 먼저 '연결어미+하다' 구성의 의미를 개별 연결어미와의 비교를 통해 살펴볼 것이다. 이를 바탕으로 '연결어미+하다' 구성과 국어의 문법범주를 실현하는 시제, 높임, 양태 등의 선어말어미와의 관련성을 중심으로 논의가 진행된다. 이와 관련하여 최웅환(1998)의 용언범주로 실현되는 서술어가 참여항실현역할과 기능범주교착역할을 한다는 언급을 주목할 필요가 있다. 우리가 관심을 갖는 것은 후자로 '연결어미+하다' 구성 또한 기능범주교착역할을 한다고 판단한다. 최웅환(1998)에서 언급하는 기능범주들은 고정화된 배열을 가지며 각각의 정보실현은 그 배열 순서에 매여 있다고 언급한 바 있다. 또한 각각의 기능범주교착에서 보이는 정보의 총합은 일관되며 잉여적이지 않다. 이러한 점은 '연결어미+하다' 구성이 다른 문법적 형태소와의 통합관계에서 보이는 특징과 일치한다. 즉 '연결어미+하다' 구성과 다른 문법 형태소들은 고정화된 배열을 통해서 나타나며 그것들의 통합관계에 있어서도 상충되거나 잉여적이지 못하다. 이러한 점은 '연결어미+하다' 구성에 시제나 높임, 양태와 동등한 문법적 지위를 부여할 수 있음에 대한 방증이 될 것이다.

국어의 문장을 해석하는 측면에서 '연결어미+하다'와 다른 문법소와의 상호관련성은 이들의 통합관계 확인을 통해 포착할 수 있다. 이러한 사실은 우리의 구성이 국어의 선어말어미 통합의 원리에도 그대로 적용되고 있다는 사실을 보여준다.

(12) 가. [[화자 [철수는 [아버지께서 학교에 가지 않으셨]으면 하였]겠]다.]
　　나. [[화자 [[할아버지는 [손녀가 학교에 가지 않았]으면 하시]었]겠]다.]

다른 문법소와의 관계를 고려하는 것은 '연결어미+하다' 구성과 다른 문법범주의 비교를 통해 상호관련성을 확인하고 더불어 문법적 지위를 확인할 수 있기 때문이다.

3.1. 시제 '-었-'

국어의 선어말어미 '-었-'은 문장의 서술어와 결합하여 사건이나 사태의 시제가 과거임을 나타내는데 접속문의 경우 연결어미에 선행하는 용언과 후행용언의 시제 결합은 자유롭게 나타난다. '연결어미+하다' 구성의 경우 시제 선어말어미 '-었-의 실현 양상을 살펴보자. 먼저 '의도'를 나타내는 '연결어미+하다' 구성과 시제의 관련성을 살펴보도록 하자.

> (13) 철수는 집에 {가려고 한다, *갔으려고 한다, 가려고 했다, *갔으려고 했다}.
> (14) 철수는 집에 {가고자 한다, *갔고자 한다, 가고자 했다, *갔고자 했다}.

(13)과 (14)는 '-(으)려고 하다'와 '-고자 하다'의 현재시제와 과거시제를 보여준다. '-(으)려고 하다'는 하위문의 시제가 현재일 때 상위문의 시제가 현재와 과거 모두 가능하지만, 하위문의 시제가 과거일 경우는 불가능하다. '-(으)려고 하다' 역시 동일한 양상이다. 이러한 현상은 '-(으)려고 하다'와 '-고자 하다' 구성의 전체 의미와 직접적인 관련이 있다.

> (15) 가. 철수는 집에 가려고 책가방을 챙겼다.
> 　　나. 철수는 집에 가려고 한다.
> (16) 가. 철수는 영희를 아내로 삼고자 혼신의 힘을 다했다.
> 　　나. 철수는 영희를 아내로 삼고자 한다.

(15가, 16가)의 예문은 연결어미의 의미를, (15나, 16나)는 '연결어미＋하다'의 의미를 보여준다.[26] (가)의 예문은 연결어미에서 하위문이 상위문의 '목적'이 됨을 보여주는 반면 (나)의 예문에서는 '-(으)려고 하다'와 '-고자 하다'는 '목적'의 의미와 다른 '의도'의 의미가 나타난다.[27] '의도'는 일어나지 않은 상황에 대하여 화자 또는 주어가 어떠한 계획이나 목적을 갖고 있음을 뜻하므로 비과거와 관련된다. 그렇기 때문에 (13), (14)에서 하위문의 시제가 과거가 될 수 없다.[28] 형식용언 '하다'의 시제는 현재나 과거 모두 가능한 이유 역시 화자나 주어가 '의도'하는 시제는 과거든 현재든 무관하기 때문이다.[29]

다음은 '희망'과 '당위'를 나타내는 '연결어미＋하다' 구성의 시제와의 관련을 보여주는 예문이다.

(17) 철수는 집에 {*가면 한다, 갔으면 한다. *가면 했다, 갔으면 했다}.

(18) 철수는 집에 {가야 한다, 갔어야 한다, 가야 했다, 갔어야 했다}.

---

26) 이 글은 이은경(2000)에서 연결어미 '-(으)려고'와 '-고자'의 의미를 목적으로 본 것을 따른다. 한편 그동안의 논의에서 '-(으)려, -(으)려고, -고자, -으로'를 하나로 묶어 의도관계(최재희 1991, 박진희 2011가), 의도/목적(서정수 1996), 목적관계(윤평현 2005)로 설명한 논의를 참고할 수 있는데 이 글의 관점에서는 양태 의미는 구성 전체의 의미로 보고, 연결어미는 '목적' 의미를 갖는다.

27) 4장에서 개별 연결어미의 의미가 구성의 의미를 산출할 때 영향을 미친다는 것을 논의하겠지만 여기서는 일단 '목적'과 '의도'의 의미가 다르다는 것에 주목한다.

28) 의도 : 무엇을 하고자 하는 생각이나 계획. 또는 무엇을 하려고 꾀함. <표준국어대사전>

29) 이와 관련하여 연결어미에 붙는 '-었-의 제약과 관련하여 권재일(1985 : 59)에서는 시제어미의 제약을 다음과 같이 제안하고 있다.

(10) 시제어미 결합 제약의 원리(Ⅰ)
   다음의 조건으로, 문법 기능이 중복 수행되면 시제어미의 결합이 제약된다.
   <조건> ① 구성성분이 긴밀한 통합 관계에 있을 때(의존동사 구문일 경우)
        ② 어미의 의미 특성에 시제의 특성이 포함되어 있을 때

이러한 원리는 이 글에서 '-었-'의 시제 결합 제약이 '연결어미＋하다' 구성의 의미에 기인한다는 사실과 일치한다.

(17)과 (18)은 '-(으)면 하다'와 '어야 하다'의 현재시제와 과거시제를 보여준다. (17)에서 '-(으)면 하다'는 하위문의 시제로 현재가 올 수 없으며 상위문의 시제는 현재와 과거 모두 가능하다. 반면 '-어야 하다'는 시제에 제약이 없다. 이러한 현상은 전체 구성의 의미와 직접적으로 관련된다. 구성의 의미를 연결어미와 비교하여 살펴보자.

(19) 가. 너를 보면 기분이 좋아진다.
    나. 너를 봤으면 한다.
(20) 가. 물이 깊어야 고기가 산다.
    나. 10까지 집에 들어와야 한다.

(19가, 20가)는 연결어미 '-(으)면'과 '-어야'의 '조건'의 의미를 보여준다.[30] 반면 (19나, 20나)는 '조건'의 의미는 보이지 않고 '희망'과 '당위'의 의미를 각각 나타낸다. '희망'과 '당위'의 의미는 전자는 일어나지 않은 사태와, 후자는 이미 이루어졌거나 앞으로 이루어져야 할 사태와 관련된다. 한편으로는 화자나 주어의 행위를 강제적으로 요구하느냐 그렇지 않느냐에 의해 구별된다. 어쨌든 '희망'과 '당위'는 주어나 화자에게 어떠한 행위를 (강제성을 띠고) 요구한다는 의미를 가진다.

(17)에서 '-(으)면 하다'에서 하위문의 시제는 과거시제 '-었-'과 결합이 가능하지만 현재시제는 불가능하다. '희망'은 현재에 이루어지지 않았으나 앞으로 이루어지기를 바라는 것이므로 비사실에 해당된다. 일반적으로 과거시제 '-었-'이 반사실적 명제와 관련된다고 할 때(철수가 밥을 먹

---

30) 연결어미 '-(으)면'과 '-어야'가 조건을 의미한다는 사실에 대해서는 권재일(1985), 최재희(1991), 이은경(2000), 박진희(2011나) 등에서 일치를 보인다. 한편 표준국어대사전 '-(으)면'에 가정과 조건, '-어야'는 조건 의미를 나타내는 연결어미로 기술되어 있다. 특히 '-어야'가 후행절에 부정어와 함께 쓰여 아무리 가정해도 소용없음을 나타낸다고 기술하고 있다(예 : 네가 아무리 울어야 소용이 없다).

었더라면 좋았겠다) 위의 현상은 특수한 경우라고 할 것이다.[31] 즉 논리적으로는 '-(으)면 하다' 구성은 비사실 명제와 관련되므로 하위문의 시제는 현재시제만 가능해야 하는데 오히려 그것은 불가능하고 과거시제를 필수적으로 요구하는 현상은 '-었-'의 해석을 시제로 해석할 수 없게 한다. 이에 대해 고영근(2004 : 253)에서는 과거시제 '-었-'이 연결어미 '-(으)면'과 결합하면 시제와는 거리가 먼 양태성을 표시한다고 언급하고 있다. 이러한 사실에 기대면 '-(으)면 하다' 구성에 선행하는 '-었-'은 시제로 해석되지 않으므로 앞서 언급한 논리적 모순에서 벗어나게 된다.[32] 그러나 상위문의 시제는 현재와 과거가 모두 가능하다. 왜냐하면 주어나 화자의 희망하는 시점은 현재와 과거 모두 가능하기 때문이다. 한편 (18)의 '-어야 하다'는 하위문과 상위문에 시제의 제약이 없다. '당위'의 의미는 '마땅히 했어야 하는데 그러지 못한 사태'에 부과할 수도 있고 '앞으로 일어날 일'에 부과할 수도 있기 때문이다.

다음은 '사동'의 '연결어미＋하다'와 시제와의 관련성을 살펴보자.

(21) 아침밥을 {먹게 한다, *먹었게 한다, 먹게 했다, *먹었게 했다}.
(22) 아침밥을 {먹도록 한다, *먹었도록 한다, 먹도록 했다, *먹었도록 했다}.

(21)과 (22)는 '-게 하다'와 '-도록 하다'의 현재시제와 과거시제를 보

---

31) 언어보편적으로 반사실적 가정이 과거시제를 필요로 한다는 사실은 이지영(2002 : 41)과 정혜선(2010)에서 언급되었다.
32) 가. 네가 집에 가면 좋겠다.
　　나. 네가 집에 갔으면 좋겠다.

(가)와 (나)의 문장을 다른 점은 '-었-'의 유무이다. 만약 위의 문장에서 '-었-'을 시제로 해석한다면 두 문장의 의미가 시제의 차원에서 변별력을 가져야 한다. 그런데 위의 예문의 차이는 시제로 해석되기보다는 양태성의 차이로 해석된다. 고영근(2004 : 253)의 논의대로 (가)와 (나)의 차이는 '-었-'에 의해 화자의 희망하는 정도의 차이를 보여주는 것이 아닌가 한다. '-었-'의 양태성에 대한 자세한 논의는 후고를 기약한다.

여준다. '-게 하다'는 하위문의 시제가 현재일 때 상위문의 시제가 현재
와 과거 모두 가능하지만 하위문의 시제가 과거일 경우는 불가능하다.
'-도록 하다' 역시 동일한 양상이다. 이러한 현상은 '-게 하다'와 '-도록
하다' 구성의 전체 의미와 직접적인 관련이 있다.

  (23) 가. 겨울에는 따뜻하<u>게</u> 옷을 입는다.
     나. 겨울에는 몸을 따뜻하<u>게</u> <u>한</u>다.
  (24) 가. 나무가 자라<u>도록</u> 거름을 주었다.
     나. 10시까지 모이<u>도록</u> <u>한</u>다.

  (23가, 24가)의 예문은 연결어미의 의미를, (23나, 24나)는 '연결어미+
하다'의 의미를 보여준다. (가)의 예문은 연결어미 '-게', '-도록'이 결과
를 나타내는 반면 (나)에서 '-게 하다'와 '-도록 하다'는 '결과'라는 의미
와는 다른 '사동'의 의미가 나타난다.[33] '이미 과거에 완료된 행위'에 대
해서 시키는 것은 불가능하므로 '-고자 하다', '-려고 하다'와 마찬가지
로 비사실과 관련된다. 이러한 이유로 (21), (22)에서 하위문의 시제가 과
거가 될 수 없다. '-게 하다'와 '-도록 하다'에서 형식용언 '하다'의 시
제는 현재나 과거 모두 가능한 것은 화자나 주어가 시키는 시제는 과거
든 현재든 무관하게 기술할 수 있기 때문이다.
  한편 위의 예문을 얼핏 보면 시제 선어말어미 '-었-'이 '연결어미+하
다' 구성의 선·후에 자유롭게 통합되며 심지어 양쪽 모두에 통합될 수
있는 것으로 보이기도 한다. 그러나 이러한 현상은 하위문의 서술어에 통
합한 과거시제 '-었-'은 명제가 과거인 것으로, 상위문에 통합한 '-었-'

---

33) 연결어미 '-게'의 의미를 '결과'로 파악하는 논의는 최재희(1991), 서정수(1996), 이은경
   (2000) 등을 참고할 수 있다. 한편 박진희(2011나)은 '결과'와 '목적'의 관계 의미를 모두
   표시할 수 있다고 보았다.

은 '양태'의 시점을 과거로 해석해야 한다. 즉, (18나)에서 '철수는 집에 갔어야 한다'는 문장은 명제의 내용에 대한 과거이며, '철수는 집에 가야 했다'는 당위를 부여한 시점이 과거라는 것을 의미한다. 마지막으로 '철수는 집에 갔어야 했다'의 경우에는 각각 명제내용이 과거이고, 양태의 시점이 과거임을 보여준다. 그러므로 '-었-'와 '연결어미＋하다' 구성은 고정화된 배열을 통해 나타난다고 볼 수 있다. 만약 그렇지 않고 '연결어미＋하다' 구성과 다른 문법 형태소들은 고정화된 배열을 통해서 나타나는데 특별히 '연결어미＋하다' 구성이 '-었-'과의 관계에서만 그 배열이 자유롭다고 한다면 예외 현상에 대한 설명력을 부여하지 못하게 된다.

3.2. 높임 '-시-'

국어에서 주체높임의 '-시-'는 높임의 주체와 일치를 보이는데 일반적으로 '-시-'와의 일치에 따라 높임의 대상을 확인할 수 있다. '-(으)려고 하다(25), -고자 하다(26), -(으)면 하다(27), -어야 하다(28), -게 하다(29), -도록 하다(30)'의 경우가 모두 동일한 양상을 보이므로 여기서는 '-게 하다'와 '-도록 하다'의 경우만 살피고 나머지는 실현 양상을 예를 통해 보여준다.

(25) 아버지께서 집에 {가시려고 한다, 가려고 하신다, 가시려고 하신다}.
(26) 아버지께서 집에 {가시고자 한다 가고자 하신다, 가시고자 하신다}.
(27) 아버지께서 집에 {가셨으면 한다, 갔으면 하셨다, 가셨으면 하셨다}.
(28) 아버지께서 집에 {가셔야 한다, 가야 하신다, 가셔야 하신다}.
(29) 가. 철수는 영희를 학교에 가게 한다.
    나. 철수는 할아버지를 학교에 가시게 한다.
    다. 할머니는 영희를 학교에 가게 하신다.

(30) 가. 철수는 친구들을 운동장에 모이도록 했다.
    나. 회장은 선생님들을 운동장에 모이시도록 했다.
    다. 교장은 선생님들을 운동장에 모이시도록 하셨다.
    라. *나는 아버지를 학교에 오시게 하셨다.

(29)는 높임의 '-시-'와 '-게 하다'의 관계를 보여준다. (29가)는 '-시-'가 실현되지 않음으로써 (29나, 다)와 비교된다. (29가)에서 보통의 경우 '-게 하다'에 의한 피사동주는 '영희'이고 사동주는 '철수'로 해석하는 게 일반적이다. 한편 (29나, 다)는 '-시-'의 위치에 의해 사동주와 피사동주가 결정된다. (29나)에서 '-시-'가 동사 '가다'를 높임으로써 피사동주는 '할아버지'이고 사동주는 '철수'임을 보여준다. 반면 (29다)는 '-시-'가 '-게 하다'의 대상을 높임으로써 사동주는 '할머니'이고 피사동주는 '영희'임을 보여준다. (30)은 '-도록 하다'의 예인데 '-게 하다'와 동일하게 설명된다.

한편 이들 구성에서 높임 선어말어미 '-시-'의 결합은 '-었-'과 마찬가지로 '연결어미+하다' 구성에 선행하기도 하고, 후행하기도 하며, 경우에 따라서는 모두 올 수도 있다(30다). 이에 대해서는 '-었-'과 동일한 해석이 가능하다. 화자가 학생이고 그날 있었던 일을 객관적으로 기술한다고 할 때 하위문에 통합한 '-시-'는 선생님에 대한 높임이며 상위문에 통합한 '-시-'는 교장선생님에 대한 높임이다. 이러한 현상을 구성이 다른 문법 요소와 통합에 있어서 그 위치가 자유롭다고 해석해서는 안 되는 것이다. 이에 대해 김영희(1993 : 177)에서는 '-시-'가 상위문과 하위문 동사에 통합되는 것이 통사적 구성에 대한 증거라고 보고 있으나 이 글에서는 구성이 문법범주로 기능하느냐 마느냐와 그것이 구조가 어떻게 실현되는가와는 직접적으로 관련되지 않는다.[34] 우리의 해석은 (25~27)의 현상은 명제의 서술어에 대한 주체와 양태의 주체가 동일한 높임의 대상이기 때문이라는 것이다. 반면 (28)에서 '-시-'는 주어 '아버지'를 높이는 것이고 '-어야 하다'는 화자의 양태표현이라고 해석하는 것이 자연스럽다. 그럼에도 '-어야 하다'에 '-시-'가 결합할 수 있는 것은 '당위'를 받아 행위하는 대상이 '아버지'이기 때문으로 해석할 수 있다. 어쨌든 (25~27)의 현상은 (30라)에서 보듯이 명제의 서술어가 높임의 대상이 '아버지'이고 양태의 주체가 '나'로 높이지 않아야 할 경우에는 '-시-'가 결합되면 비문이 된다. 이를 통해 '-시-'와 '연결어미＋하다' 구성은 고정화된 배열을 통해 나타난다고 볼 수 있다. 결국 높임 '-시-'의 실현 위치를 통해 양태의 주체와 대상을 확인할 수 있게 된다.

3.3. 양태 '-겠-'

국어에서 선어말어미 '-겠-'이 의지와 추측이라는 양태 의미를 나타낸다는 것은 주지의 사실이다. '추측'을 나타내는 경우에는 주어제약을 가지지 않지만 '의지'를 나타낼 경우 평서문에서 주어가 1인칭을 경우, 의문문에서는 주어가 2인칭일 경우에 해당된다.[35] 다음의 예는 이러한 사실을 확인시켜 준다.

(31) 아마도 {나는, 너는, 철수는} 지각을 하겠다.
(32) 나는 무슨 일이 있어도 영희와 결혼하겠다. (박재연(2005 : 111))
(33) {*나는, 너는, *철수는} 기어이 그 여자와 결혼을 하겠니?

(박재연(2006 : 113))

---

34) 우리는 2.2에서 '연결어미＋하다' 구성의 단문의 가능성과 복합문의 가능성을 모두 열어두었으며 우리는 기능주의적 관점에서 '연결어미＋하다' 구성에 대해 접근함을 언급하였다.
35) 박재연(2006)에서는 인식양태와 행위양태로 구분하여 '-겠-'의 양태의미를 구체적으로 논의하고 있다. 자세한 논의는 박재연(2006 : 3장)을 참고할 수 있다.

한편 이러한 '-겠-'이 연결어미 구성과 결합할 경우 그 결합의 위치는 '하다' 뒤로 제약된다. 즉 '-겠-'은 형식용언 '하다'에 실현되는 것만 가능한데 이러한 현상은 '-겠-'이 '연결어미+하다' 구성의 의미와 관련된다는 것을 보여준다.

(34) 철수가 밥을 {*먹겠으려고 한다, *먹겠으려고 하겠다, 먹으려고 하겠다}.
(35) 철수가 밥을 {*먹겠고자 한다, *먹겠고자 하겠다, 먹고자 하겠다}.
(36) 철수가 밥을 {*먹겠으면 한다, *먹겠으면 하겠다, *먹으면 하겠다}.
(37) 철수가 밥을 {*먹겠어야 한다, *먹겠어야 하겠다, 먹어야 하겠다}.
(38) 철수가 밥을 {*먹겠게 한다, *먹겠게 하겠다, 먹게 하겠다}.
(39) 철수는 밥을 {*먹겠도록 한다, *먹겠도록 하겠다, 먹도록 하겠다}.

(34~39)의 예문에서 '-겠-'이 '먹다' 동사에 바로 후행하여 결합할 수 없는 것은 1차적으로는 '연결어미+하다' 구성의 의미와 직접적으로 상충되기 때문이다. 즉 위의 예문에서 이들 구성의 의미는 하위문의 명제가 이미 전제된 상태에서 상위문의 주어, 또는 화자가 '의도', '희망', '당위', '사동'을 나타내는 것이 논리적으로 자연스럽다. 하위문의 명제 내용 '철수가 밥을 먹겠-'으로 '추측'을 나타낼 경우 구성의 의미와 상충하게 된다.

결과적으로 (34~39)는 '-겠-'과 '연결어미+하다' 구성이 모두 상위문의 주어나 화자의 양태를 나타낸다고 할 때 '연결어미+하다' 구성이 먼저 실현된 후에 '-겠-'에 의한 양태가 실현됨을 보여준다.

지금까지 살펴본 '연결어미+하다' 구성과 시제, 높임, 양태 표현의 통합관계는 국어의 대표적인 문법범주와 '연결어미+하다' 구성이 서로 대등하게 문법적 관련이 있음을 보였다.

4. '연결어미+하다' 구성의 등재

이 장은 '연결어미＋하다' 구성이 과연 어휘부에 등재되는 대상인가 아니면 통사부의 규칙에 의해 형성되는 대상인가와 관련된다. 문법 연구의 관점에서 이들 대상은 형태론적으로 인식되기도 하고 통사론적으로 해석되기도 하는 양면을 모두 갖고 있기 때문에 이러한 문제는 자연스러운 현상이다. 그럼에도 불구하고 지금까지의 국어 연구에서는 구성에 대해서 형태·통사적인 양면성이 존재한다는 사실을 바탕으로 단문으로 보느냐 복문으로 보느냐와 문법화의 관점에서 통사적 구성의 형태적 구성화 등을 중점적으로 다루었을 뿐 등재에 대해서는 소홀했던 것이 사실이다.[36] 이 장에서는 '연결어미＋하다' 구성이 국어 화자에게 한 단위로 인식된다면 어휘부의 등재 단위가 된다고 전제한다. '연결어미＋하다' 구성의 단위성에 대해서는 2.2의 비분리적 특징을 통해 확인되며 3장의 여타 다른 문법 형태소와 통합관계를 통해 '구성'으로서 '양태'를 나타내는 문법소로 기능하고 있음을 밝혔다.

'연결어미＋하다'가 어휘부의 등재 대상이 되느냐 마느냐의 여부는 다음의 몇 가지 문제를 함축한다. 이 장에서는 이러한 질문들에 답하는 과정에서 구성의 등재 문제를 논의해 보고자 한다.[37]

---

36) 관용표현이나 속담, 그리고 문법화 과정상의 재구조화된 통사론적 구성 등 단어보다 큰 단위의 등재 가능성에 대한 논의는 선행 연구에서 이미 꾸준히 언급되어 왔다(권재일 1986, 1987, 구본관 1990, 채현식 1994 등). 다만 등재소 설정 기준과 방식에 관한 구체적인 접근은 복합어 연구에만 머물러 있었을 뿐 통사론적 대상에까지는 충분히 적용되지 못하였다. 또한 관용 표현이나 문법화 연구의 경우에, 의미론적 비합성적 속성이나 문법 기능의 획득 등 등재 이후의 '변화' 단계에 관한 논의에 치중한 결과로 등재 자체에 관한 관심은 전면에서 다루어지지 않았다(정한데로 2014 : 2 재인용).

37) 국어의 어휘부 등재 단위와 모형 전반에 관한 논의는 안소진(2012), 최형용(2013가), 정한데로(2014)를 참고할 수 있다. 이 글은 국어의 등재 단위에 대한 전체적인 논의가 주된 관심이 아니므로 기존에 연구된 어휘부 모델 중에서 구성의 등재와 관련하여 가장 적절한 모델을 상정할 것이다.

첫째, '구성'을 등재하기 위한 어휘부 모형이 존재하는가?

둘째, 만약 어휘부의 등재 대상이라고 한다면 기존에 이미 등재된 요소들과 구성성분들과의 관계 설정은 어떻게 이루어져야 하는가?

셋째 '연결어미+하다' 구성의 의미는 구성소로서 어떠한 특징을 가지는가?

이들 질문에 대하여 각 절을 달리하여 답하도록 하겠다.

4.1. '구성' 어휘부 모형

어휘부의 등재 단위는 크게 형태소, 단어, 단어보다 큰 단위로 나뉜다.[38] 우리가 관심을 가지는 대상은 단어보다 큰 단위로 첫 번째 질문에 답하기 위해 단어보다 큰 단위를 등재하기 위한 어휘부 모형에 대해 살펴볼 필요가 있다. 아래의 (40)은 최형용(2013가 : 394)에서 이론어휘부(가)와 심리어휘부(나)를 구분하여 어휘부의 등재단위를 일괄적으로 제시한 표이다. 우리가 관심을 가지는 부분은 음영 표시한 부분으로 단어보다 큰 단위의 등재 여부와 관련된다(음영표시는 필자).

(40) 가. 채현식(1994) : 무의미한 철자, 형태소, 형태소 복합체, 단어, 특정한 구나 문장, 용언의 활용형

구본관(1998) : 형태소, 단어, 어간, 기타(관용구 및 속담 등 문장)

시정곤(2001) : 어근, 접사, 단일어, 파생어, 복합어, 연어, 관용어, 속담, 불규칙한 굴절형

황화상(2001) : 어근, 접사(굴절 접사 포함), 어휘적 단어

나. 박진호(1994) : 통사원자가 아닌 형태소들의 목록, 통사원자

송원용(1998) : 접사, 통사원자

---

38) 정한데로(2014 : 60)에서는 이들 단위에 대하여 X^{-1}, X^0, XP로 구분하고 저장과 형성의 관점에서 어휘부 모형을 상정한다.

　　채현식(1993) : 어근, 접사, 단어, <mark>관용표현, 연어</mark>
　　송원용(2005) : 접사, 어근, 단일어, 복합어, 통사구성형 고유명사,
　　　　　　　　<mark>관용표현, 연어</mark>
　　채현식(2007) : 단어(틀 포함)

　(40)에서 보이는 음영 표시한 단위들은 분명 단어보다 큰 구조체를 가진다. 그러나 이들에 대한 논의에서조차 복합어나 연어구성 또는 관용구에 집중했을 뿐 '연결어미+하다'에 대한 언급은 다루어지지 않았다.[39] 그럼에도 불구하고 (40)과 '연결어미+하다' 구성의 공통점은 국어 화자에게 이들 단위가 한 단위로 인식되고 있음과 더불어 하나의 문법적 기능을 하고 있다는 사실이다. 한편 정한데로(2014 : 58)는 형태론적 단위의 등재소와 함께 통사론적 단위의 등재소를 구분하고 후자에 연어구성, 숙어 구성, 속담, 격언 등과 함께 보조용언 구성과 형식명사 구성을 포함시키고 있다. 보조용언 구성이나 형식명사 구성이 상이나 양태를 드러내는 문법적 기능과 더불어 특정한 어휘적 의미를 나타내고 있기 때문에 그 전체가 기억의 대상이 되어야 한다고 언급하고 있다. '연결어미+하다' 구성 역시 3장에서 살펴본 바에 의하면 문법적으로 양태를 나타내며 개별 연결어미와 형식용언 '하다'의 의미만으로 산출되지 않는 의미를 그

───────────────

39) 임근석(2006 : 34)에서는 문법적 연어에 대하여 다음과 같이 정의한다.

　(5) 문법적 연어
　　문법적 연어는 어휘요소와 문법요소 상호간의 긴밀한 통사적 결합 구성으로, 선택의 주체가 되는 어휘요소(연어핵)가 선택의 대상이 되는 문법요소(연어변)을 선호하여 이룬 구성이다.

이와 같은 정의에 따라 일부 형식명사 구성과 보조용언 구성을 문법적 연어에 포함시키고 있다. 한편 국어의 문법적 연어에 대해서는 이희자(1995)에서 형태적 연어/통사적 연어를 구분하여 논의하였고, 김진해(2000)은 형태·통사적 연어로 부사에 의한 연어, 의존명사에 의한 연어, 불구 동사 및 동사의 굳은형에 의한 연어, 보문 동사에 의한 연어 등 4가지 유형을 보여준다(임근석 2005 : 282, 정한데로 2014 : 175 참고). 그러나 이들 문법적 연어를 연구 대상으로 본 논의에서도 '연결어미+하다' 구성은 그 항목에서 찾아보기 어렵다.

전체가 나타내고 있는 현상은 동일하게 나타난다.

이와 관련하여 등재성의 위계를 설정한 Di Sciullo & Williams(1987)의 논의는 주목할 만한 부분이다. Di Sciullo & Williams(1987 : 14)는 등재성 의 위계를 다음과 같이 설정한다.

> (41) 모든 형태소가 등재된다.
> "대다수"의 단어가 등재된다.
> 많은 수의 합성어가 등재된다.
> 일부의 구가 등재된다.
> 4~5개의 문장이 등재된다.

'연결어미+하다' 구성의 등재와 관련 있는 부분은 "일부의 구가 등재 된다"는 항목이다. 일반적으로 국어의 구는 통사적 절차에 의해 만들어 질 뿐 등재되지 않는 반면 '연결어미+하다'는 그 문법적 · 의미적 특이성 으로 인하여 전체를 등재의 대상으로 보는 것이 합리적이다. 구성이 어휘 부의 등재 단위로 보고 어휘부 모형을 제시하면 정한데로(2014 : 60)와 동 일하다.

(42) '연결어미+하다' 구성의 등재 어휘부 모형

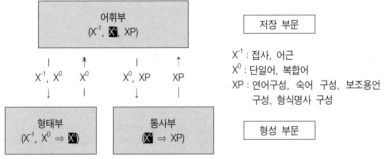

'어휘부 – 형태부/통사부' 모형(정한데로 2014 : 60)

지금까지 '연결어미+하다' 구성의 등재 여부를 탐색했다면 이들 대상
이 등재 양상을 살펴보도록 하겠다. 이는 앞서 제기한 두 번째 질문의 답
과 관련된다. 구성 전체가 어휘부에 등재될 때 기존에 이미 등재된 각각
의 구성성분들과의 관계 설정은 어떻게 이루어져야 하는가? 먼저 개별
연결어미 목록과 '하다'는 각각 형태론적 단위로서 어휘부에 등재되어
있을 것이다. 동시에 (42)의 어휘부 모형에서 '연결어미+하다' 구성 전체
는 통사부에서 형성된다. 통사부의 형성 결과물인 '연결어미+하다'는 다
시 어휘부로 입력되는 과정이 존재할 것이다. 예를 들어 '당위'를 나타내
는 '-어야 하다'의 경우 위의 모형에서 저장부인 어휘부에는 연결어미
'-어야', 형식용언 '하-', 당위를 나타내는 구성 '-어야 하-'가 모두 등
재되어 있다. 그 중에 '-어야 하-'는 형성 부문 중 통사부에서 입력되어
'당위'라는 의미를 갖고 이는 다시 어휘부에 등재될 것이다. 국어 화자는
'당위'를 나타내는 표현의 욕구가 있을 때 자연스럽게 어휘부에 등재된
'-어야 하-' 구성을 사용하는 것이다.

4.2. '연결어미+하다'의 등재 단위로서의 의미 특징

이 절에서는 앞서 세 질문 중 마지막 질문에 답하기 위해 어휘부에 등
재되는 단위로서 '연결어미+하다' 구성의 의미 특징을 중심으로 기술할
것이다. 이를 위해서는 국어의 다른 구성들 즉 보조용언 구성, 형식명사
구성과 '연결어미+하다' 구성을 비교하여 그 차이점을 확인하도록 하겠다.

(43) 가. 영수가 책을 다 읽어 간다.
　　　나. 영수가 책을 다 읽을 법하다.
　　　다. 영수가 책을 다 읽어야 한다.

(43)은 보조용언 구성(가), 형식명사 구성(나), '연결어미+하다' 구성(다)의 대표적인 예이다. 이들의 의미는 '진행', '추측', '당위'로 나타내는데 의미산출의 과정을 각기 다르게 설명해야 할 필요가 있다. 왜냐하면 (43)에서 각 구성의 의미는 구성성분의 합만으로 설명되지 않는 특징이 있기 때문이다.

구성의 의미와 관련하여 정한데로(2014)는 의미의 정합성과 합성성을 전제로 보조용언 구성과 형식명사 구성을 '추가 α'와 '선택 α'로 설명한 바 있다.40) 이에 따르면 (43가)에서 '-어 가-'의 경우 추가 α가 적용되는데 '진행' 의미는 주어진 상황에 따라 α가 전체 구성의 의미를 완성하는데 관여하게 된다. 한편 (43나)에서 '-ㄹ 법하-'는 '-ㄹ'의 '미실현'과 '법'의 '가능성' 의미가 복합하여 구성된 것으로 파악하고 있다. 이 글 역시 구성의 의미 산출 과정을 위의 논의를 따르도록 하겠다.

(43)의 예문에서 보이는 구성들은 어휘적 단어와 문법적 단어가 모두 참여한 구성이라는 점, 구성성분의 합만으로는 전체 의미를 설명할 수 없다는 점 등을 공통점을 가지는데 이로 인해 '상황맥락 정보 α'에 의해 전체 구성의 의미 형성을 유형화할 수 있게 된다.

그렇다면 우리가 관찰하고 있는 (43다)의 경우에는 '추가 α'와 '선택 α' 중 어느 기제가 작용한 결과일까? 연결어미 '-어야'는 일반적으로 '조건'의 의미를 가지는데 '-어야 하다'에서 보이는 '당위'의 의미는 어디서 오는 것일까? '조건'과 '당위'의 의미적 관련성이 적다는 측면에서 일단은 '선택 α'보다는 '추가 α'가 관여하여 전체 구성의 의미를 나타낸다고 본다. 그렇다면 '연결어미+하다' 구성을 일관되게 '추가 α'가 관여한다고 볼 수 있을까? 질문에 답을 위해서는 이 글에서 제시한 '연결어미+하

---

40) '추가 α'는 함수 $f(A, B)=A+B+\alpha$로 '선택 α'는 $f(A, B)=A+B$, $f(A, B)=A+B$, $f(A, B)=A+B$의 유형화를 보여준다(정한데로 2014 : 189).

다' 구성의 목록 전체를 점검해 볼 필요가 있다. 먼저 '희망'과 '당위'를 나타내는 '-(으)면 하다'와 '-어야 하다'를 살펴보자. 이들을 한데 묶는 것은 '-(으)면'과 '-어야'가 공통적으로 '조건'을 나타내는 연결어미이기 때문이다.

> (44) 가. 비가 오면 소풍을 가지 않는다.
>   나. 내일은 비가 왔으면 한다.
>   다. 내일은 비가 왔으면 좋겠다.
> (45) 가. 비가 와야 소풍을 가지 않는다.
>   나. 내일은 비가 와야 한다.
>   다. 내일은 비가 와야 된다.

(44가)에서 '-(으)면'은 불확실성 조건을, (45가)는 '-어야'가 필수적 조건을 나타낸다. 한편 (44나)에서 '-(으)면 하다' 구성은 (44다)의 '-(으)면 좋다'와 교체되는 것이 의미적으로 자연스럽고 (45나)의 '-어야 하다' 구성은 (45다)의 '-어야 되다'로 교체하는 것이 그러하다.[41] 이러한 점은 '좋-'과 '되-'가 나타내는 강제성의 정도와 전체 구성의 의미와 직접적으로 관련된다고 할 수 있다(안주호 2005). 결국 '-(으)면 하다'는 연결어미 '-(으)면'이 가지는 불확실성 조건이라는 의미가 영향을 미쳐서 '희망'을 나타내고 '-어야 하다'는 연결어미 '-어야'의 '필수적 조건'이라는 의미에 영향을 받아 '당위'를 나타내는 것이다. 이를 통해 개별 연결어미 '-(으)면'과 '-어야'는 '선택 a'로서 전체 구성의 의미에 영향을 미친다고 할 수 있다.[42][43] 결론적으로 '-(으)면 하다'와 '-어야 하다' 구성은 '선

---

41) 박재연(2004 : 57)는 '-어야 하다', '-어야 되다'가 주어에게 행위의 성립에 대한 강제적 조건이 있다는 '의무'를 표현하고 '-어도 되다', '-(으)면 되다' 등은 문장의 주어가 행위를 수행할 수 있는 외적 가능성이 열려 있음을 의미하는 '허가'의 의미 영역을 표현한다고 한 바 있다. 이러한 의미 차이는 결국 연결어미 '-(으)면'과 '-어야'의 의미가 전체 구성의 의미를 구분하는 데 영향을 미친다는 것을 보여준다.

택 **a′**'와 '추가 **a**'가 동시에 의미에 관여하는 요소라고 볼 수 있다.

다음으로는 연결어미 '-(으)려고'와 '-고자'의 경우와 '-게'와 '-도록'을 살펴보자.

> (46) 가. 철수는 집에 {가려고, 가고자} 책가방을 챙겼다.
> 나. 철수는 집에 {가려고 <u>한다</u>, 가고자 <u>한다</u>}.
> (47) 가. 나무가 잘 {자라<u>게</u>, 자라<u>도록</u>} 물을 주었다.
> 나. 어머니는 아이에게 밥을 {먹<u>게</u> <u>했다</u>, 먹<u>도록</u> <u>했다</u>}.

(46가)에서 보면 '-(으)려고'와 '-고자'는 '목적'으로 동일한 의미를 나타내며 (47나)에서 보듯이 '-(으)려고 하다'와 '-고자 하다'는 동일하게 '의도'를 나타낸다. 이러한 점은 구성에 참여하는 개별 연결어미의 의미가 같고 그 결과 전체 구성의 의미가 일치한다는 점에서 앞서 살펴본 (44), (45)와 구별된다. 이는 (46나)에 나타나는 구성의 의미 '의도'가 개별 연결어미와 구성의 의미 간에 직접적으로 의미적 상관관계를 찾기 어렵다는 점에서 '추가 **a**'로 설명된다. 마찬가지로 (47가)에서 연결어미 '-게'와 '-도록'은 공통적으로 '결과', '목적'의 의미를 가진다. (47나)는

---

42) 개별 연결어미는 구성의 의미에 영향을 미칠 뿐이다. 그것이 곧 구성의 의미 합성성을 의미하는 것은 아니다.

43) (1) 가. (차도에 있는 노인에게) 거기 서 계시<u>면</u> 위험합니다.
　　 나. *(차도에 있는 노인에게) 거기 서 계셔<u>야</u> 위험합니다.
　(2) 가. 아버지가 돌아오시<u>면</u> 밥을 {먹어라, 먹자}.
　　 나. *아버지가 돌아오셔<u>야</u> 밥을 {먹어라, 먹자}.

(1)에서 '-(으)면'은 선행문의 명제 내용으로 사실, 반사실, 비사실을 모두 포괄하는 반면 '-어야'는 비사실만을 나타내고(박진희 2011), (2)에서 '-(으)면'은 명령형, 청유형, 의문형을 취할 수 있지만 '-어야'는 불가능하다. 이러한 현상은 개별 연결어미와 전체 구성의 의미의 관련성을 포착할 가능성을 시사한다. '-(으)면'과 '-어야'가 동일하게 전제를 나타내기는 하지만 전자의 경우 결합하는 선행문의 '다양한 (사실, 반사실, 비사실) 전제'의 의미가 '하다'와 결합할 경우 '희망'의 의미로 반면 후자의 경우 '제한된 (비사실) 전제'의 의미가 '당위'를 나타내는 현상 간의 관련성은 흥미롭다.

기존에 '사동'으로 해석되는 경우인데 정도성만의 차이가 있을 뿐 행위의 결과를 요구된다는 점에서 '추가 a'로 설명이 가능하다.

이상의 논의를 통해서 우리는 '연결어미+하다' 구성의 의미 형성은 각기 다른 유형으로 나타남을 확인할 수 있었다. 이를 간략하게 표로 정리하면 다음과 같다.

(48) '연결어미+하다' 구성의 의미 형성 유형

	함수	'연결어미+하다' 구성의 목록
추가 a	$f(A, B)=A+B+a$	'-(으)려고 하다' (의도) '-고자 하다' (의도) '-게 하다' (사동) '-도록 하다' (명령)
선택 a	$f(A, B)=A+B$	(없음)
추가 a, 선택 a	$f(A, B)=A+B+a,\ f(A, B)=A+B$	'-(으)면 하다' (희망) '-어야 하다' (당위)

5. 결론

이 글은 '연결어미+하다' 구성을 보다 면밀히 고찰하기 위해 '구성'이라는 단위를 설정하고 국어에서 그것이 문법단위로서 기능함을 살펴보았다.

2장에서는 구성(construction)의 개념과 정의를 확인하였다. 또한 기존 논의를 검토하면서 '연결어미+하다' 구성을 기능주의적 관점에서 바라보고, 한 단위의 문법요소로 파악하였다. '연결어미+하다' 구성은 문장 성분의 첨가, 대용의 범위, 부사어의 수식이나 부정의 범위, 분열문 구성 확인 등을 통해 비분리적 특징을 보여준다. 이는 구성이 한 단위라는 사실을 시사한다.

3장에서는 '연결어미+하다' 구성과 국어의 문법범주를 실현하는 시제,

높임, 양태 등의 선어말어미의 상관관계를 토대로 '연결어미＋하다' 구성의 문법 실현 양상을 살펴보았다. '연결어미＋하다' 구성과 다른 문법 형태소들은 고정화된 배열을 통해서 나타나며 그것들의 통합관계에 있어서도 상충되거나 잉여적이지 못하다. 이러한 점은 '연결어미＋하다' 구성이 시제나 높임, 양태와 마찬가지로 동등한 문법적 지위를 부여할 수 있음을 시사한다.

4장에서는 '연결어미＋하다' 구성이 국어 화자에게 한 단위로 인식되며 어휘부의 등재 단위가 된다는 사실을 바탕으로 구성이 등재 가능한 어휘부 모형을 제시해 보았다.

그러나 이 글에서 제시한 구성(construction) 개념이 국어의 구성을 설명하는 데 일반성을 포착할 수 있는지에 대해서는 더 많은 연구가 필요하다. 또한 '연결어미＋하다' 구성의 등재와 관련해서도 선행 연구에 기댄 채 독자적인 어휘부 모형을 새롭게 제시하지 못하였다. 미진한 점은 앞으로의 과제로 남겨두고자 한다.

‖ 참고문헌

고영근·남기심(1985), 표준국어문법론, 탑출판사.

고영근(1974), 국어접미사의 연구, 백합출판사.

고영근(1988), 중세국어의 시상과 서법(보정판), 탑출판사.

고영근(1989), 국어 형태론 연구, 서울대학교 출판부.

고영근(2004), 한국어의 시제 서법 동작상, 태학사.

고재설(1987), 국어 합성동사에 대한 연구, 석사학위논문, 서강대학교.

구본관(1990), 경주 방언 피동형에 대한 연구, 석사학위논문, 서울대학교.

구본관(1998), 15세기 국어 파생법에 대한 연구, 태학사.

권재일(1985), 국어의 복합문 구성 연구, 집문당.

권재일(1986가), "형태론적으로 인식되는 복합문 구성에 대하여", 국어학 15, 195-
　　215.

권재일(1986나) "의존동사의 문법적 성격", 한글 194, 97-120.

권재일(1987), "의존 구문의 역사성 : 통사론에서 형태론으로", 말 12, 5-24.

권재일(1992), 한국어 통사론, 민음사.

권재일(1994), 한국어 문법의 연구, 박이정.

김기혁(1985), "문장 구성에서 단위의 문제", 연세어문학 18, 5-32.

김기혁(1991), "형태·통어적 구성과 중간 범주", 동방학지 71·72, 233-258.

김기혁(1995), 국어 문법 연구, 박이정.

김영희(1981), "간접명사 보문과 [하]의 의미 기능", 한글 173·174, 153-192.

김영희(1984), ""하다" : 그 대동사설의 허실", 배달말 9, 31-63.

김영희(1993), "의존 동사 구문의 통사 표상", 국어학 23, 159-190.

김영희(1998), 한국어 통사론을 위한 논의, 한국문화사.

김진해(2000), 연어(連語) 연구, 한국문화사.

김창섭(1981), 현대국어 복합동사 연구, 석사학위논문, 서울대학교.

남기심(1973), 국어완형 보문법 연구, 계명대학교 출판부.

류시종(1995), 한국어 보조용언 범주 연구, 박사학위논문, 서울대학교.

박소영(2003), "연결어미의 관점상 기능", 형태론 5-2, 297-326.

박승빈(1935), 조선어학, [김민수·하동호·고영근(공편)(1986), 역대한국문법대계 ①
　　20, 탑출판사, 1-50.]에 재수록.

박재연(1999), "국어 양태 범주의 확립과 어미의 의미 기술", 국어학 34, 199-226.

박재연(2003), "한국어와 영어의 양태표현에 대한 대조적 고찰", 이중언어학 22, 199-
　　223.

박재연(2004), 한국어 양태 어미 연구, 박사학위논문, 서울대학교.

박재연(2006), 한국어 양태 어미 연구, 태학사.

박재연(2011), "한국어 연결어미 의미기술의 메타언어 연구", 국어학 62, 167-197.

박진호(1994), 통사적 결합관계와 논항 구조, 석사학위논문, 서울대학교.

박진희(2011가), "국어 목적절의 네 가지 유형", 국어학 61, 181-206.

박진희(2011나), 국어 절 접속의 의미관계 유형에 대한 연구, 박사학위논문, 서강대학교

서정목(1987), 국어 의문문 연구, 탑출판사.

서정목(1991), "내포 의문 보문자 '-(으)ㄴ+가'의 확립", 석정 이승욱 선생 회갑 기념
　　　논총, 월인사, 105-133.

서정목(1994), 국어 통사 구조 연구 Ⅰ, 서강대학교 출판부.

서정목(1998), 국어의 모형과 핵 계층 이론, 태학사.

서정수(1975), 동사 '하-'의 문법, 형설출판사.

서정수(1996), 현대 한국어 문법 연구의 개관, 한국문화사.

손세모돌(1996), 국어 보조 용언 연구, 한국문화사.

송원용(1998), 활용형의 단어 형성 참여 방식에 대한 연구, 석사학위논문, 서울대학교.

송원용(2005), 국어 어휘부와 단어 형성, 태학사.

시정곤(2001), "국어 어휘부 사전에 대한 연구", 언어연구 17-1, 163-184.

안소진(2012), "어휘부 등재 논의의 경향과 쟁점", 형태론 14-1, 1-23.

안주호(2005), "'-어야 하-'류 구성의 문법적 특성과 의미", 국어교육 118, 363-393.

유현경(2003), "연결어미의 종결어미적 쓰임에 대하여", 한글 261, 123-148.

이은경(2000), 국어 연결어미 연구, 태학사.

이상복(1975), ""하다" 동사에 대하여", 연세어문학 6, 131-141.

이선웅(1995), 국어 보조동사 연구, 석사학위논문, 서울대학교.

이선웅(2012), 한국어 문법론의 개념어 연구, 월인.

이정훈(2008), 조사와 어미 그리고 통사구조, 태학사.

이지영(2002), "근대국어 반사실적 가정 표현의 발달 : '-더면', '-던들'을 중심으로",
　　　한국문화 30, 33-59.

이희자(1995), "현대 국어 관용구의 결합 관계 고찰", 대동문화연구 30, 411-444.

임근석(2005), "문법적 연어의 개념 정립을 위하여", 형태론 7-2, 277-302.

임근석(2006), 한국어 연어 연구, 박사학위논문, 서울대학교.

임근석(2008), "문법적 연어와 문법화의 관계", 국어학 51, 115-147.

임홍빈·장소원(1995), 국어문법론1, 방송통신대출판부.

임홍빈(1989), "통사적 파생에 대하여", 어학연구 25-1, 167-196.

윤평현(2005), 현대국어 접속어미 연구, 집문당.

임동훈(1991), 현대국어 형식명사 연구, 석사학위논문, 서울대학교.

정한데로(2010), "문법 차원의 등재에 대한 연구", 형태론 12-1, 1-22.

정한데로(2014), 국어 등재소의 형성과 변화 연구, 박사학위논문, 서강대학교.

정혜선(2010), "'싶다' 구문의 역사적 변화", 어문연구 146, 169-191.

정혜선(2012), 국어 인식 양태 형식의 역사적 연구, 박사학위논문, 서강대학교.

주시경(1910), 국어문법, [김민수·하동호·고영근(공편)(1986), 역대한국문법대계 ① 11, 탑출판사, 1-47.]에 재수록.

채현식(1994), 국어 어휘부의 등재소에 관한 연구, 석사학위논문, 서울대학교.

채현식(2007), "어휘부의 자기조직화", 한국언어문학 63, 129-145.

최상진·임채훈(2008), "인과관계 형성의 인지과정과 연결어미 상관성", 국어학 52, 127-152.

최웅환(1995), "보조용언 구성의 형성적 원리", 문학과 언어 15, 65-82.

최웅환(1998), "서술어의 확장적 배합", 어문학 62, 101-123.

최재희(1991), 국어의 접속문 구성 연구, 탑출판사.

최재희(1996), "의존동사 구문의 통사론", 한글 232, 183-210.

최현배(1937/1965), 우리말본, 정음문화사.

최형용(1997), 형식명사·보조사·접미사의 상관관계, 석사학위논문, 서울대학교.

최형용(2003), 국어 단어의 형태와 통사, 태학사.

최형용(2013가), "어휘부와 형태론", 국어학 66, 361-413.

최형용(2013나), "구성 형태론은 가능한가", 형태론 15-1, 82-114.

하치근(1989), 국어 파생형태론, 남명문화사.

한명주(2014), "'연결어미＋하다' 구성의 문법적 특징", 언어와 정보 사회 21, 189-224.

허철구(1998), 국어의 합성동사 형성과 어기분리, 박사학위논문, 서강대학교.

황화상(2001), 국어 형태 단위의 의미와 단어 형성, 월인.

Booij, G. E.(2010), *Construction Morphology*, Oxford University Press.

Bybee, J. L.(1985), *Morphology : a study of the relation between Meaning and Form*, Benjamins.

Cruse, D. A.(2000), *Meaning in Language*, Oxford University Press. [임지룡·김동환 역(2002), 언어의 의미, 태학사.]

Di Sciullo, A-M. & Williams, E.(1987), *On the Definition of Word*, The MIT Press.

Goldberg, A.(1995), *Constructions : A Construction Grammar Approach to Argument Structure*, University of Chicago Press. [손영숙·정주리 역(2004), 구문문법, 한국문화사.]

Jackendoff, R.(1975), "Morphological and semantic regularities in the lexicon", *Language* 51, 639-671.

Jackendoff, R.(2008), "Consrtruction after construction and its theoretical challenges",

Language 84-1, 8-23.

Lakoff, G.(1987), *Women, Fire, and Dangerous Things : What Categories Reveal about the Mind*, University of Chicago Press.

Taylor, J. R.(2012), *The Mental Corpus*, Oxford University Press.

제6장 | 보조용언 구성의 통사적 특징과 단위성
'-어 가-'를 중심으로
조지연

1. 보조용언 구성의 정의와 특징

현대 국어의 보조용언 구성에 대한 연구 업적은 상당량 축적되어 있다. 그러나 그것의 통사적 지위, 범주의 성격과 대상, 의미 기능 등에서 아직 해결되지 못한 부분이 여전히 존재한다는 것을 확인할 수 있다. 그간의 보조용언 또는 보조용언 구성, 보조용언 구문[1]에 대한 논의로는 정의, 판별 기준과 목록 제시, 통사적 특징과 의미적 특징에 대한 논의, 어휘부 등재에 대한 논의, 문법화에 대한 논의 등이 있다. 이 글에서는 앞선 연구들의 결과를 쟁점별로 소개하면서 우리의 생각을 덧붙이기로 한다.

먼저, 보조용언의 정의에 대한 논의들을 살펴보자. 국어의 보조용언, 보조용언 구성에 대한 논의는 이른 시기부터 있어 왔다.[2] 그러나 국어

---

1) 이 글에서는 국어 문법론에서 보편화되어 사용되고 있다는 점에서 '보조동사'와 '보조형용사', 그리고 이들을 포괄하는 '보조용언'이라는 용어를 사용하기로 한다. 그리고 '보조동사', '보조형용사', '보조용언'이 연결어미와 또는 종결어미와 함께 사용된 구성을 '보조동사 구성', '보조형용사 구성', '보조용언 구성'이라 하고, 해당 구성이 사용된 문장을 '구문'이라 칭한다.

문법서에 용언 형태의 보조용언, 즉 'V₁+V₂' 구성에서 'V₂'가 보조용언
으로 정립되기 시작한 것은 최현배(1937)에서부터이다. 다음은 최현배
(1937)에서 제시한 정의와 형태(목록)이다.

> (1) 명칭 : 도움풀이씨
>   정의 : 으뜸되는 풀이씨 아래에서 그것을 도와서 월의 풀이씨를 완전
>   하게 하는 움직씨.
>   형태 : 아니되다/못하다/말다, 게하다/만들다, 지다/되다, 가다/오다, 나
>   다/내다/버리다, 주다/드리다/바치다, 보다, 쌓다/대다, 어야 하
>   다/기는 하다, 체하다/척하다/양하다, 번하다, 놓다/두다, 싶다/
>   지다, 아니하다/못하다, 듯하다/듯싶다/법하다, 나 보다/가 보다,
>   가 싶다, 하다, 만하다/직하다, 아 있다, 고 있다

  이러한 전통문법의 견해는 이후 이희승(1949), 이숭녕(1956/1962), 김민
수(1960), 허웅(1975), 남기심·고영근(1985/1993) 등에 이어진다.

> (2) 보조용언의 명칭과 정의
>   이희승(1949), 조동사 : 본뜻을 거의 잃어버렸거나 그렇지 않으면 본래
>   부터 약한 뜻을 가지고 있어서 제 스스로는 이
>   렇다 할 두드러진 뜻을 나타내지 못하고 다만
>   그 위에 있는 동사의 뜻을 도와주는 말.
>   이숭녕(1956/1962), 보조동사 : 주동사에 붙어 주동사의 뜻을 도울 정
>   도의 구실밖에 못하는 것.
>   김민수(1960), 의존동사, 의존형용사 : 자립동사와 자립형용사의 대립
>   되는 개념.
>   허웅(1975), 매인(도움)풀이씨 : 끝바꿈의 모습이 으뜸풀이씨와 같으면
>   서, 풀이씨와는 다른 뜻을 가지고 있는 것. 반

---

2) 유길준(1909)을 시작으로 한 초기 전통 문법서에 나타난 '조용사', '조동사'의 개념은 현대
  문법에서 일컫는 보조용언의 개념에 가까운 것이다. 초기 전통 문법서들에서 사용된 명칭과
  개념, 그에 속하는 형태는 손세모돌(1996 : 18-21) 참고.

드시 다른 말에 붙어서 쓰이는 것을 도움풀이
씨 또는 매인풀이씨라 한다.3)
남기심 · 고영근(1985/1993), 보조용언, 보조동사, 보조형용사 : 다른
말에 기대어 쓰이면서 그 말에 문법적인 의미를
더해 주는 용언. 자립성이 결여되어 있거나 희
박하다는 점에서 준자립형식으로 규정하였다.

이러한 논의들에 따르면, 보조용언을 '의존성이 강하며 선행 성분에
어떠한 의미를 더해 주는 용언'이라고 받아들일 수 있다. 그러나 이에는
두 가지 문제가 지적되었다. 하나는 보조용언과 본용언의 수식 관계에 대
한 것이고, 다른 하나는 보조용언의 목록에 대한 것이다. 먼저, 보조용언
이 본용언을 보조한다는 설명은 수식어가 피수식어 앞에 놓이는 국어의
일반적인 어순에 어긋난다는 것이다(이선웅 1995 : 5, 2012 : 190-191, 손세모돌
1996 : 26). 다음으로, 보조용언의 목록에 있어서도 그 정의와는 다른, 이
질적인 것들이 섞여 있어 비판의 대상이 되었다. 특히 서정수(1980)에서는
최현배(1937)에서 제시된 보조용언 중 '비합성적 보조용언'은 보조용언 범
주에서 제외되어야 함을 논하였다.4)

이처럼 특정한 대상을 지칭하는 데에 여러 용어들이 사용되었고 그에
따른 정의도 다양하게 제시되었다. 이러한 '용어'와 '정의'의 문제는 해
당 대상의 판별 기준과 그에 따른 목록의 문제와도 연결되었는데,5) 보조

---

3) 허웅(1975 : 417 각주6)에서는 "'도움'이라 하는 것은 앞에 오는 말의 뜻을 어느 정도 돕는
다는 뜻에서 붙인 이름이고, '매인'은 반드시 앞의 말에 매여서 쓰이며, 단독으로는 쓰이지
않는다는 뜻에서 붙인 이름이다. 이것은, 매인이름씨가 형식상으로는 이름씨이나 반드시 다
른 말에 의지해야 하는 것과 비슷하므로 '매인풀이씨'라 부르는 것이 더 적절할 것 같다."라
고 언급하였다. 이는 보조용언의 특징인 비자립성 또는 의존성을 중시한 것이라 할 수 있다.
4) "비합성적 보조용언"은 주동사와 어울리는 경우에나 단독으로 쓰일 경우에나 의미적으로
변화가 일어나지 않는 보조용언을, "합성적 보조용언"은 주동사와 어울리는 경우에 일종의
복합적 결합을 보임으로써 의미적 변화가 수반되어 단독으로 쓰이는 경우와 의미 차이가
있는 보조용언을 가리킨다(서정수 1980 : 65-67).
5) 이러한 측면에서, 박진호(1998 : 139)에서는 보조용언 구성에 대해 '식별(identify)하기는 쉬워

용언의 특성과 그에 따른 구별은 통사적 구 및 합성어와의 구별에서 주로 이루어졌다. 그간의 논의들에서 제시된 보조용언의 판별 기준들 중에서 '내적 비분리성',6) '공백화(gapping)'와 '도치(inversion)', 그리고 '대용화(anaphora)'와 '의사분열문(pseudo-cleft) 형성' 등과 같이 공통적으로 언급된 기준들부터 살펴보자.

먼저, '내적 비분리성'은 보조용언과 본용언 사이에 독립된 다른 성분이 개입될 수 없다는 기준이다. 이러한 내적 비분리성은 보조용언과 본용언의 관계가 매우 밀접하다는 것을 나타내는 것으로, 이를 검증하기 위해 주로 사용되는 방법은 선행 용언과 후행 용언 사이에 '-서'를 삽입해 보는 것이다.7)

(3) 가. 민희는 귤을 까 먹었다.
　　 나. 민희는 귤을 까서 먹었다.
　　 다. 민희는 귤을 까(서) 빨리 먹었다.

(4) 가. 윤희는 책을 읽어 보았다.
　　 나. *윤희는 책을 읽어서 보았다.
　　 다. *윤희는 책을 읽어(서) 빨리 보았다.

(5) 가. 윤희는 동생 민희를 알아보았다.
　　 나. *윤희는 동생 민희를 알아서 보았다.

도 정의(define)하기는 어려운 범주'라고 언급하였다.

6) '분리 가능성'이라는 표현도 이와 동일한 내용의 기준이다. 그러나 이 글에서는 보조용언이 본용언과 분리가 불가능하다는 특성을 더 잘 드러내는 표현이라는 생각에 '내적 비분리성'이라 칭한다.

7) 최현배(1937 : 373/1980 : 301)에서는 감목법의 "-아"는 다시 "-서"를 더하여서 쓰이는 일이 없으되 이음법의 "-아"는 "서"를 더하여서 "-아서"로도 쓰이므로 둘을 구별하는데 "서"를 더하여 보라고 하였다. 내적 비분리성은 이후 서정수(1971 : 395-398), 김명희(1984 : 3-6), 김기혁(1987 : 14-16), 안명철(1990 : 322-323) 등의 보조용언 연구에서 복합어와의 구별 기준으로 받아들여졌다(손세모돌 1996 : 54 각주 19).

　　다. *윤희는 동생 민희를 알아(서) 금방 보았다.

　(3)은 통사적 구, (4)는 보조용언 구성, (5)는 합성동사의 예이다. 이를 확인하면, (3)과는 달리 (4)와 (5)에서는 '-서'의 통합이 불가능하고 부사가 후행 용언만을 수식하는 일 역시 불가능하다는 것을 알 수 있다.[8] 이러한 방법은 보조용언 구성과 통사적인 구를 변별하는 데에는 유용할 수 있으나 보조용언 구성과 합성동사를 변별하는 데에는 유용하지 않음을 보이는 것이다. 그러나 보조용언 구성과 합성용언을 같은 것으로 보기는 어렵다. 합성용언은 여타 다른 보조용언 구성의 특성과 현저하게 다른 양상을 나타내기 때문이다.[9]

　다음으로, '후행 용언의 공백화'와 '선·후행 용언의 도치'이다. 보조용언은 선행 문장 형식에 강한 통사론적 의존성을 갖기 때문에 후행 용언의 공백화와 선·후행 용언의 도치가 불가능하다.

　(6) 가. 윤희는 계란을 삶아(서) 먹었다. 민희는 계란을 구워(서) 먹었다.
　　　나. 윤희는 계란을 삶아(서), 민희는 계란을 구워(서) 먹었다.
　　　다. 윤희는 삶아서 먹었다, 계란을.

　(7) 가. 윤희가 그 메모를 읽어 버렸다. 민희는 그 메모를 버려 버렸다.
　　　나. *윤희는 그 메모를 읽어, 민희는 버려 버렸다.
　　　나′. *윤희는 그 메모를 읽고, 민희는 버려 버렸다.
　　　다. *윤희는 그 메모를 버렸다, 읽어.

---

8) 이선웅(1995 : 21)에서는 "나는 밥이 먹고를 싶다."나 "먹돌이는 밥을 먹어는 보았다."와 같은 문장을 볼 때, 보조용언 구문에서 선행 용언과 후행 용언이 분리가 되지 않는다는 사실은 적어도 주제 표지의 조사 혹은 보조사의 통합에서는 '내적 비분리성'이 성립이 되지 않음을 알 수 있다고 하였다. 그러나 특수조사는 많은 경우에 삽입이 가능하기 때문에 구태여 보조용언 구성의 특성으로 제시할 필요가 없다는 내용도 언급되었다.
9) 내적 비분리성은 낱말과 문법 요소의 결합에서도 나타나므로 내적 비분리성을 가진 모든 것이 합성어는 아니다.

(8) 가. 할아버지께서는 작년에 돌아가셨다. 할머니께서는 올해 돌아가셨다.

　　나. *할아버지께서는 작년에 돌아, 할머니께서는 올해 돌아가셨다.

　　나′. *할아버지께서는 작년에 돌고, 할머니께서는 올해 돌아가셨다.

　　다. *할아버지께서는 작년에 가셨다, 돌아.

　앞의 예문에서 확인할 수 있듯이 (6)과 같은 통사적 구에서는 후행 용언의 공백화와 선·후행 용언의 도치가 가능하다. 그러나 (7)의 보조용언 구성과 (8)의 합성동사는 후행 용언의 공백화와 선·후행 용언의 도치가 불가능하다. 김창섭(1981 : 24)과 이선웅(1995 : 23-24)에서는, 다음의 예문을 통해 보조용언 구성에서 보조용언의 공백화 가능 여부를 설명하였다.

(9) 가. 모차르트가 그 악보를 찢어 버렸다. 베토벤도 그 악보를 찢어 버렸다.

　　나. *모차르트는 그 악보를 찢어, 베토벤은 태워 버렸다.

　　다. *모차르트는 그 악보를 찢고, 베토벤은 태워 버렸다.

　김창섭(1981 : 24)에서는 (9다)를 '찢어 버렸고'에서 '-어 버렸-'이 공백화된 것으로 보아 정문으로 이해해야 한다고 하였고, 이선웅(1995 : 23-24)에서는 (9다)를 시제 선어말어미 '-었-'만이 생략된 것으로 이해하고 비문으로 파악하였다. 이 글에서는 (7나′)을 비문으로 파악하였는데, (7나′)의 선행절에서는 보조용언 구성 '-어 버리-'의 '앞 동사의 동작이 완료됨과 동시에 그 일이 어찌할 수 없는 상태로 바뀌었음.'이라는 의미가 확인되지 않기 때문이다.

　(6)~(9)를 통하여 확인한 후행 용언의 공백화와 선·후행 용언의 도치 불가능은 앞에서 (3)~(5)를 통해 제시한 선·후행 용언의 내적 비분리와 동일한 문제를 보인다. 이러한 특성들은 보조용언 구성과 통사적인 구를 변별하는 데에는 유용할 수 있으나 보조용언 구성과 합성동사의 변별에

는 유용한 기준이 될 수 없기 때문이다. 그러나 선·후행 용언의 내적 분리가 불가능하다는 점, 후행 용언의 공백화와 선·후행 용언의 도치가 불가능하다는 점은 모두 선행 용언과 후행 용언의 강한 의존성에 기인한 것으로 보조용언 구성과 합성동사를 통사적 구와 변별하는 데에 있어 통사적 기준으로 삼을 수 있다.

세 번째, '대용화'이다. 통사적 구, 보조용언 구성, 합성동사는 모두 전체 대용이 가능하다. 그러나 선행 용언 대용과 후행 용언 대용에서는 각각 다른 모습을 보인다.

(10) 가. 언니가 김치를 담가서 보냈다.
　　 나. 동생도 {그렇게 해(서), [?]그래(서)} 보냈다.
　　 다. 동생도 김치를 담가서 {그렇게 했다, 그리했다, 그랬다}.

(11) 가. 윤희가 과자를 다 먹어 버렸다.
　　 나. 민희도 {그렇게 해, 그래} 버렸다.
　　 다. *민희도 과자를 다 먹어 {그렇게 했다, 그리했다, 그랬다}.

(12) 가. 윤희가 집으로 뛰어갔다.
　　 나. *민희도 {그렇게 해, 그래} 갔다.
　　 다. *민희도 집으로 뛰어{그렇게 했다, 그리했다, 그랬다}.

(10)의 통사적 구는 선행 용언과 후행 용언만을 각각 대용하는 것이 가능하다. 그러나 (11)의 보조용언 구성은 본용언만의 대용은 가능하지만 보조용언만의 대용은 불가능하다. (12)와 같은 합성동사는 선행 용언과 후행 용언만을 각각 대용하는 것은 불가능하다. 합성동사의 경우는 하나의 단어이므로 선·후행 요소가 함께 대용형으로 대치되는 것으로 설명할 수 있다. 그러나 (11)과 같은 보조용언 구성의 경우에는 통사적 구와

합성동사의 경우와는 다른 모습을 보인다. 이에 대한 원인을 이선웅(1995 : 41-52)에서는 보조용언 구성이 문법화 과정에 있기 때문이라 주장하였다. 보조용언이 어휘 범주에서 기능 범주화하는 문법화의 1단계에 있기 때문 이라는 것이다.10) 우리도 이와 유사한 시각에서, 보조용언은 문법화 과정 에서 초기 단계에 있는 요소에서부터 비교적 높은 단계에 있는 요소까지 그 단계의 어느 지점에 해당될 수 있다고 생각한다.11)

마지막으로, '의사분열문 형성'이다. 의사분열문은 'V₁+V₂' 구성에서 서술의 주변부와 본질부를 서로 분리하는 통사 규칙이다. 'V₁+V₂' 구성 이 어느 한 쪽이 어느 한 쪽을 의미적으로 보조하는 구문이라면 의사분 열문 형성이 가능하고 그 의미 구성이 대등한 경우에는 의사분열문 형성 이 불가능하다. 이러한 이유로 보조용언 구성을 통사적 구, 합성동사와 구별하는 데에 기준으로 제시되었다.

    (13) 가. 그가 공을 <u>집어서 던졌다</u>.
        나. *그가 해서 던진 것은 공을 집은 것이다.

    (14) 가. 내가 윤희네 집으로 전화를 <u>걸어 보았다</u>.
        나. 내가 해 본 것은 윤희네 집에 전화를 건 것이다.

---

10) '문법화(grammaticalization)' 개념에서 쟁점이 되는 것은 문법화가 과연 '과정' 전반을 가리 키는 개념인지, 문법형태소라는 최종 결과물이 주어져야 성립되는 개념인지이다. 후자의 입장은 남미정(2010)에서 주장된 것으로, 이 논의에 의하면 보조용언은 문법화의 예가 될 수 없다. 문법화의 결과물은 항상 '문법적인 형식'이어야 함을 강조하고 '조사화', '어미화' 만이 문법화의 예가 될 수 있다고 주장하고 있기 때문이다. 이 글에서는 '문법화'를 실질 형태소이던 것이 문법형태소로 변하거나 덜 문법적인 형식이 더 문법적인 형식으로 변하 는 모든 통시적 과정을 가리키는 것이라는 입장에서 문법화를 기술하였다.

11) 보조용언은 통시적 관점에서 볼 때 대개 본래는 본용언이었던 것이 문법화 과정을 거치면 서 의미가 추상화되어 만들어진 것이다. 따라서 각 보조용언의 의미와 결합상의 제약, 통 사적 특성 등을 정밀히 탐구하는 것이 선행되어야 할 것이라 생각한다. 그 일환으로 2장과 3장에서는 보조용언 구성 '-어 가'를 대상으로 하여 논의할 것이다.

(15) 가. 새가 <u>날아갔다</u>.
　　　나. *새가 해 간 것은 날은 것이다. (이상 손세모돌 1996 : 66-67)

(13)과 같이 통사적 구가 쓰인 접속문과 (15)와 같이 합성동사가 쓰인 문장은 분열문 형성이 불가능하지만 (14)의 보조용언 구문에서는 분열문 형성이 가능하다.

지금까지 '내적 비분리성', '공백화'와 '도치'의 가능 여부, '대용화'와 '의사분열문 형성'의 가능 여부를 통해 통사적 구, 보조용언 구성, 합성용언이 변별되는 특성을 살펴보았다. '선행 용언과 후행 용언의 내적 비분리성', '선행 용언과 후행 용언의 도치 불가능', '후행 용언만의 공백화 불가능'은 보조용언 구성과 합성용언이 통사적 구와 변별되는 특성이다. 다시 말하면 보조용언 구성과 합성용언이 변별되는 특징은 아니라는 것이다. 그러나 대용화와 의사분열문 형성 가능성을 통하여 통사적 구, 보조용언 구성, 합성용언의 각각 다른 모습을 확인하였다. 정리하면, 보조용언 구성은 본용언과 보조용언의 내적 분리와 도치가 불가능하며, 보조용언만의 공백화 역시 불가능하다. 또한 보조용언 구문은 의사분열문 구성이 가능하다.

이 밖에 개별 논의들에서 '높임 선어말어미 '-시-'의 결합', '동일 형태의 선행 용언 사용 가능성', '보조용언의 연속 사용 가능성', '논항과의 관련성' 등이 보조용언을 통사적 구, 합성어와 구분하는 기준으로 제시되었다.

높임의 선어말어미 '-시-' 결합은 통사적 구와 합성동사의 경우와는 다르게 보조용언 구문에서 선행 용언에는 결합이 불가능하고 후행 용언에만 결합이 가능하여 보조용언의 판별 기준으로 제시되었다.

(16) 가. 어머니께서 김치를 담가(서) 보내셨다.
　　나. 어머니께서 김치를 담그셔서 {보냈다, 보내셨다}.

(17) 가. 어머니께서는 새로 지은 한복을 입어 보셨다.
　　나. *어머니께서는 새로 지은 한복을 입으셔서 {보았다, 보셨다}.

(18) 가. 김 선생님께서는 나를 알아보셨다.
　　나. *김 선생님께서는 나를 {아셔보셨다, 아셔보았다}.

(16)과 같은 통사적 구에서는 선행 용언과 후행 용언 각각에 '-시-'의 결합이 가능하고 선행 용언과 후행 용언에 동시에 '-시-'의 결합이 가능하다. 그러나 (17)의 보조용언 구성과 (18)의 합성동사는 높임의 선어말어미 '-시-'가 결합될 때, '-시-'가 후행 용언에 결합되면 자연스러운 문장이 되고 선행 용언에 결합되거나 선·후행 용언 모두에 결합되면 상당히 부자연스러운 문장이 된다. 그러나 높임 선어말어미 '-시-'의 선행 용언과 후행 용언의 결합 문제는 예문의 적격성 여부 판단에 차이가 존재할 수 있을 것으로 판단된다. 이러한 이유로 높임의 선어말어미 '-시-' 결합을 통한 보조용언 구성의 판별은 무리가 있을 것으로 생각한다.12)

참고로, 보조용언 구성에서 후행 용언에만 '-시-'의 결합이 자연스러운 것은 [연결어미+보조용언] 구성이다. 보문자를 갖추고 있는 다음 (19)의 예와 같은 경우는 선행 용언과 후행 용언에 모두에 '-시-'가 동시에 결합되는 것이 자연스럽다.

(19) 가. 김 선생님께서 집에 간다고 말씀하셨다.
　　나. 김 선생님께서는 집에 가신다고 말씀하셨다.

---

12) 손세모돌(1996 : 67-69)에서도 이와 동일한 태도를 확인할 수 있다.

이선웅(1995 : 27)에 따르면 후행 보조용언에 '-시-'가 통합될 수 있다는 사실은 보조용언이 높임 자질을 가지고 있는 주어 혹은 주체와 호응한다는 뜻으로 모문의 서술어라는 사실을 뒷받침한다고 하였다. 즉, '-아/어'형 보조용언 구문은 '모문-내포문'의 복문이고 보조용언은 모문의 서술어라는 것이다. 이에 대한 이 글의 입장은 뒤에서 자세히 논의하기로 한다.

후행 용언과 동일한 형태의 선행 용언 사용 가능성은 보조용언 구성에 두루 적용되는 특성은 아니다. 일부 보조용언의 경우에만 이러한 특성이 나타나기 때문이다. 그럼에도 보조용언의 판별 기준으로 제시된 이유는 합성용언의 경우, 후행 용언과 동일한 형태의 선행 용언의 사용된 예가 없기 때문이다.

(20) 가. 나도 고시나 한 번 봐 볼까 하는 생각이 들었다.
　　　나. 그 사람이 미숙이를 완전히 버려 버렸어.
　　　다. 한 가지 의혹은 … 안락사를 법률이 금하고 있다는 이유로 무작
　　　　　정 그런 상태로 둬 두었을까 하는 문제다.
　　　라. 이제 거의 다 가 간다.
　　　마. 거기다가 일단 놔 놔.

(21) 가. *새가 날아날다.
　　　나. *엄마가 시장에 들러들었다.
　　　다. *화살을 쏴쏘다.

(22) 가. 그가 뒤돌아봐서 (나도) 뒤돌아봤다.
　　　나. 사람들이 몰려가서 (우리도) 몰려갔다.

(23) 가. 나도 동찬이가/네가 그렇게 생각한다고 생각해.
　　　나. 나도 네가 그렇게 믿는다고 믿었어.

다. 나도 네가 그렇게 <u>추측하리라고 추측했어.</u>

(이상 손세모돌 1996 : 59-60)

(20)은 후행 용언과 동일한 형태의 선행 용언 사용이 가능한 보조용언 구성이다. 이러한 특성을 가지는 보조용언은 제시된 '보-', '버리-', '두-', '가', '놓-'이다. (21)은 합성동사가 동일한 형태의 용언이 연속하여 나타나는 유형이 불가능함을 보이는 예이다. (22)는 접속문의 경우를 보인 것으로 선행문의 주어와 후행문의 주어가 다르게 상정되는 경우이다. (23)은 복합문의 경우를 보인 것으로 선행 용언과 후행 용언이 각기 다른 주어를 문장 안에 가지고 있으면서 '생각'을 표현하는 몇 개 어휘가 쓰인 경우뿐이다.[13]

마지막으로, 보조용언은 독립적으로 서술어 역할을 할 수 없고 논항구조나 격과 무관하다는 주장과 함께 이는 복합문과 구별되는 보조용언의 특성으로 제시될 수 있다는 주장이 손세모돌(1996 : 48-52)에서 제기되었다. 이는 보조용언이 주어나 목적어 같은 문장성분들과 직접적 관계를 맺지 못한다는 점을 중시한 것이다.

(24) 가. 밥을 거의 다 먹어 간다.
    나. 지금까지는 정치자금을 줘 왔지만 앞으로는 주지 않겠다.
    다. 신경질 나는데 그 선물 도로 줘 버려.
    라. 나도 그곳에 한 번 가 봤어. (이상 손세모돌 1996 : 52)

'가-'와 '오-'는 하나의 논항을 요구하는 자동사이지만 (24가, 나)에서 확인할 수 있듯이 본동사가 타동사이면 두 개의 논항이 나타날 수 있고,

---

13) 손세모돌(1996 : 61, 각주 24)에서는, 이에 대한 이유를 동사들의 의미와 관련이 있는 것으로 보았다. 구체적인 행위가 아니라 사고의 단계이기 때문이라는 언급이 있었으나 자세히 살피지는 않았다.

본동사로서의 '버리-'와 '보-'는 타동사이지만 (24다, 라)에서 확인할 수 있듯이 이들이 보조동사로 쓰일 때는 자신의 목적어를 취하지 않고도 쓰일 수 있다는 것이다.

그러나 보조용언이 문장의 논항구조에 영향을 미치는 경우가 존재한다는 주장이 박진호(1998 : 140-143)에서 제기되었다.

(25) 가. 형이 동생에게 책을 읽어 주었다.
　　　나. 행인이 나에게 길을 비켜 주었다. (이상 남미혜 1996 : 121)
　　　다. 철수는 영희에게 문을 열어 주었다.

(26) 가. 이 비누는 바닷물에 잘 풀어진다. (이기동 1978ㄴ : 41)
　　　나. 그 분의 신분이 밝혀졌다. (이기동 1989ㄴ : 46)
(이상 박진호 1998 : 141)

(25)에서 확인할 수 있듯이 '읽-', '비키-', '열-'은 타동사로 여격 논항을 취할 수 없으나 보조동사 '주-'가 결합되면 여격어가 나타난다. (26가)의 '이 비누'와 (26나)의 '그 분의 신분'은 각각 '풀-'과 '밝히-'의 의미상 목적어이나 보조동사 '지-'가 결합되면 이들이 주어로 실현된다.

이러한 논의들을 바탕으로 우리는 문장의 논항구조에 영향을 미치는 보조용언과 그렇지 않은 보조용언이 존재함을 확인할 수 있다. 결국, 논항과의 관련성은 개별 보조용언의 특성으로 언급될 수 있는 것이고 보조용언의 판별 기준으로는 적절하지 않음을 알 수 있다.

이와 더불이, 시제·양태 선어말어미 '-았/었-', '-더-', '-겠-'의 결합, '부정'과 '부사'의 수식 범위와 후치사 통합 가능성14) 등도 보조용언의 기준으로 제시되었다. 그러나 이선웅(1995 : 25, 28-30)에서는 시제 선어

---

14) '부정'과 '부사'의 수식 범위와 후치사 통합 가능성이 보조용언 판별 기준으로 제시된 논의는 김기혁(1987)이다. 자세한 논의는 해당 글 참고.

말어미 '-았/었-', '-더-', '-겠-'이 통합될 때 후행 용언에만 해당 형태소가 표시되는데 이는 통사적 구와 보조용언 구성, 합성동사에 모두 공통되는 특징이며, '부정'과 '부사'의 수식 범위에서 보이는 통사적 현상은 보조용언 판별의 기준이 될 수 없음을 지적하였다.[15) 그리고 손세모돌 (1996 : 68)에서는 합성동사 중에서도 후치사가 결합될 수 있는 부류들이 있어 후치사 개입 여부가 합성동사와 보조용언 구문의 구별에 별 도움이 되지 못함을 보여 준다고 하였다. 이 글도 이러한 논의들에 동의한다. 한 가지 덧붙일 것은, 우리는 보조용언의 연속 사용 가능성[16) 역시 보조용언을 판별하는 기준으로 제시될 수 없다고 본다. (다른 형태이거나 동일한 형태이거나) 보조용언의 연속 사용, 보조용언이 연속될 때 그 사용이 몇 개까지 가능한가, 그리고 결합 순서 등은 보조용언의 특성으로 언급될 수는 있어도 판별 기준으로 제시되는 것은 무리가 있다는 판단이다.

지금까지 그간의 보조용언의 정의와 그에 따른 판별 기준들을 확인하였다. 우리는 '내적 비분리성', '공백화', '도치', '대용화', '의사분열문 구성'이 보조용언 판별 기준으로 제시될 수 있다고 생각한다. 앞에서 확인한 바와 같이 이들 기준은 통사적인 구, 보조용언, 합성용언을 구분하는 데에 일괄적 적용이 가능하기 때문이다. 이외에 언급된 '논항구조와의 관련성', '시제 선어말어미와의 결합', ''부정'과 '부사'의 수식 범위', '후치사 통합 가능성', '보조용언의 연속 사용' 등은 개별 보조용언의 특성을 파악하는 데에 이용될 수 있다고 생각한다.

보조용언 구성과 관련된 그동안의 통사론적인 논의와 의미론적인 논의에 대해 간략히 살펴보자. 통사론적 연구는 보조용언의 범주 지위, 본용

---

15) 그러나 "먹돌이가 지각했어나 보다."와 같은 예문을 통해 종결어미로 끝나는 보조용언 구문은 선행 용언에 시제 선어말어미가 결합이 가능함을 보였다.

16) 손세모돌(1996 : 62-66)에서는 보조용언의 연속 사용은 합성동사와 구별되는 보조용언만의 특성으로 보조용언을 구별하는 데에 기준으로 제시되었다.

언과 보조용언 사이의 통사적 관계 등이 중심이 되었고, 의미론적 연구는
보조용언의 상적 의미와 양태적 의미 기능을 파악하는 것이 초점이었다.

먼저, 'V₁+V₂' 구성에서 'V₂'의 통사적 범주와 지위에 대한 견해들을
살펴보자. 최현배(1937)에서는 해당 구성이 '본용언+보조용언'으로 제시
되었고 이때 보조용언은 본용언에 의미를 보충하는 기능을 가진 것으로
파악되었다. 이후 남기심·고영근(1986 : 116)에서는 보조용언을 다른 말에
기대어 쓰이면서 그 말에 문법적 의미를 더해 주는 용언으로 규정하면서
어휘적 의미가 상당히 약하다는 것을 강조하였다. 이들 글에서의 보조용
언 설정의 통사적 기준은 의존성으로 파악된다.

일반적으로, 1970년대 변형문법이 도입된 이후 보조용언을 모문의 본
동사로 보는 견해들이 대두되었다.[17] 그러나 내포문의 범주 지위에 대해
서는 논의마다 의견을 달리한다. 내포문의 범주 지위를 CP로 보는 입장
(엄정호 1990, 허철구 1991, 김지홍 1993 등)과 VP로 보는 입장(김미경 1990),
그리고 NP로 보는 입장(홍종선 1990) 등이다. 이러한 논의들은 보조용언
전체를 하나의 문법적 지위로 동일하게 설명하기 위해 제시된 것으로 파
악된다. 그러나 우리는 보조용언의 범주에 해당되더라도 그 지위는 보조
용언이 사용된 구문의 환경마다 차이가 있을 것으로 생각한다. 보조용언
구문은 단문인 것과 복문인 것으로 구분될 수 있는데, 단문인 경우에는
본용언과 보조용언이 하나의 서술어로서 기능하고, 복문인 경우에는 보
조용언이 내포문을 취하는 모문의 본동사라고 보는 것이다.[18][19]

최현숙(1988가, 나)과 이숙희(1992)에서는 보조용언 구문의 구조를 파악

---

17) 보조용언이 상위문의 본용언이라는 견해에 대한 장점과 단점은 김기혁(1986), 류시종
    (1995), 손세모돌(1996) 참고.
18) 이에 대해서는 2장에서 논의.
19) 내포문의 통사적 지위는 각각의 보조용언에 따라 다를 것으로 생각하나 현재로서는 그 판
    단을 유보하기로 한다. 추후 다른 논의들을 통해 확인하겠다.

하는 데에 '재구조화(restructuring)'를 상정한 논의들이다. 이들 논의에서는 D-구조는 다르게 설정하고 있으나 S-구조에서는 본용언과 보조용언이 하나의 복합서술어를 형성한다는 점이 동일하다.[20]

한편, 본용언과 보조용언이 형태·통사론적 구성을 하고 있다는 측면에서 접근하여(김석득 1986, 김기혁 1986), V_1과 V_2가 결합된 구성체를 VP와 V의 중간 층위인 V'로 결정하자는 견해(김기혁 1986)와 보조용언은 문장에서의 기능이 문법 형태소들과 유사하기 때문에 시제나 상, 서법 등과 같은 자리에 위치해야 한다는 견해(손세모돌 1996)가 있다.

보조용언 구문의 구문론적인 연구는 손세모돌(1996), 김지은(1998), 구종남(2013) 등에서 확인할 수 있다.

지금까지 보조용언과 보조용언 구성에 대한 논의들을 살펴보았다. 다음 장에서는 앞에서 펼쳤던 그간의 논의들을 바탕으로, '-어 가-' 보조용언 구성의 통사적 특징과 단위성 획득에 대해 살피기로 한다.

2. '-어 가-' 구성의 통사적 특징

앞 장에서 언급하였듯이 국어의 보조용언은 모문의 본동사로 보는 견해가 일반적이다. 그러나 내포문의 범주 지위에 대해서는 CP로 보는 입장, VP로 보는 입장, NP로 보는 입장 등으로 논의마다 의견을 달리한다. 이는 보조용언 구문을 복문으로 파악한 견해이다. 그러나 보조용언 구문을 단문으로 파악하려는 견해도 확인할 수 있다. 이는 대체로 재구조화를 통해 본용언과 보조용언이 하나의 복합서술어를 형성한다는 입장이다.

---

20) 유동석(1993)에서도 '-고 싶-' 구문을 논의하는 과정에서 수의적인 재구조화 규칙을 설정하고 있다. 또한 박진호(1998)에서도 유사한 입장을 확인할 수 있다.

최근에는 이 두 견해를 모두 인정하려는 논의들이 엿보이는데, 우리 역시 이에 의견을 같이한다. 보조용언의 지위는 보조용언이 사용된 구문의 환경마다 차이가 있을 것으로 생각되기 때문이다.21)

이 장에서는 '-어 가-' 보조용언 구문을 대상으로, 해당 구문을 단문으로 파악할 가능성에 대해 확인할 것이다.22) 아울러 해당 구성에 선행어로 결합이 가능한 용언의 특징도 함께 살필 것이다.

2.1. 통사 구조

이 절에서는 보조용언 구문의 통사 구조에 대해 살필 것이다. 현대 국어의 보조용언 구문을 복문으로 파악하려는 입장에서는 보조용언을 내포문을 포함하고 있는 모문 서술어로 보는 것이 일반적이다. 이에 해당하는 몇몇 논의들을 확인해 보자. 먼저, 권재일(1985 : 20-24)에서는 보조용언 구문이 '서술 기능의 보완'(Complement)이라는 통사 기능을 가진다는 점을 중시하여, 다음의 보조용언 구문들을 동사구 내포문 구성으로 보았다.

  (28) 가. 나는 철수가 학교에 가게 했다.
      나. 나는 학교에 가고 싶다.
      다. 나는 학교에 가아 있다.

---

21) 보조용언 구문은 단문인 것과 복문인 것으로 구분될 수 있다는 입장을 견지하며, 단문인 경우에는 본용언과 보조용언이 하나의 서술어로서 기능하고 복문인 경우에는 보조용언이 내포문을 취하는 보문의 본동사라고 보는 것이다. 내포문의 지위에 대한 판단은 현재로서는 유보한다.
22) 복문 구조로 파악할 수 있는 보조용언 구문에 대해서는 다른 글에서 다루기로 하겠다.

(29) 가.´

```
                    S₀
                  /    \
                NP      VP
                |      /   \
                나   S₁      V
                    /  \     |
                철수가 학교에 가   하-
```

그 글에 따르면, (29)의 나무그림은 (28가)의 '철수가 학교에 가'가 동사 '하-'를 보완하는 기능을 하는 보조용언 구문의 통사 구조를 보이는 것이다.

다음으로, 허철구(1991)에서는 '사실 명제 보조동사'(버리다, 주다, 치우다, 내다, 보다, 쌓다, 말다, 놓다, 두다)[23) 구문에 대해, 내포문의 주어로 pro를 취하고 보조동사를 상위문 동사로 하는 보문 구조로 제시하였다.

(30) 철수가 [pro 밥을 먹어] 버렸다. (허철구 1991 : 59)

대명사의 비음성적 실현인 pro는 비대용적 대명사(nonanaphoric pronominal)로 지배받는 위치에 올 수 있으며, 또한 국어가 pro-탈락 언어라는 점에서 이러한 가정이 성립한다는 것이다. 내포문의 주어가 pro가 되면 이는 단지 음성적 실체가 없을 뿐, 선행 명사구와 동일한 기능을 지니고 있어 주어와 호응하는 선어말어미 '-시-'의 실현이 내포문 서술어에 실현되는 것이 가능하게 된다는 설명이다.

또한, 서정목(1998 : 255-257)에서는 보조용언 구문의 통사적 관계를 더욱 명시적으로 드러내기 위해 내포문 또는 보문이라는 용어 대신에 내포절

---

23) '사실 명제 보조동사'는 해당 보조동사가 취하는 내포문의 명제가 이미 화자에게 사실로 인식되어 있다는 의미론적 특성과 다양한 통사적 특성에 의해 분류된 동사군이다. 자세한 내용은 허철구(1991) 참고.

및 보충어절이라는 용어를 사용하여 '동사구 내포절' 또는 '동사구 보충
어절'이라는 용어를 사용하였다.24)

(31) 가. 영수는 [e 주먹을 쥐-어] 보았다.
　　 나. 나는 [e 순이{가, 를} 보-고] 싶다.
　　 다. e [비가 오-고] 있다.
　　 라. 아버지께서 [철수{를, 가} 가-게] 하셨다.

(31)´
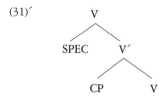

　(31)의 구문에는 각각 절이 내포되어 있는데, 이들 문장에서 내포된 절
([　])을 제외한 모문만으로는 완전한 문장이 되지 못하기 때문에 빠져 있
는 성분들을 보충해야 완전한 문장이 된다는 것이다. 이렇게 보충어절을
요구하는 것은 모문의 동사들이 지니는 통사·의미적 특성에 기인하는
것으로 '보-', '싶-', '하-' 등은 그 자체로서는 VP를 이룰 수 없는 불충
분한 동사이기 때문이라고 하였다. 이를 통사 구조로 나타낸 것이 (32)´
으로 내포절 CP는 V와 자매 관계를 이루면서 V´를 이루는 구조이다.
　한편, 김기혁(1995 : 102-107)에서는 보조동사 구성이 형태적 구성의 특
징과 통어적 구성의 특징을 함께 가지고 있어 단어와 구의 중간범주를
이루는 것으로 보고, 이를 동사구 VP와 동사 V 사이의 중간범주인 V´로

---

24) (31)의 예문에서 e는 공범주(empty category)를 나타낸다. 공범주는 어떤 성분이 있어야 할
　　자리에 교점은 있지만 아무런 음성 실현이 없을 때, 그 자리에 들리지 않는 어떤 성분이
　　있다고 보고 그것을 나타낸 것이다. (31가)와 (31나)의 공범주는 모문의 주어와 동지표되는
　　것으로 PRO으로 성격을 지닌다. (31다)의 공범주는 날씨 표현과 관련되는 상황 공범주라
　　할 수 있다(서정목 1998 : 255 각주3).

설정하였다. 보조동사 구성의 형태적 특징으로는 구성의 분리가 불가능
하여 다른 성분의 첨가가 불가능하고, 구성 성분의 생략도 불가능하며,
보조동사만의 대용이 안 되고, 부사어의 수식은 구성 전체에만 이루어지
고, 구성 의미는 단순 의미를 갖는다는 점을 들었다. 이에 비해 통어적
특징으로 주체높임이 두 동사에 가능하고, 본동사만의 대용이 가능하며,
보조동사의 연속이나 자리바꿈이 가능하고, 구성이 생산성이 있음을 들
었다.

(32) 김기혁(1995 : 148-163)

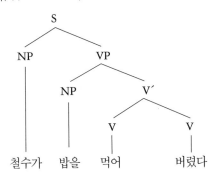

이러한 입장은 보조동사가 선행 동사와 긴밀히 결합하여 하나의 성분
처럼 인식되는 점을 반영한 것으로 생각할 수 있다. 권재일(1985 : 21)에서
도 언어 감정상 하나의 서술 기능으로 인식되는 다음의 구문들이 제시되
었다.25)

(33) 가. 빨리 가 보아라.
　　나. 나는 가지 못했다.

---

25) 그러나 보조동사 구성이 하나의 성분으로 느껴진다고 해도 이것이 곧 통사적 성분을 결정
　　하는 객관적인 증거가 될 수 없다는 언급도 있었다.

다. 나는 떡이 먹고 싶다.

이에 한 걸음 더 나아가, 현대 국어 보조용언 구문을 단문으로 파악한 논의로 정태구(1994)를 확인할 수 있다. 그 글에서는 '-어 있-' 구문을 대상으로 하여 해당 구문의 논항 구조는 복문 구조이지만 통사 구조는 단문 구조인 것으로 보았다. 이는 보조용언 구문을 단문 구조로 볼 가능성을 제시한 것으로 판단된다.26)

(34) 정태구(1994 : 229)

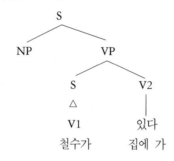

지금까지 보조용언 구문을 복문으로 파악하려는 견해와 단문으로 파악하려는 견해, 그리고 동사구 VP와 동사 V 사이의 중간범주인 V´로 설정하려는 견해들을 간략히 살폈다.27) 이러한 논의들은 보조용언 구문을 하나의 모델로 설명하려는 입장이라 할 수 있다. 그러나 보조용언 구성은 '연결어미+보조용언'과 '종결어미+보조용언'의 구성으로 구분될 수 있다.28) 이들 구성은 가 구성별로 다르게 인식될 가능성이 있고, 그렇다면 문장 구조의 측면에서도 다르게 파악될 수 있다는 것이 우리의 생각이다.

---

26) 정언학(2006)에서도 정태구(1994)의 논의를 따르고 있다.
27) 손세모돌(1996 : 105-114)에서는 보조용언을 동사구의 관할을 받지 않는 독자적인 범주로 인정하여 문장 전체를 지배하는 상위 범주(AUX)로 설정하였다.

이처럼 각 구성의 구조를 다르게 파악할 수 있는 가능성까지 포함한다면 보조용언 구성의 구조는 다음의 세 가지 정도로 생각해 볼 수 있을 것이다.

(35) 가. '연결어미+보조용언' 구성과 '종결어미+보조용언' 구성의 구조를 다르게 파악하는 방안
　　나. 보조용언 구성의 구조를 일괄적으로 단문으로 파악하는 방안
　　다. 보조용언 구성의 구조를 일괄적으로 복문으로 파악하는 방안

앞에서 언급한 논의들이 (35나)와 (35다)의 기술 방안으로 구분되는 것이라면, (35가)와 맥이 닿아 있는 논의들도 확인이 가능하다. 이선웅(1995), 호광수(2003), 이정훈(2010)의 논의를 살펴보자.

먼저, 이선웅(1995 : 41-58)에서는 '연결어미+보조용언' 구문과 '종결어미+보조용언' 구문의 통사 구조를 다르게 설정하였다. 다음의 (34)는 '연결어미+보조용언' 구문의 통사 구조를 제시한 것으로, 보조용언 구문에서 보조용언의 선행 보문을 상정하는 것이다.29)

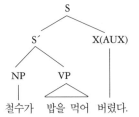

28) 엄정호(1990), 이선웅(1996), 박재연(1999), 호광수(2003) 등 참고.
29) 종결어미와 통합되는 보조용언 구문의 통사 구조는 공명사구를 주어로 가지는 구성임을 주장하였다. 자세한 논의는 이선웅(1996 : 52-58) 참고.

(36)

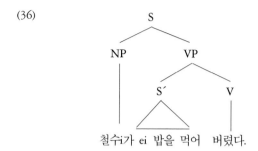

철수¡가 e¡ 밥을 먹어 버렸다.

그리고, 호광수(2003)에서는 연결어미 계열의 연결소와 결합한 보조용언 구성과 종결어미 계열의 연결소와 결합한 보조용언 구성을 각각 전자는 '단문', 후자는 '복문'으로 구분하여 논의하였다.

이정훈(2010)은 최근의 논의로, 복문 가설에서 제시한 구조와 본용언-보조용언 성분 가설에서 제시한 구조 모두를 보조용언이 취할 수 있는 구조로 보았다.

(37) 술어-논항 관계는 아래의 두 가지 구조에서 실현된다.
  가. 술어 X의 논항이 술어 X의 투사 내에 위치하는 경우
  나. 술어 X의 논항이 술어 X와 핵-핵 관계를 맺는 또 다른 술어 Y
     의 투사 내에 위치하는 경우 (이정훈 2010 : 185)

(37가)는 복문 가설에서 제기하는 다음의 (38)과 같은 구조에 해당한다. 이 견해에서는 보조용언과 무관하게 논항 '철수가'와 '책을'은 본용언 '읽-'이 형성하는 내포문 내에서 투사되기 때문에 별다른 문제가 발생하지 않는다고 하였다.

(38) 철수가 책을 읽어 두었다.

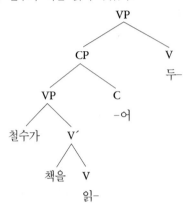

이정훈(2010 : 178)

(37나)는 본용언-보조용언 성분 가설에서 제안하는 구조에서 '읽-'과 '철수가, 책을'의 술어-논항 관계를 보장하기 위한 것으로, 술어 X의 술어-논항 관계가 핵-핵 관계에 기대어 술어 Y의 술어-논항 관계로 확장되는 경우라고 하였다.

(39) 철수가 책을 읽어 두었다.

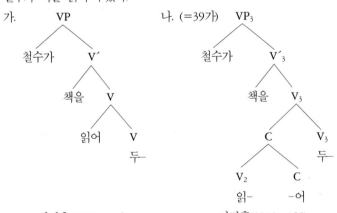

가.   나. (=39가)
이정훈(2010 : 184)   이정훈(2010 : 185)

(39가)의 구조는 '철수가'와 '책을'은 본용언 V '읽-'이 아니라 보조용언 V '두-'의 투사에 기대어 실현되고 있어 V '읽-'과 논항 '철수가, 책을' 사이의 투사 관계가 명시적으로 나타나지 않는다는 문제가 있음을 확인하고 이를 명시적으로 나타내기 위한 방법으로 (39나)를 새롭게 제시하였다. (39나)는 술어 V_2 '읽-'의 논항 '철수가, 책을'이 술어 V_2 '읽-'과 핵-핵 관계를 맺는 또 다른 술어 V_3 '두-'의 명시어 자리와 보충어 자리에 위치하므로 V_2 '읽-'과 '철수가, 책을' 사이의 술어-논항 관계가 성립함을 보인 것이다.

여기서 간과하지 말아야 할 것은, 이정훈(2010, 각주 6)에서 밝혔듯이 모든 보조용언 구문이 항상 이의 두 가지 구조를 취한다는 것은 아니라는 것이다. 원칙적으로는 두 가지 구조를 취할 수 있으며, 개별 보조용언 구문에 따라서는 본용언-보조용언 성분 가설에서 제시한 구조만을 허용하는 것도 있고, 복문 가설에서 제시하는 구조만을 허용하는 것도 있으며, 두 가지 구조를 모두 허용하는 것도 있다는 것이다.[30] 결국, 보조용언 구문의 구조는 다음과 같이 정리해 볼 수 있다.

(40) 가. 복문 가설에서 제기하는 구조만 허용
    나. 본용언-보조용언 성분 가설에서 제안하는 구조와 복문 가설에서 제기하는 구조를 모두 허용
    다. 본용언-보조용언 성분 가설에서 제안하는 구조만 허용

보조용언 구문이 (40)과 같이 다층적인 성격을 보인다는 것은 보조용언 부류에 속하는 대상들이 일률적인 모습을 보이지 않는다는 것이고, 현재 문법화가 진행 중이라는 것을 재확인하게 한다. 우리는 하나의 용언이

---

30) 이는 문법화(grammaticalization)에 의해 본용언, 보조용언, 접사가 서로 관련될 수 있음을 고려하면 별반 특이할 것이 없는 사실이라고 하였다.

'본용언에서 보조용언'로의, 미세하지만 단계적 변화가 포착될 수 있다는 점에서 보조용언 구문의 통사 구조가 다양할 수 있다는 가능성을 열어 두기로 한다.

2.2. 결합 가능한 선행 용언

이 절에서는 '-어 가' 구성과 결합이 가능한 선행 용언에 대해 살필 것이다. 현대국어의 '-어 가' 구성의 선행 요소로 동사가 결합된다는 점에 대해서는 별다른 이견이 없다.31)32) 다음의 (41가)와 (41나)는 '-어

---

31) 보조용언의 갈래와 형태(서정수 1996 : 331)

범주	종류	선행 용언	문법 형태	형태
완결	보조동사	동사	어	버리다, 나다, 내다
수혜	〃	〃	〃	주다, 드리다
시행	〃	〃	〃	보다
반복	〃	〃	〃	쌓다, 내다
보유	〃	〃	〃	두다, 놓다, 가지다
기동	〃	동사/형용사	〃	지다
사동	〃	동사	게	만들다(/하다)
지속	〃	〃	어	가다, 오다
	보조용언	〃	고	있다
결과상	〃	〃	어/고	있다
희망	보조형용사	〃	고	싶다
추정 /의도	〃	동사 형용사	는가, 나, ㄹ까, ㄴ가, 나	보다, 싶다

32) 덧붙여, 보조동사 '가'는 '진행, 진행의 과정'이라는 의미를 가지고 있어서, 본동사가 순간적인 동작을 보이는 것일 때에는 보조동사 구성이 부자연스럽다.

  (1) 가. [?]나는 버스를 타 간다.
      나. [?]나는 방에 불을 켜 간다.
      다. [?]나는 그녀를 만나 간다.
      라. [?]나는 그녀와 결혼해 간다. (이상 김기혁 1995 : 439)

  그러나 순간적 동작이 반복적으로 계속되면 결과적으로 '지속'의 의미를 나타내게 되므로 보조동사 구성이 자연스럽게 되는 경우도 있다.

가' 구성에 선행 요소로 각각 타동사와 자동사가 결합한 모습 보인 것이다.

> (41) 가. 책을 다 읽어 간다.
>   나. 날이 더워서 꽃이 시들어 간다. (이상 <표준국어대사전>)

그러나 '-어 가' 구성과 형용사의 결합에 대해서는 결합이 가능하다는 견해와 결합이 불가능하다는 견해로 의견이 양분된다.

> (42) 가. 김치 맛이 시어 간다. (이선웅 1995 : 82)
>   나. 건물이 차츰 낡아 간다. (구종남 2011 : 9)
>   다. 나날이 커 가는 것이 눈에 보였다. (손세모돌 1996 : 144)

(42)는 '-어 가' 구성의 선행어로 형용사가 결합이 가능하다는 견해들에서 제시된 예들이다. (42가)와 (42나)는 '-어 가' 구성의 선행어로 각각 형용사 '시-'와 '낡-'이 결합되어 있다. 그러나 (42다)의 경우는 형용사가 결합되었다고 판단하기가 어렵다. '크-'는 형용사 용법이 아니라 자동사 용법으로 쓰인 것이기 때문이다. '크-'는 형용사 용법과 동사 용법 모두의 의미를 가지고 있는 단어인데, 형용사 용법일 때의 의미는 '사람이나 사물의 외형적 길이, 넓이, 높이, 부피 따위가 보통 정도를 넘다.(<표준>)'이고 자동사 용법일 때의 의미는 '①동식물이 몸의 길이가 자라다. ②어른이 되다.(<표준>)'이다.

> (43) 가. 날씨가 더워(져) 간다. / 경제가 점점 어려워(져) 간다.
>   (김기혁 1995 : 440 각주 23)

---

(2) 가. 우리 반 학생들이 버스를 다 타 간다.
   나. 촛불 백 개를 다 켜 간다. (이상 김기혁 1995 : 440)

　　나. *예뻐 가다 / *멀어 가다 (정언학 2006 : 198)

　(43)은 '-어 가' 구성의 선행어로 형용사의 결합이 불가능하다는 견해들에서 제시된 예들이다. 김기혁(1995 : 440 각주 23)에서는 (43가)의 '더워 간다'와 '어려워 간다'를 '더워져 간다'와 '어려워져 간다'에서 '지-'가 생략된 것으로 보아 '-어 가' 구성의 선행어로 형용사가 결합될 수 없음을 언급하였고, 정언학(2006 : 198)에서는 의미론적으로 형용사의 상태 표현에 '-어 가' 구성의 [동적]인 추상적 의미가 합성된다는 것이 어려움이 있어, 일부 확인되는 예들에 대해 해당 형용사가 자동사로 전용되어 쓰이는 것이라고 보았다.

　우리는 '-어 가' 구성의 선행어로 일부 형용사가 결합이 가능하다는 입장에 있다.[33] (43가)에 대한 앞의 언급이 타당성을 얻기 위해서는 (43나)와 같은 경우에서도 동일하게 '예뻐져 가다'와 '멀어져 가다'에서 '지다'가 생략된 것으로 보고 '예뻐 가다'와 '멀어 가다'가 정문으로 판단되어야 할 것인데 실제로는 그렇지 않기 때문이다.[34] 그리고 'V₁ -어 V₂' 구성에서 'V₁'이 '-어 V₂' 구성의 '진행(progressive)' 또는 '지속(continuous

---

33) 손세모돌(1996 : 140)에서는 '-어 가' 구성의 선행어로 결합 가능한 형용사 목록을 제시하였다.

　가. 검다, 희다, 푸르다, 붉다, 밝다, 어둡다, 시끄럽다, 고요하다, 거칠다, 차다, 덥다, 높다, 낮다, 작다, 많다, 적다, 흐리다, 맑다, …
　나. 새롭다, 낡다, 젊다, 늙다, 헐다, …

　그 글에 따르면, (가)와 (나)에서 제시된 어휘들은 [+변화]의 자질이 나타날 수 있는 정도성을 가지는 형용사이다. 형용사는 속성이나 상태를 표현하는데, 이런 것들은 일반적으로 고정되어 있지만 정도성을 가지는 상태나 속성은 정도에 따라 차이가 나타날 수 있으므로 변화 가능성이 있다는 것이다. 그러나 필자가 위의 목록들을 '-어 가' 구성의 선행어로 결합시킨 구문들에 대한 언중의 판단은 비문과 정문의 의견이 상당히 엇갈렸다. 이에 대해서는 추후 다른 글에서 자세히 언급하기로 한다.

34) 이에 대해서는 '지-'가 생략이 가능한 것과 그렇지 못한 것의 차이에 대해 설명이 제시되어야 할 것이다.

or durative)'이라는 상적 의미35)와 합성이 되기 위해서는 'V₁' 역시 [동적]인 의미를 지니고 있어야 한다는 앞의 생각에 동의하고, '김치 맛이 시어 간다.'와 '건물이 차츰 낡아 간다.'의 '시-'와 '낡-'이 형용사로서 [동적]인 의미에 상당하는 '상태 변화'의 성격을 지닌 것으로 판단되기 때문이다. '시-'와 '낡-' 외에 '-어 가' 구성의 선행어로 결합이 가능한 형용사로는 '푸르-'를 들 수 있다.

(44) 가. 여름이 되니 숲이 (점점) {푸르러 간다 / 푸르러 갔다}.
　　 나. 여름이 되면서 숲이 (점점) {푸르러 간다 / 푸르러 갔다}.

(44가)는 선행절의 사태를 '원인', 후행절의 사태를 '결과'로 제시하고 각각 '진행'과 '지속'의 상적 의미의 통합이 가능함을 보이는 것이다. (44나)는 선행절과 후행절의 사태가 동일한 시간의 폭에서 발생하는 것으로 제시하고 역시 각각 '진행'과 '지속'의 상적 의미의 통합이 가능함을 보이는 것이다. 부사 '점점'을 결합시킨 것은 '정도성'의 확인을 위해서이다.

앞의 (42가)와 (42나), 그리고 (44)와 같이 '-어 가' 구성의 선행어로 '시-', '낡-', '푸르-'가 결합이 가능한 이유는 무엇인가? 즉 이들 어휘의

---

35) '-어 가' 보조용언 구성은 '-어 오-', '-고 있-' 구성과 함께 '진행(progressive)' 또는 '지속(continuous or durative)' 등의 상적 의미를 표현하는 것으로 논의되어 왔다. 아래 (1)은 '-어 가' 구성이 '행동이나 상태의 지속'을 표현하는 예이다.
(1) 가. 책을 다 읽어 간다.
　　 나. 꽃이 시들어 간다. (이상 <표준>)

이 외에 서정수(1996 : 340-341)에서는 '-어 가' 구성의 사용 환경에 따라 문맥에서 나타나는 구체적인 의미도 제시되었다.

(2) 가. 나는 앞으로도 한 시간 동안 이 책을 읽어 가겠다.
　　 나. 우리는 악마와 계속 싸워 갈 것이다.

(2가)는 '-어 가' 구성이 일정 기간 동안 읽는 동작이 단일하게 계속되는 '진행'을 나타낸 것이고 (2나)는 진행의 한계를 넘어서 끝없이 반복되어 이어지는 '지속'을 나타내는 것이다.

공통적 속성은 무엇인가? 이를 확인하기 위해 도원영(2008)에서 제시한 형용사의 세 가지 의미 특성에 대해 살펴보자.

　도원영(2008 : 49-77)에서는, 김정남(2001 : 174)에서 제시한 형용사의 ''상태' [＋지속성]' 의미 자질과 Grimshaw(1990 : 26)에서 제시한 사건의 상적 구조36)를 통해 현실 세계의 상태가 시간적 흐름 속에서 파악될 수 있다는 견해를 제시하면서 현실 세계에 존재하는 상태적 상황을 지속적 상태, 가변적 상태, 장면적 상태로 세분하였다. 이해를 돕기 위해 해당 글에서 제시된 부분을 인용한다.

　형용사는 의미 면에서 '상태'를 나타내는데37) 이때 외적 세계의 상태와 언어로 표현되는 상태가 반드시 일치하지 않는다.

　　(45) 가. 지속적 상태

$$\text{————— S ———}\longrightarrow \text{현실 세계}$$

$$\uparrow$$
$$A(sn)$$

　　가´. 이 책상은 견고하다.

---

36) 사건(event) —— 동작성(activity)

　　　　　　　상태(변화)성(state/change of state)

　　Grimshaw(1990)에서는 문장이 나타내는 일반적인 상적 특성을 사건(event)으로 보았다. 이는 동작이나 자연 작용, 존재, 상태 등을 아우르는 상위 범주로 사건을 설정한 것이다. 도원영(2008 : 63)에서는 이를 통해, '사건이 시간의 흐름 속에서 벌어지며, 상태도 그러한 흐름 속에 존재하는 사건의 한 양식'이라는 점을 확인하였다.

37) '형용사'라는 명칭 역시 의미적 특성에 기인한 것이다. 최현배(1937)에서는 '사물의 성질과 상태와 존재의 어떠함을 그려내는 낱말'이라고 하면서 상태성을 거론하고 있다. 이러한 상태성은 '[＋stative]'라는 의미 자질로 표현되어 다른 용언과 구분하는 중요한 기준이 되고 있다. 국어의 용언을 분류하는 여러 체계에서도 상태성의 위상을 확인할 수 있다(도원영 2008 : 61 각주 34).

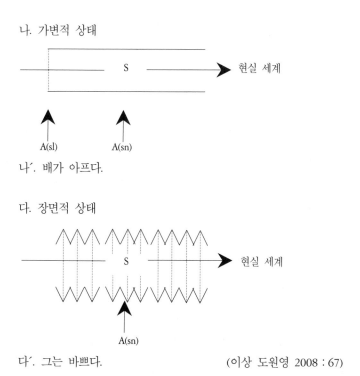

나. 가변적 상태

나′. 배가 아프다.

다. 장면적 상태

다′. 그는 바쁘다.　　　　　　　　　　　　(이상 도원영 2008 : 67)

(45가)의 지속적 상태는 어떤 사물이 본질적으로 나타내는 성질이므로 지속적이다. 시간의 외연이 한정되지 않아 어느 지점을 포착하든 상태의 내용은 동일하다. 그래서 형용사 'A'가 표현하는 상태는 세로 화살표가 가리키는 시점 'n'에서의 상태이다. (45나)의 가변적 상태는 상태의 시작 지점이 감지된다. 그래서 최초의 시점(n=1)부터 시작되는 시간적 폭을 상정할 수 있다. 하지만 폭의 끝은 상정할 수 없기 때문에 열려 있는 모습을 띤다. (45다)의 장면적 상태는 여러 상황이 연결된 시간적 폭을 가지고 있다. 그러나 언어적으로 포착될 때에는 그 외연이 마치 하나의 장면처럼 압축되어 표현되는 상태라고 할 수 있다. 이들을 각각 속성적·지속적 상태(지속적 상태성)로, 일시적이고 가변적인 상태(가변적 상태성)로, 압축

적이고 장면적인 상태(장면적 상태성)로 표현하는 것이 해당 형용사의 의미 특성이라는 것이다.

이제 앞에서 제기한 질문으로 돌아와, 형용사 '시-', '낡-', '푸르-'가 '-어 가' 구성의 선행어로 결합이 가능한 이유를 살펴보자. 이 세 어휘는 '어떤 사물의 성질이나 상태를 나타낸다.'라는 형용사의 일반적인 의미 속성과는 조금 다른 특성을 보인다. 이들은 시간의 흐름에서 어느 지점을 포착하든 동일한 '신 상태', '낡은 상태', '푸르른 상태'를 포착하는 것이 불가능하다. 이들 형용사의 상태는 시간의 흐름에서 변화의 정도가 미미(微微)하든 급진적이든 꾸준하게 변화해 가고 있는 상태이기 때문이다. 즉, 자연물을 대상으로 한 것은 시간적 변화의 과정이 물리적으로 전제되어 있기 때문에 '진행'이라는 의미의 포착이 가능한 것이다.38) 이러한 '가변적 상태성'이 바로 Grimshaw(1990)에서 제시한 '사건성'과 맞닿아 있는 부분이다. 결국, '시-', '낡-', '푸르-'의 의미 특성인 '가변적 상태성'이 '-어 가' 구성의 상적 의미인 '진행, 지속'과 호응하여 결합이 가능하게 되는 것이다.

참고로, '지속적 상태'를 의미 특성으로 가지는 '견고하-'와 '장면적 상태'를 의미 특성으로 가지는 '바쁘-'가 '-어 가' 구성의 선행어로 결합될 수 없는 이유는 이들 어휘에서 '사건성'이 포착되지 않기 때문이라고 할 수 있다. 어떤 사물의 '견고한 상태'는 그 사물이 본질적으로 나타내는 성질이므로 '사건성'이 포착되지 않는다. '바쁘-'의 경우 여러 상황이 연결된 시간적 폭을 가지고 있으나 언어적으로 포착될 때에는 여러 상황이 개별적으로 포착되는 것이 아니라 마치 하나의 장면처럼 압축되어 표현되기 때문에 역시 '사건성'이 포착되지 않는다.

---

38) 특히 '푸르다'의 경우, '*옷이 푸르러 간다.'가 비문인 것에서 확인이 가능하듯이 가공물을 대상으로 한 것에는 자연물에서 확인 가능했던 '진행'의 의미가 확인되지 않는다.

지금까지의 내용은 다음과 같이 정리될 수 있다.

(46) '-어 가-' 구성과 결합이 가능한 선행 용언
　　가. 동사의 결합이 가능하다.
　　나. '사건성'과 연계가 가능한 '가변적 상태성'을 띤 일부 형용사의
　　　　결합이 가능하다.

3. '-어 가-' 구성의 단위성과 등재

이 장에서는 '-어 가-' 보조용언 구성이 하나의 단위(unit)로서 처리되어야 할 가능성과 등재소(listeme)로서 어휘부(lexicon)의 등재 단위가 될 수 있다는 견해에 대해 살펴볼 것이다.

구성 전체가 하나의 단위로 인식된다는 것은 구성을 이루는 요소들이 형태론적 구성(구성 요소 사이의 긴밀한 통합 관계)[39]이면서 구성 전체가 하나의 문법소적 기능을 수행함을 의미한다. '-어 가-' 보조용언 구성은 '과정 지속(진행)'이라는 미완료적 상을 표현하는 구성으로, 하나의 문법소적 기능을 수행한다는 것은 앞에서도 이미 여러 번 언급되었다. 다음으로, '-어 가-' 보조용언 구성이 형태론적 구성이라는 점을 확인하자. 이는 내적 비분리성, 대용화(anaphora), 공백화(gapping), 도치(inversion)를 통해 확인할 수 있다.[40]

---

39) 언어사적인 측면에서 통사론적 구성은 형태론적 구성으로 변화할 수 있다.
40) 이 기준은 보조용언 구성의 판별 기준과 동일한 것이다. 그러나 보조용언 구성의 판별 기준 모두가 통사적 구성의 단위성 획득 판별 기준이 되는 것은 아니다. 보조용언 구성은 '연결어미+보조용언' 구성과 '종결어미+보조용언' 구성으로 구분되는데, 이 글에서는 '연결어미+보조용언' 구성만이 단위성을 획득하여 형태론적 구성이 된 것으로 보기 때문이다.

(47) 가. 윤희는 그 책을 다 읽어 간다.

　　나. *윤희는 그 책을 다 읽어서 간다.

　　다. *윤희는 그 책을 읽어(서) 다 간다.

(47)은 보조용언 구성의 내적 비분리성을 보인 것이다. '-서'의 통합이 불가능함과 부사가 후행 용언만을 수식하는 일이 불가능함을 확인할 수 있다. 선행 용언과 후행 용언이 분리되지 않는 것은 합성동사와는 변별이 되지 않는 특성이지만, '-어 가' 구성이 형태론적 구성이 될 수 없음을 보이는 것은 아니다.[41)]

(48) 가. 윤희는 책을 다 읽어 간다.

　　나. 민희도 그런다.

　　다. 민희도 {그래} 간다.

　　라. *민희도 책을 다 읽어 {그렇게 한다, 그리한다, 그런다}.

(48)은 보조용언 구성의 대용화를 보인 것이다. 보조용언 구성과 통사적 구, 합성동사는 모두 전체 대용이 가능하다. 그러나 분리 대용에 있어서는 보조용언 구성과 통사적 구만이 선행 용언만을 대용할 수 있다. 물론, 통사적 구와 변별되는 특성은 아니지만 이 역시 '-어 가' 구성이 형태론적 구성이 될 수 없음을 보이는 것은 아니다.[42)]

(49) 가. 윤희가 그 책을 다 읽어 간다. 민희가 그 책을 다 써 간다.

　　나. *윤희는 그 책을 읽어, 민희는 써 간다.

---

41) 합성어와 보조용언을 구성은 의사분열문 형성 가능성에 의해 구분될 수 있다. 의사분열문은 'V₁+V₂'의 구성에서 서술의 주변부와 본질부를 분리하는 통사 규칙이다. 의사 분열문이 가능한 것은 보조용언 구성, 그렇지 않은 것은 합성어이다. 이 글 1장 참고.

42) (48라)와 같은 대용이 불가능한 것은 보조용언이 문법화 과정에 있기 때문으로 해석할 수 있다. 보조용언이 기능 범주는 아니더라도 기능 범주화하는 문법화 단계에 있기 때문이다. 이선웅(1995 : 41-52) 참고.

(50) 가. 윤희는 그 책을 다 읽어 간다.

　　　나. *윤희는 간다, 그 책을 다 읽어.

(49)는 보조용언 구성에서 후행 용언의 공백화가 성립되지 않음을 보인 것이고, (50)은 보조용언 구성에서 선행 용언과 분리하여 강조를 위한 도치를 할 수 없음을 보인 것이다. (49), (50)과 같은 특성은 합성동사와 변별되는 특성은 아니지만 이러한 현상은 보조용언의 강한 통사론적 의존성, 즉 형태론적 구성임을 보이는 것이다.[43]

지금까지 '-어 가-' 보조용언 구성 전체가 하나의 단위를 이루어 특정한 문법소적 기능을 수행하는 단위임을 살폈다. 이렇게 하나의 단위로 기능하는 보조용언 구성은 하나의 단위로 어휘부에 등재될 가능성도 있을 것으로 생각된다.

주지하듯이 '어휘부(lexicon)'는 그간 문법의 모형과 그 단위마다에 따른 상이한 접근에 기인하여 다양하게 해석되어 왔다. 변형생성문법의 초기 이론에서의 '어휘부'는 통사부의 최종 단계에서 어휘 범주에 관계되는 어휘 항목을 넣어 주는 역할을 하는 정도의 지위였으나, 최근에는 어휘부가 형태부, 통사부와 유기적인 관계에 있는 모형을 제안하여 형성 부문과 저장 부문을 이원화한 모형이 제시되고 있다.[44] 아울러 저장 부문과 관련하여 언어의 어떤 단위가 기억의 대상인지에 대한 논의에서 단어는 물론이고 보다 큰 단위인 관용 표현, 속담 등까지 인정되고 있다.[45] 이에 더 나아가 정한데로(2014)에서는 보조용언 구성과 형식명사 구성을 어휘부의 등재소로 인정하는 입장을 보였다. 그 글에서는 단어형성을 담당하

---

43) 이선웅(1995 : 23-25)에서는 이러한 현상이 의미 특수화를 동반한 통사론적 의존성에서 기인한 것으로 보았다.

44) 정한데로(2011, 2014), 김의수(2013), Taylor(2012) 등 참고.

45) 구본관(1990), 최경봉(1993), 박진호(1994), 채현식(1994, 2003), 시정곤(1998, 2001), 송원용(2005), 황화상(2011) 등 참고.

는 '형태부'와 문장 형성을 담당하는 '통사부'를 형성 부문으로 설정하고, 각각에서 형성된 단어와 문장의 저장을 담당하는 '어휘부'를 설정하여 각각 독립적인 부문으로서 기능하고 상호 보완적인 관계를 상정한 문법 모형을 제시하였다.46) 이때 저장 부문인 '어휘부'에는 형태론적 단위인 접사, 어근, 단일어, 복합어와 통사론적 단위인 연어구성, 숙어 구성, 보조용언 구성, 형식명사 구성이 등재소로서 저장된다고 보았다. 우리는 정한데로(2014)의 논의에 기대어 '-어 가-' 보조용언 구성이 통사론적 구성의 형식을 통해 '진행' 또는 '지속'의 상적 의미를 드러내기 때문에 그 구성 전체가 기억의 대상이 될 수 있다는 가능성을 견지한다.

4. 마무리

국어의 보조용언 구성은 이른 시기부터 '명칭'과 '정의'의 문제, 그리고 해당 대상의 '판별 기준'과 그에 따른 '목록'의 문제를 비롯하여, 통사적 특성과 의미적 특성에 대한 논의, 그리고 어휘부로의 등재까지 다양한 시각에서 논의되고 있는 대상이다.

이 글은 보조용언 구성에 대한 그간의 연구 업적들을 바탕으로 하여 그 결과를 쟁점별로 소개하고 '-어 가-' 구성의 통사 구조와 단위성에 대한 우리의 생각을 덧붙였다.

1장에서는 보조용언의 '명칭'과 '정의'에 대한 기존의 입장들을 확인하고, 그와 더불어 논의된 '판별 기준'과 '목록'에 대한 견해들을 살폈다. 보조용언의 특성과 그에 따른 구별은 주로 통사적 구 및 합성어의 구별

---

46) 정한데로(2014 : 60) 참고.

에서 이루어졌다. 이 글에서는 그간의 논의들에서 제시된 다양한 보조용언의 판별 기준들을 살펴 통사적 구, 합성용언과 변별되는 보조용언 구성의 특징을 확인하였다. 보조용언 구성은 본용언과 보조용언의 내적 분리와 도치가 불가능하며, 보조용언만의 공백화 역시 불가능하다. 또한 보조용언 구문은 의사분열문 구성이 가능하다. 물론, 이러한 특징은 전형적인 보조용언의 특성에 해당하는 것으로 국한된다.

1장에서 보조용언 전반에 대한 논의의 시각들을 살폈다면, 2장과 3장에서는 '-어 가-' 구성에 한정하여 통사적 특징과 어휘부로의 등재 가능성에 대하여 살폈다.

2.1.에서는 보조용언 구문의 통사 구조에 대한 그간의 논의들이 일률적인(단문으로든 복문으로든) 구조를 상정하는 입장에 있었다면, 최근의 논의들에서는 보조용언 구문의 통사 구조가 일률적인 모습이 아닌 다양한 구조를 지닐 수 있다는 시각을 확인하였다. 보조용언 구문이 다층적인 성격을 보인다는 것은 보조용언 부류에 속하는 대상들이 일률적인 모습을 보이지 않는 것이고, 현재 문법화가 진행 중이라는 것을 재확인하게 한다는 입장에서 보조용언 구문의 통사 구조가 다양할 수 있다는 가능성을 열어 두었다. 2.2.에서는 '-어 가-' 구성과 결합이 가능한 선행어로 동사의 결합이 가능함을 재확인하고 '사건성'과 연계가 가능한 '가변적 상태성'을 띤 일부 형용사의 결합이 가능함을 확인하였다.

3장에서는 먼저, '-어 가-' 보조용언 구성 전체가 하나의 단위를 이루어 특정한 문법소적 기능을 수행하는 단위임을 살폈다. 다음으로, 보조용언 구성이 등재소로서 어휘부의 등재 단위가 될 수 있다는 견해를 살피고 '-어 가-' 보조용언 구성이 통사론적 구성의 형식을 통해 '진행' 또는 '지속'의 상적 의미를 드러낸다는 점을 중시하여 그 구성 전체가 기억의 대상이 될 수 있다는 가능성을 확인하였다.

이 글은 보조용언 구성에 대한 다양한 논의들을 쟁점별로 살펴보고 쟁점의 한가운데에 있는 것에서부터 크게 주목받지 못한 부분들을 살피는 것으로 목적으로 하였다. 그러나 모든 논의들을 담아내지 못한 점이 아쉬움으로 남음과 동시에 보조용언 개별 목록의 특징을 살펴 다양한 층위에 있는 보조용언 구성에 대한 거시적, 미시적 논의의 필요성도 재확인하였다.

‖ 참고문헌

강기진(1982), "국어 보조동사의 통사적 특성", 한국문학연구 5, 47-63.

고영근 · 구본관(2008), 우리말 문법론, 집문당.

구본관(1990), 경주 방언 피동형에 대한 연구, 석사학위논문, 서울대학교.

구종남(2011), "'-어 오다/가다'의 직시적 의미와 상적 기능", 한국언어문학 76, 5-35.

구종남(2013), 보조용언의 의미와 문법, 경진.

권재일(1985), 국어의 복합문 구성 연구, 집문당.

김기혁(1987), 국어 보조동사 연구, 박사학위논문, 연세대학교.

김기혁(1995), 국어 문법 연구 : 형태 · 통어론, 박이정.

김명희(1984), 국어 동사구 구성에 나타나는 의미 관계 연구 : V1＋어＋V2 구조를 중심으로, 박사학위논문, 이화여자대학교.

김미경(1990), "국어 보조동사 구문의 구조", 언어 21-4, 31-48.

김민수(1960), 국어문법론연구, [김민수 · 하동호 · 고영근(공편)(1986), 역대한국문법대계, 탑출판사, 1-98.]에 재수록.

김민수(1971/1984), 국어문법론, 일조각.

김석득(1986), "도움풀이씨의 형태 · 통어론적 차원 : 도움그림씨의 체계 재설립을 위하여", 외국어로서의 한국어교육 11-1, 33-64.

김성화(1990), 현대국어의 상 연구, 한신문화사.

김영희(1993), "의존 동사 구문의 통사 표상", 국어학 23, 159-190.

김윤신(2007), "사건 함수로서의 상 보조 용언에 대한 연구", 한국어학 35, 17-47.

김의수(2013), "어휘부와 통사론", 국어학 66, 415-443.

김정남(2001), "국어 형용사의 의미 구조", 한국어 의미학 8, 171-199.

김지은(1998), 우리말 양태용언 구문 연구, 한국문화사.

김지홍(1993), 국어 부사형 어미 구문과 논항구조에 대한 연구, 박사학위논문, 서강대학교.

김창섭(1981), 현대 국어의 복합동사 연구, 석사학위논문, 서울대학교.

남기심(1973), 국어완형보문법연구, 계명대학교 출판부.

남기심 · 고영근(1985/1993), 표준 국어문법론(개정판), 탑출판사.

남미정(2010), "국어 문법화에 대한 재고", 한국어학 49, 209-233.

도원영(2008), 국어 형용성동사 연구, 태학사.

류시종(1995), 한국어 보조용언 범주 연구 : 원형이론적 접근, 박사학위논문, 서울대학교.

민현식(1993), "현대 국어 보조용언 처리의 재검토", 어문논집 3-1, 53-98.

민현식(1999), 국어 문법 연구, 역락.

박재연(1999), "종결어미와 보조용언의 통합 구문에 대한 재검토", 관악어문연구 24-1, 155-182.

박진호(1994), 통사적 결합 관계와 논항구조, 석사학위논문, 서울대학교.

박진호(1998), "보조용언", 문법 연구와 자료(이익섭 선생 회갑 기념 논총), 태학사, 139-164.

서정목(1998), 문법의 모형과 핵 계층 이론, 태학사.

서정수(1971), "국어의 용언 어미 {-어(서)} : 변형 생성 문법적 분석", 한글학회 50 돌 기념논문집, 201-228.

서정수(1980), "보조용언에 관한 연구(1)", 한국학논집(한양대) 1, 63-87.

서정수(1991), 현대 한국어 문법연구의 개관, 한국문화사.

서정수(1994), 국어 문법, 뿌리깊은나무.

서정수(1996), 현대국어문법론, 한양대학교 출판원.

서태룡(1979), "내포와 접속", 국어학 8, 109-135.

손세모돌(1993), 국어 보조용언에 대한 연구, 박사학위논문, 한양대학교.

손세모돌(1996), 국어 보조용언 연구, 한국문화사.

손호민(1976), "Semantics of compound verbs in Korean", 언어 1-1, 142-150.

송상목(1985), 현대국어의 조동사 연구, 석사학위논문, 한국정신문화연구원.

송원용(2005), 국어 어휘부와 단어 형성, 태학사.

시정곤(1998), "규칙은 과연 필요 없는가", 형태론 1-2, 261-283.

시정곤(2001), "국어의 어휘부 사전에 대한 연구", 언어연구 17-1, 163-184.

안명철(1990), "보조동사", 국어연구 어디까지 왔나, 동아출판사, 319-330.

양동휘(1978), "국어 보조동사의 관용성", 영어영문학논총(김영희 박사 송수 기념 논총), 형설출판사, 155-164.

양인석(1972), Korean Syntax, 서울출판사.

양인석(1977), "Progressive and Perfective Aspects in Korean", 언어 2-1, 25-40.

엄정호(1990), 종결어미와 보조동사의 통합 구문에 대한 연구, 박사학위논문, 성균관대학교.

유길준(1909), 대한문전, [김민수·하동호·고영근(공편)(1986), 역대한국문법대계, 탑출판사, 1-06.]에 재수록.

유동석(1993), 국어의 매개변인 문법, 박사학위 논문, 서울대학교.

이관규(1987), "보조동사의 특성과 문법적 범주", 한국어문교육 2, 53-60.

이관규(1996), "보조동사의 생성과 논항 구조", 한국어학 3-1, 333-352.

이관규(1998), "보조동사의 논항 구조", 국어교육 96, 273-296.

이선웅(1995), 현대국어의 보조용언 연구, 석사학위논문, 서울대학교.

이선웅(2012), 한국어 문법론의 개념어 연구, 월인.

이숙희(1992), "Verb Serialization : A Comparative Analysis of SVO and SOV Language", SICOL 92 Proceeding.

이승녕(1956), 새 문법 체계의 태도론, [김민수·하동호·고영근(공편)(1986), 역대한국문법대계, 탑출판사, 2-41.]에 재수록.

이정훈(2010), "보조용언 구문의 논항 실현과 술어-논항 관계", 어문논집(중앙대) 45, 175-192.

이해영(1992), "보조동사구문의 통사적 특성 연구", 국어국문학 108, 187-208.

이홍배(1970), A Study of Korean Syntax, 범한출판사.

이희승(1949), 초급 국어문법, [김민수·하동호·고영근(공편)(1986), 역대한국문법대계, 탑출판사, 1-85.]에 재수록.

정언학(2006), 상 이론과 보조 용언의 역사적 연구, 태학사.

정태구(1994), "'-어 있다'의 의미와 논항구조", 국어학 24, 203-230.

정한데로(2011), "임시어의 형성과 등재 : '통사론적 구성의 단어화'를 중심으로", 한국어학 52, 161-184.

정한데로(2012), "어휘 변화의 세 방향 : '보-'를 중심으로", 형태론 14-1, 25-52.

정한데로(2014), 국어 등재소의 형성과 변화 연구, 박사학위논문, 서강대학교.

정혜선(2012), 국어 인식 양태 형식의 역사적 연구, 박사학위논문, 서강대학교.

차현실(1983), "보조용언의 인식양상 Ⅰ : '보다'의 통사와 의미에 대하여", 논문집(경기대) 13, 39-61.

차현실(1984), "'싶다'의 의미와 통사구조", 언어 9-2, 305-326.

차현실(1986), "양상술어(modal predicate)의 통사와 의미 : 미확인 양상술어를 중심으로, 이화어문논문집 8, 11-34.

채현식(1994), 국어 어휘부의 등재소에 관한 연구, 석사학위논문, 서울대학교.

채현식(2003), 유추에 의한 복합명사 형성 연구, 태학사.

최경봉(1993), 국어 관용어 연구, 석사학위논문, 고려대학교.

최현배(1937), 우리말본, [김민수·하동호·고영근(공편)(1986), 역대한국문법대계, 탑출판사, 1-47.]에 재수록.

최현배(1961), 우리말본, 네 번째 고침, 정음사.

최현숙(1998가), Restructuring Parameters and Complex Predicates : A Transformational Approach, 박사학위논문, MIT.

최현숙(1998나), "'Restructuring' in Korean", 어학연구 24-4, 505-538.

최형용(2013), "어휘부와 형태론", 국어학 66, 361-413.

한동완(1999), "국어의 시제 범주와 상 범주의 교차 현상", 서강인문논총 10, 165-192.

한정한(2010가), "관용구의 문법범주", 어문논집(민족어문학회) 61, 315-329.

한정한(2010나), "용언형 연어의 문법범주", 한국어학 49, 405-440.

허웅(1975), 우리 옛말본, 샘문화사.

허철구(1991), 국어의 보조동사 연구, 석사학위논문, 서강대학교.

호광수(2003), 국어 보조용언 구성 연구, 역락.

홍종선(1990), 국어체언화 구문의 연구, 고려대학교 민족문화연구소 출판부.

황병순(1987), 국어의 상표시 복합동사연구, 박사학위논문, 영남대학교.

황화상(2011), "관용어의 문법 범주와 범주 특성 : 용언형 관용어의 의미와 통사", 언어와 정보 사회 15, 27-51.

Grimshaw, J.(1990), *Argument Structure*, The MIT Press.

Fillmore, Charles J., Paul Kay, & Catherine O'Connor(1988), "Regularity and idiomaticity in grammatical construction : The case of *Let Alone*", *Language* 64, 501-538.

Taylor, J. R.(2012), *The Mental Corpus : How Language is Represented in the Mind*, Oxford University Press.

찾아보기